国家社会科学基金 博士论文出版项目

比较法视角下中国判决效力体系化研究

Research on Systemization of Effects of Judgment in China with a Perspective of Comparative Law

陈晓彤　著

中国社会科学出版社

图书在版编目（CIP）数据

比较法视角下中国判决效力体系化研究／陈晓彤著．—北京：
中国社会科学出版社，2020.7
ISBN 978－7－5203－6014－2

Ⅰ.①比…　Ⅱ.①陈…　Ⅲ.①民事诉讼—审判—研究—中国
Ⅳ.①D925.118.4

中国版本图书馆CIP数据核字(2020)第028340号

出 版 人　赵剑英
责任编辑　孔继萍
责任校对　周　昊
责任印制　郝美娜

出　　版　中国社会科学出版社
社　　址　北京鼓楼西大街甲158号
邮　　编　100720
网　　址　http://www.csspw.cn
发 行 部　010－84083685
门 市 部　010－84029450
经　　销　新华书店及其他书店

印　　刷　北京君升印刷有限公司
装　　订　廊坊市广阳区广增装订厂
版　　次　2020年7月第1版
印　　次　2020年7月第1次印刷

开　　本　710×1000　1/16
印　　张　27.5
字　　数　378千字
定　　价　158.00元

出版说明

为进一步加大对哲学社会科学领域青年人才扶持力度，促进优秀青年学者更快更好成长，国家社科基金设立博士论文出版项目，重点资助学术基础扎实、具有创新意识和发展潜力的青年学者。2019年经组织申报、专家评审、社会公示，评选出首批博士论文项目。按照“统一标识、统一封面、统一版式、统一标准”的总体要求，现予出版，以飨读者。

全国哲学社会科学工作办公室

2020年7月

序　　言

本书作者陈晓彤于2014年9月进入清华大学法学院民事诉讼法学专业研修博士课程，在笔者的指导下继续其硕士生阶段已打下一定基础的研究和学习。2015年2月，最高人民法院出台了文字及条文的规模可称“史上最大”的司法解释，即《关于适用〈中华人民共和国民事诉讼法〉的解释》（以下简称《民诉法解释》）。其中的第247条引起了笔者很大兴趣，尤其想对这个条文与同一司法解释的第93条之间究竟有什么关系这个问题作一些探索。经和晓彤商量，由她先检索相关的先行研究和裁判文书，笔者再根据这些资料撰写一篇论文。我们共同努力的结果，就是笔者与晓彤联名发表的《前诉裁判对后诉的影响——民诉法解释第93条和第247条解析》一文（载《华东政法大学学报》2015年第6期）。在这篇文章酝酿至发表的过程中，我和晓彤关于她博士课程研究及论文写作如何选题的想法也逐渐达成共识，凝集为“中国语境下民事判决效力体系化的研究”。从那时以来约五年时间，晓彤一直在这个领域辛勤耕耘，她以此为主题的博士论文于2018年毕业季获得了清华大学优秀博士论文一等奖。今天，看到晓彤倾注心血的研究成果又结晶为本书这样的专著呈现给读者，对于笔者来说，不禁有“当初仅以两个程序规范条款相互关系之初步解读为内容的幼苗，独立地长成了一株大树”之感慨。

在我国民事诉讼法学界，体现司法审判终局性的判决之既判力一直受到关注，存在着一系列的文章、博士论文及专著等研究成果。此外，2001年最高人民法院出台司法解释《关于民事诉讼证据的若干规定》（下文简称《证据规定》）以后，针对其中第9条有关对生效裁判确认的事实无需举证证明的规定，学界也围绕所谓“预决效力”的概念展开了一轮讨论，已形成一定的学术积累。预决效力的源头是苏联诉讼理论中的“预决力”概念，其原意为对于前一诉讼生效判决确认的事实，后一诉讼中无须举证即可援用，且不允许举证推翻。苏联的诉讼理论基于意识形态上的理由拒绝来自大陆法系的既判力概念，但现在看来，似乎可把预决力理解为实质上也只是对大陆法系“积极既判力”概念的替代和泛化而已。不过在我国，由《民诉法解释》第93条、新的《证据规定》（于2019年年底公布、2020年5月正式施行取代2001年原规定）第10条所规定的对生效裁判确认的事实或“基本事实”无须举证证明的效力，因允许后诉的当事人举证予以推翻，已可明确是完全不同于既判力的另一种判决效力。

总之，我国民事诉讼法学界到目前为止对判决效力的研究大体上可归纳为关于既判力和关于预决效力的两种研究路径，前者积累稍厚而后者的学术积淀较薄，且已经很不均衡的二者之间只有十分有限的交叉或勾连。在这样的背景之下，将两条路径作为统一的研究对象，对其进行体系化的考察并试图重新加以整合建构，就成为本书的一大特点。《民诉法解释》第247条就禁止重复起诉首次作出的明确规定，使得我国司法实务与大陆法系既判力理论之间的龃龉或冲突“浮出水面”，2015年以来已经刺激民诉法学界产出了一大批论争性的研究成果。而预决效力虽然早已是我国司法实务的一个有机组成部分并有稳定的运用，但在大陆法系民事诉讼理论上可以片断对应的大致却只有“反射效”“参加效”等若干并不连续的概念。因此，将这两种判决效力统一起来进行体系性的研究，必然遇到并且不得不处理本土现象和比较法知识之间存在着很大张力或紧张关系的“尴尬局面”。正视这样的两难处境，总是立足于我国的司法实务又始终以比较法视角来引领自己的研究，则构成了本书的另一特点。

晓彤的研究目标在于中国语境内民事判决效力的体系化，采用的一个基本的研究方法却是回溯比较法的基础理论，跟踪域外相关知识点的最新动向，尝试整理并重构德国、日本及美国等国家有关判决效力学说的基本框架。机会眷顾有心人，她在依靠自学熟练掌握了英语并能够较快阅读德文和日文的基础上，博士课程期间到卢森堡的欧盟马普研究所留学，获得了集中时间浏览海量比较法资料的宝贵经历。正是基于德国民事诉讼的既判力理论及其最新进展，晓彤提炼出了“同一性”与“先决性”这两个有关前后诉关系的基本范畴，并对其在美国、日本等多个法律体系内的不同内涵进行梳理，从而建构起有关判决效力体系化的核心命题或大致模型：前后诉的诉讼客体或诉讼主体之间的同一性或先决性，决定了前诉判决可对后诉产生何种具体的效力；借助对同一性与先决性的界定及进一步分层，则可厘清不同判决效力的边界及其相互关系。

本书根据法律关系与诉讼请求两个要素来界定诉讼客体，与德国新诉讼标的理论的“二分肢说”相类似，但并不仅仅使用脱离实体法性质的“生活事实”定义诉讼标的，而以保留了实体法性质的基础法律关系作为识别诉讼客体的标准之一。在客观范围上，前后诉讼中法律关系与诉讼请求均同一或者法律关系同一、诉讼请求相反构成诉讼客体的同一性，前诉裁判对后诉的效力即消极既判力；而前后诉的诉讼请求存在实体上的逻辑关系，则构成诉讼客体的先决性，对应于积极既判力概念；诉讼客体在前后诉的事实或法律问题上存在共通性，原则上与既判力无关而对应于预决效力。根据当事人是否适格来判断诉讼主体或接受判决之主体的同一性，并结合诉讼客体同一性来分析既判力主观扩张的范围。基于程序保障的必要性，判决对于案外人仅能发生预决效力这种可推翻的影响，但若案外人获得了事先的程序保障，则有必要基于诚实信用原则及公平原则来考量是否允许提出相反证据。这些观点既考虑了实体法因素又考虑了程序法因素：法律关系为实体法因素，诉讼请求为程序法因素；因前后诉之诉讼客体同一而产生的既判力主观范围扩张对应实体法因素，因缺乏程序保障而允许案外人推翻前诉判决中的判断或因事先已获程序保障而不允许案外人提出反驳证据，则对应于程序法因素。

在研究过程中，晓彤也曾受到大陆法系既判力理论之学术表达范式中固有思维结构的过分牵制，但她终能回归以中国语境内程序规范与审判实务为基础的研究角度，专注于我国民诉法及司法解释相关条文的解释学分析，我国司法实践提供的丰富案例则成为其研究的经验根据。本书对中国司法实践经验材料的运用，主要采取了类型化分析以展开程序规范解释的方法。司法案例的运用存在不同的路径，可以运用案例相关数据来进行实证研究，可以将系列案例作为经验论据以论证某种观点，还可以通过具体个案的分析对抽象的规范加以阐释。本书主要是在最后一种意义上运用司法案例，同时选择了“从类型化到体系化”的研究策略，即依托一定的概念或理论工具在海量的裁判文书中抽取尽可能多的不同类型的案例，并系统地将其加以排列组合。例如依据《民诉法解释》第 247 条作出的众多裁判文书，虽然都可以归入体现了禁止重复起诉的消极既判力这一大类，却有必要区分请求权竞合、针对同一给付的非竞合请求权、部分请求、抵销抗辩、不同权利保护形式以及“后诉的诉讼请求实质上否定前诉裁判结果”等彼此不同却又相互交错交织的案件类型，努力使关于消极既判力的结论能够一以贯之地适用于所有这些类型，有时还须明确具体的例外情形。案例分析的类型化方法有助于打通概念理论与司法实务之间的壁垒，促进“从抽象到具体、又从具体到抽象”这种良性循环的形成，并可能为在中国语境内理解和适用特定的程序规范以及对这些规范此后的修改完善提供一种有效的方法论工具。

至于本书的观点能否或者多大程度上为学界和实务界接受或可给学术对话带来多少刺激，则是一个需要时间方可检测结果的问题。必须指出的是，作者加诸自身的主要任务——确定不同判决效力之间的边界，也还留有不少“遗白”或未竟之处。在笔者看来，所谓“预决效力”究竟有多少内容属于“经验法则”的范畴，就是一个在中国语境内很有学术价值，但本书却未能正面提出并尝试回应的设问。我们所理解的“判决效力”，一般都具有法定的含义，且往往由程序规范所规定的特定要件和具体效果所构成。与此相对，证据运用或事实认定经常需要依赖的却只是认识论上的常识常理，而这些在学理上本属法官自由心证之对象或依据的所谓“经验法则”，又可能直接体现在司法解释的条文当中。例如，2001 年《证据规定》第 9 条之（三）将“根据法律规定或者已知事实和日常生活经验法则，能推定出的另一事实”列为无需举证证明的事实，而且其法律效果与“发生法律效力的裁判所确认的事实”并无任何区别。从这些条款中可析出“法律推定”“事实推定”和“预决效力”三种不同的要件以及同一的法律效果，但至少事实推定明显属于经验法则的范畴，不该指向明确的法律效果。与之相类似的，还有如“原始证据的证明力一般大于传来证据”“直接证据的证明力一般大于间接证据”等规定（2001 年《证据规定》第 77 条），都可理解为被赋予了“程序规范”外观的经验法则，以致学界当时就出现过批评此类规定无异于“复活了西欧中世纪法定证据规则”的声音。基于这样的现象，也应该问一问“预决效力”究竟包含多少“经验法则”的成分。尤其在《民诉法解释》第 93 条对 2001 年《证据规定》第 9 条作了微妙调整，现行《证据规定》第 10 条进而又将无须举证证明但“有相反证据足以推翻的除外”之生效裁判确认的事实限定为“基本事实”等程序规范发展的脉络之内，认真对待上列问题并提供有说服力的回答，不妨作为本书作者今后的研究课题之一。

王亚新

2020 年 1 月 28 日谨识于清华园

摘　要

民事生效判决中的判断会对后续诉讼产生不同程度的影响，构成不同种类的判决效力。为了实现明确性与有序性，从而给予当事人稳定的预期，世界上主要国家均对判决效力予以体系性的安排。但是在我国现阶段，判决效力尚不具备体系性：一方面，法律规范中仅有禁止重复起诉的消极既判力与作为免证规则的事实预决效力，司法实践中此二者适用的范围均较宽且颇为混乱；另一方面，学理中大多数判决效力研究为介绍比较法的知识，既未能完全澄清舶来的不同概念彼此之间的界限与关联，又未能提出适合中国语境的判决效力体系化方案。在比较法视角下对中国判决效力进行体系化研究，正是基于上述问题意识提出的理论思路。采取比较法视角进行的研究在中国由来已久，且前人的研究为后人的研究设定越来越多的前提、奠定越来越丰富的基础。就本书的研究而言，不可忽视两个前提性条件：其一，我国民事诉讼法与民事实体法制度均以大陆法系为蓝本；其二，借鉴自域外的概念、框架与思路可为我国判决效力体系化研究奠定基础。与此同时，须进一步落脚于中国判决效力的本土化考察，对相关规范作出解释、对规范在司法实践中的适用进行整理——即案例的类型化分析，条分缕析地提炼出有待解决的中国判决效力问题群。比较法视角与本土化路径始终相互依存，比较法可为我国的规范解释与实践类型化注入知识基础，而中国问题群决定了拣选比较法知识的标准与方向。体系化研究的成果是对中国判决效力的系统性安排。本书选来整理判决效力体系的基本范畴是同一性与先决性，依据这两个范畴可对作为判决效力基础的前后诉之间关系进行类型化，而不同类型对应着不同的判决效力。因此，在特定类型中对同一性与先决性的内涵予以界定，就能明确不同判决效力的内容、构成要件及法律后果，并确定不同类型之间的界限，从而适度澄清不同判决效力之间的边界。根据我国相关法律规范，与［诉讼客体同一＋诉讼主体同一］情形相对应的消极既判力已经存在，还应进一步承认与［诉讼客体先决性＋诉讼主体同一］相对应的积极既判力以及判决对已事先获得程序保障主体的参加效。除了界定诉讼客体同一性与先决性的内涵，还应对诉讼主体之同一性作全面的审视，结合前后诉诉讼客体的关系对既判力的主观扩张进行研究，并对判决的事实性效力进行类型化。如此“构筑”起来的中国判决效力体系乃是本书的主线，作为副线，本书还对与判决效力问题存在横向联系的诉讼客体、诉讼主体相关制度进行了研究。

关键词：中国判决效力；体系化；比较法视角；规范解释；案例的类型化

Abstract

Contents in a civil judgment on the merits will affect a subsequent relevant action in different ways, which produces a various kind of judgment effects. For all these effects of judgment on the merits, major countries around the world have already, for better and worse, built up their own systems in relatively explicit manner, in order to make the application of effects of judgment suffer less ambiguity and put things in good order, thus making justice predictable for parties. In China, however, we wouldn't find any fine system for effects of Judgment. Only res judicata in term of repetitive litigation prohibition and pre-determined effect which means that facts decided in effective judgments are in no need of proof unless there are valid counterevidence, could be found in legal rules or judicial interpretations in our country. In judicial practice, these two effects are applied widely and confusedly. In legal theories, Chinese scholars mainly bring in institutes or theories from foreign countries, without clarifying different concepts, especially the dividing lines and relevancy. More importantly, existing studies fail to build up a complete system for effects of judgment in the context of China. A research on systemization of effects of judgment in China with a perspective of comparative law is the plan to solve problems brought up above. A perspective of comparative law is necessary because, on the one hand, basic institutions and legal theories on Chinese civil procedure and civil law as well were borrowed from civil law countries, especially Germany and Japan. On the other hand, foreign institutes and theories could offer concepts, frames and ways of thinking for this research. Meanwhile, the more important part in this research is about effects of judgment in China, consisting of explanations for relevant legal rules, categorization and analysis of cases, and in the end bringing up groups of question in the context of China in logical order. The comparative perspective is always linked with the approach of localization, in the way that one brings in new knowledge, and the other decides standard of choosing resources and the direction of research. The result of this research on systemization comes out as a system of effects of judgment in China. The basic concepts applied in this dissertation as standards for systemization are *identity* and *the pre-judged* ("Präjudizialität" in German). Different relationship between two actions (the former and the latter) can be put into combination of these two categories, and different combinations bring out different effects of judgment. By defining *identity* and *the pre-judged*, contents, and elements ("Tatbestand" in German) legal consequences of different effects of judgment will be clarified correspondingly; in the meantime, in this system boundaries between different effects could be drawn. In China, preclusion of res judicata demands both subjective and objective identity; binding effect of res judicata demands subjective identity and objective Präjudizialität, we should also recognize participating effect by which judgments bind subjects who have had opportunities to be heard in the former action. Besides, subjective identity and subjective scope of res judicata need to be studied separately, because the former only decides part of the latter. Subjective scope of res judicata also deals with subjects who were not parties of the former judgment but would be bound by the judgment. Also, the factual influence of judgment upon parties and non-parties should be categorized by considering different relations between objects of two actions. In such way, we could get a system of effects of judgment in China, the construction of which is main line of this dissertation. At the same time, as a subline, there is some study on institutions of subject matter and parties in an action which are related to effects of judgment.

Key words: Effects of Judgment in China; Systemization; Perspective of Comparative Law; Interpretation of Rules; Categorization of Cases

目　　录

Contents

前　　言

作为一种民事诉讼终结方式的生效判决，是法院对当事人所提诉讼请求给予的答复，其包含的实体内容开始在法律生活中获得实在性（形成力），或具有成为现实的潜能（执行力），或成为一项标准（确定力）。[①] 判决作为一项标准的意义，实际上预设了判决的非孤立性，其成为标准是以人们此后的法律生活特别是新的诉讼为参照的。新的诉讼与产生判决的前诉之间若存在关联，判决的内容就对其构成一项标准，对后诉产生某种影响。一项事物之所以对另一项事物产生影响，是由于二者之间存在关联。前诉判决对后诉的影响，即以前后诉之间不同的关系为根据。前后诉之间关系以同一性即重复为一个极端，以风马牛不相及为另一个极端，在这两个“端点”之间存在着各式各样、层次不同、实体的或程序性的关联关系。同一性对应的效力亦可称为“判决对前诉自身产生的效力”，因前后诉完全同一，但基于时间及当事人主观意愿仍可界定出一个新诉讼，其是否确实试图超过一次地利用司法程序解决相同问题仍有待权威性判断，同一性恰好构成此种判断的标准。基于此特征，同一性还能将判决对前诉自身效力与判决对后诉效力连接起来。判决对前诉自身的效力，如执行力与形成力，亦具有自身复杂的特殊性，本书暂且不论；判决对后诉的效

① 确定力主要是指既判力，此种效力能够保障通过判决实现权利、终止纠纷，为当事人之间法律关系提供明确的基准。参见［日］小山升《判决效的研究》，信山社1990年版，第3—4页；陈荣宗、林庆苗《民事诉讼法（中）》，台北：三民书局2011年版，第625页。

力涵盖全部诉讼类型，由于前后诉之间关系的多样性而极其复杂，若不能在一个统一的体系框架内梳理清楚，就会显得极为混乱，故本书的研究目标为判决对后诉效力的体系化。

判决对后诉效力的混乱性在今日中国表现得尤为明显。在规范层面，我国仅规定以重复起诉禁止规则面貌出现的消极既判力与以生效裁判确认事实无须举证规则形式出现的事实预决效力。在实践层面，法院适用此二项规定的案件多种多样，且两种效力作用范围均相当宽泛甚至存在交叠预决效力还可能包含实质上属于“经验法则”范畴的内容。在我国学理中，先行研究大多是介绍大陆法系或英美法系判决效力制度与理论，学者对与判决效力有关的舶来概念经常争议不断未能达成一定程度的共识，借用这些概念解决中国问题的研究尚未提供一套适合中国语境的体系性方案。本书所作中国判决效力体系化研究，是在考察我国规范不完备性与实践混乱性的基础上，于理论层面提出一个体系性解决方案。该方案不能凭空产生，亦无法从传统中国法制资源中直接获得，故有必要采纳比较法视角，并与中国现阶段民事诉讼法相对接，借用逐渐渗透到中国法治进程中的那些外来概念对相关规范作出解释，为实践的合理化提供思路。

通过比较法的考察可知，针对判决对后诉效力问题，大陆法系与英美法系主要国家都存在某种行之有效的体系化方案。大陆法系制度与理论对我国产生了较大影响，包括主要概念术语及整体框架的继受，然而大陆法系的整理框架对于中国来说恐怕不算完整，许多西方社会习以为常的知识在中国却可能是亟待解决的谜题，最突出的问题即预决效力的位置、消极既判力与积极既判力的边界及其他中国规范付之阙如的判决效力等，其中有些问题在大陆法系判决效力体系中并不重要，在中国却构成实践混乱、学术争议的源头。在中观或微观层面，大陆法系不同国家或地区也存在较多差异，在应对中国语境时该作何选择亦未得到充分的讨论。因此，中国判决效力体系化研究中须借鉴大陆法系，但不可囿于大陆法系的概念、框架及具体理论。英美法系判决效力制度晚近才为中国学者所关注，影响因而较小。但针对相同问题存在差异较大的两类解决方案，足以说明“殊途同归”并非“虚言”，英美法系的方案对中国判决效力体系化亦可产生启发。

中国判决效力体系化研究须借鉴参考比较法知识，但最终落脚点应为中国本土语境问题的解决。今日中国制定了相对完备的《民事诉讼法》，最高人民法院颁布了数量众多的司法解释，为民事审判实践提供了重要的依据。但现实中规范与实践均存在较多问题，这些问题伴随着法治现代化的进程，体现了过去、现在与未来的交错杂糅：来自西欧的“判决确定”、判决具有既判力、当事人不能就同一案件再次诉讼、即使作出判决的法官事后认为自己判断有误也不能进行修正等观点，在今日中国仍极难落地生根；清代审判中地方官已下了堂谕的案件当事人仍可反复找其或新任的官员要求重新审理，“有错必纠”被视为优秀官员的品质等实践及观念，[①] 至今仍徘徊在司法活动之中；现今状况虽不理想，但在改革开放的大背景下判决确定性与终局性观念开始得到越来越多的赞成与支持，未来法治现代化过程中源自西欧的既判力等制度由于更适应市场经济的需要，应该会越来越深地渗透到中国立法与司法中去。所谓中国本土语境，正是凝聚了过去、现在与未来，处于持续变化、价值不断重塑动态过程的语境，因此，判决效力实践才出现了混乱、不一致、相互矛盾的现象。对此，有必要从理论上予以梳理，关键是探寻对规范的合理解释，从而区分妥当与不妥当的实践。

关于判决效力的混乱、不一致、相互矛盾的实践，将导致处于相同状况的当事人在已有生效判决时，有的还能提起后诉，有的却被禁止提起后诉，有的可以举证推翻前诉判决之判断，有的却不能举证推翻。为解决同案不同判问题提出的理论体系须将判决效力追

---

① 关于清代民事案件处理后果的效力与性质问题，参见［日］滋贺秀三《清代司法中判决的性质——判决确定这一观念的不存在》，《法学协会杂志》91 卷 9 号，1974 年，91 卷 9 号，1975 年，转引自［日］寺田浩明《权利与冤抑：寺田浩明中国法史论集》，王亚新等译，清华大学出版社 2012 年版，第 301—302 页。

溯至最没有争议、相对客观或至少具有“间主观性”的基础——判决效力的强弱取决于前后诉之间关系的疏密程度：前后诉关联紧密的，判决对后诉效力强；前后诉关联不紧，判决对后诉产生的效力弱。因此，对前后诉之间关系予以进一步类型化，从而对应不同种类的判决效力，最终将这些判决效力置于统一的基础之上。

第一节　比较法的视角

域外主要法治国家与中国一样面临着相同或相近的前诉判决对后诉效力问题。前诉判决对后诉的效力以前后诉之间关系为基础，这是判决效力体系共通的前提。域外主要国家在一定程度上又均受罗马法影响，具有共同的起源。因此，不同国家判决效力体系之间或多或少存在着共性，共享一些基本要素或性质。但更突出的还是差异性：在“法系”这一较宏观的层面，大陆法系与英美法系判决效力的名称、内涵与范围均不相同；在国家这一较微观的层面，大陆法系德国与法国、日本、韩国，英美法系的英国与美国等，具体制度与学理均存在诸多差异。

一　域外判决效力体系的共性

前诉判决对后诉可能产生的效力主要是遮断后诉——即不允许提起后诉、拘束后诉——即不允许推翻前诉判决内容以及非拘束性的影响。这三种判决效力，不同程度地均被域外多数国家予以承认，恰好能体现出各国判决效力体系的共性。追溯到前后诉之间的关系，生效判决之禁止重复诉讼效力，对应于前后诉的同一关系，即“同一性”；生效判决之判断禁止重复争议的效力，乃是源于该判断构成后诉诉讼标的之先决条件，即“先决性”；生效判决对后诉产生的非拘束性影响，乃是源于前后诉存在共同的事实问题或法律问题，但法院对这些问题的判断不应也无必要禁止当事人在后诉进行争议。同一性与先决性，早在古罗马法时期就已被注意到并分别予以处理。

古罗马法已经承认“一事不再理”（ne bis in idem）这项司法原则。这项司法原则不仅符合防止资源浪费的诉讼经济原则，更重要的是其具有促进法的安定性之功能。一项民事权利之争、一项民事纠纷，若国家司法权仅给予一次救济机会，就会促使当事人竭尽全力在一次诉讼中彻底解决争议，并在获得生效判决后以此为基准展开将来的法律交往；若国家允许当事人不断寻求推翻生效判决或允许审判者自行无限制地改正判决，当事人之间的纠纷永远没有终点，也就没有新的起点，法的实施与执行中永远无法获得确定性。基于种种因素与考虑，古罗马时期的人们选择了“一事不再理”，为了保障这一原则的实现，还确立了诉权消耗制度与既判事项抗辩（exceptio rei iudicatae）制度。诉权被行使之后就归于消灭，因此当事人无权提起第二个诉讼；在涉及物权等诉权无法消灭的情形中，被告亦被赋予提出既判事项抗辩的权利。①

继受了罗马法的德国是大陆法系的代表国家，其最重要的判决效力是既判力（Rechtskraft），即判决中法院判断的确定力。既判力包括禁止后诉的遮断效/阻断效（Sperrwirkung）和拘束后诉的先决效（Präjudizialitätswirkung）。遮断效要求诉讼标的具有同一性，此外，德国司法实践将一种矛盾对立面（kontradiktorisches Gegenteil）情形亦归于遮断效；先决效力要求前诉诉讼标的对后诉诉讼标的具有先决性。遮断效导致后诉因不合法被驳回，先决效力则要求后诉法院作出与前诉一致的判决。既判力限于作为对诉讼标的之答复的判决主文，原则上仅拘束当事人，在少数例外情形中拘束案外人或可被案外人援用。判决中其他内容根据前后诉关联产生一定的事实影响力。此外，前诉辅助参加人不得对被参加人主张前诉判决是错

① Vgl. Reischl, Die objektiven Grenzen der Rechtskraft im Zivilprozeß, Tübingen 2002, S. 29, 35.

误的，这是参加效的体现。[①] 日本则继受了德国法，包括判决效力制度与理论，日本学者将既判力的遮断效与先决效，分别称为既判力消极作用与积极作用，或消极既判力与积极既判力。[②]

英美法系国家的判决效力，常被称为“既判事项”（Res Judicata），省略了“效力”一词，但事实上是指既判事项对后诉的效力。英美法系判决效力同样可分为遮断效与拘束效，英国判决的既判力包括禁止后诉的诉因禁反言（cause of action estoppel）和拘束后诉的争点禁反言（issue estoppel），争点禁反言可能涵盖大陆法系的积极既判力，因为判决主文中的内容构成争点，但更为宽泛。美国继受了英国法，称谓改为请求排除效（claim preclusion）与争点排除效（issue preclusion），范围与英国略有出入。在美国，判决可对案外人产生多种效力，大陆法系的参加效在美国有可能以争点排除效的形式出现。[③]

从名称及制度内容来看，大陆法系与英美法系国家均继受了罗马法“一事不再理”原则所要求的生效判决禁止重复起诉之效力，但判决内容对后诉的拘束效在罗马法上却找不到渊源。在罗马法中，判决的重要性远远不如其今天对于大陆法系与英美法系民事诉讼程序的意义，判决中的判断在后诉中出现时，并不对后诉产生强制性拘束力，仅具有参考价值。当然，由于罗马法上审理案件的法官是陪审员即未经法律培训的普通公民，他们在审判时若发现某些问题已在前诉中由法院作出了判决，就会倾向于作出相同的判断，即前诉判决中的判断对后诉会产生一种事实性效力。此种事实性效力对后诉当事人可能造成不利，为此制度上赋予当事人提出“先决抗辩”（exceptio praeiudicii）的权利，即被告可要求原告先起诉在本案中具

---

① Vgl. Rosenberg/Schwab/Gottwald, Zivilprozessrecht, München 2010, §§ 50 V, 154, 156.

② 参见［日］新堂幸司《新民事诉讼法》，林剑锋译，法律出版社2008年版，第490页。

③ See Subrin, Minow, Brodin, et al., Civil Procudre, Doctrine, Practice, and Context, New York, Wolters Kluwer Law & Business 2012, pp. 985 -986.

有决定性但并非本案诉讼标的的事项，由法院对该事项作出判决后，才可继续审理本案。[①]“先决抗辩”对大陆法系的先决拘束力或积极既判力产生了影响，大陆法系通说将既判力限于判决主文，即仅在前诉判决诉讼标的构成后诉诉讼标的之先决条件或前提条件时，前诉判决主文中对诉讼标的的判断对后诉产生拘束力。但英美法系的争点排除效主要起源于习惯法，且并未经法学者将其与罗马法上的制度联系起来。不过，由于先决拘束力与争点排除效在效果上均为禁止当事人重新争议前诉已有判断的某些事项，与遮断效或排除效同属于广义的既判力或一事不再理原则的要求。

二　域外判决效力体系的差异性

现代大陆法系与英美法系国家均非罗马法的直接后裔，它们虽受到罗马法的影响，但主要法律制度诸多方面直接来源于日耳曼习惯法或英国普通法，而这二者因司法制度、民族文化等方面的差异而存在很大的不同。

在构成近现代德国法律制度直接来源的日耳曼习惯法中，判决面向未来的积极性效力更重要。当时尚无成文法，每一个判决构成一个判例（Weisthum），一个关于权利主张的确定的、权威性的确证。这样的判决将对后诉产生一种广泛的效力，包括其判决主文与判决理由中的判断。孟德斯鸠说，判决要加以保存和学习，今天的判决才能和昨天的一样，公民的生命和财产才能和国家政制一样安稳、固定。[②] 从这句话可以得知，早期法制史中的判决效力并不像现在这样具有明确的内涵，它可能是一种类似英美法系先例效力的东西，也可能包含着判决对相关后诉的积极效力。后来，随着罗马法

① Vgl. Planck, Die Mehrheit der Rechtsstreitigkeiten im Prozeßrecht, Göttingen 1844, S. 179 ff. 转引自 Reischl, Die objektiven Grenzen der Rechtskraft im Zivilprozeß, Tübingen 2002, S. 70 – 73。

② ［法］孟德斯鸠：《论法的精神》（上册），张雁深译，商务印书馆 2002 年版，第 72 页。

文献被发掘，许多德国学者开始按照古罗马法的模式，改造日耳曼习惯法中的判决效力，除了继受既判事项抗辩并将其制度化为一种强制适用的遮断效外，还将先决抗辩与判决对后诉的积极拘束力结合起来，因此判决内容不再对后诉产生宽泛的拘束力，仅前诉诉讼标的构成后诉诉讼标的之构成要件时，前诉判决主文才对后诉产生拘束力。①

英国普通法也继受了古罗马法中的既判事项抗辩，但其固有的“禁反言规则”对其判决效力产生了重要影响。禁反言，本意是指当事人实施了某项行为，从而引起对方以合理的期待，此后就不能以自己的矛盾行为使对方的期待落空。该规则的内容丰富多样，其与判决效力的连接点在于：一方面，判决的根据是当事人自己（或由其诉讼代理人）实施的诉讼行为，当事人应当为自己的行为及该行为的后果负责，故判决对其有拘束力；另一方面，当事人本可实施某些争议行为但却没有实施，使对方当事人形成其已弃权的信赖，此后当事人就不得再要求实施该行为。英国的判决效力分别称为诉因禁反言与争点禁反言，主要根据禁反言规则来确定其禁止重复诉讼或重复争议的范围。美国判决效力亦以禁反言规则为基础，也体现了要求当事人充分利用诉讼规则赋予他们的一次性解决纠纷之机会这样的制度期待。②

即使可归入同一法系，不同国家民事诉讼的判决效力也总是存在诸多差异。在大陆法系的代表国家中，德国既判力的排除效与先决效在作用方式上有所不同，即分别应以诉不合法与诉无理由判决驳回后诉，而日本消极既判力与积极既判力则均以诉无理由判决驳

---

① Vgl. Reischl, Die objektiven Grenzen der Rechtskraft im Zivilprozeß, Tübingen 2002, S. 41 – 43, 71, 183; Rosenberg/Schwab/Gottwald, Zivilprozessrecht, München 2010, S. 870.

② See Yuval Sinai, "The Downside of Preclusion: Some Behavioural and Economic Effects of Cause of Action Estoppel in Civil Actions", 56 Mcgill L. J. 673 (2011); Second Restatement of Judgments, Vol. 1, p. 198 (1982).

回；德国参加效亦属法院应依职权适用的效力，日本参加效则仅依当事人申请；德国通说以诚实信用原则处理判决理由问题，日本学者则借鉴美国争点排除效主张争点效理论；德国学者视为既判力主观扩张的某些情形，日本学者却借鉴德国的构成要件效力及反射效概念主张反射效理论，还就判决对后诉产生的事实性影响提出证明效、波及效等概念。[①] 在英美法系代表国家中，随着时间的推移，美国与英国对既判事项之界定亦产生越来越大的差异。英国依然使用"诉因"标准来界定既判事项范围，而美国的标准则为"请求"，请求的范围依据十分宽泛的、实用主义的"纠纷事件"来判断；美国的争点排除效限于当事人实际争议过的争点，英国还排除当事人本有机会争执但未实际争议的争点。[②]

值得注意的是，西方国家与东方国家（或地区）对判决的事实性效力关注程度不同。在德国的司法实践中，法官同样可能接触前诉的判决，即使该判决不会对后诉产生既判力，法官的自由心证依然可能受到相应的影响，因此反对前诉判决中判断的当事人可能被法官要求举出反证，空凭主张难以阻止法官作出与前诉判决一致的判断。[③] 但德国与英美一样，对于判决的这种事实性效力，规范、制度与学理中几乎完全不置一词。但在东方国家如日本，对于这种实践中普遍存在的判决事实性效力，学者提出了证明效、波及效等其他效力概念。这亦被我国台湾地区某些学者接受。[④] 虽然难以对这些效力作出像既判力那样明确的界定，但由于司法实践中这种效力十分常见，甚至出现了某些问题，学理才不得不对此予以回应。

---

① 参见［日］新堂幸司《新民事诉讼法》，林剑锋译，法律出版社 2008 年版，第 492—511、570 页。［日］铃木正裕、青山善充编集《注释民事诉讼法（4）》，有斐阁 1997 年版，第 6—7 页。

② See Restatement（second）of Judgments，§§ 24，27（1982）.

③ Vgl. Reischl，Die objektiven Grenzen der Rechtskraft im Zivilprozeß，Tübingen 2002，S. 188，288.

④ 参见李木贵《民事诉讼法（下）》，自版 2010 年版，第 7 章第 93—94 页。

此外，域外每个国家的判决效力制度与实践都处于变动之中，变化的进程有时较为缓慢，有时则由于特殊契机而产生剧烈的变化。在长时期的观察视角下，学理总是在与本国特有的规范、实践基础及其他条件的互动中，试图将判决效力的复杂现象纳入一个比较规整的体系框架之中，以谋求一段时期内的稳定性与可预期性。

第二节 中国的判决效力问题

中国的判决效力问题，自然具有自己的特殊性，难以直接全盘接受域外某国的判决效力体系。不过，先行研究对大陆法系判决效力体系的重视亦非无的放矢，因为中国法治的建设事实上是一个不断学习国外先进制度的过程，民事诉讼法与民法主要接受了大陆法系的基本框架，学者在判决效力问题上主张学习大陆法系，乃是顺理成章的，但在借鉴的同时需要考虑法律移植的可能性、程度以及法律学说本土适应性等因素。

法学主要是一门规范性学科，中国的判决效力问题必然与中国的现行规范紧密相连。我国《民事诉讼法》中早就存在着禁止重复起诉或一事不再理的规定，其第 124 条第 1 款第 5 项规定对裁判、调解书已经发生法律效力的案件，当事人又起诉的，告知原告申请再审，即要求原告在同一诉讼的框架下申请重开程序，而禁止其另行起诉。该规范仅提示出“同一案件”这个抽象的标准，直到 2015 年《最高人民法院关于适用〈中华人民共和国民事诉讼法的解释〉》（以下简称《民诉法解释》）第 247 条才更为细致地界定了“重复起诉”，但其为重复起诉规定的要件——前后诉当事人同一、诉讼标的同一、诉讼请求同一或后诉诉讼请求实质上否定前诉裁判结果，都还需要作进一步的解释。在司法实践中，法院适用该规范的案件情形多种多样且存在一些问题，特别是围绕对后诉诉讼请求实质上否定前诉裁判结果的理解，出现了一些相互矛盾、稍显混乱的做法。

关于判决对后诉的效力，1992 年最高人民法院《关于适用〈中华人民共和国民事诉讼法〉若干问题的意见》第 75 条第 4 项规定，已为人民法院生效裁判确定的事实，当事人无需举证。如今该司法解释已失效，2001 年《最高人民法院关于民事诉讼证据的若干规定》（以下简称《证据规定》）第 9 条延续该规定免证效力但将其相对化，即当事人有相反证据推翻的除外。2015 年《民诉法解释》也规定此种效力，并将“无需”改成“无须”。此种生效裁判确认的事实无须举证证明的效力，因在表述上与苏联的“预决力”规范相似，被我国一些学者称为“预决效力”。[①] 此种预决效力的门槛很低，几乎不需满足什么要件判决中确认的内容就可对后诉产生影响；其法律后果与后诉的证明状态相连。实践中，该效力适用极其广泛，杂糅着各式各样不同类型的案件。值得注意的是，2019 年最高人民法院对《证据规定》进行了修改，将法院生效裁判确认的无须举证事实限制在基本事实的范围内。新《证据规定》将于 2020 年 5 月 1 日开始实施，届时将面临该规定与《民诉法解释》第 93 条的冲突。考虑到《民诉法解释》第 93 条规定过于宽泛，适用新《证据规定》更为合理。但是，何谓“基本事实”、非基本事实的判断对后诉是否产生影响。为何仲裁裁决确认的全部事实免证但有相反证据以反驳的除外，为何公证书证明的事实免证但有相反证据足以推翻的除外，仍然构成预决效力理解与适用的难题。

判决效力本质上是一种法律后果，若某个判决效力的要件十分概括、抽象、富有争议，甚至缺乏明确要件，其在实践适用中就具有较强的灵活性，但与此同时可能带来不稳定的后果。一方面，构成要件不明确的判决效力极易被扩大化适用。我国一事不再理原则及禁止重复起诉制度时常适用于较宽范围内的案件，故法院可根据生效判决禁止较多的后诉，即使后诉当事人主张的实体请求权与前

---

① 参见李浩《民事证据的若干问题——兼评最高人民法院〈关于民事诉讼证据的司法解释〉》，《法学研究》2003 年第 3 期，第 73—74 页。

诉并不相同，甚至前后诉的主体不完全一致。这样操作虽有助于在更大范围内实现权利的安定性、法律的稳定性并节约资源成本，但实体法既然赋予当事人独立的请求权，法院在适用一事不再理原则时却间接强制当事人在一次诉讼中主张多个相关的请求权，这就对当事人的诉权自由施加了限制。至于预决效力规范，其在较宽范围内得到适用，或许有助于实现纠纷的统一性解决，但由于前后诉环境的差异，该效力有可能导致后诉当事人获得的程序保障实质上打折。另一方面，判决效力的构成要件不明确，可能导致不同法院采取不同的具体适用标准，产生“同案不同判”的问题，我国民事诉讼制度中促进法律统一适用的机制目前亦不完善，司法的统一性、稳定性与可预期性经常受到挑战。此外，若某种影响力不可能具备明确的要件与后果，而是与认识论问题重合，则难以称为真正的判决效力。判决对后诉可能产生的效力十分复杂，仅对既判力遮断效与性质模糊的预决效力作出规范，是远远不够的，无法与前后诉之间关系的诸多类型相对应，难以建立起完备的判决效力体系，从而不能有效解决中国的判决效力问题，使得围绕着判决效力制度发生冲突的若干法的价值，不能得到平衡有效的实现。因此，有必要在前后诉关系的框架下构建一套中国判决效力的体系：将不同的前后诉关系进行合理的分类，以不同的判决效力对应不同的关系类型，并明确不同判决效力具体的构成要件与法律后果。

第三节 中国判决效力的体系化研究

对判决效力的体系化研究，应追溯到判决效力的本源，即前后诉之间的关系。判决对后诉产生何种效力，取决于前后诉之间存在何种关系。判决效力体系中的组成部分——具体的判决效力，就分别对应着前后诉不同关系的类型，前后诉之间不同的关系类型之间，也综合地存在着某种牵连性或过渡性，从而有助于将不同判决效力组合为一个整体，即判决效力的体系。

前后诉之间关系主要是前后诉主客体之间关系的组合。前后诉主体、前后诉客体之间可能存在的关系类型，不妨借助比较法（主要是德国）上的“同一性”与“先决性”这两个范畴，即前后诉主体可能具有同一性可能不同一；前后诉客体可能具有同一性，或先决性，或其他关联关系。此外，大陆法系若干重要的概念术语及其基本框架，如既判力、诉讼标的、参加效等，早已被我国学者引入并已有较多讨论。它们逐渐渗透到我国现有的判决效力理论甚至是实践中去，故在我国的语境下仍可继续援用，但前提是更加深入地考虑这些概念的内涵，特别是其在一个判决效力体系中的位置，再来确定其在我国语境下的最佳含义。

在广泛的意义上，中国语境包括社会背景、司法制度等外部环境因素，但这并非本书考虑的重点，过于宏大的问题反而需要具体的细节加以支撑，本书所考虑的“中国语境”主要是现行规范与司法实践。当然，最重要的往往不是规范与实践表现出来的内容，而是其蕴含的内在逻辑以及各方主体之间的互动关系。此前，我国法院裁判文书公开的程度有限，一般公众获得对司法状况之了解的机会不充分、不便利，近来，随着技术的提升与网络的普及，法院裁判文书大规模上网，为研究者收集整理相关案例类型、了解法律真正的实践逻辑提供了信息基础。笔者收集的相关案例，为解释我国相关规范提供了辅助，并以其各种类型构成连接体系框架与具体制度细节的“中间层”。

将比较法视角与中国判决效力问题的解决结合起来，我国的判决效力体系就能逐步构建完成。努力做到兼具理论品味与实践智慧，或许本书提供的方案有希望作为一家之言在学术界产生一定的影响，推动更深层次的学术讨论，再借助时间的力量逐渐形成某种共识，这种共识中应包含对细节问题的处理，从而足以影响实践，并促成理论与实践的对话。

这种中国判决效力的体系还可能在不同层面上对整个民事诉讼

制度产生影响。在较宏观的层面上，判决对后诉产生某种效力的目的，是使判决——并回溯性地使民事诉讼本身——实现某种特定的法律价值。[①] 不同种类判决效力能够促进实现不同的法律价值，更准确地说，不同判决效力在所追求的法律价值方面各自有所侧重。就位于判决效力体系中心的既判力而言，一方面，消极既判力直接遮断后诉，即生效判决消耗了当事人对同一事项的诉权，这对实现法的安定性、防止纠纷重启、节约司法资源具有促进作用；而积极既判力不禁止后诉，但前诉判决构成后诉审判的基础，禁止当事人重复争议，故能够防止矛盾判决，促进纠纷的统一解决。另一方面，消极既判力禁止当事人提起后诉，积极既判力也基于前后诉请求的关联性制约了当事人分别实施诉讼的独立性。而生效判决的参加效也有助于防止重复争议、实现纠纷的统一解决，但有可能忽视诉讼参加人地位实际上弱于当事人，其若承受判决拘束力有时可能程序或实体权益受损这一事实。非拘束性的事实证明效或预决效力，不像遮断效与拘束效那样绝对地实现法的安定性，因为当事人可以举证推翻，但这一效力在未被推翻的案件中有利于节约资源与一次性解决纠纷，但也可能对后诉主体产生不利影响。正是由于上述不同的判决效力各自具有其功能与价值取向，才有必要在一个判决效力的体系中，为它们分别设置合理的要件与范围，并澄清彼此之间的关系与位置，如此才能平衡不同判决效力所追求的法律价值，对相关法律价值也能作出体系性的安排，使更多可欲的法律价值得到最大程度的实现。

在较具体的层面上，表面上判决效力仅是一个民事诉讼的结果对后续诉讼面向未来产生的效力，但实质上它是民事诉讼法学体系

---

① 在某种程度上，作为判决效力之目的的法律价值，本就构成判决效力体系的一部分内容。不过，这些法律价值不仅靠判决效力得以实现，还与其他诉讼制度息息相关，故亦可将其理解为与判决效力体系相关联的另一个系统。

中最为核心的问题，因为判决效力对整个民事诉讼回溯性地发挥着提纲挈领式的作用。其一，判决中重要的内容，正是法院针对诉讼对象或审判对象（即诉讼标的）作出的判断，因此，判决效力的具体效果及范围当然与诉讼过程中客体对象（包括实体内容与程序内容，以实体内容为主）的“形成”密切相关；其二，判决的效力始终应由特定主体来承受，因此判决效力的主观范围与诉讼主体制度前后呼应；其三，判决是诉讼的结果，是时间的沉淀，判决效力不是永恒的存在，它具有时间属性，这一时间属性即来源于诉讼的时间属性。实质上，判决之所以产生效力，是由于特定主体针对特定诉讼客体在一段时间内、经过一系列诉讼行为，才获得法院的判决。基于自我决定、自行负责的法理，[①] 判决要对这些人、这些事、在特定时间范围内产生拘束力或其他种类的效力。民事诉讼所具有的这种前后照应的属性及牵一发而动全身的特征，决定了在判决效力体系化研究的过程中，界定不同判决效力的内容及彼此之间的界限时，不得不与相关的诉讼客体制度——诉讼标的、诉的变更、诉的合并，反诉等，诉讼主体制度——当事人、当事人适格、当事人变更、第三人、共同诉讼等，诉讼流程——主张、举证、辩论等攻击防御过程结合起来考虑。因此，在对与某种判决效力相关的规范进行解释时，不应孤立地理解该规范或至多仅结合其他判决效力规范，还要引入相关的诉讼法及实体法规范，进行体系性的解释。反过来，以判决效力体系化研究为契机，还有希望对整个民事诉讼法作出体系性的整理，找出一条可将其全部内容串联起来的主线，一以贯之地理解我国民事诉讼法的结构。由于内容上存在着上述牵连性，本书实际上存在主线与副线两个层面，主线是针对判决效力问题将不同的判决效力进行合理的安排，体现纵向的联系；副线则是以判决效力为中心，将相关的民事诉讼主体、客体、流程制度编织在一起，

---

① 参见王亚新《对抗与判定——日本民事诉讼的基本结构》，清华大学出版社2010年版，第6页。

体现横向的联系。

第四节　判决效力研究的现状

在正文之前，简单梳理国内外判决效力研究的现状，将有助于进一步展现该问题在理论上的重要性与复杂性，并能大致显现本书采取的研究路径究竟处于判决效力理论研究的何等位置。值得注意的是，国内外判决效力研究中相当多的具体内容，对于本书正文中的论证均具有重要的价值，故将留待正文详细阐述分析，恰能体现出本书的比较法视角及与先行国内研究的对话。前言部分对判决效力研究现状的介绍，仅限于对理论关注焦点及研究动向作概括式的描述。①

一　德国研究现状

关于判决效力问题，德国学者最关注既判力及与此相关的诉讼标的，虽然早已形成既判力仅限于判决主文，诉讼标的根据“二分肢说”来识别的通说，② 仍有一批学者赞同佐伊那（Zeuner）提出的“意义关联说”，即当前后诉存在实体法上意义关联时，前诉判决

① 下文引注的德文书籍，部分来源于卢森堡马普所图书馆的网站。笔者攻读博士学位的第二年曾在该研究所访问学习，由于语言能力的限制当时未广泛翻阅留存相关文献，但笔者以为在概括德国既判力研究新动态时有必要提及这类书籍。这些手上未真正掌握的资料不会加入正文的脚注及文末的参考文献，正文脚注及文末参考文献均为笔者确实阅读过内容的文献。

② “二分肢说”由德国著名学者罗森贝克提出，指的是根据当事人在诉讼请求中提出的权利主张及该主张的诉讼基础（理由）来识别诉讼标的，该理论得到较为广泛的支持，其具体内容及其他非通说的理论均将在正文予以详细介绍。

的特定理由亦对后诉产生拘束力。①

自20世纪80年代以来，随着欧洲一体化进程的加快，特别是由于欧盟法的发展以及欧盟法院针对诉讼标的作出一系列案例，德国学者又重拾对诉讼标的理论的强烈兴趣。上述德国诉讼标的理论通说，针对诉讼系属与既判力对诉讼标的采相同的理解；然而欧盟法院通过一系列判例扩大了对诉讼标的范围之界定，其理论根据被概括为"核心理论"（Kernpunkttheorie），即若前后诉的核心一致，诉讼标的就相同，即便前后诉主张的实体请求权、诉的类型存在差异。欧盟法对其成员国会产生较强的效力，欧盟法院的判例也是如此。为此，德国有些学者主张应全面接受核心理论，即不论诉讼系属排除效还是既判力制度，在判断诉讼标的时均探求前后两诉的核心，尽管欧盟法院的判例未对既判力问题发表意见，比较既判力问题尚不属于欧盟法院管辖范围。与此同时还有学者主张，诉讼系属排除效与既判力制度在目的上存在重要的差异，在诉讼系属排除效上可以接受较宽的范围，但既判力的制度目的使其仅能在有限的范围内发挥作用，故不妨采取相对的诉讼标的理论，即根据不同制度目的，允许诉讼系属排除效与既判力的客观范围有所不同。②

由于美国法的全球影响力增强，近来德国学者十分关注德国与美国既判力制度的比较。③ 在德国与奥地利，有些学者或实务家有时

---

① Zeuner, Die objektiven Grenzen der Rechtskraft im Rahmen rechtlicher Sinnzusammenhänge, Tübingen 1959. 赞同该学说的学者有 Blomeyer, Bruns 和 Foerste 等, Vgl. Rosenberg/Schwab/Gottwald, Zivilprozessrecht, München 2010, S. 882。

② Gottwald, Streitgegenstand und Sinnzusammenhänge, Symposium Schwab（2000）, S. 85, 94; Stein/Jonas/Roth, Vor §253 Rn. 46 ff. 转引自 Rosenberg/Schwab/Gottwald, Zivilprozessrecht, München 2010, S. 505。

③ Krause, Urteilswirkungen gegenüber Dritten im US-amerikanischen Zivilprozeßrecht: eine rechtsvergleichende Untersuchung zu den subjektiven Grenzen der Rechtskraft, Tübingen 1994; Grohé, Durchbrechung der Rechtskraft und Relief from Judgment, München 2011; Niehoff, Verfahrenskonzentration durch compulsory counterclaims in den US-amerikanischen Zivilprozessordnung, Tübingen 2014.

会选取判决效力制度的一个侧面加以研究：判决中前提性问题（Vorfragen）的效力；① 或特定类型判决的效力，如基于瑕疵的给付之诉、驳回诉之判决、团体诉讼之判决、家事诉讼之判决、劳动关系诉讼之判决；② 虽然不属于判决，在法院达成的诉讼和解之效力问题亦有学者加以研究。③

在判决效力的主观方面，原则上判决仅在当事人之间产生既判力，通说承认几种既判力主观扩张的例外，但其中并不包括主债务人获得的败诉判决对保证人的影响。然而，在2016年德国联邦最高法院（BGH）的一个判例中，前诉中，主债务人为被告，其提出时效抗辩但未被支持；判决生效后债权人起诉保证人，后诉法院认为保证人不得再次主张时效抗辩。学者对该判例主要持反对观点，主张此种既判力扩张有违宪法上的法定听审权。④

二　日本研究现状

日本大体上继受了德国法，但也出现一些新的发展，其学理中探讨的判决效力种类较德国更为丰富，如争点效、反射效、证明效

---

① Mittenzwei, Die Ausssetzung des Prozesses zur Klärung von vorfragen: Eine Untersuchung der Funktion von Aussetzung, Rechtshängigkeit und Rechtskraft bei Verfahrenskonkurrenzen, Berlin 1971; Strohmayer, Urteilswirkungen: Vorfragen und Präklusion auf der Grundlage des rechtlichen Gehörs und der Logik der Rechtssätze, Wien 2001. 前提性问题还包括相关的形成权，对此 Schapp, Die Präklusion von Gestaltungsrechten nach § 767 Abs. 2 ZPO, Frankfurt am Main 2011。

② Bub, Streitgegenstand und Rechtskraft bei Zahlungsklagen des Käufers wegen Sachmängeln: gleichzeitig ein Beitrag zur prozessualen Behandlun elektiv konkurrierender Ansprüche, Bielefeld 2001; Terhalle, Die Reichweite der Rechtskraft klageabweisender Urteile, Hamburg 2011; Rieder, Dir objektiven Grenzen der Rechtskraft im Gruppenverfahren, Wien 2011; Obermann, Materielle Rechtskraft im FamFG-Gedanken zum anwendungsbereich von §48 FamFG, NZFam 2016, 961.

③ Frische, Verfahrenswirkungen und Rechtskraft gerichtlicher Vergleiche: nationale Formen und ihre Anerkennung im internationalen Rechtsverkehr, Heidelberg 2006.

④ 该判例为 BGH NJW 2016, 3158. 学者的观点 Vgl. Leitmeier, Rechtskraft der Hauptschuld und Verjährungseinrede des Bürgen, NJW 2017, 1273。

与波及效等。①

争点效是日本学者借鉴英美法系的争点排除效提出的一种判决理由效力，是大陆法系诚实信用原则与英美法系禁反言法理的融合。反射效是判决对案外人反射性产生的效力，适用情形有限且存在一定争议。证明效与波及效则是事实性影响，对后诉不产生拘束性效力。

三　美国既判力制度及研究现状

在美国，出于对纠纷一次性解决之法律价值的强调，在诉讼规则已赋予相关主体充分扩展诉讼所能容纳的主客体范围的机会之基础上，既判力制度中的请求排除效与争点排除效范围均十分宽泛。为了增强实用性，界定既判事项范围的标准远不像大陆法系国家那样明确与固定，因此法院须进行广泛的自由裁量，从而实用主义地予以界定。实践中，法院经常根据个案具体情形、结合正当程序保障原则对判决效力的范围予以微调。

近来，美国学术界对判决效力的一般性、体系性研究越来越少。许多学者基于判例法的传统，结合个案或类案对特殊类型案件中的判决效力问题进行探讨：如存在诉的合并或当事人合并（joinder）的复杂诉讼形态、集团诉讼（class action）、环境侵权领域的公民诉讼、专利诉讼、税务诉讼等新类型案件。② 如前所述，在美国，一般

① 参见［日］铃木正裕、青山善充编集《注释民事诉讼法（4）》，有斐阁1997年版，第6—7页。

② See Christopher Klein，Lawrence Ponoroff，Sarah Borrey，"Principles of Preclusion and Estoppel in Bankruptcy Cases"，American Bankruptcy Law Journal，Vol. 79，Issue 4（Fall 2005）；Edward D. Cavanagh，"Issue Preclusion in Complex Litigation"，Review of Litigation，Vol. 29，Issue 4（Summer 2010）；Justin Vickers，"Res Judicata Claim Preclusion of Properly Filed Citizen Suits"，Northwestern University Law Review，Vol. 104，Issue 4（2010）；Lauren Drake，"Preventing Inequity：Extending Issue Preclusion to Claim Construction During Reexamination of Previously Litigated Patents"，Loyola of Los Angeles Law Review，Vol. 44，Issue 2（Winter 2011）.

意义上的请求排除效和争点排除效范围很宽泛，然而在特定案件类型中，学者们大多都主张基于此类案件的特殊性，适度限制判决效力的范围。此外，就判决对案外人的效力问题，对正当程序（due process）的关注促使学者在理论上探讨如何使判决效力的主观范围更加明确化。[①]

四　我国台湾地区研究现状

我国台湾地区有些学者试图将多种多样的判决效力整合为一个体系。首先将判决效力区分为判决的法律效力与判决的事实效力，再将判决的法律效力分为判决的原有效力与判决的附随效力。判决的原有效力指既判力、执行力与形成力，附随效力则是指参加效、构成要件事实效力、反射效与争点效。而判决的事实效力包括证明效和波及效。当然，这一理论体系中使用的分类标准似乎不是很统一，有时为前诉判决对后诉的影响，有时并不涉及前后诉之间的关系。近年来，有些学者还主张应对判决的法律效力——原有效力和附随效力——作出流动化的处理，[②] 这大概更符合实践情况，但却可能导致理论对这些判决效力的界限之确定出现不明确。

五　我国大陆地区研究现状

在我国大陆地区，学者对判决效力的研究主要关注既判力，其他效力往往在研究既判力之范围时作为与既判力之对照而存在。不

① See William V. Luneburg, "Claim Preclusion as it Affects Non-Parties to Clean Air Act Enforcement Actions: The Ghosts of Gwaltiney", Widener Law Review, Vol. 10, Issue 1 (2003); George S. Geis, "Shareholder Derivative Litigation and the Preclusion Problem", Virginia Law Review, Vol. 100, Issue 2 (April 2014).

② 参见陈荣宗、林庆苗《民事诉讼法（中）》，台北：三民书局2011年版，第625—626页。

妨说，我国已有的判决效力研究主要是以既判力为中心的。2015 年之前，《民事诉讼法》第 124 条第 1 款第 5 项规定当事人对已有生效裁判的事件再次起诉的法院应告知其申请再审，但未对“同一案件”作出进一步界定，实践状况显得特别混乱，且裁判文书公开受制于现实条件而无法达到相当的规模。因此，学理研究主要从比较法汲取养分，即主要致力于介绍、比较大陆法系不同国家的既判力制度与学说，兼及英美法系的制度。由于条件受限，这些研究所采取的方法与思路大体上具有同质性。

然而，我国的判决效力制度与实践有着自己的逻辑，《证据规定》第 9 条的适用引起了学者的关注，围绕着预决效力的正当性、性质、适用及改进，产生了一批文献。① 与此前的既判力研究相比，我国学者对预决效力的研究反而更“接地气”，直面混乱的实践。然而，这部分研究仍显得薄弱，2019 年 12 月公布的新《证据规定》又在旧《证据规定》第 9 条的基础上有一些变化，关于预决效力究竟是否是一种判决效力，其与既判力是什么关系，应否承认其他判决效力等问题，目前的研究还处于起步阶段。

2015 年最高人民法院《民诉法解释》对“重复起诉”的要件作出了细化规定，并迅速在司法实践中产生影响，再加上裁判文书大规模上网，为学者在中国语境下研究既判力提供了重要的规范基础与实践基础，从而引起了对消极既判力、诉讼标的的密集

① 参见翁晓斌《论已决事实的预决效力》，《中国法学》2006 年第 4 期；胡军辉《民事诉讼中如何处理既判事实预决效力问题的思考》，《政治与法律》2010 年第 8 期；李浩《〈证据规定〉与民事证据规则的修订》，《中国法学》2011 年第 3 期；纪格非《“争点”法律效力的西方样本与中国路径》，《中国法学》2013 年第 3 期；曹志勋《反思事实预决效力》，《现代法学》2015 年第 1 期；段文波《预决力批判与事实性证明效展开：已决事实效力论》，《法律科学》2015 年第 5 期；吴英姿《预决效力无需证明的法理基础与适用规则》，《法律科学》2017 年第 2 期等。

性讨论。[①]

总结国内外判决效力研究的现状可知，各个国家关于判决效力的理论，均缓慢或迅速地走向本土化与实用化，但也保持着与他国制度理论的交流关系。德国、英国等先进国家早在罗马法与习惯法的基础上发展出自己的判决效力体系，日本、美国又分别在继受德国、英国的基础上有新的发展，而近来我国学者也开始关注本土问题。不过，德国与美国因已有相对成熟完善的判决效力理论体系，近来学者进行的一般性研究逐渐减少，其注意力开始转向一些存在特殊性的问题，如德国学者关注欧洲的法律一体化运动，美国学者关注多数人诉讼、家事诉讼、公司诉讼、知识产权诉讼、和解等具体领域的判决效力，而在我国，尽管特殊领域的判决效力问题也值得关注，但判决效力的一般理论体系尚未完全形成，基础性的研究仍为当务之急。换言之，根据我国现阶段的实际状况，目前仍有必要进行判决效力的体系化研究。将来，这种体系化研究的部分成果经过筛选和检验，逐渐形成一定程度的共识后，就有必要继续深入考虑诉讼程序的分化——即针对不同类型的实体权利或实体纠纷在程序上作出稍有不同的安排——在判决效力研究中的折射。[②]

---

① 王亚新、陈晓彤：《前诉裁判对后诉的影响——〈民诉法解释〉第93条和第247条解析》，《华东政法大学学报》2015年第6期；夏璇：《论民事重复起诉的识别及规制——对〈关于适用中华人民共和国民事诉讼法的解释〉第247条的解析》，《法律科学》2016年第2期；陈杭平：《诉讼标的理论的新范式——“相对化”与我国民事审判实务》，《法学研究》2016年第4期；严仁群：《既判力客观范围之新进展》，《中外法学》2017年第2期；卜元石：《重复诉讼禁止及其在知识产权民事纠纷中的应用——基本概念解析、重塑与案例群形成》，《法学研究》2017年第3期；陈杭平：《“纠纷事件”：美国民事诉讼标的理论探析》，《法学论坛》2017年第6期；巢志雄：《诉讼标的理论的知识史考察——从罗马法到现代法国法》，《法学论坛》2017年第6期；卢佩：《困境与突破：德国诉讼标的理论重述》，《法学论坛》2017年第6期；史明洲：《日本诉讼标的理论再认识——一种诉讼法哲学观的转向》，《法学论坛》2017年第6期。

② 近来民事诉讼程序的分化在我国亦开始获得一定程度的关注。参见王亚新《民事诉讼法修改中的程序分化》，《中国法学》2011年第4期，第181页。

第五节　本书的研究思路与研究方法

与西方国家及我国已有的判决效力研究始终以既判力为中心甚至是唯一值得研究的问题不同，本书虽仍将具有最严格法律后果的既判力作为判决效力问题的“主要矛盾”，维持其在判决效力体系中的核心地位，但还要结合我国的现状，花相当的篇幅研究判决对后诉产生的其他效力。对此，一个十分重要的“抓手”就是我国司法解释中规定的预决效力。因为我国预决效力适用的案件类型中，有时本应适用既判力，有时仅仅是一种事实性的证明效，但还有很多与域外的参加效、反射效，甚至是英美法系的争点排除效适用的情形相近。对这些案件进行类型化整理，结合逻辑推演的方式，就能够对我国是否应承认某种既判力以外的判决效力、应为这种判决效力设置何种要件予以回答。[①] 在判决效力体系化的思维框架下，澄清了既判力的范围，其他判决效力的范围也相对得到确定，反之亦然。整体的每一个部分都是有价值的，且彼此相互界定。

此外，作为一项体系化的研究，对不同判决效力的论述不能是孤立分散的，而应具有内在的联系，此种联系需从它们共同的基础——即不同种类的前后诉之间关系——中得来，即结合逻辑法则与法律规范的结构（构成要件—法律后果）获得“同一性”与“先决性”这两个基本关系范畴作为前后诉之间关系类型化的标准。诉讼的基本要素为诉讼主体与诉讼客体，前后诉的主客体关系均可以同一性与非同一性来概述，而前后诉客体关系还可能是某种先决关系（如甲决定了乙，甲是乙的先决问题或前提问题，甲、乙分别在

① 进行细致的案件类型化整理并明确不同的判决效力，在实践中带来的后果就是法院不能再囫囵地处理前诉裁判对后诉的影响了，而必须在案件与某种判决效力之间作出相对精确的对应，这对法官素质的要求更高，但这是从非正式司法走向正式司法、精密司法、裁量权受到合理限制的司法所必需的。

前后诉出现）。因此，前后诉主客体关系就有了以下几种组合方式：（1）主客体均同一；（2）主体同一，客体存在先决关系；（3）主体不同，客体同一；（4）主体不同，客体存在先决关系。值得注意的是，同一性与非同一性之间还可能存在某种模糊地带，即前后诉之间关系还包括前后诉仅存在某些共通的事实问题或法律问题的情形。以这些前后诉关系类型为基础，可分别展开对消极既判力、积极既判力、预决效力、既判力扩张、判决对实体或事实牵连第三人的效力、参加效等的研究。与前后诉关联关系的“同一性—紧密性—疏远性”相称的，是判决效力“强—弱”程度的不同层次。既判力效力最强，其中消极既判力遮断后诉，积极既判力虽不遮断后诉但拘束后诉审判，二者均禁止重复争议；参加效亦为拘束性效力，但前诉的第三人在后诉中可直接主张特定的抗辩事由；判决还可能对案外人产生反射性效力，有时仅有利于案外人，有时则拘束案外人，此时其与既判力主观扩张之间的界限值得探讨；证明效最弱，但又可因前后诉关联程度的差异细分为诸多层次。

本书采纳的主要研究方法，是规范解释、案例分析、价值评估、分析与综合方法。其中，前两者是在较为微观的层面，适用于对某种判决效力进行阐述；后两者则适用于对不同的判决效力进行对比与整合。

规范解释是最基本的法学研究方法。针对判决效力，我国《民事诉讼法》还缺失一些重要规定，既存的规范也还存在不少问题，故立法论研究仍有必要。但这不是本书的目的，本书主要采取法解释学的方法。可以利用来“建构”中国判决效力体系的资源，包括我国现行《民事诉讼法》、相关司法解释、实体法规范、法律原则与学说（原则与学说主要为解释规范提供支撑）。值得强调的有三点事项：第一是要始终注意实体法与程序法的结合。作为判决效力核心内容的既判力曾经被视为实体法效力，晚近才被广泛认可为一种诉讼法效力，但它仍然与案件的实体内容紧密相关；其他判决效力也都需要考虑实体法请求权的相对性与牵连性之间的矛盾，诉讼法纠纷解决相对性原理与纠纷解决划一性追求之间的矛盾，统一的实体法秩序、统一的纠纷解决与独立的当事人权利（包括实体和程序保障权）之间的矛盾。第二是要处理好法律原则与法律规则的关系，一般来说法律规则更为明确，法律原则的适用中则不可避免地存在较多的价值判断，弹性较大，因此对于某些后果严格的判决效力最好不要仅停留在作为法律原则之后果的层面，而是应当对其作出明确的规范，规则与原则之间应存在界限；但是在解释法律规则时，法律原则经常发挥重要的作用，而且许多法律规范也很抽象，存在较大的解释空间，与法律原则之间的界限并不是很清晰，故不得不经常将二者结合起来思考。第三是针对学说的选取，域外成熟经验中的通说必然有可取之处才获得众多支持，但无此地位的有力说、少数说亦是为了解决某些特殊的问题（时常是那些疑难的问题）而被提倡，后者或许能够与我国的现实状况和条件相适应，因此采纳比较法视角时不应当囿于通说。

在本书写作过程中，笔者检索了大量的裁判文书，体现了对经验事实的总结与观察。不过，本书并不能称得上是严格意义上的“定量研究”，因为数据并非最重要的研究因素。但本书又并非仅将经验材料单纯作为论据，毕竟“存在即合理”有着更丰富的哲学内涵，不可轻易作为具体学科运用经验材料的根据。事实上，本书是借裁判文书进行类型化工作，如在中药铺中那样分出一个个小抽屉，将这一类案例放进一个“抽屉”，将那一类案例放进另一个抽屉，再在抽屉外面的标签上填写一种判决效力的名称。[①] 当然，现实通常是极为丰富多彩的，其中灰色地带（即不同类型的交界处）颇多，经常会出现某个案例究竟是应当放进这个“小抽屉”，还是放进那个“小抽屉”，笔者也感到特别为难的情形。针对特定的个案，结合相

---

① “中药铺”的比喻来源于笔者的导师王亚新教授在2017年秋季给清华大学法学院本科生开设的民事诉讼法课程上的讲述，导师在与笔者和其他同门的交流中亦常常提及。

关信息与其他诉讼制度通常有办法得出合适的结论，但要在一个相对规整的理论体系中为其找到合适的位置，有时仍然十分困难。这个问题由于民事诉讼特有的动态属性而变得更加突出。不过，案例分析与类型化的方法大体上还是卓有成效的，中国古代孔子作《春秋》而乱臣贼子惧，司马迁作《史记》以“究天人之际，通古今之变”，均是在具体历史事件中揭示大道理或重要的人生标准，本书运用案例的范围及规模均不及史书，但对这种从经验探究标准的工作心向往之，如此运用案例也的确有利于在抽象理论与具体现实之间搭建起一座桥梁。

在对部门法学的特定法律制度进行研究时，本应尽量避免纯粹的价值分析，因为价值问题时常具有主观性，很难有效形成对话、共识和一般性结论。但是，在规范解释与案例分析的过程中，对法律价值的考虑始终是渗透其中的。虽然法律价值总是间接地发挥作用，但却常常有可能是在更为根本的层面上决定了说理和论证的方向。因此，本书在对特定部分的内容进行阐述时，也会诉诸法律价值的分析，不过笔者尽量避免脱离具体的语境单纯讨论价值问题，而是将其作为背景，与规范解释、案例分析结合起来，从而得出相应的结论。

分析与综合的研究方法在体系性研究中使用得相当普遍，本书的目的正是一方面要对具体的判决效力一一进行阐述，另一方面要在整体性的意义上将它们整合进同一个体系。这种方法的运用思路在前文已有介绍，此处不再赘言。而本书接下来以“总—分”的方式展开论述，首先阐述用来整理判决效力体系的基本范畴，以此为标准分析域外主要国家判决效力体系的构成方式，为中国的判决效力体系化研究奠定框架性基础。然后逐一对不同类型前后诉关系类型对应的判决效力及适用范围或要件进行论述。

第一章

整理判决效力体系的基本范畴

判决对后诉产生特定效力，是以前后诉之间存在某种关系为前提，因此整理判决效力体系的基本范畴应当是前后诉之间的关系性范畴。借助比较法资料，特别是大陆法系德国的概念与理论，可以提炼出“同一性”和“先决性”这两个关系性范畴，用以对判决效力进行体系化的整理。德国的既判力理论基本上是建立在“诉讼标的”（Streitgegenstand）、“同一性”（Identität）与“先决性”（Präjudizialität）这三个概念基础之上的，这三个概念实质上是“诉的关系”这一经验形式的抽象，诉讼标的对应“诉”，同一性或先决性对应“关系”。诉讼标的是指诉讼和审判的对象，在多数场合中仅指诉讼客体，但广义上还可将诉讼主体和时间因素涵盖在内；在经验层面，诉本来就是由客体、主体和时间（流程）因素组合而成的复合体。作为关系的同一性与先决性附着于较抽象层面的“诉”与较具体层面的诉讼客体与诉讼主体，前后诉诉讼客体的不同关系与诉讼主体的不同关系再进行排列组合，就使不同的诉的关系类型得以成立。正是由于上述基本范畴与诉的基本构件的连接，才使得与不同诉的关系类型相对应的判决效力能够组成一个概念框架，形成一个体系。

将同一性、先决性与诉的不同构件相结合，大致可将前后诉的关系分为以下类型：诉讼客体与诉讼主体均同一；诉讼主体同一、诉讼客体存在先决关系；诉讼主体不同、诉讼客体同一；诉讼主体不同、诉讼客体存在先决关系；诉讼主体同一，诉讼客体既不同一也不存在先决关系；诉讼主体不同，诉讼客体既不同一也不存在先决关系。这些基本类型中，有的类型还可以结合其他实体和程序因素，进一步分化出子类型。在对判决效力进行体系化研究的过程中，须明确界定对应于不同前后诉关系类型的不同判决效力彼此之间的界限，因此，对同一性与先决性这些概念进行澄清就成为关键。同一性的内涵与诉讼客体和诉讼主体均紧密相关，所谓同一性指的就是诉讼客体或诉讼主体的同一性问题；先决性指的是甲构成乙之先决条件（或称前提问题）的情形，它与诉讼客体紧密相连，同时还涉及诉的时间属性。在某种程度上，界定关系性范畴与界定诉的基本构件可能是同一回事或者至少存在极为紧密的联系：在界定同一性时需要知道同一的是什么，在界定诉讼标的或主体时实际上是在研究同一性问题；先决性的界定则以同一性界定为基础。

在我国，上述基本概念与范畴亦开始逐渐出现在法律规范之中并被司法实务所接受，但是其基本含义都还未得到澄清。《民诉法解释》第 247 条则通过三个“相同”（当事人相同、诉讼标的相同、诉讼请求相同）要件对“重复起诉”予以具体界定，即同一性的表现；而后诉的诉讼请求实质上否定前诉裁判结果，似为先决性的表现。同一当事人、同一诉讼标的、同一诉讼请求、实质否定关系究竟指何内容，不同要件之间存在何种关系，均尚未获得相对清晰的共识性理解。因此，中国判决效力的体系化研究中，最为关键的问题就是澄清同一性与先决性的内涵。在中国语境下展开分析之前，有必要回到比较法视角，对来自域外的同一性和先决性范畴进行考察，梳理不同的概念把握方式。学术研究几乎总是要利用源自其他思想、原理与观察结果的理由来支持自己的结论并对可能的反驳意见作出回应。对域外同一性与先决性范畴的内涵进行整理，也是对其各自判决效力体系的概述，因此本章还为将中国判决效力体系化研究成果与域外进行对比，将中国判决效力体系置于一个较为广阔的“谱系”之中赋予其独特的位置奠定基础。

第一节　前后诉关系的基本类型

为了更直观地显示前后诉之间的关系类型，不妨以诉的两个基本要素——客体与主体为轴，先以同一性为标准，对前后诉关系的最基本类型作出如图 1—1 的描绘与展示。

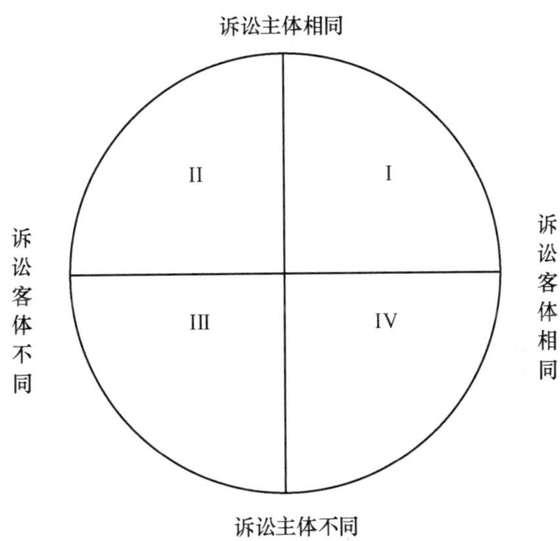

图 1—1　前后诉关系的基本类型

考虑到先决性范畴，还可将该图进一步细化，即在第 II 区与第 III 区中，将诉讼客体不同的情形再细分为前后诉存在先决关系与不存在先决关系的情形，不过在此处的这个初始阶段，如此的精致化还没有必要。为了使图 1—1 中的基本类型能作为将现实中各个国家的不同判决效力体系“图示化”的统一标准，有必要将该图中的“诉讼客体”与“诉讼主体”设定为最小的单位，即“诉讼客体”指不能再被分割的、当事人起诉时主张的实体请求权（需要注意的是，部分请求、确认之诉与形成之诉的问题具有特殊性，难以直接体现于图 1—1 中，须进行具体的阐述，此处暂时不予考虑），而“诉讼主体”指判决记载的当事人本人。在现实中，各个国家的制度与学说很少如此纯粹：有的国家以诉讼请求中主张的实体请求权作为界定既判力范围的诉讼标的，有的国家则还要考虑请求权竞合问题或产生于同一纠纷事实的其他请求权；有的国家在界定诉讼主体时很简单但辅之以判决效扩张制度，有的国家则对与承受判决效力的主体予以实质化的考虑。将图 1—1 中的概念界定地很纯粹、很窄，有助于设立统一的标准，来观察不同国家、地区和不同学说主张的同一性和先决性内涵之间的差异。

第二节 诉讼客体的同一性

在不同国家，关于诉讼客体同一性的界定存在着不同的理论与标准。大陆法系以诉讼标的理论来解决诉讼客体同一性问题，英美法系则以“诉因”或“请求”来指代不可分割的诉讼客体。

一 大陆法系诉讼标的理论

（一）罗马法的奠基

在古典罗马法时期的程式诉讼中，诉（actio）指的是诉讼形式。诸如返还原物之诉这样的一个个诉讼形式组合起来，就构成了一个诉的体系。[①] 但仅靠这样的形式标准，不能满足法律生活中实现一事不再理原则的需要——由于陪审团审判制度的存在，该原则很早就在罗马法中得以确立，因为抽象的诉的体系不可能完全与法律生活中的利益关系一一对应。很多时候，针对同一目的，当事人可以提

① Vgl. Reischl, Die objektiven Grenzen der Rechtskraft im Zivilprozeß, Tübingen 2002, S. 11.

起不同的诉。为了在诉讼上实现一事不再理，与前诉的诉讼形式竞合、目的相同的另一个诉讼形式也被视为与前诉具有同一性。学者将当时用来判断“一事”（即同一性）的标准归纳为当事人相同、目标相同与诉讼理由相同。①

到了东罗马帝国时期，在优士丁尼法典的影响下，实体性质的“债”（obligatio）取代了原来诉讼性质的诉（actio），成为“一事”的判断标准。不过，即便存在只为实现同一法律目的的两个或两个以上不同的“债”，通过实体法中清偿的法律效果，就足以保证原告不会获得两个判令给付的判决，因此当时的观念认为无须将这两个债视为“一事”。②

从这两种对诉之竞合/债之竞合的不同解决方案中，已经可以窥见后世德国民事诉讼法中新旧诉讼标的学说的雏形。诉讼形式与债在某种程度上都可直接与图1—1中的“诉讼客体”直接对应，因为一般来说，仅根据当事人诉讼请求中主张的权利或法律关系，就可以确定诉讼形式与债，不过可能包含竞合性（目标相同的）权利的“一事”则更为复杂。

（二）德国普通法时期的学说与“实体法说”的确立

德国普通法时期的诉讼实践，与优士丁尼时期的罗马法诉讼类似，在一事不再理的问题上只禁止重复提起相同的债，不禁止提起目的相同的竞合之债的后诉。③ 但学术界已存在着不同的观点，例如萨维尼（Savigny）就认为，诉讼标的存在两重含义，其中一个是直接的，指的是法官只能对当事人所提具体的诉讼请求作出判决；另一个是针对既判力的，即既判力拘束法律关系之整体，因此形式上

---

① 这是 Levy 的观点，Vgl. Althammer, Streitgegenstand und Interesse, Tübingen 2012, S. 11-13。

② Vgl. Althammer, Streitgegenstand und Interesse, Tübingen 2012, S. 19.

③ Löwisch, Die historische Entwicklung des Streitgegenstandes auf der Grundlage des römischen und seit der Geltung des gemeinen Rechts, Meiningen 1967, S. 34. 转引自 Althammer, Streitgegenstand und Interesse, Tübingen 2012, S. 22。

不同但目标一致的后诉也受既判力拘束。但有一些学者如维策尔（Wetzell）与翁格尔（Unger）则将诉讼标的的重心始终放在诉讼请求上，并主张既判力应限于判决主文对诉讼请求的判断。[①]

1877 年《德国民事诉讼法》的立法者采用了温德沙伊德（Windscheid）首创的请求权（Anspruch）概念，规定仅当事人通过诉或反诉提起的请求权产生既判力。以立法者的意图为根据，主张"诉讼标的 = 实体请求权"的实体法诉讼标的理论，即"旧说"就被提出来了，该学说直到 20 世纪都还能在德国实务界与理论界找到支持者。[②] 旧说是此前及当时实体与程序统一思想影响下的产物，标准相当明确，操作十分简便，可直接对应于图 1—1 中的"诉讼客体"。但它不能对确认之诉（特别是消极确认之诉）的诉讼标的作出完善的说明，且存在多个实体请求权竞合性地实现同一个目的之情形，若通过其中一个请求权的诉讼该目的本身被判决不可达到，依据旧说原告仍可以通过提起另一个请求权的方式实现重复起诉，这在诉讼法上被认为是不合理的。[③]

（三）德国新诉讼标的理论的不同学说

为解决实体法说存在的上述问题，赫尔维希（Hellwig）主张，诉讼标的是通过诉讼请求表现出来的、向法院提出的针对被告的诉讼请求权，而非实体请求权，是一种权利主张，但该诉讼请求权应根据实体请求权来加以识别。此种学说被称为"诉讼法说"，如此一来，诉讼标的就将权利保护形式包纳在内，[④] 不过赫尔维希的观点仍未对实体请求权竞合时的诉讼标的给予特别的考虑，因此，从同一

---

① Vgl. Reischl, Die objektiven Grenzen der Rechtskraft im Zivilprozeß, Tübingen 2002, S. 64f.; *Althammer*, Streitgegenstand und Interesse, Tübingen 2012, S. 25, 32.

② Vgl. Althammer, Streitgegenstand und Interesse, Tübingen 2012, S. 40.

③ vgl. Rosenberg/Schwab/Gottwald, Zivilprozessrecht, München 2010, S. 506.

④ Hellwig, Anspruch und Klagerecht, Band I, Leipzig 1900, S. 154f. 持相同观点的还有 Simshäuser, Mösbauer 等，Vgl. Althammer, Streitgegenstand und Interesse, Tübingen 2012, S. 46。

性的范围上讲，赫尔维希的观点与旧说实质上并无二致。

罗森贝克（Rosenberg）则主张诉讼标的不是针对被告的权利主张，而是针对法院的诉讼要求（Klagebegehren）。在他的民事诉讼法教科书第2版（1929）中，诉讼标的之定义为，指向判决确认的法律后果的诉讼要求，根据诉讼请求及作为诉讼理由被主张的事实来加以识别。[①] 罗森贝克的观点被称为“二分肢说”，经过若干年发展，现在成为被德国联邦最高法院接受的主流理论，但与罗森贝克最早的观点相比，现在用来识别诉讼标的的诉讼理由并不限于当事人实际主张的事实，而是根据自然的观念属于实际的历史经过中的整个生活事实（Lebenssachverhalt）。[②]

将根据诉讼请求与诉讼理由两个因素来确定诉讼标的的二分肢说直接予以形象化，即对应于图1—1画出其范围，有点困难，但实践中，其实就是在实体请求权竞合时，将具有同一目的的不同实体请求权（各个具体的权利主张）捆绑成为同一个诉讼请求权，[③] 因此竞合性的实体请求权彼此之间被视为具有同一性。

不过，根据判例与文献相对一致的意见，在德国只有一部分的竞合性请求权被视为指向同一诉讼标的：基于同一事实的违约损害赔偿请求权与侵权损害赔偿请求权；基于物权请求返还原物与基于债权请求返还同一原物；主张标的物有瑕疵请求返还已支付的价金与主张出卖人恶意隐瞒瑕疵请求返还不当得利。有些复数请求权尽管也指向同一个给付，但却不被视为诉讼标的同一，例如基于工作合同请求支付报酬与基于已安装建筑材料请求返还不当得利（相当多文献亦认为诉讼标的同一，但法院判例认为不同

---

① Rosenberg, Die Veränderung des rechtlichen Gesichtspunkts im Zivilprozesse, ZZP 49 (1925), 38f.; Rosenberg, Lehrbuch des Deutschen Zivilprozeßrechts, 2. Aufl., Berlin 1929, S. 252.

② Vgl. Rosenberg/Schwab/Gottwald, Zivilprozessrecht, München 2010, S. 506, 880.

③ vgl. Jauernig/Hess, Zivilprozessrecht, Müchen 2011, S. 155.

一）；原因债权与票据权利；原因债权与事后的债务承认（原因是在实体法上票据请求权与债务承认后的债权均意味着对原因债权的加强）；基于送货合同请求支付价金与主张货物被消费掉请求返还不当得利；因占有人无权处分丧失所有权者的损害赔偿请求权与向占有人请求交付其通过处分获得的物，在这些情形中，根据二分肢说，前后诉的生活事实被判定为不完全相同，故诉讼标的不同。[①] 因此，准确地说，二分肢说仅仅是将部分竞合性的请求权视为指向同一诉讼标的。

值得一提的是，二分肢说中所谓生活事实的标准，在德国司法实践中大体上适用得较好，仅在个别案件曾引发争议，但从理论视角来看这一标准毕竟不够明确。对此，施瓦布（Schwab）尝试去掉诉讼理由这个标准，仅通过诉讼请求来识别诉讼标的，这被称为“一分肢说”。[②] 但为了解决实体请求权竞合的问题，一分肢说也不得不结合诉讼理由（事实）对诉讼请求本身进行解释，因此还是难以达到完全的明确性。

一些坚持二分肢说立场的学者也对生活事实标准不满意，提出了应结合实体法思想，根据实体法规范的等值性，实体构成要件对应的事实等来确定生活事实的范围，这在混合了诉讼法思想与实体法思想的意义下被称为混合性学说（Mischlehren）。[③]

有些学者比混合性学说的支持者走得更远，直接回到实体法诉讼标的理论麾下，重新采纳了“诉讼标的 = 实体请求权”的基本观点，但此处的实体请求权与此前的实体请求权已不可同日而语，这种实体请求权是学者根据诉讼法的要求重新整合而成，特别是将原

---

① Vgl. Reischl, Die objektiven Grenzen der Rechtskraft im Zivilprozeß, Tübingen 2002, S. 219 – 223, 226 – 228; *Althammer*, Streitgegenstand und Interesse, Tübingen 2012, S. 59 – 82.

② Vgl. Rosenberg/Schwab/Gottwald, Zivilprozessrecht, München 2010, S. 506 – 507.

③ Vgl. Althammer, Streitgegenstand und Interesse, Tübingen 2012, S. 60 – 76.

来具有独立性的实体请求权根据同一处分标的（Henckel 提出的 Verfügungsobjekt）或同一法律地位（Rimmelspacher 提出的 Rechtsposition）捆绑成一个新的实体请求权。[①]

德国新诉讼标的理论涉及的上述学说，在实践中的结果大同小异，它们都赞成将某些竞合性的实体请求权视为具有同一性。

（四）日本的诉讼标的理论论争

20 世纪五六十年代，日本学术界针对诉讼标的理论发生了激烈的争论，主要是围绕着请求权竞合问题产生的新旧说之争。该论争的结果是，学术界压倒性地赞成新说或新实体法说，前者以根据实体法秩序判断得出的给付的同一性来界定诉讼标的的同一性，后者以类似的标准对实体请求权进行重新定义再将其对应于诉讼标的。不过，日本实务界至今仍采用旧说，即以本来的实体请求权来界定诉讼标的。[②]

作为日本学界通说的新说，与德国的通说二分肢说存在差异。日本新说对于请求权竞合问题，一般性地主张诉讼标的同一，因其判定诉讼标的的标准是给付的同一。为防止这样宽泛的诉讼标的理论产生不合理的结果，虽然在一开始界定诉讼标的时不考虑实体法因素，即实体请求权的独立性，但一旦问题显现，则通过“法的评价再实施”来应对，即个案限缩。若对德国与日本通说的差异进行举例说明，在德国不属于诉讼标的同一的原因债权与票据债权，在日本新说语境下则属于诉讼标同一。[③]

日本的实务界虽一般性地坚持旧说，但曾出现判例以诚实信用原则为根据，禁止当事人后诉提起不同的诉讼请求。在该案中，前后诉的主张可归结为不同的法律观点，因此法院认为前后诉诉讼标

---

① Vgl. Rosenberg/Schwab/Gottwald, Zivilprozessrecht, München 2010, S. 506 – 507; *Althammer*, Streitgegenstand und Interesse, Tübingen 2012, S. 65, 72.

② 参见［日］高桥宏志《民事诉讼法制度与理论的深层分析》，林剑锋译，法律出版社 2003 年版，第 53 页。

③ 同上书，第 40—49 页。

的不同，但是当事人仅根据不同法律观点提出相同的要求，其后诉本质上是对前诉的重复，在前诉中本来就可以提出后诉的请求却没有提出，现在已经过去太久的时间，以致若准许后诉将使法律关系长期处于不安定的状态，所以依据诚实信用原则不准许后诉。[①] 该判例中，前后诉的请求权具有竞合的特征，法院依据诚实信用原则遮断后诉，与作为规范的既判力相比，确实灵活一些，毕竟结果如何将取决于个案的具体情形。

（五）生活事实说与核心理论

德国联邦最高法院曾在其关于抚养费变更诉讼的判例中，认为前诉（判令给付特定金额的抚养费之诉）与变更（抚养费金额）之诉具有相同的诉讼标的，要求增加抚养费的变更之诉与要求减少抚养费的变更之诉也具有相同的诉讼标的。[②] 这意味着，在这类案件中判断诉讼标的的同一性时，不考虑诉讼请求中追求的实体法律后果之差异，仅仅以生活事实为标准，因为前后诉具有共通性的正是生活事实。

在欧洲层面，欧盟法院针对《欧洲执行条例》第 27 条的诉讼系属排除问题，通过 20 世纪 80 年代开始的一系列案例，发展出与以生活事实为标准的诉讼标的学说类似的“核心理论”（Kernpunkttheorie），即取消了诉讼请求对诉讼标的的限制，主张若前后两个诉讼请求具有共同的核心，就具有相同的诉讼标的。举例来说，出卖人在德国诉买受人请求支付价金，买受人却在意大利诉出卖人请求确认合同无效并提出辅助请求要求撤销或解除合同的，欧盟法院认为前后诉以同一个合同关系为基础，并且具有共同的核心——合同效力问题，故具有相同的诉讼标的；[③] 承运人在荷兰

---

① 参见［日］新堂幸司《新民事诉讼法》，林剑锋译，法律出版社 2008 年版，第 504—505 页。

② OLG Düsseldorf FamRZ 1994，1535；BGH FamRZ 1997，488（Nr. 338）.

③ EuGHE 1987，4861（Gubisch v Palumbo） = NJW 1989，665.

起诉货主请求确认自己对货物受损不承担责任，货主却在英国起诉承运人请求赔偿自己的货物损失，欧盟法院认为判断诉讼标的同一性应当根据诉讼理由与诉讼目的，前后诉两个请求权虽然相反但具有相同的目标，承运人是否应承担责任构成前后两诉的共同核心，因此诉讼标的是相同的。[①] 欧盟法院采纳这种较宽的诉讼标的学说，目的是要防止平行诉讼，自始避免出现不同国家的矛盾判决，因为矛盾判决会影响判决在欧盟成员国之间获得便利的承认与执行，而这将导致当事人的权利无法顺利、快捷地实现。[②] 核心理论在表述诉讼标的的范围时显得十分宽泛，甚至开始接近英美法系的事实性标准，但实际上，欧盟法院在具体案件中对诉讼标的的界定均未超出同一法律关系的范围，因此有些学者主张这是对萨维尼的“法律关系说”的回归。[③]

以上两种诉讼标的学说，所主张的诉讼标的客观范围十分近似。二者均来自司法实践，最开始是适用于一些具体案件，这种做法能否以及如何一般化，在某种程度上还不大确定。为对这些判例作出合理的解释，须将诉讼标的置于较宽的生活事实层面，但从德国大部分判例来看，生活事实标准难以在一般意义上得到适用；而欧盟法院的核心理论目前仅适用于受《欧洲执行条例》或相关公约（如布鲁塞尔公约、卢加诺公约等）拘束的成员国之间的平行诉讼问题，对于既判力制度尚不能直接产生影响，因为既判力属于国内法调整的对象。因此，这种倾向于“事实出发型”诉讼标的理论的学说与实践，在欧洲远不像在英美法系国家（见下文详述）那样具有一般性。

不过，德国的诉讼标的理论往往统一地适用于诉讼系属排除效、诉的变更、诉的合并与既判力制度的（统一诉讼标的理论），而欧盟

---

① EuGHE 1994, I－5460 (Tatry) = NJW 1995, 1883.

② Vgl. Althammer, Streitgegenstand und Interesse, Tübingen 2012, S. 131－132.

③ Rosenberg/Schwab/Gottwald, Zivilprozessrecht, München 2010, S. 508.

法院针对诉讼系属排除效提出的核心理论有可能逐渐渗透影响德国国内的诉讼系属排除效制度，甚至进而影响既判力。核心理论体现出的当事人之诉讼集中义务，在德国民事诉讼法中也越来越受到关注，不过这一趋势的变数还很多，特别是由于相对诉讼标的理论的兴起。[①] 根据相对诉讼标的理论，可以为诉讼系属排除效与既判力设置不同的诉讼标的界定标准，如此一来，在一种制度上发生的理论变迁就不会直接影响另一种诉讼制度了。

（六）法律关系说

前文提到，萨维尼——德国普通法时期的一位著名学者——主张既判力语境下的诉讼标的是整个法律关系。该主张在近现代的德国及许多欧洲国家都丧失了市场，[②] 但仍被现行希腊法所接受。希腊现行民事诉讼法根据较宽意义上的实体法律关系来识别诉讼标的，以防止生效判决之间产生矛盾。因此，属于同一实体法律关系的先决问题亦产生既判力，即便当事人就该问题并未提出一个形式上的诉讼请求，亦不妨碍其属于诉讼标的的范围。[③] 由于语言能力的制约，笔者对希腊民事诉讼法的具体制度未获更多资料，不过笔者以为，此种立场提及的“先决问题”似乎已开始超越同一性的范畴，进入先决性领域，或至少与先决性领域相关，故此处无法对该国制度作进一步的阐述。然而值得注意的是，将诉讼标的理解为法律关系的做法与我国的司法实践具有亲和性。

---

① 相对诉讼标的理论好似一个流派，包含许多不同学说，它们共享的基本思想是对不同的诉讼制度，根据其各自目的，采纳有差异的诉讼标的识别标准。该类学说很早就被德国个别学者所提倡，近年来，由于欧盟核心理论仅与诉讼系属相关，不涉及既判力，更多学者开始注意到此种理论。Vgl. Althammer，Streitgegenstand und Interesse，Tübingen 2012，S. 2 – 4。

② 如法国、西班牙、意大利、瑞士等，今日的民事诉讼法均以诉讼请求与诉讼理由为根据来判断诉讼标的，其中诉讼请求的分量更重。Vgl. Althammer，Streitgegenstand und Interesse，Tübingen 2012，S. 115。

③ Vgl. Althammer，Streitgegenstand und Interesse，Tübingen 2012，S. 112.

（七）大陆法系不同诉讼标的理论对比

在大陆法系国家或地区，诉讼标的之同一性是前后诉构成重复起诉、后诉违反一事不再理原则的前提条件。若前后诉具有相同的诉讼标的，后诉就被遮断，即因诉不合法而被驳回。因此，不同诉讼标的理论对同一性的不同理解，在实践中就意味着既判力遮断效范围的差异，而且既判力遮断效还反过来影响法院在本诉中审查范围的大小。

譬如在德国，基于二分肢说典型的竞合性请求权之诉具有同一诉讼标的，那么法院就必须对该整个诉讼标的进行审查，即使当事人仅主张一个请求权，也不能通过该法律主张限制法院的审查范围。不过，由于辩论主义原则的影响，当事人在事实主张上的行为会间接限制法院的审查范围。在侵权与合同损害赔偿责任竞合的场合，若法官仅对合同责任的主张进行审理，未考虑合同以外的侵权请求权就判决驳回诉讼请求，该判决是错误的，但不影响遮断效的范围，因为判决仍然包含整个诉讼请求权即整个诉讼标的，当事人以侵权请求权提起后诉就会被遮断。[①] 以生活事实为标准界定诉讼标的的学说也是如此，法院必须审查整个诉讼标的，对那些由于当事人未提出请求或事实主张而未被揭示出来的问题，后诉也会被遮断。

但在日本实务中的旧说之下，既判力遮断效及法院应审查的范围就有所不同。法院审查的范围与既判力遮断效的范围均仅限于当事人在诉讼请求中主张的请求权，其他的请求权，即使追求相同的给付目的或产生于同一事实，也都不被遮断。因此，在存在实体请求权竞合时，法院始终允许当事人提出主张不同请求权的后诉，后诉法院可以根据原告已获得清偿为由驳回其诉讼请求，即使原告获得了两个给付判决，还可以通过执行制度的协调防止

---

① Rosenberg/Schwab/Gottwald, Zivilprozessrecht, München 2010, S. 509. BGH NJW 2000, 3492, 3494; NJW 1995, 1757/58; NJW 1990, 1795/96.

二重给付。

结合前文图 1—1 的框架来理解大陆法系上述不同诉讼标的理论，可得出图 1—2 与图 1—3。

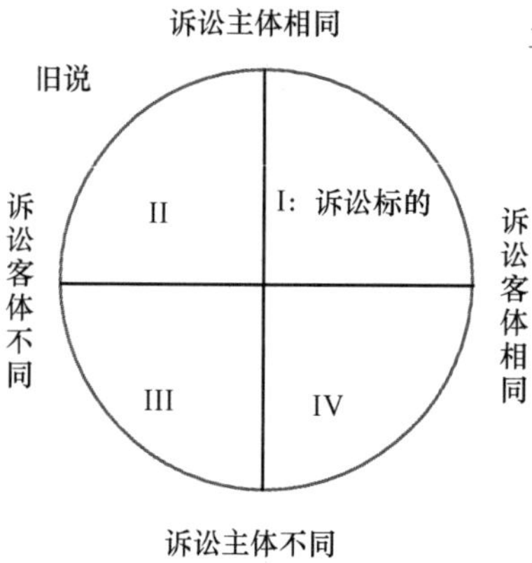

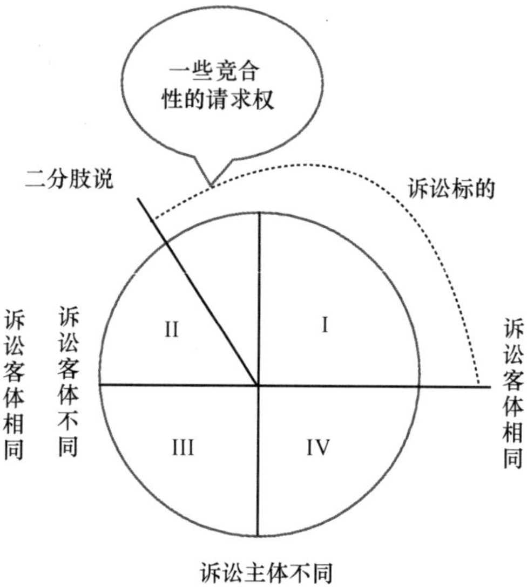

图 1—2 旧说、二分肢说

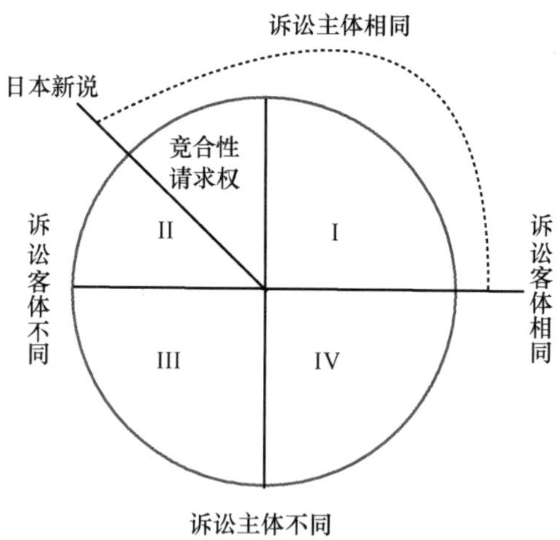

图 1—3 日本新说

二　英美法系的既判事项

在英美法系国家，判决之既判事项（res judicata）的效力，分别体现为英国的诉因禁反言与美国的请求排除效，后者是对前者的继承与变形。英国的诉因禁反言起源于罗马法的一事不再理原则，其与美国的请求排除效都具有类似于大陆法系既判力消极作用或称遮断效的法律后果。以美国的请求排除效为例，其含义是已被判决的请求不得再诉，原因是若原告胜诉，原请求被融合（merge）到判决请求中去了，当事人应当根据判决请求申请执行；若原告败诉，其请求被遮断（bar）。[①] 请求排除效的范围取决于请求的同一性，而请求（claim），作为美国版的既判事项，与大陆法系的诉讼标的具有可类比性。

（一）美国既判事项同一性范围之历史变迁

美国在其法制史的早期，继受了英国的诉因禁反言制度，也曾将诉因理解为实体救济理论（theories），或实体法规定的主要权利（primary rights），这一对诉因的理解后来被转移到对请求的理解之上，因为过去的诉因与今日的请求均指的是既判事项。[②] 尽管很难对所谓的主要权利作清晰的界定，但一般认为它是比较狭窄的，例如同一侵权行为引起的人身损害赔偿与财产损害赔偿是不同的诉因。值得注意的是，由于英国直至今日仍强调诉因的法律性质，现在在英国，基于同一侵权行为的人身损害赔偿请求权与财产损害赔偿请求权仍属不同的诉因。[③] 美国历史上还存在另一种观点，主张可通过

---

① See Restatement（second）of Judgments，§ § 18，19（1982）.

② See Subrin，Minow，Brodin，Main，Lahav，Civil Procudre，Doctrine，Practice，and Context，New York，Wolters Kluwer Law & Business 2012，pp. 988 –989.

③ Brunsden v. Humphrey （1884），14 Q. B. D. 141；Country Council，Talbot v. Berkshire（C. A.）（1994）Q. B. 290，296；House of Lords，Republic of India v. India Steamship Co. Ltd.（1993）A. c. 410，419；See Spencer Bower，George/Turner，Alexander Kingcome：The Doctrine of Res Judicata，London 1969，p. 379，nr. 457 fn. 3.

对比前后诉证据，来判断请求是否同一，若后诉当事人为支持其请求提起的证据与前诉是相同的，后诉就被排除；一些同类观点则将证据相同作为条件之一，在某些案件中即便前后诉的证据不同，基于其他方面的而考虑后诉也会被排除。[①]

如今，美国的主要判例与主流学说在界定请求范围时，采纳的却主要是纠纷事件（transaction）这一标准。美国法学会的第二次判决重述第 24 条规定，从一个纠纷事件或一系列相关联的纠纷事件或其一部分中，产生的所有的救济权利，都在请求的意义上具有同一性。至于纠纷事件的界定，则应当采取一种实用主义的态度，即综合考虑事实在时间、空间、起源、动机上的关联，以及将它们合并审理是否方便，是否符合当事人的预期或商业惯例等因素。[②] 从实体法救济理论或主要权利，到证据，再到纠纷事件，美国法上判断请求排除范围的标准越来越偏离实体法律规范，而越来越倾向于事实层面。因此，当事人提出何种具体的诉讼要求，对于界定请求的范围来说是不重要或至少是非决定性的，不仅是令大陆法系学者纠结的竞合性请求权，而且非竞合性的其他产生于同一纠纷事件的不同请求权，均属于请求同一的范围。

美国法在界定请求排除效之请求的范围，即既判事项时，之所以采纳纠纷事件这种需要进行实用主义判断的标准，一方面，与判例法传统有关，因为判例法下的诉讼制度天然地具有实用主义的倾向，概括表述的实体权利或救济理论含义模糊且经常不能适应实践的需要；另一方面，与大陆法系不同，美国并不存在严密完善的实体请求权体系，松散的且处于不断发展之中的实体法规范既不能对诉讼制度产生强有力约束，又无法为请求排除效提供明确合理的标准，还不如纠纷事件标准容易得到司法的广泛接受。

采纳纠纷事件标准来界定既判事项，一般说来，后果就是美国

① See Restatement (second) of Judgments, § 24 (1982), pp. 196 – 197.

② See Restatement (second) of Judgments, § 24 (1982).

判决的请求排除效范围较宽。生效确定判决具有如此宽的既判力遮断效及作为其必然后果的当事人诉讼集中义务，在美国法律世界中大致上已被广泛接受。这一特色与美国的诉讼文化、诉讼理念及诉讼规则有关。在继受英国诉讼制度的时候，陪审团制度就作为司法民主的集中体现被赋予了崇高的地位，美国联邦宪法规定了当事人申请陪审团审判的基本权利。但是陪审团审判是相当昂贵的制度，因此诉讼文化与诉讼理念倾向于在一次诉讼程序中尽可能彻底解决当事人之间的某个纠纷，防止多次诉讼、分割诉讼造成的资源浪费。为了实现这种诉讼理念，从20世纪开始，美国的《联邦民事诉讼规则》（*Federal Rules of Civil Procedure*）不断被修改，并且对各州产生较大影响，在这一改革中，当事人在诉讼中提出或增加与双方之间纠纷有关的一切权利主张和相关资料的机会越来越充足：其在诉答阶段仅需提供简便化、形式化的文书，在诉讼过程中可以通过证据开示了解纠纷的全貌，在审前会议中对纠纷中的法律问题予以整理，且在补充诉状以提起反诉、进行诉的变更或合并等方面拥有较大的自由。一旦给予当事人这些充分的机会，当事人本应利用这些机会促进纠纷一次性解决而未能利用这些机会的，应当自负其责，即承担不利的后果。诉讼规则上的这些改进，正好提供了当事人承受较宽请求排除效拘束的正当性理由。

（二）美国纠纷事件理论的例外

纠纷事件的标准，即使诉讼规则为当事人提供了扩展诉讼容量的充分机会，也并非在所有领域均能适用得很好。美国学者意识到，只有在当事人确实被赋予了充分的程序手段，能将整个纠纷事件纳入同一个诉讼程序时，以纠纷事件来界定请求排除效的范围才具有正当性。[①] 然而这个条件是实质性的，在实际的诉讼中，总有可能存在诸多客观障碍，导致当事人不能真正获得充分的程序机会。因此，一些学者不断从具体的法律领域出发，对纠纷事件标准的可适用性

① See Restatement（second）of Judgments，§ 24（1982），comment a，p. 198.

进行检讨。[①] 其中，最引人注目的当属婚姻家庭领域。例如，以存在家庭暴力为由主张婚姻存在不可恢复的破裂，故提起离婚诉讼，其判决能否遮断以家暴为由提起的人身损害赔偿之诉？假如贯彻纠纷事件作为请求排除效的标准，后诉就会被遮断，因为二者产生于同一纠纷事件，仅仅是由家暴引起的不同法律性质的法律后果。但事实上，即使在美国，离婚诉讼也仅仅处理婚姻关系的终止、赡养费之确定、共同财产之分割等事项，虽然在确定赡养费与分割财产时会考虑当事人婚姻期间类似家暴这样的行为，但此时对家暴的考虑并非为了补偿一方遭到的损害，故与侵权诉讼具有完全不同的目的，无法直接解决侵权诉讼中的问题；更重要的是，受理离婚案件的法院（probate court）对侵权损害赔偿并无管辖权，故原告请求离婚时不能提起损害赔偿请求。因此，获得离婚判决后再起诉侵权损害赔偿，并非对同一个诉讼标的进行的切割，不会导致纠纷处理的碎片化，因为法律与诉讼制度本来就要求将离婚与侵权分开来处理，所以不能依据纠纷事件标准遮断后诉。[②]

即使不考虑特殊的实体法领域，美国法学会第二次判决重述中，也对请求排除效的例外情形作出了规定。与大陆法系国家的既判力仅以基准时后的新事由为例外不同，美国宽泛的请求排除效有着更多的例外情形。第一，若当事人协议允许或被告默许原告拆分其请求；第二，前诉法院明示地保留了原告实施后诉的权利；第三，由于前诉法院的管辖权或主管的限制导致原告不能在前诉主张某些救济或某些法律基础；第四，前诉判决明显与公平合理适用制定法和宪法的要求不符；第五，制定法和宪法之要求允许原告拆分其请求；

① See Christopher Klein, Lawrence Ponoroff, Sarah Borrey, "Principles of Preclusion and Estoppel in Bankruptcy Cases", American Bankruptcy Law Journal, Vol. 79, Issue 4 (Fall 2005); Justin Vickers, "Res Judicata Claim Preclusion of Properly Filed Citizen Suits", Northwestern University Law Review, Vol. 104, Issue 4 (2010).

② Heacock v. Heacock, 402 Mass. 21 (1988).

第六，涉及持续性或反复性的侵害时实体法政策允许原告可以选择一次性求偿或分开求偿且原告事实上选择了后者；第七，极端的理由（涉及个人自由、前诉判决明显的内在矛盾等）使得不应认可排除效力，原告的后诉就不被排除。[①] 这些情形中，大部分是根据当事人的合意、法院的保留、规范或政策创设的“可拆分权”，在大陆法系国家，后诉本来就不会被遮断；小部分是前诉判决极端不合理，包括违反公平合理要求、个人自由和判决本身存在内在矛盾，这类情形或可与大陆法系国家推翻既判力的再审事由进行大致上的对应，但大陆法系国家是通过特殊的再审之诉——并非另诉——为当事人提供救济，而美国则准许当事人直接突破判决的请求排除效重新起诉。

综合考虑美国请求排除效的例外情形与大陆法系既判力被突破的事由之间的差异可知：首先，美国当事人对既判力享有较大的处分权，而大陆法系国家却不允许当事人通过约定或默许的方式对判决是否发生既判力进行处分。这是由于英美法系与大陆法系的既判力制度目的侧重有所不同。美国的请求排除效起源于英国的诉因禁反言，禁反言制度主要是为了保障当事人的利益，故当事人有权处分既判力；而大陆法系国家将既判力主要视为维护实体法关系与实体法秩序的稳定性、节约资源、减轻法院负担的工具，故后诉是否受前诉判决既判力遮断或拘束，属于法院依职权审查的问题，尽管当事人可获益于既判力，但既判力的目的并不限于保护当事人。其次，美国与大陆法系国家在请求排除效、既判力范围问题的处理上采取了不同的“原则—例外”模式，美国的请求排除效范围很宽，为了正义的需要就有必要承认诸多例外，包括法律上、政策上的原因等，否则宽泛的请求排除效可能造成对当事人的裁判突袭；而大陆法系国家的既判力原则上就很窄，自然无须承认诸多例外情形。

---

① See Restatement (second) of Judgments, § 26 (1982).

将美国的纠纷事件理论对应于图1—1，可得出图1—4。

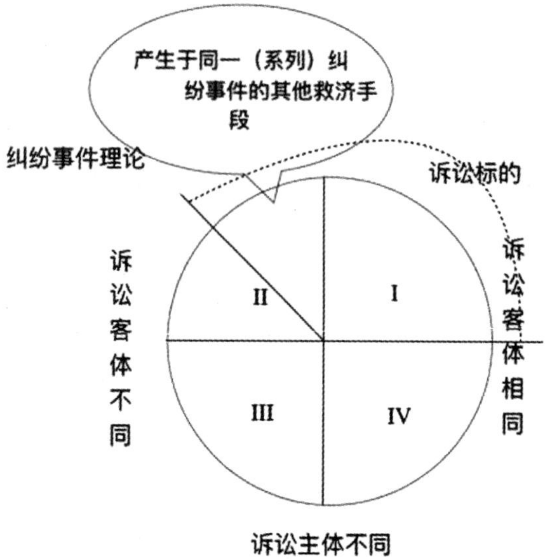

图1—4 美国纠纷事件理论

第三节 诉讼客体的先决性

前后诉的诉讼客体不同一时，也有可能存在某种联系。例如，前诉争议的实体权利义务构成后诉争议的实体权利义务之先决条件或前提条件，或者后诉争议的实体权利义务构成前诉之先决条件，甚至前后诉争议的实体权利义务共享同一先决条件，此时前后诉的关系是较为紧密的，前诉判决对后诉的影响因而较强。不妨将这类关系广义地称为“先决关系”，诉讼客体之间的先决关系或先决性可能导致判决对后诉产生积极的拘束效力，即前诉判决中对作为先决条件的权利义务作出的判断，禁止当事人在后诉进行重复争议。大陆法系与英美法系均在一定程度上承认此种积极拘束力，不过认可的范围存在差异，此种差异实质上反映出不同国家对先决性之理解的不同。

一　德国的既判力先决拘束力

（一）先决性的来源及其演变

在中世纪德意志地区的日耳曼习惯法中，判决内容对后诉存在广泛的拘束力，包括判决结果与判决理由。由于缺乏成文法，前诉判决内容还成为一种重要的法律渊源。到了德国普通法时期，尽管对罗马法的继受成为主流，但本土的判决积极拘束力也保留了下来。为了将日耳曼法中的积极拘束力与罗马法的既判事项抗辩相融合，[①] 学者“挖掘”出更早时期罗马法中的“先决抗辩”（exceptio praeiudicii），根据先决抗辩对判决的积极拘束力进行“解读”，实质上大大限制了这种积极拘束力的范围。现在仅仅是判决主文对后诉产生积极拘束力，判决理由一律不对后诉产生拘束力，即使存在前文提及的广义先决关系。德国法中这种积极拘束力被称为既判力的先决效力，其所理解的先决性（Präjudizialität）这一术语，正是来源于先决抗辩。

罗马法中先决抗辩的产生，本来与一事不再理无关，但跟判决内容对后诉的事实效力有关。早期罗马作出判决的法官是未接受过法律教育的普通人，本案中应当审理的某个问题，若已被在先的判决作出了判断，法官由于自身法律知识的欠缺自然地倾向于赞同前诉的判断，这在当时是一种道义上或事实上的影响力。但这种事实上的影响力有可能给后诉的当事人造成突袭，因为当事人在争议某个被甲事项所决定的乙事项时，可能主要关注乙事项，而忽略了甲事项，当甲事项成为诉讼对象时，前诉法官判决中关于甲事项的结

---

① 在罗马法中，人们并未明确赋予判决面向未来的积极拘束力，判决主要的效力是实现一事不再理，防止重复。Vgl. Reischl, Die objektiven Grenzen der Rechtskraft im Zivilprozeß, Tübingen 2002, S. 16 – 17。

论却可能对后诉产生很强的影响力，这就是当事人所始料未及的了。因此，人们赋予一方当事人“先决抗辩”，即要求对方先起诉甲事项，对乙事项的争论中止，等待法官就甲事项作出判决后再继续审理乙事项。①

德国19世纪的普通法学者试图将先决抗辩与判决面向将来的拘束力结合起来，即由于先决抗辩的顺序要求，只有当前诉判决确认的内容是后诉请求的原因与逻辑前提，后诉请求是前诉判决确认内容的结果时，判决才存在拘束后诉审判、判决内容可作为后诉判决理由的效力（die klagebegründende Wirkung）；换言之，只有当前诉判决是对后诉请求有决定性的内容时，判决才对后诉产生拘束力。例如，在先的返还本金之诉获得了一个判决后，再提起利息请求之诉；在先的主债务之诉获得判决后，再提起从债务之诉；在先的所有权之诉获得判决后，再提起孳息之诉，前诉的判决均拘束后诉。②

将产生积极既判力的先决关系限制在前诉诉讼标的构成后诉诉讼标的之先决条件情况中的学说，在今日的德国民事诉讼法中属于主流观点。据此，判决对后诉的先决拘束力（Bindung bei Präjudizialität）就仅限于判决结论部分，因为判决结论部分是法院对诉讼标的的答复，其在后诉中作为先决条件发挥作用。这种拘束力也意味着当事人不得就前诉的诉讼标的换个“战场”重新争执，法院不得换个场景重新审判，仅能以前诉判决为基础作出后诉判决。同既判力遮断效一样，既判力先决拘束力也体现了“一事不再理”原则的要求，因此，德国学者以一事不再理说（ne bis in idem-Le-

① Vgl. Planck, Die Mehrheit der Rechtsstreitigkeiten im Prozeßrecht, Göttingen 1844, S. 179 ff. 转引自 Reischl, Die objektiven Grenzen der Rechtskraft im Zivilprozeß, Tübingen 2002, S. 70 – 73。

② Vgl. Unger, System des österreichischen allgemeinen Privatrechts, 3. Auflage, Leipzig 1868, S. 616, 664; Wetzell, System des ordentlichen Zivilprozesses, 3. Auflage, Leipzig 1878, S. 592ff. , 871. 转引自 Reischl, Die objektiven Grenzen der Rechtskraft im Zivilprozeß, Tübingen 2002, S. 73 – 76。

hre）来统摄既判力的消极作用与积极作用，且这两种作用的客观范围均根据诉讼标的来界定。[①]

从日耳曼法到普通法，再到今日的德国法，既判力的积极作用范围大大缩小。一开始对与积极既判力相关的先决性采取了较宽的理解，即不论是前诉判决主文与后诉存在先决关系，还是前诉判决理由与后诉存在先决关系，判决均对后诉产生拘束力；从普通法时期开始直至今日，为了将判决效力统一纳入一事不再理原则之下，对先决性的理解受到限制，仅指判决主文中的事项与后诉争议事项存在先决关系的情形。

（二）对先决性作更宽理解的学说

与上述主流理论不同，德国一直有学者主张对先决性作较宽理解。例如，普通法时期的著名学者萨维尼主张既判力不限于判决主文，应以法律关系作为识别诉讼标的的标准，因此除判决主文外，重要的判决理由也产生既判力；[②] 恩德曼（Endemann）也主张，判决效力应当更广泛，因为统一的纠纷解决是一项决定性的重要诉讼原则；克吕普（Klöppel）认为，当前后诉作出不同的判断在实体法上具有不协调性时，即使前诉的判断只是判决理由，也对后诉产生既判力。[③] 既然判决理由也对后诉产生拘束力，就意味着除了［判决结果→后诉请求］的先决关系以外，［判决结果←后诉请求］与［判决结果←判决理由→后诉请求］等情形也可能产生既判力积极拘束力，即后诉诉讼标的是前诉诉讼标的的前提条件，或者两个诉讼标的之间由同一个法律关系连接起来并且共享一个前提条件的，也

① Vgl. Rosenberg/Schwab/Gottwald, Zivilprozessrecht, München 2010, S. 570。

② Vgl. Savigny, System des heutigen römischen Rechts, Band VI, Berlin 1841, S. 358. 转引自 Reischl, Die objektiven Grenzen der Rechtskraft im Zivilprozeß, Tübingen 2002, S. 77。

③ Vgl. Endemann, Das Prinzip der Rechtskraft, Heidelberg 1860, S. 85f.; Klöppel, Die Einrede der Rechtskraft nach der Deutschen Civilprozess-Ordnung, Berlin 1882, S. 107f. 转引自 Reischl, Die objektiven Grenzen der Rechtskraft im Zivilprozeß, Tübingen 2002, S. 77, S. 181。

属于先决性的范畴。

20 世纪的德国学者措伊纳（Zeuner）提出意义关联学说或补偿关联学说，主张当前后诉之间存在意义关联（Sinnzusammenhänge）或补偿关联（Ausgleichszusammenhänge）时，前诉判决对后诉产生拘束力，即便产生此种拘束力的判断并非判决结论中的判断。所谓意义关联，措伊纳举出的例子有前诉法院判决抵押人承担抵押责任后，债权人又提起主债权请求之诉，身兼抵押人身份的主债务人不得主张主债权不成立；所谓补偿关联，例子包括：原告请求被告履行合同义务时，被告主张原告尚未履行其义务，但法院认为原告已经履行义务故判决支持原告之请求，败诉的被告却提起后诉请求前诉原告履行其合同义务的，不应得到后诉法院的支持；原告先请求被告承担违约责任，被告抗辩合同无效，法院认定合同无效故驳回原告的诉讼请求，前诉原告再提起信赖利益赔偿之诉时，被告又主张合同有效，法院不应支持被告的主张。措伊纳的学说提出后，在学术界获得广泛关注及相当多的支持。① 从举出的例子来看，该学说也拒绝了主流理论在先决关系之上附加的特定顺序限制，［判决结果←后诉请求］与［判决结果←判决理由→后诉请求］只要符合特定意义关联或补偿关联的条件，就属于先决性的范畴，相应的判决理由就对后诉产生拘束力。

（三）先决性与事实遮断效

尽管德国既判力主流理论将判决的先决拘束力限制在判决主文范围内，但是这样狭窄的积极既判力范围不利于维护判决的确定性与法的安定性。为弥补此种缺陷，主流理论提出判决具有一种“事

---

① Vgl. Rosenberg/Schwab/Gottwald, Zivilprozessrecht, München 2010, S. 882. 措伊纳 1959 年发表的著作是 Zeuner, Die objektiven Grenzen der Rechtskraft im Rahmen rechtlicher Sinnzusammenhänge. Zur Lehre über das Verhältnis von Rechtskraft und Entscheidungsgründen im Zivilprozeß, Tübingen 1959. 关于该学说的更详细内容, Vgl. Reischl, Die objektiven Grenzen der Rechtskraft im Zivilprozeß, Tübingen 2002, S. 183ff。

实遮断效”（或称“相对既判力”，relative Rechtskraft），[①] 此种事实遮断效也将在事实上赋予某些判决理由以对后诉的拘束性效力。事实遮断效的法律后果与先决拘束力相同，即以诉无理由判决驳回后诉诉讼请求。其例子如：保理（Factoring）合同解除后，保理人请求被保理人给付结算余额，双方对结算结果进行争议，法院支持保理人主张的结算结果，被保理人提起后诉主张与前诉不同的结算结果，请求保理人根据这一结果向他给付相应的余额，由于前诉已经确认保理人主张的结算结果，被保理人受前诉判决认定的事实拘束，不得在后诉对此进行重复争执，其诉讼请求将被判决驳回；[②] 前诉原告主张合同违反善良风俗、欺诈产生错误，请求确认合同无效，请求被判决驳回后，又起诉主张胁迫请求确认无效，或者在给付之诉中抗辩称并不存在合意，均不会被法院支持，而受前诉判决确认的事实拘束；[③] 事实辩论终结前已经产生的形成权，判决生效后当事人才起诉行使该形成权的，该形成权存在的事实也被理解为旧事实，故受前诉判决的拘束。[④]

不妨将这种事实遮断效，视为德国既判力理论中先决性的“外延”，即其所处理的案件类型处于边界地带，前后诉的诉讼标的并不相同，亦不符合典型的前诉诉讼标的构成后诉诉讼标的之前提问题的先决性要求，但前后诉诉讼标的之间的关联极为紧密，以至于对前后诉共通的某个问题，如准许后诉推翻，就有害于前诉判决的既判力，故以“隶属”于既判力但非既判力本身的事实遮断效来处理。但若像上述第二部分探讨的那样将先决关系的内涵予以拓宽，就可

① Vgl. Rosenberg/Schwab/Gottwald, Zivilprozessrecht, München 2010, S. 888.

② BGHZ 123, 137, 141 = NJW 1993, 2684. 保理全称保付代理，通常是企业将应收账款转让给保理人，获得相应的融资款，保理人对应收账款进行管理催收；在保理合同被解除后，需要双方返还，就应当根据保理人此前给付的转让款和他已催收获得的应收账款数额进行结算。

③ RGZ 72, 145; 78, 396.

④ BGHZ 34, 274, 279 = NJW 1961, 1067; BGHZ 103, 362 = NJW 1988, 2542.

将这类情形纳入积极既判力的处理范围了。此外，主流既判力理论还将进一步维护判决内容以及法的安定性追求寄托在中间确认之诉制度上，即希望使判决理由中的重要判断确定下来的当事人，应当提起中间确认之诉，请求法院对这部分事项事先作出明确的判断并形成判决，从而以中间判决的形式使这类判断也产生既判力。

二　英美法系的争点效力

英美法系国家亦承认不排除整个后诉但拘束后诉法院审判、禁止当事人重复争议的判决效力，即英国的争点禁反言（issue estoppel）效力与美国的争点排除效（issue preclusion）。这两种争点效力与大陆法系国家的既判力先决拘束力存在很大的差异，不过，在争点的定义之中亦包含着前提性问题、决定性要件等内涵，故可借助较宽意义上的先决性概念来对英美法系的争点效力予以探讨。

英美法系的争点效力之中，美国的争点排除效更为我国学者所熟知，美国民事诉讼中争点的一个构成要件——当事人实际争议过，在我国学界引发了较多的思考。殊不知，在英国的争点禁反言中，除当事人实际争议过外，假如某个争点当事人本来应当且有机会进行争执但未实际争执，其在后诉中亦被排除。由此可知，是否必须实际争议，对不同国家的争点效力具有不同的意义。

判决的争点效力可追溯至英国的禁反言制度。禁反言的本义，是当事人不得实施前后不一致的诉讼行为，包括不得作出前后矛盾的主张，如此才能维护对方当事人的合理信赖。[①] 禁反言制度应用于判决效力领域，是因为当事人已经在前诉中进行了争议，应当对争议的结果自负其责；或者对方当事人期待当事人进行争议，其不进行争议就使人以为其放弃争执。因此，英国法中的争点禁反言客观属性更强，即便当事人未实际争执，若由于该不争执的行为使得对

---

① 参见纪格非《“争点”法律效力的西方样本与中国路径》，《中国法学》2013年第3期，第109—110页。

方产生某种信赖，其在后诉亦不得再争执。

然而，争点效力与既判事项同样还有另外一个来源，那就是罗马法的一事不再理原则，一事不再理的本义就是当事人不得享有两次司法救济的机会，而实际争议过乃是已被“理过”的最明显标志，因此，美国更为强调争点是在前诉中实际进行过争执的事项这一特征。[①]

法院对争点的判断，还应当对前诉作出最终判决是必不可少的，否则争点排除效可能引起裁判突袭。因为假如某个争点对于当事人请求获得的救济或要求解决的纠纷不是那么重要，当事人对其进行充分实质性争议的动力就不足，即便形式上争执过了，也不见得多么投入，若法院对该争点作出的判断在后诉中禁止当事人争执，就有可能是当事人始料未及的。[②]

在英美法系国家，争点是否实际被争议过，或者本应被实际争议但未争议，法院对争点的判断是否对作出判决结果必不可少，往往均需要结合个案情形作出实质性判断，由此造成的后果是，不同法院对争点禁反言或争点排除效范围的把握可能存在一定的差异。此外，以美国为例，为防止争点排除效的适用引起裁判突袭的不当后果，该效力存在诸多例外，美国法学会第二次判决重述对此作出了以下的整理：若（1）排除效对其不利的当事人在前诉中事实上无法获得对判决申请重审（review）的机会；（2）该争点为法律争点，且前后诉请求在实体上无关，或考虑到前后诉准据法的变化，或为了防止适用法律不公而应允许重复争议；（3）由于前后诉程序的性质或容量，或管辖权的原因，后诉应当准许重新考虑这个争点；（4）排除效对其不利的当事人前诉的说服责任（burden of persuaion）远远重于后诉，或者在后诉中说服责任转移到对方当事人，或者对方

① See Subrin, Minow, Brodin, Main, Lahav, Civil Procudre, Doctrine, Practice, and Context, New York, Wolters Kluwer Law & Business 2012, p. 897.

② See Restatement (second) of Judgments, § 27 (1982).

在后诉中的说服责任远远重于前诉；（5）由于可能对公共利益或前诉案外人利益产生不利影响，或在前诉中不能预见到该争点可能在后诉中出现，或排除效对其不利的当事人由于对手的行为或特殊原因在前诉中无充分的机会或动力使该争点获得充分的公平审判，而明显存在有说服力的理由对该争点进行重新判断，前诉判决中的争点判断不拘束后诉。美国还有些学者主张，争点排除效的适用不应受一般规则的拘束，而有必要根据不同的实体法领域进行相应的调整，例如在财产和身份关系案件中，由于对法律安定性的要求较高故应适用较宽的争点排除效；而在某些鼓励调解或者意图抑制上诉的案件类型中，最好适用较窄的争点排除效。[①]

英美法系国家的判决效力，包括诉因禁反言与争点禁反言、请求排除效与争点排除效，也都均以前后诉之间存在的某种关系为基础。由于前后诉之间不同类型的关系彼此之间也存在交织、交叠或界限不甚清晰，与不同种类前后诉关系相应的判决效力彼此之间也可能存在交织。例如在美国，实践中有些法院将争点排除效范围与请求排除效结合起来考虑：很多法院都像第二次判决重述概括的那样主要采纳纠纷事件理论来界定请求排除效的范围，在这一宽泛的请求排除效标准之下，争点排除效适用的范围实际上并不是很大；反之，有些法院将请求排除效界定得较窄，此时其有可能为了禁止当事人进行实质性重复争议，而扩大争点排除效得适用范围。[②]

三　日本的积极既判力与争点效理论

日本的积极既判力制度继受自德国，在学理上亦与德国通说一致，主张判决对后诉产生拘束力的范围仅限判决主文，判决理由不产生既判力，故诉讼客体间的先决关系仅指前诉诉讼标的构成后诉诉讼标的之前提条件这种情形。既然判决理由不对后诉产生拘束力，

① See Restatement (second) of Judgments, § 28 (1982).

② Second Restatement of Judgments, Vol. 1, p. 250 (1982).

即便在前后诉主体同一时，后诉中仍允许当事人争议并举证推翻判决理由。如此一来，就有可能会产生实质上的矛盾判决，当事人可能被置于两个相互矛盾的地位之中。

为解决判决理由对后诉之效力的问题，日本学者亦对德国的事实遮断效及既判力客观范围扩张理论多有关注。此外，还有学者借鉴美国的争点排除效，以大陆法系的诚实信用原则为基础，提出争点效理论。在该种判决效力之条件的设置上，模仿美国争点排除效，要求当事人将特定问题作为主要争点进行过争议，法院对此进行审判，该争点在后诉其他请求的审理中成为主要先决问题，前后诉系争利益几乎等同，如此一来，前诉法院就该争点作出的判断对后诉产生拘束力，不允许当事人提出相反的主张和举证，法院亦不应作出矛盾判断。争点效虽然是判决理由对后诉的积极拘束力，但日本学者并不将其视为积极既判力的一种形态，而是保留其独特的位置，二者的区别除了产生效力的要件不同外，积极既判力由法院依职权适用，而争点效有赖于当事人的主张，也分别体现了既判力作为大陆法系维护法的安定性之工具及争点效作为英美法系维护当事人期待利益之手段的不同特征。①

日本学者在积极既判力与争点效之间作出区分，这一主张具有合理性，因为二者分别体现了大陆法系的特色与英美法系的特色，将二者融为一体存在较大障碍。为了使争点效理论尽可能与既判力制度相协调，日本学者将争点效的基础定位于诚实信用原则（该原则构成大陆法系民事诉讼法的基本原则之一），然而该效力条件的设置毕竟与英美法系的禁反言制度更为契合。

---

① 参见［日］新堂幸司《新民事诉讼法》，林剑锋译，法律出版社 2008 年版，第 492—503 页。

第四节　诉讼主体的同一性

在前后诉的语境下，诉讼主体这一基本构件仅存在同一与否的问题，不会像诉讼客体那样还可能存在先决关系。前后诉诉讼主体相同时，判决对后诉产生的效力往往与前后诉诉讼主体不同时的判决效力存在差异。

一　诉讼主体同一性与判决效力

不论大陆法系还是英美法系，域外主要国家大体上均认为既判力原则上具有相对性，因此，诉讼主体具有同一性时，判决才对后诉产生既判力。既判力作为禁止当事人实施重复起诉或进行重复争议的效力，应当以当事人已在诉讼中获得充分的正当程序保障为前提。而前诉的诉讼主体及判决主体，当然已获得充分的程序保障。与之相反，案外人原则上并未获得程序保障，自然不应承受判决的既判力。

然而，诉讼主体同一性究竟是指什么，是形式当事人还是实质当事人，是否包括参加诉讼的第三人，在复杂诉讼形态中如何确定诉讼主体等问题，目前均无明确结论，须进行体系性的探讨。

二　诉讼主体不同时的判决效力

前后诉讼法主体不同时，基于程序保障原则，案外人不应承受既判力。大陆法系学者认为，判决针对特定的案外人若不产生既判力，将损害判决的权威性及纠纷解决的实效性。这类特殊的案外人往往与前诉诉讼主体或者诉讼客体存在特定关系，并且导致以案外人为诉讼主体的后诉与前诉在诉讼客体上存在同一性、先决性等关系。判决例外地对这类案外人产生既判力，被称为既判力的主观扩张。既判力的主观扩张以前后诉诉讼主体间关系与诉讼客体间关系的组合为基础。英美法系学者也认为，原则上判决仅对其当事人产生既判力，但特定的案外人因为与判决的当事人之间存在利益一致关系，应被视为与当事人具有实质上的同一性，故受判决既判力的拘束。由此可知，诉讼主体的同一性与非同一性之间，尤其是其典型情形之间，存在着广阔的“灰色”地带。该地带中的情形究竟属于诉讼主体同一性还是属于诉讼主体非同一性，存在较大的不确定性，经常引起争议。

（一）前后诉诉讼客体同一

前后诉诉讼主体不同而诉讼客体具有同一性时，形式上看前后诉并不具备同一性。基于程序保障原则，案外人不应承受前诉判决的既判力。但在某些例外情形中，案外人承受前诉判决的既判力却具有正当性，其目的是保障判决的实效性，前提条件是案外人实质上已经获得了程序保障（如诉讼担当），或者本不享有独立的程序保障权，或者由于特殊法律关系的安定性需要案外人本应与前诉的当事人一同实施诉讼。但如前所述，不考虑前后诉诉讼主体时围绕诉讼客体的同一性已经存在较大的争议，将其与诉讼主体非同一性结合起来分析，可能会遭遇更为复杂的问题。对此，域外与我国学者均未展开结构化的深入分析，大多在历史上形成的规范或实践传统基础上，仅针对个别情形的案外人是否及如何承受既判力给出具体答案。不过，将这些具体的既判力主观扩张或既判力及于案外人情形整合起来，仍可为理解诉讼主体不同时的诉讼客体同一性提供有益参照。

德国的既判力主观扩张对象，包括在诉讼系属后成为当事人权利继受者或获得诉讼争议的标的物直接占有之人，诉讼担当中被担当的实体法律关系主体或权利义务归属者。此外，法院对身份问题作出的判决具有对世效；确认公司股东会决议无效、撤销股东会决议、确认公司无效、解散公司的这些判决，效力拘束所有的股东、董事会与监事会成员；股东派生诉讼的判决拘束公司与其他股东；对业主委员会决议之瑕疵进行诉讼获得的判决拘束所有被传唤过的业主、权利义务继受人或管理人；破产程序中法院对债权登记表的确认拘束破产管理人与所有的破产债权人；强制执行程序中对被执行人之债务人的诉讼获得的判决，既判力拘束所有对该债务实施了扣押的债权人。[①] 这些情形中的大部分，前后诉诉讼客体均具有同一性，且为形式上的同一性，不同主体先后进行争议的对象的确是相同的。不过，诉讼系属后获得占有或获得其他从属性、派生性权利的主体，其可能提起的后诉与前诉在诉讼客体上不见得具有同一性，但可能存在先决性关系。此外，德国学界通说还将其他某些前后诉诉讼客体之间具有先决性的情形，也视作既判力主观扩张的根据，有的学者将此也理解为前后诉诉讼标的具有同一性，并以此为条件限制既判力主观扩张的范围，[②] 但这略显不准确，实际上此时的案外人与前诉存在的实体牵连关系，表现为诉讼客体之间存在先决性。

根据《日本民事诉讼法》第 115 条，判决对诉讼担当时的被担当人、口头辩论终结后当事人的承继人、为当事人而持有请求标的物之人、诉讼脱退人均产生拘束力。此外，在身份关系或团体法律关系的诉讼中，既判力向利害关系人或一般的案外人扩张。[③] 除了持有请求标的物之人具有特殊性（本来就无法独立提起后诉）外，其他情形中前后诉诉讼客体均具有同一性。

在美国，除当事人外，判决的既判力还拘束被诉讼当事人所代表的主体，例如财产或利益的委托人、以诉讼当事人为执行人或管理人或保管人的受益人、被官员或代理人代表者、集团诉讼中的集团成员、授权当事人在诉讼中代表自己的主体。在这种代表性关系中，前后诉诉讼客体自然具有同一性。此外，如果案外人与诉讼当

---

① MükoZPO/Gottwald, 5. Aufl. 2016, ZPO §325 Rn. 13 – 69，德国承受判决拘束力或其他效力的这些案外人种类较为分散，各自存在诸多不同的细节问题，考虑到篇幅的合理分配与章节的安排，这些具体问题就都留待后文详细介绍。

② Rosenberg/Schwab/Gottwald, Zivilprozessrecht, München 2010, S. 891.

③ 参见［日］新堂幸司《新民事诉讼法》，林剑锋译，法律出版社 2008 年版，第 490 页。

事人存在其他特殊关系，构成共同利害关系人（privity），案外人也会受到前诉判决的拘束。在共同利害关系之中，存在多种多样的情形，其中，权利前手与继受人、委托人与受托人也属于前后诉客体同一的情形；但亦有些其他情形，前后诉客体存在先决关系。[①]

（二）前后诉诉讼客体存在先决关系

如前所述，德国与美国民事诉讼法中均存在一些情形，尽管前后诉诉讼主体不同，但诉讼客体存在先决关系时判决对案外人也产生既判力扩张或判决也对案外人产生拘束力。而日本民事诉讼法与主流理论并未对前后诉诉讼客体存在先决关系的情形承认既判力扩张，不过有些学者主张在一部分前后诉存在先决关系的情形中判决对后诉产生反射效。

在德国，以特定实体法规范为基础，通说与判例还认为，机动车责任保险人可以援引被保险人针对受害人获得的胜诉判决；被保险人可以援引保险人获得的胜诉判决；无限责任股东对无限公司债务应承担责任，在作为被告时，不得主张公司自己已经无法再主张的抗辩，即已被既判力遮断了的抗辩；保证人、质押人、抵押人可以援引主债务人对债权人获得的胜诉判决；强制执行、破产程序中债权人不得对其他债权人的债权提出债务人自己已经无法再主张的抗辩，即已被既判力排除了的抗辩。这些情形也均被视为既判力的主观扩张，[②] 不过此时案外人作为诉讼主体的后诉不被前诉遮断，但前诉的判决内容对后诉产生拘束力，因为前诉诉讼标的构成后诉诉讼标的的前提条件，即前后诉诉讼客体存在先决关系。

《日本民事诉讼法》明文规定的既判力主观扩张范围有限，但日本民事诉讼法毕竟继受自德国民事诉讼法，学理仍受德国较宽的既判力主观扩张范围的强烈影响，有些学者据此主张那些与前诉存在类似实体牵连关系的案外人，应承受判决的“反射效”。判决的反射

① See Restatement（second）of Judgments，§§41－45，51－53，55.

② MükoZPO/Gottwald，5. Aufl. 2016，ZPO §325 Rn. 70－83.

效是指，由于当事人承受既判力，判决反射性地对与当事人之间存在特殊关系的案外人产生影响，[1] 这种特殊关系表现在前后诉诉讼客体关系方面，实质上就是先决关系，如前诉诉讼标的是后诉诉讼标的的前提条件，或者相反。[2] 尽管还存在反对的观点，反射效理论在日本学界已具有一定程度的共识，值得注意的是，其法律后果表现形式与既判力主观扩张大体相同，但学者不将其称为既判力主观扩张。

美国法学会编纂的第二次判决重述虽然将前后诉诉讼客体的同一性理解得特别宽泛，但这主要仅针对前后诉当事人同一的情形。若前后诉诉讼主体不同，并不会直接根据纠纷事件理论来界定判决是否对案外人产生既判力，因此前文提到的诉讼客体同一性仍为形式上的同一。不过，与大陆法系国家类似，在美国，也会由于前后诉诉讼客体的紧密关系，判决对案外人产生拘束力，例如追偿关系等先决关系。不过，基于具体牵连关系特征上的差异，判决对案外人产生不同的效力，如对有的案外人可同时产生请求排除与争点排除效力，但对有的案外人却仅产生请求排除效。

大陆法系国家还承认一种判决对与前诉存在特殊程序牵连的主体之拘束力——“参加效”。参加效往往也发生在前后诉诉讼主体不同但诉讼客体存在先决关系的情形中，前提是后诉诉讼主体虽非前诉当事人但以某种方式“参与”了诉讼，构成辅助参加人或被诉讼告知人。这种效力虽然并不直接要求承受效力者主张的权利义务关系与前诉存在先决关系，但由于辅助参加人之所以可以参加前诉就是因为其与前诉存在法律上的利害关系，这种利害关系经常可以用先决关系来加以说明。不过参加效除了前后诉诉讼客体存在先决性外，还在诉讼程序上有特殊的要求，表现在其第三人参加诉讼制

① 参见［日］新堂幸司《新民事诉讼法》，林剑锋译，法律出版社 2008 年版，第 511 页。

② ［日］铃木正裕：《判决的法律要件的效力》，山木户还历下 149 页以下，转引自伊藤真《民事诉讼法》，有斐阁 2014 年版，第 564—565 页。

度上。

值得注意的是，前后诉诉讼主体不同，前后诉诉讼客体也不存在十分紧密的先决关系时，前后诉争议的对象仍有可能存在交叠或重合，此时前诉判决中的某些判断特别是判决理由，虽不符合对后诉产生既判力或其他拘束性效力的要件，但仍然可能产生一种影响法官自由心证的事实证明效。这种效力的门槛很低，仅要求前后诉诉讼客体存在某种疏远的先决性或者在存在共通事实问题或法律问题的意义上存在松散的“同一性”，即重合性。

第五节　小结

不同判决效力对应着前后诉关系的不同类型，唯有澄清同一性与先决性等基本范畴的内涵与外延，才能明确不同判决效力彼此之间的界限与关联。判决效力体系中最核心的效力，为与前后诉诉讼主客体均同一，或诉讼主体同一但诉讼客体存在先决性关系相对应的既判力。既判力还可能对实质上已获或无须获得独立程序保障的案外人产生扩张，其前提是前后诉客体同一或存在先决性。判决效力还有参加效、反射效及非拘束性的证明效，参加效、反射效发生在前后诉诉讼主体不同一的场合，与前后诉客体之间的先决性紧密相关，证明效与前后诉客体之间广义上的先决性，或前后诉仅存共通的事实或法律问题这种松散的同一性相关。为了划定上述不同判决效力之间的界限，须考虑同一性与先决性等范畴的具体内涵，所谓“广义上”先决性与“松散意义上”同一性，均使范畴的含义变得更加灵活多样。作为整理判决效力体系的基本范畴，抽象概括的标准能够对所有判决效力作出说明，但在体系内部对不同效力进行安排时，须对其予以具体澄清。

域外的判决效力体系均对同一性、先决性范畴予以具体的界定，大陆法系的界定均较严格，以将既判力限制在较小范围内，给当事人留下更大的自由空间，但为了实现判决的实效性及法律的安定性，并维护实体法律秩序的统一性，也创设了一些例外并承认其他判决效力，使判决遮断效或拘束力一点一点地“向外”稍稍拓展。英美法系则对同一性予以较宽的界定，将先决性联结其他程序要件界定判决积极拘束力，以实现纠纷的一次性解决，促进诉讼经济，保障法的安定性，但为了防止当事人权利遭到不当剥夺或遭受裁判突袭，也为较宽的界定标准设置诸多例外，实质是一点一点地“向内”稍稍后退。大陆法系与英美法系均试图在不同的法律价值——法的安定性、诉讼经济与当事人诉权自由——之间寻求平衡，价值平衡本应为立法者的工作，但在立法非常抽象甚至是缺失或者无法充分考虑问题的复杂性时，为防止个别法官在仅着眼于个案（即缺乏一般性考虑）的思路下进行自由裁量，不妨先由学理通过对实践进行归纳提出一套大致上具有稳定性与平衡性的标准。

在中国语境下界定同一性与先决性，就是本书判决效力体系化研究所要面对与解决的主要问题。中国民事诉讼制度主要借鉴自大陆法系国家，学理受大陆法系的影响亦大，目前既已选择大量来自大陆法系的概念术语，作为路径依赖的体现，在理解这些术语时倾向于接受相同或大致相同的观点，也是一种自然而然且在很大程度上具有正确性与合理性的立场。但是，针对相同或相似的概念，不同大陆法系国家或地区实际上存在着不同的理解；在中国学者中间，关于如何选择、作出某种选择会有何种后果、如何使这些后果与制度的其他环节相协调等问题，尚未展开深入系统的研究。而在司法实践中，基于实用的需要法官往往在个案中作出选择，形成的模糊不清、前后不一致的“运行中的法”不会也不应被理论毫无保留地接受，但也不应完全被忽视，否则学界提供的理论方案可能由于缺乏实践考虑与可操作性而不被立法者或实务者接受。在理论层面考虑实用主义因素、实践理性及可操作性问题，当然不意味着完全推翻现有的结论，而是有必要在某种程度上对其作精致化的处理与适当的调整。近来我国判决效力规范稍有增多，法院裁判文书也开始大规模上网，学者均开始尝试利用本土资源来解释具体判决效力问题。在方法论层面，不妨将中国本土资源作为学者所接受的大陆法系基本框架的检验性素材，考虑哪些具体选择更适合中国，将实践中自行生长起来的方案与理论妥当地融合。

为了结构的合理性与行文的便利性，接下来分别集中讨论判决效力的客观方面和主观方面，即与诉讼客体关系论和诉讼主体关系论分别对应的内容。诉讼客体关系存在同一性与先决性两个标准，而诉讼主体关系仅存在同一性标准，在讨论诉讼客体时，可以假设诉讼主体具有同一性，集中精力对诉讼客体同一性或先决性进行阐述；然后再对诉讼主体前后诉关系予以分析，阐明其同一性、主体非同一性与诉讼客体不同关系组合对应的判决效力。

第二章

诉讼客体同一性与消极既判力

消极既判力，亦称“既判力的消极作用”，是指判决对后诉的遮断效或排除效。在前后诉主体相同时，判决对后诉产生遮断效还需满足一项前提条件，即前后诉诉讼客体具有同一性。允许当事人就已有生效判决的事项重新提起一个诉讼，不仅会造成资源的浪费，占据其他主体就其他诉讼应当享有的司法资源，而且还会导致当事人之间的法律关系无法获得确定性，从而影响生效判决的权威性。因此，任何一个现代化法治国家都不会对重复起诉予以绝对的容忍。从小农经济为基础的传统社会到以工商经济、消费经济、互联网经济甚至数字经济为基础的现代社会，我国对当事人的重复争执及国家官员或机关“有错必纠”理念的态度逐渐发生转变。《民事诉讼法》第 124 条第 1 款第 5 项规定，对裁判、调解书已生效的案件，当事人又起诉的，法院将告知其申请再审，当事人申请再审必须满足法定的再审事由。关于同一案件之具体界定，《民诉法解释》第 247 条规定，当事人在裁判生效后起诉，后诉与前诉当事人相同、诉讼标的相同、诉讼请求相同或者后诉诉讼请求实质上否定前诉裁判结果的，属于重复起诉，法院应裁定不予受理，已受理的裁定驳回起诉。在司法实践中，法院除了使用“重复起诉”术语，还常常提及“一事不再理”原则。

判决对后诉的遮断效范围不应毫无限制，若前诉判决中未被充分审判过的事项也被遮断，构成对当事人的裁判突袭，侵害其获得程序保障的权利。在我国语境下确定消极既判力范围，即界定前后诉客体同一性的内涵，须对《民诉法解释》第 247 条规定的相对抽象概括的要件作进一步的解释，不妨借助实践案件类型加以具体化。通过对重复起诉、一事不再理的案例进行整理，消极既判力与其他诉讼制度之间的联系也逐渐地显现。判决效力并非孤立的诉讼制度，判决内容之所以对后诉产生效力，原因在于法院已对该事项实施过审判活动，当事人已获得充分的程序保障，因此判决效力与其他诉讼制度本来就具有呼应性与关联性。此种前后呼应、相互联系的特征，为判决效力及中国民事诉讼法学的体系化研究奠定了基础。

第一节　《民诉法解释》第 247 条中的客观要件

《民诉法解释》第 247 条规定的重复起诉客观要件，与大陆法系消极既判力客观前提条件不完全一致，大陆法系仅根据诉讼标的同一性，我国《民诉法解释》第 247 条则为前后诉诉讼标的与诉讼请求相同，或诉讼标的相同且后诉诉讼请求实质否定前诉裁判结果。《民诉法解释》第 247 条使用了源自大陆法系的概念术语——“诉讼标的”与“诉讼请求”，但采用了不同的构成要件组合。这引起了学者的广泛关注与讨论，目前尚未得出具有普遍共识的结论，故有必要予以探讨。

一　关于《民诉法解释》第 247 条的学说

前文已述，大陆法系既判力理论对我国学者存在较强影响。2015 年最高人民法院颁布《民诉法解释》之前，民事诉讼规范中关于消极既判力的禁止重复起诉效果仅有《民事诉讼法》第 124 条第 1 款第 5 项，从中能概括性提炼出“同一案件”这一标准，学者借鉴大陆法系既判力理论来解释“同一案件”，均以诉讼标的同一性作为消极既判力的条件，所争执的焦点乃是如何界定诉讼标的，特别是究竟采旧说还是新说。这些讨论使用的概念对最高人民法院产生了影响，但在界定重复起诉客观范围时，实务界还是采取了与已有学说不同的路径。对此学者的反应不一，随着时间的进展也呈现一定的变化，目前的观点大致可分为三类。

第一类对《民诉法解释》第 247 条持较为明确的批判性态度。有的认为，大陆法系概念体系中，诉讼请求包含了诉讼标的，诉讼标的是诉讼请求的内容，将诉讼请求与诉讼标的并列规定为重复起诉的条件在逻辑上难以成立，还增加了辨识的复杂性，不利于适用；[①] 有的主张，诉讼标的若采旧说或新说中的一分肢说，诉讼标的与诉讼请求实为相同概念，无区分必要，诉讼标的若采二分肢说，诉讼请求仅为识别诉讼标的的标准之一，并列规定不合理；[②] 有的主张，诉讼标的是不可分割的审理单位，既然不可再分就没有容下诉讼请求的空间；[③] 还有的主张，不论基于何种诉讼标的理论，诉讼请求都是诉讼标的构成要素之一，诉讼请求被包含在诉讼标的之中，没有必要并列规定。[④]

第二类对《民诉法解释》第 247 条的批判态度稍显和缓。有的认为，将诉讼标的与诉讼请求并列的做法，虽与大陆法系传统中仅以诉讼标的确定既判力范围的学说不同，但基于国内法院对诉讼标的的一般性理解，实际效果与旧说相当接近，后诉诉讼请求实质否定前诉裁判结果在解释上具有弹性，若裁判理由中的判断也不得被

---

① 参见张卫平《重复诉讼规制研究：兼论“一事不再理”》，《中国法学》2015 年第 2 期，第 58 页。

② 参见夏璇《论民事重复起诉的识别及规制——对〈关于适用中华人民共和国民事诉讼法的解释〉第 247 条的解析》，《法律科学》2016 年第 2 期，第 171—172 页。

③ 参见任重《论中国民事诉讼的理论共识》，《当代法学》2016 年第 2 期，第 44、45 页。

④ 参见段厚省《重复诉讼判断标准检讨——以法释（2015）5 号第 247 条为分析对象》，《甘肃政法学院学报》2019 年第 5 期，第 16 页。

否定，就意味着肯定裁判理由的既判力，甚至可能导致强制反诉，故三个要件大致上可接受，但还需进一步澄清后诉诉讼请求实质上否定前诉裁判结果的含义，并应在总体上逐渐向大陆法系旧说转化。[①] 有的则主张应将诉讼标的理解为法律关系与法律事实，使诉讼请求概念与诉讼标的理论脱离，成为与诉讼理由、事实相并列但不同的概念，二者的并列得到合理的解释，[②] 该理论与新说相似。还有的主张，通常应根据当事人与诉讼标的同一性界定重复起诉，即回归二要件说，若虽可判断为重复起诉但法理上存在保障必要性，应适用诉讼请求相同或者后诉诉讼请求实质上否定前诉裁判结果限缩重复起诉的范围。[③]

第三类对《民诉法解释》第 247 条所持的态度最为宽松。有的通过整理相关司法实务，主张诉讼标的多数情形下可理解为实体权利或法律关系，但在特定案件中应考虑后诉诉讼请求实质上否定前诉裁判结果，根据具体程序场景适度动态地把握诉讼标的的概念，即将诉讼标的理解为生活事实；[④] 有的主张将诉讼请求理解为显示不同诉讼种类或权利保护形式（给付、确认或形成）的标志，在诉讼请求相同时采纳旧说界定诉讼标的，在后诉诉讼请求实质否定前诉裁判结果时采纳纠纷事件理论界定诉讼标的；[⑤] 还有的将《民诉法解释》第 247 条的重复起诉分为两种类型，另一种是前后诉当事人、诉讼标的、诉讼请求均相同的重复起诉，一种是当事人、诉讼标的

---

① 参见严仁群《既判力客观范围之新进展》，《中外法学》2017 年第 2 期，第 546—549 页。

② 参见卜元石《重复诉讼禁止及其在知识产权民事纠纷中的应用——基本概念解析、重塑与案例群形成》，《法学研究》2017 年第 3 期，第 94—97 页。

③ 参见郑涛《禁止重复起诉之本土路径》，《北方法学》2019 年第 3 期，第 82—83 页。

④ 参见王亚新、陈晓彤《前诉裁判对后诉的影响——〈民诉法解释〉第 93 条和第 247 条解析》，《华东政法大学学报》2015 年第 6 期，第 13—14 页。

⑤ 参见陈杭平《诉讼标的理论的新范式——“相对化”与我国民事审判实务》，《法学研究》2016 年第 4 期，第 189 页。

相同，后诉诉讼请求实质上否定前诉裁判结果的重复起诉，应当分别讨论这两种类型中的诉讼标的、诉讼请求概念内涵及相互关系。①

上述三类观点均围绕如何理解诉讼标的同一性、诉讼请求同一性及后诉诉讼请求实质上否定前诉裁判结果展开，从一开始的拒绝接受《民诉法解释》第247条，到后来虽注意该规范可能的实践弊端但仍尽可能加以理论解释，学者的态度的确发生了变化。但《民诉法解释》第247条要求同时满足三项要件方构成重复起诉，故须对第二项"诉讼标的"同一性的界定与对第三项"诉讼请求"同一性或"后诉诉讼请求实质上否定前诉裁判结果"能否兼容的问题予以特别关注，这一点在目前的学说中似乎有所缺失，或并非研究重点。若不对此予以澄清，诉讼标的与诉讼请求概念之间的关系及《民诉法解释》第247条的逻辑结构，就无法得到厘清。

二　诉讼标的与诉讼请求的关系

最高人民法院有关部门为《民诉法解释》出版了理解与适用的"指南"或解说书，也对诉讼标的、诉讼请求、后诉诉讼请求实质上否定前诉裁判结果的理解作出了解答，但也未考虑这两种解答之间是否协调。实务界人士认为，实体诉讼标的理论较符合我国民事诉讼实际，故应将诉讼标的界定为当事人在实体法上的权利义务或者法律关系；诉讼请求是指建立在诉讼标的基础上的具体声明，诉讼请求对识别诉讼标的及厘清其范围具有实际的意义，后诉诉讼请求实质上否定前诉裁判结果主要是指后诉提起相反的请求。② 因此，诉讼请求不过是用以识别诉讼标的并明确诉讼标的范围的工具。与文本相比，最高人民法院有关部门对《民诉法解释》第247条的理解更接近学者关于诉讼标的的理论主张，但却使得该规范内部结构陷

---

① 参见袁琳《民事重复起诉的识别路径》，《法学》2019年第9期，第167页。

② 参见沈德咏主编《最高人民法院民事诉讼法司法解释理解与适用（上）》，人民法院出版社2015年版，第635页。

入不平衡。若诉讼请求不过是辅助性标准，为何将其作为独立的一项要件，还要求三项要件均成立才构成重复起诉？当然，作为司法解释，该规范的合理性并非绝对无法动摇，然而司法解释中存在大量实践经验的总结，《民诉法解释》第 247 条的制定可能也是基于某类实践经验，不妨在承认规范既存性的基础上，通过考察司法实践尽可能对其作出合理的解释。

（一）关于《民诉法解释》第 247 条诉讼标的之理解

不论 2015 年前还是 2015 年后，我国法院均相当频繁地将诉讼标的理解为争议的法律关系。

【案例 2—1】甲公司与乙公司签订一份《销售合同》，约定乙向甲出口核桃仁，乙履行部分交货义务。甲起诉至法院请求判令乙承担赔偿损失的违约责任，法院认定乙违约，在金额上部分支持了甲的诉讼请求。甲提起后诉，请求乙继续履行《销售合同》向自己交付剩余货物。后诉法院认为，前后诉均因乙拒绝履行同一份合同项下的继续交货义务而产生，甲均是要求乙承担违约责任，当事人及诉讼标的均相同，属于典型重复诉讼。在同一合同项下，原告就被告拒不履行交付义务的同一违约行为，无论要求被告承担何种违约责任，均应在一案中一并解决，不能拆分为多个案件分别起诉。[①]

该案被选载在最高人民法院中国应用研究所编的《人民法院案例选》中，其裁判要点提到，一事不再理是指同一当事人就同一法律关系提出同一诉讼请求的案件，若已被法院受理或裁判，就不得再行起诉，法院也不应受理，从人们对一事不再理的一般理解及司法实践出发，该原则判断标准可概括为“当事人 + 诉讼标的 + 诉讼请求”。[②] 由此可知，实务界许多人士将“诉讼标的”理解为法律关

---

① 天津市第二中级人民法院（2013）二中民三初字第 7 号民事判决书。

② 姚强、王丽平：《CRP 食品进出口有限公司诉山西威特食品有限公司国际货物买卖合同纠纷案——民事诉讼“一事不再理”原则的判断标准》，载于最高人民法院中国应用研究所编《人民法院案例选》2015 年第 2 辑，人民法院出版社 2016 年版，第 198 页。

系，并将其与诉讼请求并列作为一事不再理的判断标准。

最高人民法院也曾在其裁判过的案件“裁判摘要”中提到，判断当事人分别起诉形成的案件是否属于同一案件，应从案件的当事人、案件的性质（法律关系）、案件的事实以及当事人的诉讼请求等方面是否同一进行综合考量，相同的当事人、同一事实、同一法律关系、主要诉讼请求也相同的，可认定属于同一案件。[①]

【案例 2—2】甲诉乙请求支付工程款 440 万余元，法院经审理认定乙尚欠甲 900 万余元，但甲未变更诉讼请求，法院判决乙支付 440 万余元。判决生效后甲再诉乙，请求支付剩余工程款 450 万余元，法院认为后诉构成重复起诉，裁定驳回。甲申请再审，最高人民法院适用《民诉法解释》第 247 条，首先论证当事人同一，接下来另起一段说明请求均基于当事人之间同一建设工程施工合同关系以论证诉讼标的同一，再起一段说明后诉诉讼请求虽有别于前诉但实质上已为前诉请求所包含，故诉讼请求实质具有同一性，二审法院认定重复起诉虽理由不当但结论正确。[②]

因此，不妨将《民诉法解释》第 247 条第 1 款第 2 项规定的“诉讼标的”理解为作为当事人诉讼请求之基础的法律关系，如此可将该规范的诉讼标的与诉讼请求区分开。前后诉基础法律关系同一当然不足以说明构成重复起诉，否则既判力遮断效过于宽泛。《民诉法解释》第 247 条第 1 款第 3 项规定的前后诉诉讼请求相同或后诉诉讼请求实质上否定前诉裁判结果，恰好能够限制重复起诉的客观范围。该理解恰好使《民诉法解释》第 247 条规定的两项客体要件均具有足够重要的价值。

将诉讼标的理解为基础法律关系，不仅有助于解释《民诉法解释》第 247 条的规范结构，而且在比较法上也并非孤例。前文提及，19 世纪德国著名法学家萨维尼主张在既判力的问题上诉讼标的应被

① 最高人民法院（2012）民提字第 44 号民事裁定书。

② 最高人民法院（2016）最高法民申 3307 号民事裁定书。

界定为较宽的法律关系，再结合其他条件来确定既判力范围，故仅有重要的判决理由才对后诉产生既判力；现行希腊法也将诉讼标的界定为法律关系。关于法律关系概念也存在不同的理解，既可指当事人主张的具体请求权指向的关系，也可指产生该请求权的基础法律关系，甚至可能等同于产生该纠纷的生活事实。在我国《民诉法解释》第 247 条语境下，诉讼标的内涵应不同于诉讼请求，故不宜指向当事人具体权利主张对应的特定法律关系，但若将法律关系对应产生纠纷的生活事实，会使既判力遮断效过于宽泛，在我国这样的成文法国家，极易对当事人造成裁判突袭。因此，取中间层次，将作为《民诉法解释》第 247 条中诉讼标的的法律关系理解为产生诉讼请求的基础法律关系更为合宜。

（二）关于《民诉法解释》第 247 条诉讼请求的理解

《民诉法解释》第 247 条的诉讼请求，被视为与学者翻译比较法资料时使用的“诉的声明”概念大致相同。诉讼请求概念存在广义与狭义之分，狭义诉讼请求是指原告对被告的权利主张，广义诉讼请求包含原告对被告的权利主张与原告对法院的判决要求。[①] 原告在起诉时、被告在提起反诉时，须向法院及对方当事人明确其具体的诉讼请求。根据《民事诉讼法》第 119 条，原告起诉须有具体的诉讼请求和事实、理由，基于原告自行明确的诉讼请求即可对前后诉诉讼请求的同一性予以判断。因此，在绝大多数案件中此种同一性判断不会产生较大争议。

但在特殊情形中，如实体请求权竞合及部分请求，前后诉诉讼请求是否同一会引起较大的争议。德国二分肢说根据诉讼请求及诉讼理由界定诉讼标的，在部分请求权竞合情形将诉讼标的判断为同一，意味着已将诉讼请求视为同一，尽管一个是侵权损害赔偿请求，另一个是违约损害赔偿请求，具体的金额也可能存在差异。实体请

---

① 参见［日］高桥宏志《民事诉讼法制度与理论的深层分析》，林剑锋译，法律出版社 2003 年版，第 55—56 页。

求权竞合时，两个请求权指向同一给付或法律仅允许其获得一次给付，此时若将诉讼请求理解为相同，可能意味着将诉讼请求扩张理解为实体法上的给付要求。在我国，《民诉法解释》第 247 条第 1 款第 2 项要求实体法律关系同一，而实体请求权竞合时基础法律关系不同，不应视为重复起诉。因此，在《民诉法解释》第 247 条语境下，诉讼请求不应扩张理解为实体法给付要求。部分请求本质上是剩余请求能否另诉的问题，换言之，一个请求权或权利主张能否根据其数额进行拆分的问题。是否准许部分请求，取决于将诉讼请求理解为附有具体金额的权利主张还是整个权利主张。该问题在《民诉法解释》第 247 条中无直接明确的答案，须结合其他诉讼制度及相关实践加以确定。

《民诉法解释》第 247 条还规定，后诉诉讼请求实质上否定前诉裁判结果也可能构成重复起诉。后诉诉讼请求实质上否定前诉裁判结果又可分为两种不同的类型：其一，后诉诉讼请求直接否定或抵触前诉裁判结果；其二，后诉诉讼请求与前诉裁判结果在实体上相冲突或相矛盾。第一类情形，前后诉实质上构成同一物的对立两面，尽管诉讼请求不同，却具有完全相同或相反相对的构成要件，实质上构成重复起诉，否则当事人将前诉诉讼请求转换为相反表述方式就可避免被拒绝受理或被裁定驳回起诉。第二类情形却不能认定为重复起诉，其广义上属于后诉诉讼请求实质上否定前诉裁判结果，但前后诉诉讼请求的构成要件并不完全相同或直接对立，仅存在一定的交叉，且前后诉是否存在实体矛盾属于案件的实体审判问题，消极既判力却是以拒不受理或裁定驳回起诉为后果的起诉条件，以既判力来处理实体上是否存在矛盾殊为不妥。第一类情形构成重复起诉在学界与实务界均获同意，对第二类情形学理主要持否定态度，[①] 实践中许

---

① 参见卜元石《重复诉讼禁止及其在知识产权民事纠纷中的应用——基本概念解析、重塑与案例群形成》，《法学研究》2017 年第 3 期，第 96 页；沈德咏主编《最高人民法院民事诉讼法司法解释理解与适用（上）》，人民法院出版社 2015 年版，第 635 页。

多法官却将其视为重复起诉的构成要件之一，后文将通过具体案例展示这类实践的不合理性。

综上，《民诉法解释》第 247 条的消极既判力客观要件应作如下理解：第一，诉讼标的是指作为诉讼请求基础的法律关系；第二，诉讼请求同一是指具体的权利主张相同，后诉诉讼请求实质上否定前诉裁判结果则仅限于诉讼请求相反的情形，即后诉诉讼请求直接抵触前诉裁判结果，不包括后诉诉讼请求与前诉裁判结果在实体上可能存在矛盾的情形。此种观点接近德国二分肢说对作为诉讼客体之诉讼标的的界定，不过本书以诉讼请求及作为其基础的法律关系为界定标准，尽管亦须考虑案件事实，但并非德国联邦最高法院主张的自然生活事实，而是符合实体法构成要件类型的法律事实。这一“新二分肢说”没有将消极既判力局限于实体请求权，故能够解释其他诉的类型，特别是消极确认之诉，也不像纯粹的生活事实或纠纷事件那样宽泛，从而更尊重当事人诉权自由，防止裁判突袭，避免不确定标准赋予法官过宽的自由裁量权。

不采纳较为宽泛的纠纷事件来界定我国诉讼客体同一性及消极既判力客观范围，主要的考虑是该标准过于灵活且其适用伴随较多例外，会赋予法官较大自由裁量权。现阶段我国法官素质不断向专业化、职业化提升，但尚未达到令人满意的高度，赋予其极大的自由裁量权可能导致当事人的权利受损，降低法律适用的统一性、判决结果的确定性及可预期性。此外，美国广泛采取纠纷事件理论，以其诉讼程序对于简单诉状、诉的变更、诉的合并、反诉的宽松态度为基础，在诉讼中当事人较易根据证据开示获得的信息将产生于同一纠纷事件的所有权利主张合并到同一程序中来，该程序机会是判决对当事人产生宽泛排除效的正当性基础。而在我国，目前为了简化诉讼程序、确保程序的安定性与效率性，诉的合并、诉的变更、反诉受到较多限制，当事人无法在本诉中充分扩充诉讼客体容量，[①]若判决对后诉产生宽泛的遮断效，不啻苛求当事人起诉时就充分注意既判力，可能损害其诉诸司法救济的权利。

本书的“新二分肢说”也承认矛盾对立面属于诉讼客体同一性范畴，即产生于同一生活事实并基于同一法律关系，处于直接对立抵触关系之中的两个实体请求具有同一性。但若诉讼请求与前诉裁判结果在实体法上不能兼容，则不属于重复。尽管有必要防止矛盾判决，允许当事人重复争议的意义经常也不大，但实体矛盾之标准乃“上帝视角”，不经历一番实体辩论与审查，总是难以得出毫无差池的结论，为谨慎起见不宜将后诉认定为重复起诉。此种居于诉讼客体同一性与诉讼客体先决性边缘地带的情形，不妨作为先决性来处理，如此还可避免强制合并或强制反诉。

第二节　《民诉法解释》第 247 条的实践类型

上一节的论证除理论资源外，也运用了一些实践做法作为根据，但尚未展现《民诉法解释》第 247 条具体适用状况的全貌。一般理论结论须与具体案件事实相互对话，才能促进我国民事诉讼法理论与实践的趋近。通过整理实践案例，还可运用类型化方法检验、补充、修正理论结论与框架。

① 例如根据 1999 年《最高人民法院关于适用〈中华人民共和国合同法〉若干问题的解释（一）》第 30 条，当事人欲将诉讼请求从违约损害赔偿请求变更为侵权损害赔偿，应当在一审开庭前变更；根据 2001 年《证据规定》第 34 条第 3 款，当事人增加、变更诉讼请求或提起反诉，应在举证期限届满前提出；根据 2015 年《民诉法解释》第 232 条，原告可以在一审法庭辩论终结前增加诉讼请求，被告可以提起反诉。但根据《民诉法解释》第 233 条，反诉应与本诉的诉讼请求基于相同法律关系、诉讼请求间具有因果关系或者反诉与本诉的诉讼请求基于相同事实。

一　一般性实务操作

我国一般性的实务操作与本书对《民诉法解释》第 247 条的上述理解，大体上具有一致性，即将诉讼标的理解为诉讼请求的基础法律关系，再结合诉讼请求来判断前后诉诉讼客体的同一性。实践中也早已出现以后诉诉讼请求实质上否定前诉裁判结果为由适用消极既判力的案件。[①] 最高人民法院将这种做法在《民诉法解释》第 247 条中确定下来后，实务界人士仍主张后诉诉讼请求实质上否定前诉裁判结果，是指后诉提起相反的诉讼请求。[②]

该种对诉讼客体同一性的理解，结构上类似新说，但范围上比德日的新说窄，因以基础法律关系作为界定诉讼客体的限定性因素，竞合的请求权不被视同一诉讼客体，[③] 而后诉诉讼请求实质上否定前诉裁判结果与德国的矛盾对立面相似，将诉讼请求形式上不同但实质上对立抵触的情形也视为重复起诉。

二　诉讼标的与诉讼请求均同一的类型

根据上述实务界较为权威的观点，我国禁止重复起诉制度适用的范围不是很宽。但在实际操作中，有时法院并不援引《民诉法解释》第 247 条，或者虽援引但不严格按照三项要件来判断重复起诉或一事不再理，从而导致消极既判力范围过宽。对这些案件予以类型化分析，有助于辨别实务做法的合理性，修正补充理论“漏洞”。

（一）实体请求权竞合

实体请求权竞合，是指当事人可能主张多个不同（基于不同法

① 甘肃省连云港市中级人民法院（2014）连商终字第 0178 号民事裁定书。

② 参见沈德咏主编《最高人民法院民事诉讼法司法解释理解与适用（上）》，人民法院出版社 2015 年版，第 635 页。

③ 实务界较权威的观点也认为在请求权竞合时，后诉不构成重复起诉，参见沈德咏主编《最高人民法院民事诉讼法司法解释理解与适用（上）》，人民法院出版社 2015 年版，第 635 页。

律关系各自独立存在）的请求权，它们所要求的给付实质同一或法律仅允许当事人要求一个给付。德国二分肢说将某些竞合性实体请求权捆绑为同一诉讼标的，故须结合同一生活事实将前后诉诉讼请求理解为同一。日本新说与新实体法说将实体法承认同一给付的所有情形理解为诉讼标的同一。

2015 年《民诉法解释》生效之前，关于实体请求权竞合时是否违反一事不再理原则，学界存在争议，大多数学者支持旧说，但法官可能认定后诉违反一事不再理。

【案例 2—3】甲与乙签订产品购销合同，约定甲向乙销售苯乙烯 1000 吨，交货地点为丙（仓库）所在地。乙与丙签订仓储协议，约定该 1000 吨苯乙烯的交货事宜。乙向甲支付货款后，取得了丙出具的库存货物货权确认单。在甲与丁之间的买卖纠纷中，法院查封了甲存储在丙仓库的苯乙烯，乙、丙遂提出执行异议，但均被驳回。乙诉丙，请求交付仓储货物，若不交付货物应赔偿损失，对此法院确认本案仓储货物已被其他法院查封，丙在法律上存在向乙交付全部货物的障碍，扣除这部分货物，判决支持了乙的部分诉讼请求。乙又以甲、丙为共同被告提起后诉，主张共同侵权损害赔偿。由于甲破产，法院裁定驳回乙对甲的起诉。丙答辩称后诉违反一事不再理原则。后诉二审法院认为，前后诉请求权基础不同，一为违约之诉，一为侵权之诉，后诉还涉及共同侵权，故并不违反一事不再理原则，但判决驳回诉讼请求。后本案进入再审程序，再审法院最高人民法院认为，主张竞合的请求权属于重复起诉，但因结果差异不甚大而维持原判。①

本案中，后诉二审法院认为，请求权基础不同时，前后诉不属于重复起诉；但再审法院即最高人民法院却认为，尽管前后诉的请求权基础不同，但应属于重复起诉。从本案后诉最终结果——法院

---

① 最高人民法院（2011）民提字第 74 号民事判决书，类似案件有最高人民法院（2014）民申字第 581 号民事裁定书。

判决驳回原告诉讼请求——这一角度出发，前后诉所要求的给付在实体法上仅能实现一个，鉴于前诉法院已判明原告要求的部分给付本身很明显无法得到支持，后诉的请求也无法得到支持。而从重复起诉的角度来看，原告提起后诉的目标的确与前诉目标具有同一性，因此最高人民法院认为请求权竞合时构成重复起诉，具有一定的合理性。

然而，如何具体界定请求权竞合、是否所有竞合请求权均仅能实施一次诉讼（如原因债权与票据债权），在德日也存在一定争议与差别，属于棘手的问题。或许是为此，最高人民法院有关部门在为《民诉法解释》出版的理解与适用书中主张，请求权竞合引起的复数诉讼标的问题，可结合实体法通过诉讼法特别处理来加以解决，[①] 即基于“已清偿”在判决或强制执行中避免双重受偿，或在实体审理中判断竞合的请求权是否成立。从保障当事人诉权自由的角度出发，此种做法更为审慎。不过，实践中仍然可能出现将竞合请求权理解为诉讼标的、诉讼请求同一的案件。此种做法有可能避免无谓的重复审理，[②] 但也可能在实体问题上产生争议。

【案例 2—4】甲在乙西饼店购买 17 个蛋糕，当日下午以蛋糕未标注生产日期为由回店交涉。甲起诉请求乙的经营者丙退还货款、支付食品价款十倍的赔偿金、赔偿因维权产生的费用。法院判决支持十倍赔偿金请求，驳回其他诉讼请求。判决生效后，甲再次起诉

---

① 参见沈德咏主编《最高人民法院民事诉讼法司法解释理解与适用（上）》，人民法院出版社 2015 年版，第 635 页。

② 如南宁市中级人民法院在其（2015）南市民三终字第 4 号民事判决书中认为，针对同一事实，当事人曾提起违约之诉请求承担违约责任，再次提起侵权之诉构成重复起诉；河南省高级人民法院在其（2016）豫民再 178 号民事裁定书中认为，后诉与前诉为基于同一事实分别提起的侵权与违约之诉，当事人就同一事实属于重复起诉；宁波市海曙区人民法院在其（2017）浙 0203 民初 13238 号民事裁定书中认为，前后诉依据的事实与理由均为噪声超标、商品房不合格，分别为违约之诉与侵权之诉，构成责任竞合，符合诉讼标的相同要件，后诉诉讼请求实质上否定前诉裁判结果，构成重复起诉。

乙，主张上述蛋糕外包装盒上未采用法定计量单位，未标明净含量等法定信息，构成欺诈，请求乙赔偿所购食品三倍价款。后诉法院认为，本案当事人及法律关系均与前诉相同，甲起诉依据的事实并非生效裁判发生法律效力后发生的事实，构成重复起诉。甲上诉主张前诉要求十倍赔偿乃是依据《食品安全法》，后诉要求三倍赔偿乃是依据《消费者权益保护法》，前后诉法律关系不同。二审法院认为乙为个体工商户，前后诉当事人无实质不同；前后诉均为给付之诉，同一给付目的的数个请求权并存时，构成请求权竞合，甲前后诉主张的给付目的均为惩罚性赔偿，依据的事实相同，依据的不同法律规定仅构成不同诉讼理由，不影响诉讼标的同一性；诉讼请求的价款虽不相同，但均为惩罚性赔偿，诉讼请求无实质不同，构成重复起诉。①

本案中，法院将前后诉认定为请求权竞合，认为法律关系性质、法律依据的差异仅为诉讼理由的差别，不影响诉讼标的与诉讼请求的同一性。该观点在本案并无不妥，因原告已获得了更高额的惩罚性赔偿。问题在于，若原告先依据《消费者权益保护法》要求经营者欺诈的三倍惩罚性赔偿，后依据《食品安全法》要求十倍惩罚性赔偿，法院能否将后诉视为重复起诉呢?《消费者权益保护法》规定的三倍惩罚性赔偿之要件是经营者提供商品或服务有欺诈行为，而《食品安全法》规定的十倍损害赔偿之要件为生产不符合食品安全标准或经营明知是不符合食品安全标准的食品，故前后诉法院应审查的要件事实并不相同，且立法者对经营者或生产者不同行为有着不同规制目的，《食品安全法》规定的十倍赔偿金额还远远超过《消

① 北京市第一中级人民法院（2015）一中民（商）终字第07400号民事裁定书。武汉市中级人民法院（2016）鄂01民终5194号民事裁定书中也认为，原告基于同一事实在本案之前已向法院起诉请求十倍惩罚性赔偿，现又以三倍的惩罚性赔偿为诉请对相同被告再次起诉，诉讼标的均为惩罚性赔偿法律关系，在先法院已作出生效判决未予支持十倍惩罚性赔偿的诉请，后诉要求三倍赔偿实质上是对前诉判决结果的否定，构成重复起诉。

费者权益保护法》规定的三倍，若不允许当事人分别起诉可能不利于保障消费者的利益，降低对经营者或生产者的威慑。在我国消费者权益受损现象频发，惩罚性赔偿制度尚在发展中的现状下，允许消费者实施后诉更为合理，由法院分别审理判断经营者是否存在欺诈行为与生产销售不符合安全标准的食品。

（二）针对同一给付的互斥请求权

针对同一给付，当事人可能主张基于不同法律关系的多个请求权，且这些请求权彼此无法共存、互相排斥。此种情形与实体请求权竞合存在差异，请求权竞合时两个请求权可以并存，仅不能同时实现，但互斥的请求权本来就是其中一个存在，就意味着另一个必然不存在的状况。由于互斥的请求权往往基于不同的法律关系，根据《民诉法解释》第247条，不属于前后诉诉讼客体同一，不构成重复起诉。实践中，法院多将此种情形与实体请求权竞合区分开来，但由于诉讼请求指向同一给付，有的法院将其认定为重复起诉。

【案例2—5】甲向乙账户存入141610元，后甲以乙收受款项属于不当得利为由起诉乙及其丈夫丙，请求返还款项。法院认定甲乙之间借贷关系不成立，该款项系乙为甲转交（给他人）的款项，也不符合不当得利的构成要件，判决驳回诉讼请求。判决生效后，甲基于同一事实基础诉乙与丙请求偿还借款及利息。法院认为当事人之间围绕这笔款项的纠纷在前诉已经处理完毕，甲再行起诉违反一事不再理原则。甲上诉主张前诉审理的是不当得利法律关系，后诉是借款法律关系，前后诉法律关系不同，不构成一事。二审法院认为，前诉判决书中已认定借贷关系不成立，故甲再以借贷关系起诉，构成一事不再理。①

本案中，原告前后诉主张的基础法律关系不同，但要求返还同一笔款项。该笔款项的基础法律关系不可能构成借贷关系与不当得利关系，前后诉主张的请求权是互斥关系。基于这种互斥关系，当

① 江苏省南京市中级人民法院（2015）宁民终字第7560号民事裁定书。

事人在前诉中不会对后诉法律关系予以争议，否则意味着其诉讼请求存在内部矛盾或者存在预备请求，法院也不应对后诉的法律关系予以判断，否则为超出当事人诉讼请求进行判决，违反处分主义与“不告不理”原则。但本案前诉法官就对“当事人之间是否存在借贷关系”作出了认定，还被后诉法院作为认定重复起诉的根据，即前诉判决理由中的内容也对后诉发生了遮断效。法院认为前后诉要处理的为围绕着一笔款项的纠纷，即以同一事实为判断诉讼客体同一性的主要标准，也不符合《民诉法解释》第247条。以同一给付或同一事实为标准来判断诉讼客体同一性，可能会导致既判力遮断效力过宽，给当事人造成裁判突袭。

因此，实务界也存在着不同的声音，早在2011年就有法院认为，当事人基于不同法律关系请求返还同一笔款项，前后诉不属于重复起诉。[①] 2015年《民诉法解释》第247条的司法适用中，也有不少法院在当事人基于同一事实提出互斥请求权时认定不构成重复起诉。

【案例2—6】甲、乙签订意向书，约定双方合作开发某块商品房用地，甲提供地块、乙提供资金。乙前期投入后向规划局申报项目时，规划局通知因地域敏感建议调地。乙要求甲对自己进行补偿，双方发生纠纷。乙以合作开发房地产经济合同纠纷诉至法院请求甲根据合作意向书支付自己为该项目付出的前期投入，法院判决驳回诉讼请求。乙又以缔约过失为由诉甲，主张由于甲的过错导致自己未能签订意向书中的合作合同，请求甲赔偿损失。甲答辩称乙重复起诉。法院认为，前后诉诉讼请求均为要求赔偿（前期投入的）损失，但请求金额不同，诉讼标的是当事人之间争议的民事法律关系，前后诉的法律关系不同，故诉讼标的不同，甲主张重复起诉不符合法律规定。但乙提供的证据不足以支持其缔约过失的主张，故判决

① 参见周全林、任子飞、茹华丽《以不当得利为由二次起诉案件的处理》，《人民司法》2011年第8期，第83页。

驳回乙的诉讼请求。①

本案中，原告先后起诉分别请求违约损害赔偿和缔约过失损害赔偿。同一损害，或者是由违约引起，或者是由导致合同无效的缔约过失引起，但却不可能同时由这两种行为引起，因矛盾律决定了一个合同要么是有效要么是无效，例外情形下可能是效力待定。因此，这两种请求权具有互斥关系。若原告确实因为被告的缔约过失遭受了损失，其在前诉不会胜诉，但在后诉会胜诉，此时主张前后诉构成重复起诉是不合理的。

原告提起前后两个诉，针对同一给付主张互斥请求权，若认定重复起诉很可能限制当事人诉权自由甚至牺牲当事人实体权利，不认定重复起诉更为妥当，即经实体审理判断后诉请求权是否成立更能保护当事人程序与实体权利。

（三）部分请求

部分请求亦称“部分诉讼”，即原告仅起诉某个权利的一部分金额。部分请求能否被准许，即剩余部分能否被准许起诉的问题，亦即就实体法上的一个请求权是否准许当事人拆分的问题，若允许拆分，则当事人主张剩余部分请求的后诉将不受阻碍，否则后诉将被禁止。因此，部分请求与消极既判力、诉讼客体的同一性存在紧密关联。适用《民诉法解释》第 247 条考虑部分请求，可知前诉与剩余请求的后诉当事人与基础法律关系均相同，但前后诉诉讼请求是否相同，仅根据规范条文难以得出明确结论。

大陆法系对当事人的意志最为尊重，将诉讼客体限制在当事人

---

① 福建省厦门市中级人民法院（2015）厦民终字第 3579 号民事判决书。类似案件如长春市中级人民法院（2017）吉 01 民终 4128 号民事判决书，原告先以劳动争议起诉，后以提供劳务者损害责任起诉，法院认为非属重复起诉；江苏省南京市中级人民法院（2017）苏 01 民终 5939 号民事判决书与云南省高级人民法院（2017）云民终 282 号民事判决书中，原告先以借款起诉，后以不当得利起诉，法院认为不属重复起诉；新余市中级人民法院（2017）赣 05 民终 162 号民事判决书中，原告先请求承担抵押责任，后诉请求抵押无效的赔偿责任，法院认为不构成重复起诉。

提出的请求数额范围内，不及于权利的剩余请求，德国通说即采取这种观点。[①] 但将既判力限制在当事人确定的具体金额范围内可能对被告不利，因为权利整体金额在当事人彼此之间往往是明确的，原告却仅主张一部分金额，无其他信息的情况下被告或许会以为原告放弃剩余金额并对此产生合理期待，原告在获得判决后再次起诉对被告就构成突袭。从法院的角度来讲，原告虽仅主张特定的金额，法院却必然要先判断权利是否成立，若权利成立再判断金额，故前诉已经对权利是否成立及权利金额作出了审判，当事人不基于法院判断变更增加诉讼请求却另行起诉，徒增资源的浪费。若前诉法院认定原告主张的权利不成立，原告就剩余部分的请求很难与前诉部分请求区分开，此时准许原告的后诉实无意义。因此，德国学理及判例中存在着不同的观点或做法，在特定条件下主张前诉诉讼客体即权利整体：原告未明确表示前诉为部分诉讼，[②] 原告在前诉败诉。[③] 日本学界有力说主张，若部分请求无法得到特定化标识，诉讼客体为权利整体，日本判例也在前诉原告败诉时认为诉讼客体为权利整体。[④] 英美法系的诉因或请求并不限于原告的诉讼请求，原则上原告不能以数额为标准对权利进行拆分，剩余金额的请求会被排除，除非双方协议允许原告拆分，或被告同意原告拆分，或法院明确保留了原告部分权利，或实体法政策允许原告对持续性损害或反复性

---

① Vgl. BGHZ 93, 330, 334 = NJW 1985, 1340/41; BGHZ 151, 1, 3 = NJW 2002, 2167.

② 判例如 BGHZ 34, 337, 340 = NJW 1961, 917；文献如 Leipold, FS Zeuner, S. 431, 439 ff.; Fenge, FS Pieper, S. 31, 37 ff., Zeiss/Schreiber, Rn. 581; Zeuner, Festgabe BGH, Bd. 3, S. 337, 349 ff. 转引自 Rosenberg/Schwab/Gottwald, Zivilprozessrecht, 17. Aufl., 2010, §154, S. 883。

③ Bub, Streitgegenstand und Rechtskraft, S. 296 ff.; Musielak, FS Schumann, S. 301 ff. 转引自 Rosenberg/Schwab/Gottwald, Zivilprozessrecht, 17. Aufl., 2010, §154, S. 883。

④ 参见［日］新堂幸司《新民事诉讼法》，林剑锋译，法律出版社 2008 年版，第 233—235 页。

损害分别起诉。[①]

在我国学者中间，关于应否准许部分诉讼的问题也存在不同的观点。有的认为部分请求不仅对原告有利，甚至也对被告有利，应准许合理的部分请求，但若原告在部分诉讼中败诉，不能再诉。[②] 有的则认为，若原告前诉明示为部分请求且胜诉，才应允许部分请求。[③] 司法实践中法院对“诉讼请求”的普遍理解与部分请求实践存在矛盾：在理解变更或增加诉讼请求制度中的“诉讼请求”时采纳的标准，与理解《民诉法解释》第 247 条第 3 项“诉讼请求”时采纳的标准不一致。

【案例 2—7】甲在乙砖厂工作时被粉碎机中弹出的异物击中眼球，被鉴定为八级伤残，遂向法院起诉乙请求损害赔偿，其中伤残赔偿金请求金额为 133646 元，法院认为甲主张的该金额未超过法律规定的标准。庭审终结后甲申请增加伤残赔偿金额为 144508. 50 元，法院未予支持，二审法院根据《民诉法解释》第 232 条认为甲增加诉讼请求的申请不符合法律规定，依然未予支持。[④]

本案中，甲起诉时确定了其主张的请求权具体金额，一审法庭辩论终结后其就该金额提出了追加申请，法院将此种追加理解为增加诉讼请求不予准许，意味着将同一请求权之不同金额主张认定为不同诉讼请求。然而，当事人以部分金额与剩余金额分别起诉，法院却有可能认定为重复起诉。

【案例 2—8】甲诉乙请求支付工程欠款 440 万余元，法院查明

---

① Second Restatement of Judgments, Vol. 1, § 26.

② 严仁群：《部分请求之本土路径》，《中国法学》2010 年第 2 期，第 164—165 页。

③ 参见黄毅《部分请求论之再检讨》，《中外法学》2014 年第 2 期，第 517—518 页；袁琳《部分请求的类型化及合法性研究》，《当代法学》2017 年第 2 期，第 112—114 页。

④ 四川省乐山市中级人民法院（2017）川 11 民终 1789 号民事判决书。法院采取类似做法的案件有湖北省黄冈区中级人民法院（2017）鄂 11 民终 2000 号民事判决书，宝鸡市陈仓区人民法院（2017）陕 0304 民再 1 号民事判决书。

乙尚欠甲900万元，甲未变更诉讼请求，法院判决乙支付440万余元。判决生效后甲诉乙请求支付剩余工程欠款450万余元。后诉二审法院认为构成重复起诉，裁定予以驳回。甲申请再审，再审法院认为后诉诉讼请求有别于前诉，但后诉诉讼请求实质上已为前诉所包含，实质上具有同一性，二审法院认定构成重复起诉理由不当但结论正确。①

本案中，法院认为部分请求与剩余请求之诉实质上构成重复起诉。但根据上个案例当事人在一审法庭辩论终结后就无法再追加金额请求了。当事人在起诉时及一审庭审中均有可能因为计算不准确、无法负担预缴诉讼费的义务而希望先实施部分金额的诉讼，在一审辩论终结后不允许追加亦不准许后诉，即推定当事人放弃了剩余请求（毕竟其未明确保留），使其权利丧失，对权利人而言颇不合理。值得注意的是，最高人民法院《关于审理民事案件适用诉讼时效制度若干问题的规定》第11条规定，权利人对同一债权中部分债权主张权利，诉讼时效中断的效力及于剩余请求。若权利人无法在起诉部分权利后再要求剩余债权，则诉讼时效中断的效力及于剩余请求也不再有多大的意义。因此，一以贯之地将诉讼标的理解为由当事人具体指定金额的权利主张，而非其主张的权利之整体，更具有体系合理性，有助于保障当事人的诉权自由与实体利益。

【案例2—9】甲公司与乙银行签订贷款合同，因甲未按约定支付贷款利息乙银行宣布贷款提前到期。乙银行向法院起诉甲请求判令甲偿还借款本金18700万元及计算至2008年10月20日的利息1000万余元，法院判决支持乙的诉讼请求。2013年3月28日，乙银行再次起诉甲公司，请求偿还18700万元借款本金从2008年10月21日至2012年11月15日产生的利息共计8000万余元。甲公司主张后诉违反一事不再理原则。法院认为乙银行作为债权人，有权对自己合法享有的利息债权按照时间段进行分割并据此设定诉讼标的，

① 最高人民法院（2016）最高法民申3307号民事裁定书。

这虽然客观上会导致法院审理的不经济，但并不违反法律规定，而且乙银行在前诉中的利息请求与本诉的利息请求在时间段、数额上并不相同，分别起诉并不违反一事不再理原则。①

本案中，债权人根据不同时间段确定同一笔本金的不同利息金额，分开实施诉讼，法院认为权利人享有处分权，故前后诉不违反一事不再理原则。

上述法院允许后诉的案件中原告在前诉中均胜诉，即其主张的权利被法院确认为存在且法院未确认原告权利仅限于其主张的金额。相反，若前诉法院确认权利本身限于其主张金额或更低金额甚至不存在，原告再提起“剩余请求”可能被法院以“后诉诉讼请求实质上否定前诉裁判结果”为由驳回。此时后诉诉讼请求确实与前诉判决结果存在直接对立，比较法上也存在禁止后诉的做法，因此，原告败诉或部分败诉时禁止其提起所谓“剩余部分”的后诉具有合理性。

三　被告的抵销抗辩

民事诉讼中能够提出诉讼请求并由此确定诉讼客体的主体，原则上仅限于原告或具有原告身份的主体，如反诉原告或有独立请求权第三人。被告一般仅处于防御地位，其主张的事项往往不超出原告确定的诉讼客体范围。但在例外情形下，为了防御被告也可能提出“攻击性”的抗辩。这种攻击性抗辩可能使待法院审理的客体事项范围得以扩张。其中抵销抗辩就要求法院除审查原告是否对被告

---

① 最高人民法院（2014）民二终字第 147 号民事判决书。青海省高级人民法院在其（2014）青民二终字第 126 号民事判决书中也认为，原告前诉未主张后诉这部分利息并不意味着对该债权的放弃，后诉不属于重复起诉。辽宁省高级人民法院（2016）辽民申 3364 号民事裁定书也允许当事人拆分权利。黑龙江省高级人民法院在其（2016）黑民初 1 号民事判决书中认为，原告在前诉要求被告赔偿自 2009 年 3 月 1 日至 2010 年 3 月 8 日期间的损失，后诉要求赔偿自 2009 年 3 月 2 日至 2012 年 12 月 25 日的预期房屋租金，两案诉讼请求计算时间虽有部分重合，但不完全一致，故前后诉讼请求不同，不构成重复起诉。

享有其主张的权利，还要审查被告是否对原告享有某种债权。抵销抗辩，指被告在诉讼中主张原告对自己也负有债务，并要求以该债务与原告对自己主张的债务相抵。① 若法院认为原告对被告主张的债权不成立，自然无须审查被告主张的债权，诉讼客体的范围不及于抵销抗辩；若法院认为原告对被告债权成立，就应当审查被告对原告债权是否成立并根据审查结论作出终局判决。但不论法院是否审查抵销抗辩，均仅对原告的诉讼请求作出直接的回答，并不在判决结论或判决主文中对抵销抗辩是否成立作出判断，对该问题的判断仅在判决理由中予以表述。在判决理由中加以判断的抵销抗辩，是否属于本案诉讼客体范围？该判断是否对后诉产生既判力？

在大陆法系国家，《德国民事诉讼法》第 322 条第 1 款规定，法院对通过诉讼或反诉提起的请求权之判断才产生既判力，第 2 款规定，若被告通过抵销行使其对原告的请求，抵销后在抵销金额范围内，被告对原告的这一请求不再存在的判断，也产生既判力。因此，被告的抵销抗辩也产生既判力。因为抵销抗辩被支持后原告在抵销范围内的请求权也消灭，若法院对抵销抗辩的判断不产生既判力，意味着原告遭受不公平的对待。②《日本民事诉讼法》第 114 条第 1 款规定，确定判决的既判力限于主文中的事项；第 2 款规定，为了抵销而主张的请求成立与否之判断，在抵销的额度范围内有既判力。当然，若法院驳回抵销抗辩仅仅因为其错过时机、债权不允许抵销、抵销条件不成立等理由，未涉及被告反对债权是否成立，这些判断不产生既判力。③ 在英美法系国家，若被告请求抵销，反对债权是否

---

① 参见王亚新、陈杭平、刘君博《中国民事诉讼法重点讲义》，高等教育出版社 2017 年版，第 18—19 页；耿林《诉讼上的抵销：抗辩与反诉》，《人民法院报》2003 年 9 月 26 日；刘哲伟《论诉讼抵销在中国法上的实现路径》，《现代法学》2019 年第 1 期，第 149 页。

② Vgl. Rosenberg/Schwab/Gottwald, Zivilprozessrecht, München 2010, S. 877.

③ 参见［日］新堂幸司《新民事诉讼法》，林剑锋译，法律出版社 2008 年版，第 490 页。

成立、能否抵销往往会成为争点，可能对后诉产生争点禁反言或者争点排除效。

我国《民事诉讼法》及司法解释未对抵销抗辩作出规定，实践中关于抵销抗辩范围、抵销与反诉的关系等问题存在混乱的做法。法院曾经将能主张抵销的债权限制在同一法律关系范围内，若被告的反对债权并非与原告债权基于同一法律关系，法院要求被告提起反诉或另行起诉。① 鉴于我国法院长期内将诉讼标的理解为基础法律关系且经常不考虑其他因素，法院对基于同一法律关系的反对债权之判断，就被视为在诉讼标的范围的判断，产生既判力。若被告反对债权与原告请求债权不产生于同一基础法律关系，法院要求被告提起反诉或另诉，就可对其作出有既判力的判决。该做法存在问题，但避免了抵销抗辩对“判决理由没有既判力”之基本判断的冲击。

然而，该做法既限制了被告诉讼自由，又与实体法不符。《合同法》第 99 条规定，当事人互负到期债务且债务的标的物种类与品质相同的，任何一方都可以将自己的债务与对方的债务相抵销，除非依据法律规定或按照合同性质不得抵销；第 100 条规定，当事人互负到期债务且标的物种类、品质不相同的，经双方协商一致的，也可以抵销。被告在诉讼中主张抵销抗辩即行使抵销权，原告同意则构成协议抵销，原告虽不同意但符合法定抵销条件的，告仍可主张抵销权。《合同法》未对协议抵销或法定抵销设置两债权基于同一法律关系之要件，法院在诉讼中为抵销抗辩平添这一要件，与《合同法》规定及精神相悖的。因此，近来许多法院对抵销抗辩的态度渐趋宽松，允许被告提出与原告请求非基于同一法律关系的请求来要求抵销，不再强制被告提起反诉或另行诉讼。② 如此一来，在并无直接规范依据的条件下，法院也开始面临是否赋予判决对抵销抗辩之判断以消极既判力的问题。在目前的司法实践中，存在两种不同的

① 参见耿林《诉讼上的抵销：抗辩与反诉》，《人民法院报》2003 年 9 月 26 日。

② 如上海市高级人民法院（2016）沪民申 1625 号民事裁定书。

做法。

【案例2—10】甲与乙公司存在长期业务关系，由甲销售乙公司的药品。乙诉甲请求支付拖欠的货款，甲抗辩称乙还欠甲促销差价款与年终返利款故请求抵销，法院未采纳甲的抗辩理由，判决支持乙的诉讼请求。甲诉乙请求法院判令乙向自己支付促销差价款和年终返利款。一审法院认为，后诉诉讼请求已在前诉判决中被认定，裁定驳回起诉。二审法院认为，前诉判决并不影响甲行使诉权，裁定撤销一审裁定，指令一审法院。一审法院支持甲的诉讼请求，乙公司上诉，二审法院再次撤销判决，改为裁定驳回甲的起诉。①

本案经过数次反复，一审法院第一次认为应驳回起诉，二审法院认为应实体审理；一审法院实体审理作出判决，又被二审法院撤销，这次是二审法院认为应驳回起诉。在不同层级法院、不同审判人员之间存在这种矛盾的观点，足以说明抵销抗辩是否产生消极既判力的问题之棘手程度。本案法院最终还是认为抵销抗辩判断具有既判力，后诉应当被遮断。

【案例2—11】2007 年甲向乙借款 20 万元，因无力还款甲将其三套房产抵给乙，乙卖了 15 万元，甲为了补偿乙，遂打一张 5 万元的欠条给乙。同日，甲与乙签订工程转让协议书，约定甲将自己承接的建筑工程转让给乙，乙向甲支付转让费 15 万元。2011 年 10 月 28 日，乙向甲支付了 9.5 万元，还欠 5.5 万元，遂向甲出具欠条。甲起诉乙请求偿还 5.5 万元，乙请求以甲欠他的 5 万元与甲诉请的 5.5 万元相抵，法院认为乙欠甲 5.5 万元建筑转让款事实清楚，甲对乙提出的 5 万元的欠条不予认可，甲出具 5 万元欠条在先，乙出具 5.5 元欠条在后，甲在签订转让协议时反欠乙 5 万元在逻辑上不能成立，不认定乙的抵销抗辩，判决支持甲诉讼请求。判决生效后，乙持甲出具给他的 5 万元欠条诉至法院，请求甲偿还欠款，一审法院

---

① 参见王静《法院对抵销抗辩的认定具有既判力》，《人民司法》2014 年第 2 期，第 58 页。

认为，已为生效裁判确认的事实可作为定案依据，前诉判决已认定甲逻辑上不能反欠乙 5 万元，判决驳回乙诉讼请求。乙上诉，二审法院裁定撤销一审判决发回重审，一审重审认为乙的借条合法有效足以证明甲欠乙 5 万元，判决支持乙的诉讼请求，二审法院亦认定乙的债权成立。①

本案中，前诉法院对被告主张抵销的反对债权是否成立作出了判断，并据此作出终局判决。被告以该反对债权提起后诉时，一审法院认为前诉判决已作出判断，故判决驳回诉讼请求，二审法院却认为后诉法院应对该反对债权是否成立作出独立的判断，但两审法院均未注意抵销抗辩遮断后诉的消极既判力。就个案正义而言，前诉法院不支持反对债权的理由确实站不住脚，若禁止后诉或禁止后诉独立判断可能导致不正确、不正义的结论。法官在运用自由心证认定事实是否存在时，有必要遵循逻辑法则与经验法则，但不能忽视个案情况作猜测性推断，前诉被告有充分证据证明存在反对债权，原告无反证推翻，法院应认定该债权的存在并允许抵销，否则对被告反对债权的判断太过武断轻率，影响判决的效力。

若前诉法院未认可被告主张的反对债权，考虑到法官不愿对（未提起反诉的）反对债权进行如同本诉债权那样充分的审理，现阶段不认可抵销判断消极既判力具有妥当性。若前诉法院对被告反对债权作出了慎重的判断，后诉法院也可能由于被告前诉未提起反诉而不认可判决理由的既判力，② 毕竟我国并无规范明确规定抵销抗辩有既判力，但该做法对原告不公平。从制度趋于完善的视角出发，将来应当单独规定抵销抗辩的判断对后诉产生消极既判力，且不论前诉法院认定被告主张的反对债权是否成立，该规定将倒逼前诉法院更为审慎地审理被告的反对债权，不论其是否与原告债权产生于

---

① 河南省郑州市中级人民法院（2014）郑民三终字第 1455 号民事判决书。

② 新疆塔城地区中级人民法院（2015）塔民二终字第 9 号民事判决书。此外在最高人民法院（2016）最高法民终 189 号民事裁定书中，前诉法院依职权对原告的权利进行了扣减，后诉法院不认为构成重复起诉。

同一法律关系。

四　后诉诉讼请求实质上否定前诉裁判结果的类型

后诉诉讼请求实质上否定前诉裁判结果是《民诉法解释》第247条第1款第3项规定的重复起诉构成要件，可进一步分为两种案件类型：诉讼请求相反或后诉诉讼请求与前诉判决结果相反；前后诉讼请求并不直接抵触但存在实体矛盾或冲突。

（一）诉讼请求相反或后诉诉讼请求与前诉判决结果相反

前后诉诉讼请求不同但二者直接对立或后诉诉讼请求与前诉判决结果直接对立，当事人实质上在实施重复诉讼。鉴于司法制度仅给予当事人就同一事项一次救济机会，不允许后诉不会损害当事人的诉讼与实体权利。

【案例2—12】甲诉乙请求离婚，由自己抚养婚生女，分割共同财产。法院认定A房屋系甲婚前购买，甲以个人财产支付首付款并在银行贷款，A房屋登记在甲名下，故判决离婚并将A房屋判归甲所有。乙曾交付20万元给甲且共同偿还贷款，法院判令甲返还乙20万元及利息并予以补偿。甲再诉乙请求返还A房屋，法院判决乙搬离A房屋并返还钥匙。后乙诉甲请求确认乙对A房屋享有合法居住权。法院认为，前诉两判决已分别确认A房屋产权归甲所有且乙不享有A房屋的所有权与使用权，居住权属于房屋使用权的范畴，故根据一事不再理的原则，不受理后诉。①

本案中，第一个诉讼法院确认A房屋所有权属于甲，第二个诉讼法院确认A房屋的占有权属于甲，第三个诉讼乙请求确认自己享有居住权，诚如法院所言，居住权属于房屋使用权的一种形态，乙的第三个诉讼确实属于对前诉的重复争议，其诉讼请求也与第二个

---

① 杭州市拱墅区人民法院（2016）浙0105民初1910号民事裁定书。类似案件如辽宁省大连市中级人民法院（2015）大民三终字第1509号民事裁定书，岳阳市屈原管理区人民法院（2018）湘0691民初43号民事裁定书。

诉讼的判决结果直接相悖，与第一个诉讼的判决亦存在矛盾，将第三个诉讼认定为重复起诉未为不可。

【案例 2—13】甲与乙签订股权转让协议，约定甲将自己对丙公司的债权转让给乙，乙向甲支付转让款，支付方式一部分为现金，另一部分为乙代替甲清偿甲欠案外人的债务。甲起诉乙、丙公司，请求判令乙支付拖欠的股权转让款，丙承担连带责任。乙主张其已向案外人支付了甲对其的欠款及其他丙公司债务，应抵扣部分股份转让款，但并无有效证据支持，法院未予采信，判决乙向甲支付剩余股权转让款。乙提起后诉，以前诉相同的证据材料为据主张其向甲多支付了股权转让款，请求返还。后诉法院认为，乙在本案要求退回的款项，于前诉中已经提出抗辩要求抵扣，前诉法院未予采信，乙基于相同事实再次起诉要求退还股权转让款违反一事不再理原则，根据《民诉法解释》第 247 条裁定驳回起诉。①

本案中，前诉被告主张其曾向案外人支付了原告的外债请求与原告请求的债权抵扣，因无证据法院未予认可，即抵销抗辩中主张的反对债权被法院认定为不成立。不过前诉被告提起后诉并非主张反对债权，而是主张自己支付了多余的股权转让款请求退还，该诉讼请求与前诉判决结果直接抵触，可认定后诉构成重复起诉。

（二）后诉诉讼请求与前诉判决结果存在实体矛盾

《民诉法解释》第 247 条第 1 款第 3 项适用的案件中，大多数后诉诉讼请求并不与前诉诉讼请求或判决结果存在直接对立关系，而是在实体上存在矛盾。然而，该做法可能导致诸多不利后果。

【案例 2—14】甲重建房屋时将自己的耳房紧贴邻居乙的后墙，乙诉甲请求赔偿损失，法院判决甲向乙补偿 5000 元。判决生效后乙

---

①　浙江省金华市中级人民法院（2017）浙 07 民终 1198 号民事裁定书。类似案件为湖州市中级人民法院（2016）浙 05 民终 549 号民事裁定书，前诉被告提起后诉主张其实际上超额返还了利息，其未在前诉提出该项抗辩。后诉法院认为债务人究竟已返还多少金额的利息，已经前诉法院判决确认并作出实体处理，应裁定驳回起诉。

基于同一事实再诉甲请求排除妨碍。法院认为前后诉诉讼请求表面上不同，但排除妨碍与赔偿损失均属相邻权救济方式，前诉判决已对乙的相邻权提供了救济，乙后诉要求排除妨碍实质上否定前诉裁判结果，构成重复起诉。①

本案中，前后诉诉讼请求不同且并非直接相反，后诉诉讼请求与前诉判决结果亦不存在直接相反关系。实体法规定的相邻权救济方式多种多样，当事人可以请求赔偿损失，也可以请求排除妨碍，仅在一种救济方式能够完全弥补当事人损失的情况下才不能给予当事人更多的救济。是否 5000 元的赔偿就足以弥补原告的损失了呢？似乎后诉法院认为 5000 元足以弥补原告的全部损失，既然如此原告不得再要求更多，但直接裁定驳回后诉并不合理。后诉诉讼请求是否与前诉判决结果存在实体矛盾，是一个明显的实体问题，仅将后诉请求与前诉判决结果进行对比不能得出确定无疑的答案，需要法院在实体审理中予以判断，若不进行任何实体审理，也许原告的损失并未因前诉判决而被充分弥补，却因后诉被驳回而无法获得救济。本案前诉也未审理过的应否停止侵害，原告在后诉中提出并不属于真正的重复，裁定驳回起诉在逻辑上亦站不住脚。

【案例 2—15】甲将自己承包的工程部分分包给乙，乙完成施工后甲乙进行对账确认甲应付给乙的款项及已付款项，尚欠 96 万余元。乙起诉请求判令甲支付工程款 96 万余元，法院根据对账单作出判决支持乙该项诉讼请求。判决生效后甲诉乙请求确认上述对账单部分无效。乙主张后诉违反一事不再理，法院认为甲诉请的事项属于生效判决已确认的事项，后诉诉讼标的被前诉所涵盖，甲请求确认对账单无效实质上是否定甲乙之间的合同关系，甲提起后诉的目的是排除其已被生效判决确定的义务，实质上否定前诉的裁判结果，

① 河南省焦作市中级人民法院（2016）豫 08 民终字 1791 号民事裁定书。

构成重复起诉。[①]

本案中，前后诉的诉讼请求类型不同，前诉为给付之诉，后诉为确认之诉。诉讼请求的类型在大陆法系构成前后诉诉讼标的同一性与否的重要指标，我国法院却认为后诉诉讼请求实质上否定前诉裁判结果，属于重复起诉。但后诉诉讼请求并不与前诉判决结果直接相反，仅有可能存在实体矛盾。法院往往会在前诉对基础法律关系之效力予以说明，但当事人可能未将其视为值得争议的焦点从而使法院不能充分的审理，由此作出的判断在效力上不应如同判决主文之判断那样重要。由于后诉法院可能认定重复起诉，当事人将不得不在前诉提出反诉，如请求确认对账单无效，否则就不得另行行使该诉权，即“强制反诉”。然而，在我国规定强制反诉制度将引发一系列问题。在我国被告提起反诉须符合一定的条件，若引进强制反诉制度，被告在前诉又不符合提起反诉的条件将导致其丧失司法救济权利。此外，我国民事诉讼的律师代理至今仍不够普及，执业律师水平参差不齐，当事人法律知识水平亦有限，法院宽泛理解重复起诉的做法，将导致超越审理范围、违反处分权原则、造成裁判突袭。既然当事人不得另诉，只好回过头去对前诉判决申请再审，不啻以维护既判力之名允许挑战判决的既判力，无异于南辕北辙。

在法理层面，如此宽的重复起诉界定标准亦存在问题。问题的本质倒不在于其与大陆法系既判力通说不一致，而在于其以处理程序性事项的程序手段与后果来对待实体性事项。后诉诉讼请求与前诉判决结果之间存在实体矛盾，是一个实体事项。对于该实体事项，应当经过实体辩论、审查作出实体判决，而禁止重复起诉的消极既判力却排斥实体审理。在我国，消极既判力是起诉条件，属于程序要件，是应当通过简便审查程序就能够得出结论的问题。若将后诉

---

① 湖北省随州市中级人民法院（2017）鄂13民辖终11号民事裁定书。类似案件还有山东省济南市中级人民法院（2017）鲁01民终3344号民事裁定书；天津市高级人民法院（2017）津民申182号民事裁定书；甘肃省高级人民法院（2017）甘民终164号民事裁定书。

诉讼请求与前诉判决结果存在实体矛盾作为重复起诉的要件，就意味着将一个实体事项设置为起诉的程序性要件，这将导致起诉的高阶化，[①] 还意味着法院对实体问题没有给予足够的重视与应有的待遇。在我国民事诉讼多个领域（如起诉与执行阶段）均存在这种诉讼程序与审理对象不匹配的问题，此种倾向可被理解为“诉讼非讼化”趋势。非讼化具有促进效率、节约资源的优势，但并非所有的非讼化都符合正义的要求。判决效力是判决对后诉的影响，直接关系当事人的诉权与实体权利，应予以慎重对待，不宜过度扩张消极既判力的范围。因此，有些法院就不将类似案件认定为重复起诉，如重庆市第一中级人民法院在其（2018）渝01民再2号民事判决书中认为，前诉诉讼标的为借款本金、利息与违约金，后诉诉讼标的为合同效力，诉讼标的不同，在诉讼请求方面，撤销合同在前诉仅为抗辩，当事人还可以在后诉起诉要求撤销合同，不属于重复起诉。

但在目的论层面，后诉诉讼请求与前诉判决结果存在实体矛盾是应当避免的情形，否则可能导致矛盾判决，而矛盾判决有损法院权威，使当事人无所适从。因此，矛盾判决是不应容忍的病理现象，不仅在中国，在大陆法系国家亦是如此。前后诉诉讼标的不同一时，后诉不应被遮断，但仍可通过积极既判力来防止矛盾判决。德国学理与判例还承认为了既判力而存在的“事实遮断效”，该效力在防止矛盾判决方面发挥了十分重要的作用。因此，在后诉诉讼请求与前诉判决结果存在实体矛盾时，不妨通过积极既判力来防止矛盾判决，但没有必要本着预防目的将实体问题追溯到消极既判力。在实践中，我国一些法院根据后诉诉讼请求与前诉判决结果存在实体矛盾之要件，并非总能在诉讼的早期阶段顺利地判定后诉构成重复起诉而不予受理或驳回，当事人也总是以上诉、申请再审等形式表达不满，不同层级的法院亦极有可能存在不同的意见，有的视为重复起诉，

---

① 参见张卫平《民事诉讼：关键词展开》，中国人民大学出版社2005年版，第89—92页。

有的不视为重复起诉但作出驳回诉讼请求的判决。在复杂的程序流程中法院实质上已进行了实体审理，作出实体判决更为妥当。若还要适用消极既判力裁定驳回起诉，消极既判力所具有的维护法的安定性、节约资源的功能已经消弭于多年的程序之中，起因就在于消极既判力这么一个起诉条件与作为其对象的实体问题（实体矛盾）之间存在的不匹配性。当然，后诉诉讼请求实质上否定前诉裁判结果这类情形之存在表明，在消极既判力与积极既判力之间可能存在边界的不明，因为后诉诉讼请求与前诉判决结果直接对立与后诉诉讼请求与前诉判决结果存在实体矛盾二者的界限就可能存在模糊。此外，许多后诉诉讼请求与前诉判决结果存在实体矛盾的案件中准许当事人提起后诉并无必要，因后诉诉讼请求肯定不能成立，且当事人实质上仍是想要重复争议。然而，在学理中将这些纠结在一起、彼此很相近的实践情形予以适当的区分，是非常必要的。对于积极既判力及能够适用积极既判力来防止矛盾判决的前后诉关系类型，须留待下一章作详细的阐述。

第三节 确认之诉、形成之诉与消极既判力

根据诉讼请求之样态及目标，诉大致被分为给付之诉、确认之诉和形成之诉三种类型。给付之诉最为古老常见，前文对《民诉法解释》第247条之理解与适用的结论，主要适用于给付之诉。与给付之诉相比，确认之诉与形成之诉各自具有一定的特殊性。一般的给付之诉中，一个法律后果仅对应一组各个要素均必不可少的构成要件；请求权竞合时，一个给付法律后果可对应数个不同的请求权基础，相应地存在数组构成要件供当事人选择。而在确认之诉与形成之诉中，其法律后果往往对应着数项可供当事人选择（并非都必

不可少）的确认事由或形成事由。[①] 这种状况如此常见和明显以至于确认之诉与形成之诉的诉讼结构与给付之诉有不同，这两种诉的类型中诉讼客体同一性的范围就与给付之诉产生差异，消极既判力范围问题值得单独讨论。

引入诉的类型来探讨消极既判力，还须考虑不同诉之类型、权利保护目标之间的牵连关系。不同种类之诉的诉讼请求表述存在差异，但实体内容可能是同一的或存在着紧密关联性，如请求确认的对象恰好是请求形成或给付的对象，或请求确认或形成的对象是请求给付之基础法律关系或先决问题。此时，不同诉的种类是否构成诉讼客体同一及如何确定消极既判力范围均成为棘手的难题。

对上述两项问题，大陆法系与英美法系各自有其主流观点，但也存在不同的有力说或判例做法，足以说明一般性界定诉讼标的之内涵不能完全解决消极既判力问题，对消极既判力的研究须在不同案件类型中寻找更妥当的做法，再将其整理为合逻辑的理论与实践方案。在我国理解《民诉法解释》第 247 条时，也应对此问题予以精细化考虑。

一 比较法上的制度与理论

考虑到确认之诉、形成之诉与给付之诉在诉讼结构、诉讼目标上的差异，域外亦对这两种诉的类型有关的判决效力问题予以特别关注，往往与给付之诉的一般分析分开论述。

（一）德国学说与判例

为使诉讼标的理论能够涵盖三种不同诉讼类型，德国诉讼标的理论开始从实体法说转向诉讼法说，因实体法说不能对消极确认之诉作出合理的解释。德国通说认为，不论何种诉的类型，诉讼标的

---

① 需要注意的是，确认权利成立、法律关系有效等确认之诉与给付之诉类似，仅对应一组构成要件，除非请求权竞合，否则并不存在任何可选择性；而确认合同无效等确认之诉就对应着数个选择性的无效事由。

均根据诉讼请求中的权利主张与作为诉讼理由的生活事实界定。不过，在确认之诉与形成之诉中，诉讼请求中的权利主张通常已足以说明诉讼标的，往往不太需要考虑诉讼理由。例如，对于股东会决议股东请求确认无效或要求撤销的，诉讼标的并不限于原告主张的某个特定瑕疵（诉讼理由中特定的确认或形成事由），而是该股东会决议的无效或可撤销法律后果本身。[①] 因此，前诉以某种瑕疵要求确认股东会决议无效或请求撤销，后诉换一个瑕疵重新起诉的就被遮断。

对此，也存在一些不同观点，有的学者与判例主张若原告请求确认的是某个债权，应根据其诉讼理由对该债权予以特定化。[②] 有的则考虑特定诉讼应适用辩论原则还是调查原则，若为前者则始终应结合诉讼请求与诉讼理由来界定诉讼标的，存在多少个撤销的理由（形成事由）就存在多少个诉讼标的，不因其形成目标的同一性而属于同一诉讼标的；若诉讼适用调查原则，根据诉讼请求界定诉讼标的。[③]

就稍具特殊性的消极确认之诉，德国学者认为胜诉判决意味着消极的确认，败诉判决意味着积极的确认。[④] 客观证明责任不因双方当事人地位互换而产生变化，[⑤] 故当且仅当法院认定被告请求权成立时才可判决驳回诉讼请求，即原告败诉之判决；若陷入真伪不明，就应当支持原告的诉讼请求。[⑥] 对此，亦存在不同观点认为真伪不明

---

① BGHZ 152，1，4ff. = NJW 2002，3465，3466.

② Vgl. Henckel，Prozessrecht und Materielles Recht，Göttingen 1970，S. 282ff.；Jauernig/Hess，Zivilprozessrecht，Müchen 2011，S. 158. 判例如 BGH NJW-RR 1988，200。

③ Vgl. Jauernig/Hess，Zivilprozessrecht，Müchen 2011，S. 158.

④ BGH NJW 1995，1758；Arens，Zur Problematik von non-liquet-Entscheidung，FS Müller-Freienfels（1986），S. 22 ff.

⑤ Jauernig/Hess，Zivilprozessrecht，Müchen 2011，S. 141 – 142。

⑥ BGH NJW 1993，1716.

判决不构成积极的确认。[①]

既然诉讼标的概念包含了权利保护形式，即诉的种类，只要诉的种类不同就不符合诉讼标的同一性要求，不过可能符合先决关系要件。给付之诉与确认之诉、确认之诉与形成之诉指向同一实体对象十分常见，确认之诉判决可能对给付之诉产生积极既判力，给付之诉的判决将导致确认之诉不被准许，因给付判决本就包含对权利之确认。德国一些判例还主张，公司决议确认无效之诉与撤销之诉追寻相同的目标，即澄清公司决议的有效性，在公司决议诉讼中应将权利保护具体形式排除在诉讼标的概念之外。因此，即使原告仅提起撤销之诉或无效之诉，法院也应在原告陈述基本案情的基础上既审查撤销也审查无效事由，作出的判决将遮断原告改换权利保护形式提起的同样要求审查公司决议效力的后诉。[②] 然而，一些学者认为此种观点导致诉讼标的理论向一分肢说倾斜，在教义与实践后果上无法令人信服，[③] 因此 2010 年德国联邦最高法院改变了立场，认为原告主张的每一个具体决议瑕疵事由构成一个单独诉讼标的，但若事实基础未改变则撤销之诉与无效之诉诉讼标的同一。[④]

不同权利保护形式针对不同但紧密相关的实体内容时，不同诉讼之间关系相对复杂。当给付之诉原告主张的请求权之前提法律关系构成确认之诉或形成之诉的对象时，若给付之诉在后，前诉确认或形成判决均对后诉产生积极既判力；若给付之诉在先，由于判决理由不产生既判力，给付之诉的判决并不对后续的确认之诉或形成之诉产生既判力，但后诉中涉及的确认事由或形成权可能构成前诉判决既判力基准时之前的旧事由，为了维护前诉判决的既判力，后

---

① Tiedtke, Rechtskraftwirkungen eines die negative Feststellungsklage abweisenden Urteils, JZ 1986, 1031；转引自 Jauernig/Hess, Zivilprozessrecht, Müchen 2011, S. 141 – 142.

② BGH NJW 2002, 3465（3466）.

③ Vgl. MükoAktG/Hüffer/Schäfer（Fn. 1）, § 246 Rn. 20.

④ BGH NZG 2010, 618 Rn. 3；BGH AG 2011, 335 Rn. 10.

诉本身仍可成立但由于旧事由被事实遮断效排除而可能以诉无理由被判决驳回。[①] 上述观点为通说，学界亦存在不同观点，有的主张排除形成权是促进诉讼集中与加快程序进展之基本原则的要求，对此应设置一定的限制条件，如仅在形成权主体未及时行使形成权存在过错时才在后诉排除该形成权；[②] 有的则主张形成权是当事人根据实体法享有的权利，其行使的方式与期限具有在实体法规定范围内的自由性，原则上诉讼法不能对当事人实体形成权造成缩减，故事后行使的形成权构成既判力基准时后的新事由不被遮断。[③] 这种争议极大的现象恰恰说明，不同的判决效力之间存在一些界限不清晰的灰色地带。

当给付之诉的判决确定的权利义务关系构成形成之诉或确认之诉的先决事项，即对应某种形成事由或确认事由的，若给付之诉在先，则该判决对后诉产生积极既判力；若给付之诉在后，则前诉判决对后诉也不产生既判力。

综上所述，德国确认之诉与形成之诉的诉讼标的原则上根据诉讼请求来确定，不受具体确认事由或形成事由的限制；原告主张不同权利保护形式的诉讼之间，一诉的判决并不会对另一诉讼产生消极既判力，仅在某些情形下产生积极既判力。

（二）日本学说与判例

针对诉讼标的之界定，日本的多数学者赞同新说，实务界则坚持旧说，但这均主要针对给付之诉。对于确认之诉与形成之诉，旧说将当事人要求确认或否认的具体请求权视为诉讼标的，获得该权利之理由的数目就是诉讼标的之数目；将形成权视为诉讼标的，形成事由的数目就是诉讼标的之数目。而坚持新说的学者，在确认之

---

① 判例有 BGHZ 157, 47, 52f. = NJW 2004, 1252; BGHZ 42, 37 = NJW 1964 811; BGHZ 38, 123 = NJW 1963, 244. 文献有 Zöller/Vollkommer, Vor § 322 Rn. 62。

② Stein/Jonas/Münzberg, § 767 Rn. 32ff. 转引自 Rosenberg/Schwab/Gottwald, Zivilprozessrecht, München 2010, S. 885.

③ Rosenberg/Schwab/Gottwald, Zivilprozessrecht, München 2010, S. 885。

诉上回归到旧说的立场，以具体的请求权作为诉讼标的，在形成之诉中则如同给付之诉那样，从整个实体法秩序出发考虑是否认可一次性的形成，故即便有多个离婚的理由，亦仅构成同一个诉讼标的。[①] 不过，有少数学者主张，在确认之诉中亦不应考虑个别理由，应仅根据当事人请求确认的权利本身来把握诉讼标的。[②]

针对以同一实体内容为对象的确认之诉与形成之诉，日本学界通说认为诉讼标的不同，但有学者提出一种颇具影响力的学说，主张将撤销股东大会决议之诉、确认股东大会决议无效之诉与确认股东大会决议不存在之诉的诉讼标的视为同一，其理由是股东大会决议的撤销事由、无效事由和存在事由之间的区别较为模糊，原告在选择诉讼类型时极易出现错误，如视为不同的诉讼标的，法院只好判决驳回起诉，由原告另行起诉，造成资源的浪费。反之，如将这些目标相同或近似的诉讼理解为具有相同诉讼标的，即便原告选择错误也无关紧要，法院对三种请求的事由均进行审查，任何一个事由存在的话原告就可胜诉，这样还可防止原告滥用诉权，即在其中一个诉讼败诉后再提起另一个请求重复争议。[③] 这一观点与前文提及的德国新近学说相同。

若某个形成权针对的是在先的给付之诉中请求权的前提基础法律关系，日本通说与德国一致，将既判力基准时之前就已经成立的

---

① 坚持这一观点的学者提出的理由是：第一，确认之诉的机能，是通过法院对权利或法律关系的宣告，对当事人之间今后的法律关系形成规制，以便预防将来的纠纷，所以应将当事人要求法院确认的实体内容予以明确化；而给付之诉与形成之诉中法院面对的是亟待解决的纠纷，更加关注纠纷解决的结果，其具体理由较为次要。第二，对不同的诉讼类型分别界定诉讼标的，还有助于明确诉讼类型的不同机能。参见［日］高桥宏志《民事诉讼法制度与理论的深层分析》，林剑锋译，法律出版社 2003 年版，第 29 页。这与德国学者试图为三种不同诉讼类型建构统一诉讼标的的概念的路径相反。

② 参见［日］高桥宏志《民事诉讼法制度与理论的深层分析》，林剑锋译，法律出版社 2003 年版，第 28—29 页。

③ 同上书，第 63—65 页。

形成权视为旧事由，即便当事人留到判决生效后再行使，亦被遮断，当事人不能再行使该形成权以提出与前诉判决矛盾或抵触的主张。但亦有学者提出不同观点，认为当事人有权受实体法规定的除斥期间的保护，或者认为应根据享有解除权的主体是胜诉方还是败诉方以及具体事由来分类型地确定该解除权是否会被遮断，或者主张对形成权本身进行分类（撤销权与空白票据补充权受既判力遮断、但抵销权与买进建筑物请求权不受既判力遮断），因为不同的形成权具有的不同实体法性质，因此在是否遮断时应当区别对待。① 由于日本法院对待既判力消极作用与积极作用的做法具有一致性，均以诉无理由驳回，因此上述情形既可归属于消极作用，亦可归属于积极作用，但毕竟前后诉的诉讼标的并未被视为相同，将其视为既判力积极作用更为妥当。

（三）美国实践与观点

美国的民事诉讼制度与大陆法系存在较大的差异，在诉的类型上就有所体现。美国的民事诉讼可分为两种类型，一类是要求救济的请求（claim for relief），另一类是要求获得宣告性判决（declaratory judgment）。大体上，前者可与大陆法系的给付之诉相对应，后者可与确认之诉相对应。

美国法学会第二次判决重述第33条规定："请求宣告权利或其他法律关系的诉讼获得的有效终局判决，对于已经被宣告了的事项，在当事人之间的后诉中具有终局性，并根据争点排除效规则对后诉产生争点排除效。"② 但此处提及的"终局性"，并不意味着相关的寻求救济之请求均被融合到判决中去（merge）或被遮断（bar），当事人仍然可以在后诉中请求进一步的宣告或者要求给予强制性的救济（如给付），即使前后诉涉及相同的权利。即使在宣告性诉讼中，

---

① 参见［日］高桥宏志《民事诉讼法制度与理论的深层分析》，林剑锋译，法律出版社2003年版，第494—505页。

② See Restatement (second) of Judgments, § 33 (1982).

当事人请求宣告的权利已经产生并且可以直接行使权利，宣告性判决也不遮断直接要求行使权利的后诉。因此，不能认为确定宣告性判决之排除效范围的标准是请求（claim），即纠纷事件理论中的请求，否则进一步强制性救济的诉讼就会被排除。当然，宣告性判决不排除后诉，但当事人在后诉中仍会受到宣告性判决中判断的拘束，即遭受争点排除效。

宣告性判决效力范围之所以受到上述限制，原因在于宣告性救济的目的。宣告性诉讼具有下述特别的目的：为当事人提供比强制性救济更简单的救济，在原告希望通过宣告性诉讼防止更大的纠纷时，允许他局部地阐明纠纷，而不丧失事后寻求或防御强制性救济的可能。如果宣告性判决也像其他实体判决一样，在根据纠纷事件界定的请求之范围内产生排除效，那么有可能使得在请求尚未完全产生或尚未完全确定时，当事人不愿意提起宣告诉讼，从而可能导致宣告性诉讼制度的“灭亡”。当事人在已经可以提起给付请求的情况下仍然选择提起宣告性的诉讼，经常是因为其对该权利的具体内容、如何确保得到实现尚不大确定，此时，宣告性判决的排除效范围依然是有限的，就意味着未被宣告的内容全都被保留了。当然，被告若想要实现一次性解决纠纷，可以反对宣告性程序继续进行或者自己提出反请求，法院也可以通过自由裁量权不允许原告提出这样的宣告性诉讼。①

宣告性诉讼的判决不影响在后给付诉讼的实施，而关于宣告性诉讼与在先判决的关系，值得注意的是，不能通过宣告性诉讼对一个已经被判决过的请求进行重复争议，或者试图利用宣告性判决来回避争点排除效，或者利用宣告性判决来确认在先判决的错误或技术性瑕疵；但可以利用宣告性判决来明确模糊的在先判决之意义，因为此时并不会减损在先判决的效力。若前诉判决奠定了某个救济

① See Restatement (second) of Judgments, § 33 (1982), comment, pp. 335 - 337.

的基础（并非直接给予这一救济），可以通过宣告性判决来对此加以确认。

大陆法系国家的形成之诉适用的案件类型，在美国，有时须通过寻求救济的请求来实现，有时须通过宣告性诉讼来实施。前者一般应适用纠纷事件理论来判断请求排除效的范围，例如提出离婚请求的，所有的离婚事由均属于同一个请求；提出撤销股东会决议请求的，所有的撤销事由亦属于同一个请求，即既判事项。后者则如上所述，不影响在后的寻求救济的请求之诉的实施。

二　我国确认之诉与形成之诉的判决效力

关于诉的种类，我国接受了大陆法系的三类型说，因此在诉讼客体同一性及既判力问题的判断上，有必要借鉴大陆法系的学说及判例。值得注意的是，尽管本书将这部分内容与上一小节《民诉法解释》第 247 条的理解和适用区分开来，但《民诉法解释》第 247 条统一适用于不同种类的权利保护形式，即关于确认之诉、形成之诉的重复起诉问题，亦应根据《民诉法解释》第 247 条来加以判断，不过须结合确认之诉、形成之诉的特殊案件类型加以分析。

如前文所述，《民诉法解释》第 247 条中的“诉讼标的”宜理解为基础法律关系，诉讼请求宜理解为原告确定的诉讼请求（包括具体的金额）。在确认之诉与形成之诉中，这就意味着，只要当事人请求确认的请求权或法律关系同一，行使的形成权同一，不管存在多少个确认理由或形成事由，不管当事人主张了几个，均应归属于同一诉讼客体。在确认之诉和形成之诉中坚持这一立场，有助于实现法的安定性，防止当事人滥用诉权分别以不同的事由提起多个诉讼，与实体法也具有一致性。在实体法规范中，不同的确认事由与形成事由可能相互交织，难以区别彼此，法院也可能对不同的事由都进行了审查才作出判断，因而没有必要准许原告以不同的事由重复起诉。

然而，我国民事诉讼法亦于大多数案件中承认或者法院在实质上践行了辩论原则，即对当事人未主张的确认或形成事由，法院并不依职权进行调查，仅对当事人主张的事由予以审理。此时，是准许当事人再次起诉，还是将消极既判力视为当事人因自己未能充分利用前诉程序机会竭尽全力实施攻击防御而应当承受的必然后果，就是值得思考的法政策问题。在我国的司法实践中，大多数法院不准许当事人以自己主张的确认事由或形成事由来限制法院的审理范围，这或许可以理解为实务界选择了让当事人负担责任的立场。

《民诉法解释》第 247 条第 1 款第 3 项后半段规定后诉诉讼请求实质上否定前诉裁判结果亦属于重复起诉，对确认之诉与形成之诉也产生明显的影响。首先，当事人主张不同的权利保护形式时，尽管前后诉诉讼请求不同，也不会直接相反，因此按照本书的观点，不同的权利保护形式，即不同种类的诉讼不会构成重复起诉。其次，如前文所述，后诉诉讼请求实质上否定前诉裁判结果，还可能包含后诉诉讼请求与前诉判决存在实体矛盾的情形，此时就意味着哪怕前后诉分别为给付之诉与确认之诉，或给付之诉与形成之诉，或确认之诉与形成之诉，只要存在实体矛盾关系，也都有可能被法院认定为重复起诉。此处，本书仍然认为，实践中法院的这种做法，如同在给付之诉的场合中一样，也应当受到限制，即我国不应承认如此宽泛的判决遮断效，否则可能影响当事人的诉权。

（一）根据诉讼请求界定重复起诉

在我国司法实践中，法院对确认之诉与形成之诉的判决效力，大致上采纳了与《民诉法解释》第 247 条相一致的做法，即仅根据诉讼请求本身而非理由来界定重复起诉。

【案例 2—16】甲公司与乙公司签订租赁合同，约定甲将 A 房地产出租给乙使用。甲诉乙请求解除租赁合同，判令乙支付拖欠的租金和滞纳金并返还房屋且甲不返还租赁保证金，理由是乙拒付租金，且乙未经甲书面同意擅自转租、加建、改建房屋构成违约。乙提起反诉，主张甲未提供约定的部分房屋导致乙不能实现配套商业经营，故甲应支付违约金并赔偿损失，请求法院判令甲交付该部分房屋并驳回甲的全部诉讼请求。法院认为乙拒付租金是由于甲未交付该部分房屋，不构成违约，乙的改造行为也取得了甲的书面认可并且是依据合同进行的，乙作为小商品城的组织者，将改造后的商铺分租给若干小商户分散经营统一管理不属于合同约定的不允许转租的行为，判决驳回甲全部诉讼请求，并判决甲向乙交付尚未交付的部分房屋。判决生效后，甲又诉乙，主张乙未经甲公司同意擅自改建、扩建租赁物，严重损坏了租赁物的主体安全结构，造成重大安全隐患，还拖欠租金及滞纳金，请求解除合同，判令乙返还房屋并赔偿损失、支付租金及滞纳金，甲无须退还租赁保证金。甲主张前诉起诉的扩建是整体的改造，不清楚是否包括本诉主张的改扩建，后诉租金与前诉租金请求相同。一审法院认为租金与滞纳金属于重复起诉应予驳回，解除合同之诉不属于重复起诉，因为前后诉主张应解除合同的理由并不相同（不同的改扩建行为），一事不再理的一事不但要求诉讼请求相同，且要求诉讼对象即法院审理和判断对象同一，前后诉的解除合同理由和基础事实并不一致，法院审理和判断的对象也不一致，因此判决支持甲解除合同的诉讼请求。乙上诉后，二审法院认为前诉判决已确认乙对房屋的改建行为不是擅自进行的改造行为，判决生效后乙未对房屋再进行改建，甲提供的证据也不能证明前诉判决生效后有新的改建、扩建行为。在无新的事由这一前提下，前后诉诉讼请求又都以要求解除合同为前提，当事人、诉讼标的、诉讼请求均相同，构成重复起诉，应裁定驳回。①

本案中，当事人在前后诉均请求解除合同。《合同法》第 96 条规定，当事人主张解除合同应当通知对方，自通知到达对方时解除，对方有异议的可以请求法院或者仲裁机构确认解除合同的效力。该诉讼应属于确认之诉，因为当事人解除合同的通知到达对方时合同就解除了，双方仅能针对合同是否真正解除提起确认之诉。但在实践中，当事人有时并未在诉前向对方行使解除权，而是通过起诉的

---

① 广东省高级人民法院（2016）粤民终 713 号民事裁定书。

方式请求解除合同，这种诉讼在德国法中被称为“不真正的形成之诉（unechte Gestaltungsklage）”。[①] 本案中由于需要考虑的是不同事由是否构成不同诉讼标的，识别为确认之诉还是形成之诉影响不是很大。对诉讼标的之界定，一审法院与二审法院采取了不同的观点，一审法院认为应当根据特定的解除权理由来界定前诉既判力范围，二审法院则以解除合同这一诉讼请求本身来界定遮断效，其在说理中仅提及既判力基准时后的新事由，却未提及基准时之前的其他事由。当然，本案的情形亦具有特殊性，即原告自己表示前后诉主张的改扩建是否同一自己也不清楚（依据常理这是很奇怪的），很可能前后诉的理由也相同，应将后诉认定为重复起诉。

【案例2—17】甲诉乙人民政府，请求确认其为乙人民政府开办的丙植物激素厂的共同投资者。法院甲无证据证明其在开办丙植物激素厂时进行了投资，判决驳回其诉讼请求。判决生效后甲再次起诉乙人民政府，请求确认乙人民政府作出的某会计师事务所委托验资企业实物作价验收清单中表达的“溃疡灵袋”与“激素纸箱”是甲为出资人（享有投资权利），理由是甲为“溃疡灵袋”与“激素纸箱”的所有人，实际投资了上述植物激素厂。法院认为甲的诉讼请求虽不属于重复诉讼，但其诉讼请求实质上仍属于企业出资人权益确认的问题，显然与前诉判决内容重复，按照一事不再理原则，后诉法院不宜再作审理。[②]

本案中，法院的说理在逻辑上不太周延，根据矛盾律，不能在将后诉视为非重复起诉的同时将其认定为与前诉重复。当然，前后诉具体的诉讼请求存在一定的差异，但在法律语言中恐怕仅仅是原告玩的文字游戏罢了，此外原告在前后诉主张的确认事由看似有差异，但所依据的事实理由相同，将后诉认定为重复起诉应无问题。

---

① 参见任重《形成判决的效力——兼论我国物权法第28条》，《政法论坛》2014年第1期，第55页。

② 浙江省绍兴市中级人民法院（2017）浙06民终1325号民事裁定书。

（二）不同种类诉讼的诉讼客体原则上不同

为了实现相同或相近似的法律后果，当事人可能有权分别提起不同种类的诉，如一个为确认之诉，另一个为形成之诉；一个为给付之诉，另一个为确认之诉等。不同种类的诉若指向相同的对象，在先诉讼获得的判决对在后诉讼可能产生特殊的判决效力。

若给付之诉与确认之诉指向同一对象，则在先的确认判决可对在后的给付之诉产生积极的既判力，在先的给付判决将使得在后的确认之诉丧失诉的利益。若给付之诉与形成之诉指向同一对象，则在先的形成判决可对在后诉的给付之诉产生积极的既判力，在先的给付判决将使在后的形成之诉中当事人仅能主张既判力基准时后的事由。涉及积极既判力的案件类型，将在本书下一章节中详细分析。若确认之诉与形成之诉指向同一对象，如当事人请求确认合同无效与请求撤销合同，请求确认股东会决议无效或请求撤销股东会决议，鉴于当事人追求的相近的法律后果对应着不同的构成要件、无效事由或撤销事由，前后诉之间不存在诉讼客体的同一关系，在先的判决不对后诉产生消极既判力。

然而，前文已述，德国与日本的学说或判例主张撤销股东会决议之诉、确认股东会决议无效之诉、确认股东会决议不存在之诉，具有同一诉讼标的，因为这些不同权利保护形式指向的目的相同，且撤销事由、无效事由、不存在事由相互交织重叠，当事人在起诉时极易选择错误，不若将其视为同一诉讼标的，要求法院在一诉中对所有事由予以审查。法院据此作出的判决对指向相同决议的在后诉讼产生消极既判力，即使前后诉原告主张的权利保护形式及诉的种类不同。我国学者亦主张应采纳此种观点，[①] 但此种观点在我国规范与实践中能否得到接受，其又能“走多远”，尚不甚清楚。

【案例2—18】甲与乙签订房屋买卖合同。其后，甲得知该房屋

---

① 参见周翠《公司决议诉讼的功能定位与程序机制》，《中外法学》2019年第3期，第745—746页。

尚未办理过户手续，实际测量的面积也比约定的少，遂将乙诉至法院，请求确认房屋买卖合同无效，判令乙返还购房款。法院认定合同有效，判决驳回甲的诉讼请求。判决生效后，甲再诉乙，请求解除合同，判令乙返还购房款。乙抗辩称，后诉违反一事不再理原则。法院则认为，首先，该房屋是乙从他人处买来，但未办理过户手续，这就导致从乙处购买房屋的甲不能办理产权转移手续，不能实现其购房目的；其次，房屋的实际地址与约定地址不一致，实际面积也不符合约定，故甲要求解除合同的理由正当，法院予以支持。甲虽对同一法律事实再次起诉，但诉讼请求不同，不属于重复起诉。①

本案中，前诉为确认之诉，后诉为形成之诉，法院并不认为构成重复起诉。事实上，合同无效事由与解除事由存在差异，合同无效将导致合同法律关系被认定为无法律效力，合同解除则导致合同法律关系消灭，因此前后诉具体的基础法律关系、具体的诉讼请求均不相同，不应认定为重复起诉。

【案例2—19】甲与乙签订股权转让协议，后甲诉乙请求解除该协议，判令乙返还股权。法院认为该股权转让协议无效，释明询问甲是否变更诉讼请求，甲未变更诉讼请求，法院遂判决驳回甲解除协议的诉讼请求。判决生效后，甲诉乙，请求确认股权转让协议无效，判令乙返还股权。后诉法院认为，前诉判决已经认定股权转让协议无效，甲基于同一法律事实再次起诉，违反了民事诉讼一事不再理的原则，故裁定驳回起诉。经检察院抗诉，法院再审，认为前诉为形成之诉，后诉为确认之诉，前后诉诉讼标的不同，诉讼请求也不完全相同，后诉诉讼请求也未否定前诉判决结果，故后诉不违反一事不再理原则，撤销原裁定，指令法院对本案进行审理。②

本案中，前诉为撤销之诉，后诉为确认合同无效之诉，法院一开始认定为重复起诉。这一观点实质上意味着，前诉中法院释明当

① 河南省南阳市中级人民法院（2015）南民一终字第00416号民事判决书。

② 黑龙江省高级人民法院（2016）黑民再243号民事裁定书。

事人变更诉讼请求后，当事人必须变更，否则就要承受后诉被遮断的后果。此种做法虽有助于实现诉讼经济、诉讼效率，但却对当事人却过于严苛，并且与处分原则、辩论原则不符。由于检察院抗诉，法院对后诉进行再审，根据前后诉权利保护目标的差异，不将后诉认定为重复起诉。[①] 事实上，尽管前后诉的法律后果相近甚至有所重合，但诉讼请求与后果的法律性质毕竟不同，不应视为重复起诉。

此外，实践中还出现当事人先请求解除合同，后请求撤销合同；[②] 先请求撤销合同，后请求确认合同无效；先请求确认合同无效，后请求撤销合同等类型的案件，法院均认为后诉不构成重复起诉。对于一般的合同，目前的结论是，确认之诉与形成之诉，不同形成权对应的形成之诉之间，诉讼客体不具有同一性。至于公司法律关系决议的效力问题，公司股东可提起特殊的以客观监督为目标的确认无效之诉、撤销之诉、确认不存在之诉等，如前文所述，一些学者主张应当认定为具有同一诉讼标的。公司法律关系存在较强的稳定性需要，与一般的确认之诉、形成之诉不同，因此此种观点在一定条件下可予以接受：法院在公司决议效力瑕疵诉讼中，须对法定的所有瑕疵事由主动予以审查，并向当事人行使释明权，要求其提出相应的事实主张及证据，从而充分地审理公司决议的瑕疵，一次性地解决纠纷。

（三）给付判决对关于其先决事项的确认之诉或形成之诉之效力

上一小节探讨《民诉法解释》第 247 条时已提及，实践中许多法院将后诉诉讼请求与前诉诉讼请求或判决结果存在实体矛盾关系的情形也理解为包含在后诉诉讼请求实质上否定前诉裁判结果内。这类情形中，不少都涉及对给付判决先决事项的确认或形成之诉。

① 类似案件如甘肃省白银市中级人民法院（2014）白中民一终字第 229 号民事判决书。

② 如江苏省连云港市中级人民法院（2017）苏民终 1675 号民事判决书。

不过，若注意到更广范围内的此种情形，将会发现法院的做法实际上并不统一。

【案例2—20】甲与乙签订股权转让协议，约定甲将自己对丙公司的部分股权转让给乙，乙应支付转让款，甲应协助办理股权变更手续。在履行协议过程中发生纠纷，甲诉至法院，法院经审理认定该协议合法有效，且甲已履行己方义务，故判决乙向甲支付股权转让款。判决生效后，乙诉甲请求确认上述股权转让协议已解除，判令甲返还已支付的股权转让款。甲抗辩称后诉违反一事不再理原则。法院认为，前诉请求继续履行合同，后诉请求解除合同，诉讼标的和诉讼请求均不相同，故不违反一事不再理原则，但乙主张解除合同的理由不成立，故不予支持，判决驳回乙的诉讼请求。①

虽然支持合同项下的给付义务与合同应当被解除的主张之间确实存在实体上的矛盾，但法院未因该矛盾将后诉视为重复起诉。

【案例2—21】甲、乙、丙为某小区的业主，丁为该小区的物业管理公司，该小区尚未成立业主委员会。2012年下半年，丁将该小区的西网球场改为篮球场，甲、乙、丙认为改建为篮球场后产生强烈噪声严重影响其生活，侵害其权益，故将丁诉至法院，请求判令立即拆除篮球架、恢复原网球场的原状，并赔偿甲、乙、丙的损失。在该案审理期间，丁向小区全部业主发出了关于西网球场增设篮球运动设备设施的征询意见，经全部业主表决，79%的业主同意。法院认为，丁本来无权根据个别业主要求将网球场改成篮球场，但是丁已经采用书面表决方式取得了相应数量业主的同意，故该改建决定现在是业主大会的决定，其违法情形消失，丁在该意见未被撤销前，也无权拆除篮球场并恢复网球场原状，故判决驳回甲、乙、丙的诉讼请求。判决生效后，甲、乙、丙起诉丁，请求撤销由丁组织的业主大会作出的在西网球场增设篮球场的决议，理由是未经行政部门批准，擅自改为篮球场给自己的生活造成了重大影响。丁主张

---

① 广东省深圳市中级人民法院（2015）深中法商终字第1239号民事判决书。

后诉为重复起诉，后诉法院却认为不属于重复起诉，而且网球场的布局经行政部门审核确定并维持多年，无特别需要可不予改动，小区尚有其他公共用地，篮球活动的确产生了较大的噪声并对甲乙丙的生活造成影响，撤销权也未过除斥期间，故判决撤销上述增设篮球场的决议。①

本案中，后诉的撤销请求针对的对象是前诉给付之诉的基础法律关系，即业主大会的决议，故后诉请求与前诉判决结果存在一定的实体矛盾。但前诉审判中，法院以业主大会决议有效为前提，针对原告的给付请求作出判决，其观点是在该业主大会决议被撤销前，仅能作出如此的判断，法院不能在无请求的情况下依职权认定业主大会决议无效。若后诉被视为重复起诉，就意味着业主大会的决议不可能被以诉的形式撤销，这自然不合理。何况前诉法院明显未对业主大会协议效力进行审理，谈不上重复之说。不过，为促使本案前诉审判的合理化，前诉法院不妨在作出判决之前向原告释明这一情形，原告据此变更诉讼请求或增加诉讼请求要求确认业主大会决议无效，就能在前诉中一并解决纠纷了。

三　确认之诉与形成之诉判决效力小结

虽然实体法为诸多确认性请求与形成权规定了不同的事由，但现实中这些事由经常相互交织、不可分割，若准许当事人根据不同的确认或形成事由提起目标相同、诉讼请求也相同的多个诉讼，并不合理。因此，将确认之诉与形成之诉中的诉讼客体界定为诉讼请求而非各个具体的确认或形成事由，更为妥当。此种立场并不会造成裁判突袭，因为理性的当事人能够在一次诉讼中主张多个不同的事由（若存在），没有必要赋予其过分宽泛的自由。在域外，这一立场也获得了较多支持，其在德国占据通说地位，在日本至少在形成之诉上学者亦多赞同。在我国，这一立场与《民诉

① 广东省江门市中级人民法院（2015）江中法民一终字第442号民事判决书。

法解释》第 247 条的规范相契合，亦在司法实践中被法院广泛采纳。

但若前后诉为不同的诉讼类型，即原告主张不同的权利保护目标，或者诉讼类型相同但诉讼请求不同，即使法律后果相近甚至部分重合，亦不宜一律理解为重复起诉。因为不同的权利保护目标或诉讼请求具有不同的构成要件，法律后果虽相近但实质上仍存在差别，后诉诉讼请求指向的法律后果之要件在前诉中通常未经过审理，故不构成“重复”。若认定为重复起诉，极易剥夺当事人获得救济的权利。

当前诉为给付判决，后诉为以前诉诉讼请求的前提法律关系为对象要求确认或者撤销，后诉请求与前诉判决结果可能存在实体矛盾，但如前所述，这是一个存疑的实体问题，不应由消极既判力来处理。大陆法系国家为了维护前诉判决的既判力，承认某些旧的事由产生事实遮断效。我国并无相关规范对此予以规定，在学理上可以考虑在一定条件下通过某种方式加以借鉴，因其与积极既判力关联更紧密，故留待下一章进行阐述。之所以不能将这些情形认定为重复起诉，也是考虑到在上述案例中有时不仅不能遮断后诉，甚至还应当支持后诉诉讼请求。事实上，此时所出现的形式上的“实体矛盾”并非真正的矛盾，应当予以容忍。若一概将后诉遮断，不仅侵害了当事人的诉权自由，还有可能损害当事人的实体利益。

第四节　小结

将上述诸多案例类型与笔者关于《民诉法解释》第 247 条的理解及关于诉讼客体同一性的观点加以对比整理，可得出表 2.1。

表 2.1　　重复起诉的案件类型

种类 案例	认定重复起诉的案例	未认定重复起诉的案例（或实务界主张）	笔者的理解
（一）实体请求权竞合	【2—3】、【2—4】	《最高人民法院民事诉讼法司法解释理解与适用》	基础法律关系不同，诉讼客体不同
（二）针对同一给付且互斥的复数请求权	【2—5】	【2—6】	基础法律关系不同，诉讼客体不同
（三）部分请求	【2—8】	【2—9】	诉讼客体限于原告主张的具体请求金额；但若原告败诉，可将诉讼客体界定为整个请求权
（四）被告的抵销抗辩	【2—10】	【2—11】	若被告明确表示抵销，法院应慎重审理该反对债权，该判断对后诉应产生消极既判力，该效力须单独予以规定
（五）后诉诉讼请求与前诉判决结果相反	【2—12】、【2—13】		诉讼客体同一
（六）后诉诉讼请求与前诉判决结果存在实体矛盾	【2—14】、【2—15】	【2—20】、【2—21】	是否存在实体矛盾关系须实体审理，不认定前后诉诉讼客体同一
（七）基于不同事由提出对象同一的确认或形成之诉	【2—16】、【2—17】		诉讼客体同一
（八）针对同一对象的不同种类诉讼		【2—18】、【2—19】	诉讼客体不同一

若将上述结论体现到图 1—1 的类型化结构中，可得出图 2—1。

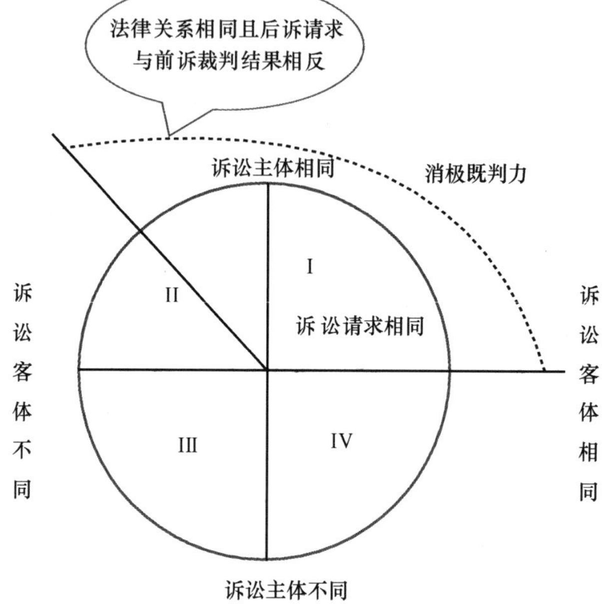

图 2—1　诉讼客体同一性

在我国，诉讼客体应根据法律关系同一且诉讼请求同一或相反加以界定，但后诉诉讼请求与前诉判决结果存在实体矛盾关系不属于诉讼客体同一性范畴。其中，请求权竞合及指向同一给付之互斥复数请求权，基础法律关系不同，诉讼请求亦不同故不构成重复起诉；部分请求与剩余请求之诉的诉讼请求不同，不构成重复起诉，但原告前诉败诉的，可能符合后诉诉讼请求与前诉判决相反的要件；针对同一对象提出不同种类诉讼追求不同权利保护形式，诉讼客体不同一；请求确认或形成同一个实体权利或法律关系，即使存在多个不同的确认事由或形成事由，也仍属于诉讼客体同一性范畴。值得注意的是，被告抵销抗辩的判断，即使反对债权并不基于同一法律关系或事实，也应由明确的法律规范确定其具有消极既判力，“倒逼”法院对被告反对债权进行充分审慎的对待。在理论阐释上，诉讼客体（或作为诉讼和审判对象的诉讼标的）的界定标准为法律关系与诉讼请求，法律关系同一是第一道筛选机制，诉讼请求同一或诉讼请求与前诉判决结果相反是第二道筛选机制。由于对法律关系可能存在不同理解，诉讼请求标准反过来可对法律关系进行适当的定位，通常是指较宽意义的但仍受法律规范（特别是构成要件）制约的基础法律关系。

上述观点是对《民诉法解释》第247条中的后诉诉讼请求实质上否定前诉裁判结果这一要件进行了限缩解释，但在司法实践中，许多法院认为后诉诉讼请求与前诉判决结果存在实体矛盾关系时，前后诉亦构成重复起诉。此种做法并不具有合理性，因此笔者观点与其有所偏离。鉴于有必要考虑理论与实践的“对话”，在理论阐释中仍应关注司法实践的案例类型。考察一时一地理论与实践的契合或乖离，不仅仅是为了论证或批判，更重要的是以此为起点，在历史的视角下考察理论与实践的发展。现在，笔者给出的理论结论与实践并不完全契合，也不绝对对立，而是有分有合，这种状态恰恰适于作为理论的进一步探讨、理论与实践的深入交流之起点。

在判决效力理论体系中，诉讼客体同一性是制约消极既判力范围的重要因素。我国与大陆法系近似，诉讼客体主要受当事人诉讼请求的限制，体现了处分原则与辩论原则及实体法中私权自治与自由。在例外情形中，后诉诉讼请求直接与前诉判决结果相反，故二者实质相同，或被告的抵销抗辩使诉讼与审理对象事实上得到了扩展时，基于我国的诉讼理念与司法观念，应稍稍扩展对诉讼客体范围的认识，依据法的安定性要求对当事人主观意愿作小小的限制。判决的消极既判力有助于实现法的安定性并从根源处防止矛盾判决，但这一益处不应本末倒置，产生对当事人诉权自由的过分限制。但在当事人提起后诉的权利不被过度剥夺的前提下，通过积极既判力来防止矛盾判决并实现法的安定性或许存在更大的余地，即不将后诉视为重复起诉但前诉判决中的判断不允许当事人重复争议。此种积极拘束力的范围亦值得深入探讨。

第三章

诉讼客体先决性与积极既判力

积极既判力，也称“既判力的积极作用”，是指前诉判决对后诉的拘束力，据此后诉法院须以前诉判决为基础进行审判。判决内容对后诉产生的积极既判力，起源于前后诉诉讼客体之间的先决性关系。关于先决性的理解，域外不同国家存在差异，相应地积极既判力范围也存在宽窄不同的观点。不过关于积极既判力的既有研究主要关注积极既判力与判决对后诉的非拘束性效力之间的界限，较少注意先决性和同一性之间的关系及与此相对应的积极既判力与消极既判力之间的边界。大陆法系主流理论将消极既判力与积极既判力范围等同化均限于判决主文，日本甚至将消极既判力与积极既判力的法律效果直接等同，似乎确无必要深入探讨二者边界。然而，德国与我国消极既判力与积极既判力的法律后果存在差异，德国消极既判力导致后诉因不合法被驳回，积极既判力则导致后诉法院作出与前诉判决相一致的判决或者因无理由被驳回；我国的消极既判力导致后诉被视为重复起诉不予受理或裁定驳回，积极既判力作用与德国相同，故德国与我国均存在如何界定二者边界的疑难问题。德国矛盾对立面、我国《民诉法解释》第 247 条第 1 款第 3 项后半段的规定、法院对有些案件究竟应裁定驳回还是判决驳回举棋不定，均是这一问题的表现。消极既判力将遮断整个后诉，当事人完全没有进入实体审理阶段的机会；积极既判力虽禁止当事人重新争议，但它不禁止当事人针对后诉诉讼客体本身进行争执，法律要件之间经常存在交织重叠甚至是互相影响的关系，特殊情形下不排除发生某种逆转的可能，因此，在我国语境下应关注消极既判力与积极既判力之界限。

若判决主文构成后诉审理的先决前提，积极既判力当然禁止当事人就判决主文重新争议，否则前诉判决解决纠纷的实效性将落空。而判决理由是否对后诉产生积极既判力则始终是聚讼纷纭的中心。“判决理由无既判力”的大陆法系公式可能仅仅是表象或主要立场，因为过于狭窄的拘束力不能够满足实际需要，容忍过多的重新争执极有可能造成矛盾判决。此外，若绝大多数案件中法院并不实质接受当事人对判决理由的重新争议，该公式得到遵守的程度就值得怀疑。赋予判决理由以拘束效力存在不同的路径，如既判力客观扩张说，又如以其他效力解决判决理由效力问题。在我国语境下，亦应考虑是否及如何赋予判决理由既判力或者其他效力。判决理由的效力问题得到澄清后，既判力的外围边界才能确定下来。

解决了上述两个问题，才能对诉讼客体先决性及积极既判力的客观范围获得明确的观念，并为积极既判力找到在判决效力体系中的合适位置。

第一节　积极既判力的典型形态

我国学者关于积极既判力的观点在很大程度上借鉴自大陆法系国家，不妨将大陆法系主流观点对积极既判力的理解对应于积极既判力的典型形态。在大陆法系语境中，积极既判力是指判决主文中的判断对以其为先决条件的后诉诉讼标的之审判的拘束力。判决主文对后诉的积极拘束力，是一事不再理原则的适度延伸，由遮断效的禁止重复起诉转化为拘束效的禁止重复争议。在我国，目前的民事诉讼法规范中未明确规定积极既判力，但积极既判力本来就不易形诸规范，德国与日本亦未专门就积极既判力作出明文规定，但在我国司法实践中，这一典型形态的积极既判力在一定范围内确实得到了承认。不过，法院对该效力的理解与适用尚未产生一般性结论，有时出现对积极既判力的错误理解，有时将其与消极既判力或者判决的非拘束性效力混用或并用。为了澄清积极既判力的典型形态，即前诉诉讼标的构成后诉诉讼标的之前提条件或先决条件的情形，有必要以具体案件类型的形式予以阐明。

前诉诉讼标的构成后诉诉讼标的之前提条件这一典型的先决关系，可简化为［判决主文→后诉请求］这样一种逻辑关系，箭头表示决定性，表示前者是后者的先决要件。这种逻辑关系，本质上是一种实体法上的逻辑关系，因此先决关系可能存在于任何一个实体法领域。德国学者根据其判例，将这种先决关系归纳为两种类型：第一类是前诉为确认判决，后诉是以被确认的权利或法律关系为前提的给付之诉；[①] 第二类前后诉虽均为给付之诉，但由于前诉的给付判决亦包含了确认，后诉的给付请求以该确认为前提条件。对后一类情形可举出下列例子：（1）前诉法院判决被告履行义务，由于被告不履行或迟延履行，原告提起后诉要求损害赔偿或者支付违约金；[②]（2）前诉判决被告给付，被告提起后诉以不当得利为由请求返还其已经履行的给付。[③] 在我国的司法实践中，前后诉诉讼客体之间呈现这两种先决关系的情形亦不少见，但法院不一定都能够识别出其中存在的先决关系。

一　后诉诉讼请求以前诉确认判决中的确认为先决条件

确认之诉具有预防纠纷的机能，法院作出的确认判决无论是积极确认还是消极确认，均对此后的诉讼构成一项标准。此外，在给

① BGH NJW 2008，1227 Rn. 19 f.

② BAGE 122，168 = NZA 2007，1008.

③ BGHZ 83，278（280）= NJW 1982，1147（1148）；BGH LM Nr. 10.

付之诉与形成之诉中，法院作出的驳回诉讼请求的判决，亦为确认判决，包含着一项消极的确认。前诉判决中直接加以确认的内容在后诉中作为构成要件出现时，不应准许当事人重复争议。

【案例3—1】甲因继承纠纷起诉乙，法院判决认定乙自幼被甲的父母收养，虽当时未办理收养手续，但应按照收养关系对待，而二人的母亲订立遗嘱将自己具有有限产权的某房屋指定由乙继承，故判决该房屋由乙继承。判决生效后，由于甲仍然占用该房屋，乙起诉甲，请求甲搬离并将房屋返还给乙。甲提出遗嘱存在疑点、收养关系不成立等抗辩，但后诉法院认为根据《证据规定》第9条，对已为生效裁判确认的事实当事人无须证明，除非有相反证据推翻，前诉判决已经确定涉案房屋由乙继承，故母亲死亡后乙就取得了房屋所有权，作为所有权人，乙要求甲搬出房屋并返还的诉请合法有据，判决支持乙的诉讼请求。[①]

本案中，前诉法院判决房屋由乙继承，这是一个确认判决。后诉乙提出的要求甲搬离并交付房屋的给付请求，以自己有权继承为前提条件，故前诉判决应对后诉产生积极的拘束力。但本案的法院对积极既判力不够了解或无自信，适用了《证据规定》第9条生效裁判确认的事实无须证明的规范，但根据该规范，前诉判决主文将允许当事人举证推翻，这与既判力不符。本案中，关于乙有继承权的判断在后诉中理应不准许甲重新争议，否则当事人可能在前诉中不充分积极举证，在自己失败后再提起后诉提交新的证据，试推翻前诉的判决主文，这将对其对手构成诉讼突袭，并导致生效判丧失既判力、终局性与权威性。

【案例3—2】甲诉乙，请求确认二者对某房屋共同享有所有权。法院判决确认房屋归二人各半所有。乙与案外人丙签订拆迁调换协

---

① 南宁市中级人民法院（2012）南市民一终字第1454号民事判决书。类似案件如福建省松溪县人民法院（2016）闽0724民初1069号民事判决书，前诉法院确认原告的权利，后诉为要求行使该权利的给付之诉，本应适用积极既判力，法院适用《民诉法解释》第93条。

议后，将置换该房屋获得的新房登记于自己名下并领取了安置补偿款。甲诉乙请求返还置换后新房的一半产权及一半安置补偿费，乙抗辩称甲不是共有权人，后诉法院认为前诉判决已确定甲享有一半产权，乙的抗辩不符合既判力原则不予采纳，判决支持甲的诉讼请求。①

本案中，前诉判决为对共有关系的积极确认，后诉诉讼请求以此为前提。后诉法院认为乙的抗辩不符合既判力原则，即不允许其对已被前诉判决确认的共有关系重新提出异议，是典型的积极既判力的适用。

【案例3—3】甲诉乙，请求确认自己使用某商标的行为不构成对乙商标权的侵犯，法院判决确认不侵权。乙诉甲，就同一商标与同一使用行为请求停止侵权、赔偿损失。后诉法院认为，前后诉涉及相同事实，诉讼标的是系争民事法律关系而前后诉都是商标权侵权法律关系，故诉讼标的相同，并且给付之诉中隐含了确认之诉的内容，后诉请求实质上否定前诉裁判结果，构成重复起诉。②

本案中，前诉判决确认不侵权，即对侵权行为及侵权责任的消极确认。后诉当事人却以侵权为由提起给付之诉，前诉判决构成后诉诉讼请求的消极前提条件，本应适用积极既判力判决驳回后诉诉讼请求。法院却依据《民诉法解释》第247条第1款第3项后半段将后诉认定为重复起诉，事实上这属于后诉诉讼请求与前诉判决结果存在实体矛盾的情形之一，根据上一章的结论，前后诉的诉讼客体并不同一，不应裁定驳回起诉。

综上可知，我国司法实践中存在诸多应当适用从而导致应当承认积极既判力的案例，且这些案例都体现了典型的积极既判力，即域外及国内学者均无异议的积极既判力形态。然而，或许是由于学者对积极既判力的探讨与介绍相对消极既判力要少得多，积极既判

---

① 绍兴市柯桥区人民法院（2014）绍柯民初字第2194号民事判决书。

② 新疆维吾尔自治区高级人民法院（2015）新民三终字第16号民事裁定书。

力与司法实践中较易领悟的一事不再理相比也较难理解，实务界人士对积极既判力的理解不够广泛与准确，[①] 导致本应适用积极既判力的案件，法院适用消极既判力或者生效裁判确认事实无须举证的非拘束性效力。

二　后诉诉讼请求以前诉给付判决中的确认为先决条件

若前诉判决为给付判决，其中也同时包含着对该给付义务的确认。根据实体法的规范，该给付义务有可能构成其他请求权或形成权的先决条件，故当事人可提起以这一确认为前提的后诉诉讼请求。

这类情形不像积极既判力的典型形态那样频繁出现。前文提及德国学者主张的给付判决产生积极既判力的情形大致有两类，其一为前诉判决给付，后诉请求因不履行判决义务而产生的迟延金等；其二为前诉判决给付，后诉主张不应给付而请求返还不当得利。在我国语境下，第一种情形亦有可能发生，例如前诉判决返还本金，后诉请求支付利息及迟延利息，尽管本金与利息请求权能否分开起诉尚存一定的争议，但二者毕竟是基于不同的法律关系与法律事实而产生，不应视为同一诉讼客体，如此一来前诉支持返还本金的判决就会对后诉诉讼请求产生拘束力，因为本金债权成立是利息债权成立的前提条件；而第二种情形与上一章分析的"后诉诉讼请求与前诉裁判结果相反"接近，故此时应将后诉认定为重复起诉。此两种情形均体现出矛盾对立面与先决关系、消极既判力与积极既判力之间边界的模糊，而此种不确定性具有一定的逻辑基础。对待棘手的问题，也应当给予明确的结论，这是法学的使命。笔者主张对第一种情形适用积极既判力，对第二种情形则以消极既判力予以处理。

【案例 3—4】甲乙夫妻起诉 A 公司、丙、丁，主张借款给丙、

---

① 例如有实务界人士认为判决主文的内容不具有积极的法律效力时，如驳回原告诉讼请求、确认合同不成立等，就不具备积极既判力。参见万亿《重复起诉规范要件再解释与裁判标准构造》，《人民司法（应用）》2018 年第 10 期，第 97 页。

丁本金 336600 元，请求判决偿还本金及计算至 2006 年 8 月 16 日（起诉日）的利息。法院认定丙为 A 公司负责人、丁为财务会计，二人借款行为为职务行为，应由 A 公司承担责任，判令 A 公司偿还借款本金 336600 元及 2006 年 8 月 16 日前的利息。该判决执行完毕后，甲、乙又起诉 A 公司，请求判令给付自 2006 年 8 月 16 日至 2013 年 8 月 15 日期间的利息。A 公司辩称后诉违反一事不再理原则。一审法院认为后诉诉讼请求属于独立诉讼请求，不违反一事不再理原则，原告主张自 2006 年 8 月 16 日至 2013 年 8 月 15 日期间的利息，依据的理由及证据与前诉判决确认一致，应予支持。A 公司上诉，二审法院认为后诉主张的利息基于同一笔借款本金产生，借款本金经法院审理作出生效判决并不意味着原告对前诉未主张的起诉日之后发生的利息债权之放弃。利息是基于借款本金而产生的孳息，与借款本金分属不同的法律性质，由此派生出不同的诉讼请求，并不为法律法规所禁止。此外，前后诉起诉的事实理由并不相同（时间因素），不属于重复起诉。A 公司还对借款事实提出争议，法院认为，根据《证据规定》第 9 条，已为法院生效判决认定的事实当事人无须举证证明，A 公司对判决认定的事实不服，在无相反证据足以推翻时，不予采信和认定。①

本案中，后诉法院充分论证了本金债权与利息债权可分开起诉的理由，并且认为本金债权的成立与否决定了利息债权的成立与否。至于被告在后诉中对前诉判决中确认的本金债权提出的争议，法院适用了预决效力。然而，此处由于前诉判决主文对后诉诉讼请求构成先决条件，应当适用积极既判力，不允许当事人重复争议并举证推翻。

【案例 3—5】甲公司向乙银行借款，丙公司为甲公司提供连带保证。因甲、丙两公司未按约支付贷款利息，乙向甲送达《贷款提前到期通知书》，向丙送达《贷款提前到期通知书》及《担保人履

① 青海省高级人民法院（2014）青民二终字第 126 号民事判决书。

行责任通知书》。随后，乙起诉甲、丙请求偿还借款本金及利息（计算至2008年10月20日）。法院判决甲、丙偿还借款及利息。2013年3月28日，乙起诉甲、丙请求偿还前述借款于2008年10月21日至2012年11月15产生的利息。甲、丙公司主张后诉违反一事不再理原则。法院认为当事人有权在法律规定的范围内处分自己的民事权利和诉讼权利，乙银行作为债权人可以对合法享有的利息债权按照时间段进行分割，并据此设定诉讼标的。前后两诉诉讼请求在时间段、数额上并不相同，不违反一事不再理原则，法院根据借款本金及当事人约定的利息计算方式作出判决。①

本案中，法院也不认为后诉构成重复起诉，按照前诉对本金的确认对后诉作出判决。尽管当事人未曾就此提出争议，法院也未明说，但此处确实存在积极既判力之适用。

第二节　积极既判力的边界

关于上述典型形态的先决关系与积极既判力适用情形，争议较小，然而一旦趋近边缘地带，就会出现模糊性。针对积极既判力的边界问题，学者存在许多不同的观点，争议焦点集中在“判决理由对后诉是否产生拘束力”。这个问题在我国的语境下亦十分突出，并且还和积极既判力与消极既判力的界限问题交织在一起，这尤其体现在《民诉法解释》第247条第1款第3项后半段的司法适用中。

一　积极既判力与消极既判力的界限

积极既判力与消极既判力的区别一般是明显的，前者适用于前后诉诉讼客体存在先决性的情形，而后者适用于前后诉诉讼客体存在同一性的情形，故适用前者时后诉法院应当准许诉讼的同时作出

① 最高人民法院（2014）民二终字第147号民事判决书。

与前诉判决一致的后诉判决（其中包括驳回后诉诉讼请求），而适用后者时法院应当裁定不予受理或驳回起诉。

但是先决性与同一性的界限处，可能存在一个模糊地带，不像逻辑上同一性与非同一性的对立那样清晰。正如德国的矛盾对立面揭示的那样，在同一性与先决性之间还存在一种性质略含混的矛盾关系。在逻辑上，矛盾律与同一律是有差异的，但在真实的生活世界中，矛盾可能是一枚硬币的两面，此时矛盾即是同一；但有时矛盾可能是消极要件关系、互斥关系，此时矛盾即是先决性。要将这些情形再进行细分，有的归入同一性，有的归入先决性，通常是困难的。

我国《民诉法解释》第 247 条第 1 款第 3 项后半段中后诉诉讼请求实质上否定前诉裁判结果正是这种含混的矛盾关系。考虑到当事人的诉权自由、"重复"的本来含义，笔者在上一章中对该规范进行限缩解释，将重复起诉限制在后诉诉讼请求与前诉判决结果相反（即直接抵触）的情形，正是一种将矛盾关系进行再分类的尝试。矛盾关系中常见的另一种情形——后诉诉讼请求与前诉判决结果存在实体矛盾，则应当根据先决性来检验，若符合前诉判决构成后诉诉讼请求之消极构成要件的条件，判决应对后诉产生积极既判力而非消极既判力。此外，有些情形下法院基于便利的考虑，也可能将消极既判力与积极既判力混淆。

【案例 3—6】甲与乙签订房屋租赁合同，约定乙将某房屋租赁给甲，甲支付租金，甲还向乙交付了 2 万元。该房屋是乙从他人处租赁来然后转租给甲的，由于房屋所有权人发生变化，新所有权人要求终止合同，并申请对房屋停止供电，影响了甲的经营。甲起诉乙，请求恢复供电，继续履行合同，赔偿损失。法院认定主承租合同已解除，甲乙之间的转租合同也应解除，判决乙向甲赔偿合理期限内的损失。甲提起后诉，请求解除甲乙之间合同，并主张其向乙交付的 2 万元是定金，乙应双倍返还，并要求乙赔偿合同无法继续履行的损失。后诉法院认为，前诉判决已确认甲乙之间合同解除，并判令乙赔偿甲合理期限内的损失，故对乙要求赔偿损失的后诉诉讼请求不予支持，但对双倍返还定金的诉讼请求，根据履行期限的比例，判决予以支持。[①]

本案中，后诉法院认为前诉判决已对合同解除给乙造成的损失进行了处理，故后诉不予支持。事实上，若后诉乙主张的损失与前诉法院判决的损失同一，关于该诉讼请求法院应裁定驳回。不过，由于其他诉讼请求还应当予以实体审理，故法院并未作出一项裁定加一项判决，而是在一项判决中认定重复的诉讼请求不予支持，即未在消极既判力与积极既判力之间作出明确的区分。

二　判决理由的效力

典型的积极既判力较易识别及达成共识，但范围太狭窄了，［判决主文→后诉请求］的先决关系是对先决性施加了前后诉顺序制约的先决性。假设去掉这一顺序制约，前后诉的关联仍然可能极为紧密，以致若准许后诉作出不同的判断就意味着矛盾判决，使当事人之间的实体法律关系产生令人无法忍受的混乱。在广义的先决性概念之下，还存在两种前后诉诉讼客体的先决关系，即［判决主文←后诉请求］、［判决主文←判决理由→后诉请求］（箭头均表示决定关系）。若将它们与以先决性为条件的积极既判力结合起来考虑，就意味着判决理由对后诉亦可产生积极拘束力。但在我国学术界，还没有学者从这个视角来考虑判决理由的效力。受日本学者争点效理论、美国争点排除效力的影响，有些学者主张我国应当借鉴争点排除效或争点效；[②] 有些学者则表示反对。[③] 在我国的司法实践中，较少法院明确赋予判决理

---

① 甘肃省嘉峪关市城区人民法院（2013）嘉城民一初字第564号民事判决书。

② 参见邵明《论法院民事预决事实的法律效力及其采用规则》，《人民司法》2009年第15期，第95页；吴英姿《预决事实无需证明的法理基础与适用规则》，《法律科学》2017年第2期，第73—74页。

③ 我国反对借鉴争点排除效或争点效的学者中，有的认为我国缺乏借鉴争点排除效的制度基础，参见纪格非《“争点”法律效力的西方样本与中国路径》，《中国法学》2013年第3期，第117—118页；有的认为争点效的拘束性后果过于激进，参见丁宝同《论争点效之比较法源流与本土归化》，《比较法研究》2016年第3期，第85—86页。

由以既判力，但有些实务界人士主张应在特定条件下承认判决理由的拘束力，[①] 不过究竟什么样的条件才是合理且适合我国的，尚未形成一般性的观点。

笔者以为，有必要在适当条件下承认判决理由对后诉的拘束力。从先决性的角度出发，可以将这种拘束力视为既判力，因为积极既判力正是以先决性为基础的判决效力，判决理由对后诉产生拘束力也以先决性为前提，将判决理由对后诉的拘束力称为积极既判力并不会引人产生误解。既然如此，就没有必要再像日本学者那样借鉴英美法系争点排除效力，额外地在大陆法系的框架中"安插"进来一种争点效力。其实，争点效并不符合大陆法系判决效力体系的基本概念框架，在我国也很难找到规范及充分的实践依据。首先，争点效力赋予法官的自由裁量空间较大，这与判例法传统相契合，却与大陆法系的制度框架不相符。在我国，现阶段法官的素质尚有待提高，利用抽象的"争点"概念来解决判决理由的效力问题，有可能在不同的法院产生不同的适用标准。其次，争点效力以当事人的行为为基础，目的是维护对方当事人的期待，私益属性较强，而大陆法系的既判力追求的是防止矛盾判决、实现实体权利或法律关系的稳定性，强调公益属性与实体法的秩序，不同的制度目的导致二者的兼容性存疑。最后，争点排除效与请求排除效是配套的制度，在大陆法系国家与我国并未接受请求排除效这样宽泛的遮断效这一前提下，引进争点排除效就使得其与请求排除效的互动性丧失，最终能否厘清该效力与既判力的关系也不得而知。

在我国的语境下，之所以要从先决关系的角度考虑判决理由的效力问题，与《民诉法解释》第 247 条第 3 项有关。虽然该规定是针对重复起诉明确其要件，但后诉诉讼请求实质上否定前诉裁判结果的情形中，后诉诉讼请求与前诉判决结果存在实体矛盾这一类，

---

① 参见朱川、周晶《判决理由既判力的再认识》，《人民司法》2011 年第 8 期，第98 页。

若严格按照规范来适用的话，将使判决理由对后诉产生效力，而且是为了防止矛盾判决而产生的遮断后诉的消极既判力。在上一章中笔者已经论证过，此时并不应将后诉视为重复起诉，考虑到消极既判力与积极既判力的界限，不妨将《民诉法解释》第 247 条第 3 项后半段涉及的后诉诉讼请求与前诉判决存在实体矛盾的情形置于作为积极既判力要件的先决关系项下，以此来检验判决理由对后诉产生效力的条件。

（一）法律关系同一且［判决主文←后诉请求］

［判决主文←后诉请求］属于广义先决性范畴，但若直接根据广义先决性承认判决理由的效力，尚嫌太宽。唯有附加上《民诉法解释》第 247 条第 1 款第 2 项的要件，赋予作为后诉诉讼请求本身的前诉判决理由以对后诉的拘束力，才具有较强的正当性。在我国的司法实践中，法院对这种情形时常适用消极既判力，这一立场过于激进，但积极拘束力却可能刚好适合。

【案例 3—7】甲、乙均为丙公司的股东，甲为法定代表人。乙起诉甲与丙公司，请求二者赔偿自己丧失股权的损失。乙主张的事实与理由是，甲在未召开股东会、伪造乙签名、制造虚假的股权转让协议的前提下，制造了股东会决议，将乙的股权转让给另一位股东丁，甲还以法定代表人身份协助完成转让登记。甲提出抗辩，称乙只是名义上的股东，并非实质股东。法院经审理，认定乙为丙公司的股东，甲提出的抗辩无证据支持，遂判决支持乙的诉讼请求。判决生效后，甲起诉乙，请求确认乙只是丙公司的名义股东，主张乙未实际出资，实际出资人为甲。后诉法院认为，前诉判决已确认乙为丙公司的股东，甲基于同一事实，请求确认乙未实际出资只是名义股东，违反了一事不再理的民事诉讼原则，裁定驳回起诉。[1]

本案中，后诉的诉讼请求为前诉的判决理由，法院本不应认定为重复起诉。前后诉争议的均为乙对某公司之股权的侵权关系，后

---

① 河北省邯郸市中级人民法院（2014）邯市立民终字第 229 号民事裁定书。

诉诉讼请求是前诉判决之前提法律关系，如准许甲在后诉中对该判决理由予以重复争议，就可能产生与前诉矛盾的判决。

【案例3—8】甲向乙银行贷款500万元，丙以某块土地及其上房屋作抵押，签订合同并登记。乙诉甲、丙分别请求还款、承担担保责任，法院确认抵押合同系真实意思表示且不违法，判决甲还款、乙对抵押物有优先受偿权、丙在担保范围内承担连带责任。丙提起后诉起诉乙，主张自己受主债务人甲之诈骗才提供担保，请求法院撤销抵押合同。一审法院判决支持其诉讼请求，乙上诉主张后诉违反一事不再理原则，二审法院认为，前后诉当事人相同，前诉包含了本诉的诉讼标的（担保法律关系），后诉诉讼请求实质上否认了担保合同的效力及前诉裁判结果，构成重复起诉。①

本案中，法院将后诉认定为重复起诉亦不合理。但是，后诉主张的形成权，其对象正是前诉的基础法律关系，且其主张的撤销事由是既判力基准时之前就存在的旧事由，若准许当事人以提起后诉的方式重新争议，就可能会产生矛盾判决，实质上动摇前诉判决的既判力。

（二）法律关系同一且［判决主文←判决理由→后诉请求］

［判决主文←判决理由→后诉请求］亦属于广义的先决性，结合前后诉法律关系同一的要件，我国法院也对很多这样的案件适用《民诉法解释》第247条，不过，此时若不符合“矛盾关系”的要求，法院倾向于仅适用可推翻的事实效力。但是，假如没有既判力基准时之后的新事由，考虑到前后诉关联的紧密性，其实并无必要准许当事人就前后诉共通的基本要件事实在后诉中重新争执。

【案例3—9】甲与乙为再婚夫妇，婚姻关系存续期间，由于甲单位房改，二人购买了居住房屋的全部产权。甲将该房屋公证赠予

---

①　辽宁省大连市中级人民法院（2015）大民二终字第01809号民事裁定书。类似案件可参见浙江省余姚市人民法院（2015）甬余商初字第2073号民事裁定书，浙江省乐清市人民法院（2015）温乐商初字第1609—2号民事裁定书。

自己与前妻的儿子丙，并将其登记在丙名下。甲去世后，乙得知该房屋被公证赠予的事实后，向公证处提出复查，公证处撤销了公证书。乙向法院起诉，请求确认甲与丙的房屋赠予协议无效，法院判决确认该协议无效。乙又起诉丙及甲的其他继承人，请求分割继承该房屋等财产，法院认为生效判决已确认该房屋为甲、乙婚姻存续期间共同财产，根据《证据规定》第9条，作出相应的判决。丙上诉主张，前诉判决确认该房屋为夫妻共同财产是错误的，该房屋是甲以个人名义购买，而且是丙出钱给甲购买的，所以实际上应归丙所有，不应当进行继承分割。但法院认为，该房屋属夫妻共同财产的事实已为前诉生效判决认定，后诉丙提出的主张缺乏依据，不足以对抗生效判决认定的事实，对此不予支持。①

本案中，前后诉争议的法律关系均为房屋的权利归属问题，后诉还有其他财产但不影响在房屋权利归属问题上的同一性。房屋为夫妻共同财产虽然仅为前诉的判决理由，但它对于前诉诉讼请求与后诉诉讼请求均具有直接的决定性价值。如准许当事人对此重新争执、法院可能作出不一致的判断，就会导致前后诉的判决之间产生矛盾，而且使当事人的重复争议行为得到放纵。

【案例3—10】甲与乙签订承揽合同，约定甲向乙定作机械设备。乙诉甲请求支付定作款，甲抗辩称货物存在质量问题且还有部分货物未交付，法院对此不予认可，判决支持乙的全部诉讼请求。后甲诉乙，主张有部分货物未交付且货物存在质量问题给自己造成经济损失，请求判令乙继续履行合同并赔偿损失。后诉法院认为，前诉甲已提出乙未全部且符合质量要求地履行其义务的抗辩，但法院未予支持，甲以该抗辩提起后诉请求履行义务，属于后诉诉讼请求实质上否定前诉裁判结果，应认定为重复起诉，但赔偿损失的请求权方向与前诉不同，在法律关系上有独立的诉

---

① 内蒙古自治区呼伦贝尔市中级人民法院（2013）呼民终字第823号民事判决书。

的利益，不属于重复起诉，裁定驳回甲第一项起诉，继续审理第二项诉讼请求。①

本案中，依本书观点，不论是要求乙履行己方义务，还是要求乙赔偿损失，均不应认定为重复起诉。但货物是否存在质量问题，不仅是阻却前诉请求成立的关键要件，而且是后诉乙履行交付合格产品义务和损害赔偿义务成立的关键要件，且前后诉当事人争议的均为同一个合同关系，假如对货物是否存在质量问题这个要件在后诉中准许当事人重复争议，同样很可能产生矛盾的判断，那就意味着针对当事人之间的同一个法律关系，法院却作出了矛盾的评价，这会引发实体法律关系的混乱。

【案例3—11】甲系乙单位职工，甲诉乙，主张乙未给自己缴纳社会保险，导致自己无法办理退休手续、领取退休金并享受医疗保险待遇，请求乙支付至判决生效之月的退休金并报销医药费，法院认定了这些主张，判决支持甲的诉讼请求。乙履行了判决义务。甲又诉乙，主张从前诉判决生效月份到本诉判决生效月份的退休金、医药费等诉讼请求，乙辩称虽有判决书还是认为甲不是自己单位的退休职工，后诉法院认为甲乙之间存在劳动关系，甲因乙的原因无法办理退休手续领取养老金的事实已由生效判决予以确认，本院予以认定，判决支持甲的后诉请求。②

本案中，前后诉诉讼请求不同，但存在延续性关系，产生于同一个持续性法律关系。对该法律关系，应当在前后诉中作出统一的判断，除非存在前诉判决既判力基准时之后的新事由，否则可能导致实体法律关系的混乱，造成矛盾。

---

① 江苏省无锡市中级人民法院（2015）锡商终字第01021号民事裁定书。类似案件可参见浙江省杭州市中级人民法院（2015）浙杭商终字第3186号民事裁定书，福建省石狮市人民法院（2016）闽0581民初843号民事判决书。

② 济南市槐荫区人民法院（2015）槐民初字第2269号民事判决书，类似案件如江苏省扬州市中级人民法院（2015）扬民终字第006号民事判决书，辽宁省大连市中级人民法院（2016）辽02民终6569号民事判决书。

【案例3—12】甲向乙出具欠条，丙为甲提供担保，乙将该债权转让给丁。丁诉甲、丙，仅起诉债权中一部分金额，法院经过审理，认定借款事实成立、债权转让合法，判决支持丁的诉讼请求。丁提起后诉，请求偿还剩余金额的债权，甲、丙提出抗辩称，不存在真实的债权，债权转让也是虚假的。后诉法院认为，根据《民诉法解释》第93条，前诉生效判决已经认定借款事实成立、债权转让合法，因此对原告主张的欠款事实予以采信。[①]

本案中，原告前诉为部分诉讼，后诉为剩余部分诉讼。因此，可将该案与上一章探讨的部分请求结合起来探查。本案中，法院准许当事人将债权拆分起诉，前后诉的诉讼请求实质上是同一个债权主张的两个组成部分，因此若对该债权本身作出两个相反的判断，也会构成十分明显的矛盾，且实质上亦是重复性的争议。为了防止矛盾判决，禁止当事人重复争议是合理的。

（三）其他判决理由的非拘束性效力

大陆法系学者拒绝判决理由具有拘束力的原因，其一是为了防止当事人遭受裁判突袭，其二是为了防止前诉错误判断被固化，其三是为了避免当事人出于预防的考虑在前诉中过度争议导致诉讼的膨胀。确实，没有必要使所有的判决理由对后诉产生拘束力，大部分判决理由都内嵌于前诉请求的构成要件体系之中，与其他事实的判断相互交织影响，一旦抽离前诉的语境，在后诉中极有可能受到后诉特殊语境的影响而变成另一副模样。

我国《民诉法解释》第93条规定的已为生效裁判确认的事实当事人无须举证证明，有相反证据足以推翻的除外，所适用的对象就是大部分的判决理由。这种效力还可分为诸多层次，将留待下一章详细阐述。不过这种判决内容对后诉的非拘束性效力与拘束性效力之间，有时亦存在一个模糊的地带，考虑到拘束力后果的严重性，

---

① 辽宁省高级人民法院（2016）辽民申3364号民事裁定书，该裁定书为驳回当事人再审申请的裁定书，原审法院作出的为判决。

对这种模糊地带的案件基本上还是应当不认可判决的拘束力。

【案例3—13】甲乙为兄弟，二人的父母曾购置木板房，父亲死后乙出钱将其改建为二层砖瓦楼房。甲诉乙，请求继承父亲在该楼房中的份额，法院经过审理，对原来的木板房进行折价，并判决将属于父亲的一半遗产在甲乙之间分配，但是现在的楼房属于乙出钱改建的，属于乙所有，因此不予分割。经过很多年后，该楼房被拆迁，乙获得了安置补偿款。此时，母亲长期下落不明，甲申请宣告母亲死亡。法院宣告母亲死亡后，甲诉乙，请求继承母亲在楼房中的份额，要求获得拆迁安置补偿款的一半。后诉法院认为，前诉判决已经确认楼房为乙所有，适用《民诉法解释》第93条，对甲的主张不予支持，认为其只能要求分割原来木板房的折价款中属于母亲的一半。①

本案中，前后诉诉讼请求之间亦存在牵连，但不如前文所举的例子中那样紧密，毕竟前诉是要求继承父亲的遗产，后诉要求继承母亲的遗产。虽然涉及同一房屋的归属，前诉对母亲就该房屋享有何种权利并未曾做过审查。考虑到既判力客观范围应当具有明确性，对于这种法律关系不同的情形，不应承认判决理由对后诉的拘束力，但可以适用《民诉法解释》第93条，准许当事人在后诉中进行争议，假如存在有力的反证，例如甲在后诉中证明母亲在楼房建造过程中出了钱之类的事实，就可能推翻前诉的判断。

三　积极既判力客观扩张与诚信原则

判决理由对后诉产生拘束力，在大陆法系国家亦不是禁忌，关键问题在于以何种形式的效力来解决这一问题。上一小节中稍微论证了一下我国语境下争点效力制度的适应性问题，结论是我国不应借鉴英美法系语境中生长起来的争点效力。作为以大陆法系基本框架为蓝本制定与解释我国民事诉讼法的结果，不妨考察一下大陆法

① 武汉市中级人民法院（2015）鄂武汉中民终字第01168号民事判决书。

系国家对这个问题存在的不同方案，不过日本学者借鉴争点排除效提出的争点效理论此处就不再涉及了。

德国通说对一部分判决理由以事实遮断效的形式来赋予其拘束力，其适用的主要情形中，前后诉诉讼请求的关联均极为紧密，如作为双方对待给付义务之共同关键性前提事实的判决理由，作为事实被遮断；[①] 前诉主张合同无效，后诉主张合同不成立的，合同效力之判断对应的事实不能再被争议；前后诉诉讼标的本来具有同一性，但基于既判力基准时之后的新事由提起的后诉，此时对于不受新事由影响的前诉判决理由，后诉中不得重复争执。[②] 事实遮断效又称“相对既判力”（relative Rechtskraft），学者将其视为为了实现既判力而存在的效力。事实遮断效与既判力同为拘束效，但与既判力名称不同，主要原因恐怕正是既判力仅限于判决主文这一预设结论。突破既判力仅限于判决主文这一思维障碍，将事实遮断效纳入积极既判力又有何妨呢？当然，事实遮断效得到适用的情形主要是判例，其要件在理论中并不清晰，目前将其纳入积极既判力还存在一定的困难。

此外，在其他情形中，为了防止矛盾判决，德国学者还主张可以利用实体法中更具弹性的诚实信用原则与禁止权利滥用规则来禁止当事人重复争议。但诚实信用原则究竟如何适用，何种重复争议的行为构成权利滥用，并无细致的学理研究。这样做的结果，除了能够继续保持积极既判力狭隘的明确性外，就是把后诉是否准许重复争议，是否应作出不一致判断的问题，全部交由法院自由裁量。这种与拘束力相连的裁量权在中国语境下不易得到接受，从《民诉法解释》第93条规定当事人可举证推翻就可得知，法院采纳前诉判决理由的行为均受当事人举证推翻权的制约，或许意味着，为了控制法官的裁量权，当法官享有裁量权时，也赋予当事人一定的影响力，如预决效力的举证推翻权。

---

① BGHZ 123，137，141 = NJW 1993，2684.

② RGZ 72，145；78，396.

还有一些德国学者提出“意义关联理论”，承认既判力的客观扩张，并试图对其要件进行研究，是为实际应当得到承认的判决理由拘束力谋求明确性的努力，即承认事实上存在着的判决理由对后诉的拘束力，但为其设置合理的要件，以防止对当事人裁判突袭。所谓的“意义关联”，是指前后诉之间存在如此紧密的实体联系，以至于当事人完全可以事先预料到，就某判决理由自己不应重复争议。意义关联可以进一步类型化，类型化的结果正是广义上的先决关系及基础法律关系的同一性。因为作为积极既判力前提的先决性是一种先决关系，将这些特定判决理由的效力视为既判力的客观扩张是符合逻辑的。

上一小节在我国语境下结合先决性概念对特定判决理由应对后诉产生拘束力的情形进行的类型化，与德国学者提出的意义关联理论十分近似。现阶段我国关于判决效力的规范较少，判决效力体系尚未建立起来，引入多种后果相同但名目上分散或者层次不同的效力（如争点效、事实遮断效等），对于我国来说过于超前。此外，我国实务界人士的素质还不及英美法系与大陆法系先进国家的法官，接受过于灵活的判决效力，就意味着赋予法官较大的自由裁量权，这可能导致司法中混乱与不合理的结果。因此，适度扩张积极既判力的客观范围反倒可能是更好的选择，即在应然层面承认实然存在的具有合理性的判决理由对后诉之拘束力，将其制度化的同时为其设置较为明确的要件，这一理论观点将更有利于指导实践操作。

因此在我国，判决的积极既判力范围首先应包括判决主文，其次应包括特定的判决理由：在前后诉法律关系同一的前提下作为后诉诉讼请求本身的构成前诉基本要件事实的判决理由及前后诉法律关系同一时，同时作为前后诉诉讼请求基本构成要件事实的判决理由。与此相对应的前后诉诉讼客体之先决性关系，不仅包括［判决主文→后诉请求］，还包括“法律关系同一＋［判决主文←后诉请求］”和“法律关系同一＋［判决主文←判决理由→后诉请求］”。

第三节　既判力的例外

既判力的例外，是指突破既判力的事由，大体上同等适用于消极既判力与积极既判力。在本书的行文安排上，并未在消极既判力与积极既判力的两章中分别论述其例外，而是在积极既判力也得到相当程度的阐述后，再专门来研究既判力的例外事由。在关于既判力之例外的这一小节，笔者将分别讨论既判力的时间范围与推翻既判力的事由两部分内容。既判力的时间范围，本属于既判力范围的一个侧面，笔者将其与既判力的例外联系起来考虑，乃是因为其与既判力被推翻的事由及制度存在紧密的关联。

一　既判力的时间范围

【案例 3—14】甲与乙签订购房合同，后双方发生纠纷。甲诉乙主张乙的销售人员作出的承诺未能实现，房屋距机场较近，存在严重噪声污染，合同至今未备案，请求解除合同、判令乙返还已支付的购房款并赔偿损失，法院判决驳回甲的诉讼请求。该判决生效后，甲按照合同约定向中国银行邮寄按揭贷款申请书，但贷款申请被拒，甲再次诉乙，主张由于乙与银行未能就办理按揭贷款达成一致，导致贷款申请被拒，合同目的不能实现，故请求解除合同、判令乙返还购房款并赔偿损失与利息。乙答辩称后诉违反一事不再理原则，法院认为前诉判决生效后，甲向银行申请贷款遭拒，构成新的事实，故后诉不违反一事不再理原则，但根据合同约定，贷款遭拒的，甲亦应当通过其他方式向乙交付房款，且甲未提出其他能够证明合同解除条件的成立，故判决驳回甲的诉讼请求。①

本案中，甲向银行申请贷款遭拒的事实，发生在前诉判决生效

---

① 成都市双流区人民法院（2017）川 0116 民初 634 号民事判决书。

之后。《民诉法解释》第 248 条规定，裁判发生法律效力后发生新的事实，当事人再次起诉的，法院应依法受理。因此，后诉不构成重复起诉。另外，若基于该新事实可能推翻前诉判决的判断，法院还应当允许当事人对前诉判决予以争议。但遗憾的是，本案中当事人主张的新事实并不影响前诉判决结论继续成立，故法院仍然判决驳回其诉讼请求。

《民诉法解释》第 248 条的规定对应于学理上的既判力时间范围制度。既判力的时间范围，是诉讼的时间维度在既判力制度上的映射。诉讼的时间维度由两种时间交织而成：诉讼过程的时间与诉讼标的的时间。诉讼流程会随着时间推进，诉讼标的——诉讼和审判的对象——也会随着时间变化。判决效力应被限制在特定的时间范围内，才不妨碍原来的案件实体内容在判决的基础上继续发展。因此，消极既判力与积极既判力都有时间范围：在特定时间点之后新发生了某些事由的，既不妨碍当事人提起后诉，亦不妨碍当事人以新的事由为根据再次争议，此时并不构成重复诉讼或重复争议。此外，时间范围在某些情形中，还构成消极既判力与积极既判力之间的一个过渡：由于存在既判力基准时之后的新事由，当事人提起的后诉并不被遮断，但在后诉中，不受这些新事由影响的旧事由，当事人依然不得重新争议。① 既判力的时间范围不仅许可新事由，还排除旧事由，包括那些当事人主张过的后续未发生变化的事由以及那些未曾主张的旧事由。

（一）既判力时间范围的时间点

既判力的时间范围究竟以哪一个时间点为基准，是一个值得研

---

① 这是德国通说的观点，vgl. Stein/Jonas/Leipold，§322 Rn. 250. 有些学者提出反对意见，如 Brox，Die Beschwer als Rechtsmittelvoraussetzung，ZZP 81（1968），379，389，dort in Fn. 41 及 Musielak，§322 Rn. 34. 反对观点主张，由于既判力基准时之后的新事由，后诉诉讼标的成为新的诉讼标的，与前诉无关，前诉判决理由亦不应对后诉产生拘束力，法院对整个诉讼标的享有评价的自由。转引自 Reischl，Die objektiven Grenzen der Rechtskraft im Zivilprozeß，Tübingen 2002，S. 243。

究的问题。大陆法系国家将这一时间点确定在事实审的口头辩论终结时，我国学者亦接受该观点。[①] 这一时间点的设置来源于《德国民事诉讼法》中的规定，即其第767条第2款，据此，在执行防御诉讼（Vollstreckungsabwehrklage）中，当事人仅能提出口头辩论终结后新产生的抗辩事由。这里的口头辩论终结，是指事实审的口头辩论终结时。判决的既判力仅与最后一次事实审口头辩论终结的时间点有关，因为在此之前当事人能够主张事实来影响判决，而此后当事人原则上不能再提出新的事实来动摇法官的心证，除非在法律审中法院例外性地考虑了新的事实，此时既判力基准时点可以相应地后延。[②]

在我国，《民诉法解释》第248条本意上是为禁止重复起诉规定一项例外。[③] 通过文义解释，该条确定的既判力基准时为裁判生效之时。然而，判决生效的时间点可能不是十分明确，经过二审的案件，判决于二审宣判时生效，如无宣判就以送达时生效，而送达每位当事人的时间可能是不同的；未经上诉的一审判决，若无公开宣判生效的时间点亦可能取决于送达的时间。此外，庭审终结后、判决生效前的这段时间内若产生新事实，当事人又暂时性不知情，其在判决生效后提起后诉，根据《民诉法解释》第248条，就会被禁止，而这是不合理的。为获得救济，当事人须申请再审。

（二）何谓新事由

《民诉法解释》第248条规定，当事人可依据判决生效后产生的新事实提起后诉。问题在于，哪些事实构成既判力基准时之后的新

---

① 参见翁小斌《我国民事判决既判力的范围研究》，《现代法学》2004年12月，第85—86页；肖建华、廖浩《既判力基准时后的“和解”——以吴梅案“和解协议”与执行和解为例》，《国家检察官学院学报》2014年第6期，第142页。

② Vgl. Gottwald, Die Revisionsinstanz als Tatsacheninstanz, 1975, S. 356 ff. 转引自Rosenberg/Schwab/Gottwald, Zivilprozessrecht, München 2010, S. 885。

③ 参见林剑锋《既判力时间范围制度适用的类型化分析》，《国家检察官学院学报》2016年第4期，第7—8页。

事实或新事由。原则上，新事实应当是新产生的事实，而且应当是那些可能导致诉讼标的发生变动的事实。即使早已产生但不为当事人所知的事实，也不能引起新诉，因为判决的既判力要实现法的安定性，就不会过多考虑当事人的主观意愿，故不因当事人在前诉中不能发现某些事实或证据就允许其重新起诉或重新争议。

1. 执行和解

判决生效后，当事人在强制执行程序中达成和解协议，对生效判决确认的给付义务作出某些改变、让步或妥协，但后来一方或双方当事人不履行和解协议的，双方再次产生纠纷，该纠纷与前诉生效判决存在一定的关联，对此能否再诉，就应当考察此时是否存在既判力基准时之后的新事由。2018 年《最高人民法院关于执行和解若干问题的规定》第 9 条规定，被执行人不履行和解协议，申请执行人可以申请恢复执行，也可以针对履行和解协议的问题向执行法院起诉。对此规定须进一步审视，执行和解并不一定构成既判力基准时之后的新事由，若和解协议仅仅是约定减少一些利息，推迟履行的期限，不履行和解协议并不构成实质意义上的新事由；但若当事人对判决中确认的法律关系作出了实质性的变更，就构成新事由。

【案例 3—15】甲公司与乙公司签订房屋购买合同，但甲公司未按时交房，乙公司诉甲公司，请求法院判令甲公司交付房屋并承担违约责任，法院判决甲公司将诉争房屋及土地办理到乙公司名下，乙公司在交付房屋的同时将购房余款一次性支付给甲公司。在强制执行中，双方达成《执行和解协议》，约定乙公司于 2009 年 8 月 25 日向甲公司一次性支付 1 亿元，乙公司支付的次日，甲公司应交付房屋并配合办理转让手续，若乙公司超出付款期 7 日，房屋购买合同解除。乙公司未在约定期限内付款，甲公司遂向乙公司寄出《解除合同通知书》，并起诉乙公司，请求法院根据《执行和解协议》，判令解除房屋购买合同，并判令赔偿损失。一审法院根据《执行和解协议》约定的解除权，判决支持甲公司的诉讼请求。乙公司上诉，二审法院认为,《执行和解协议》只是对生效判决确定的权利义务关系的再处分,是对原案件处理方式在执行中的进一步安排,有别于通常情况下当事人达成的书面协意确定的权利义务关系,在当事人不执行该执行和解协议的情况下,法律后果只能是回复原生效法律文书的执行,而不能将执行和解协议视为对权利义务的新安排,故后诉无法律依据,裁定驳回起诉。①

本案中,《执行和解协议》的内容主要是判决内容的确定,但附加了一项解除权约定,如此一来,是否构成既判力基准时之后的新事由,成为一项棘手的问题。一审法院认为构成新事由,二审法院则认为执行和解协议仅为前诉判决确定的权利义务关系的进一步安排,而非新安排,不承认后诉可单独成立。但二审法院此种做法将意味着,当事人基于有效的合意创设的形成权,由于是在执行中创设,与一般时间中创设的形成权相比,遭到不平等的对待。笔者以为,本案中新创设的形成权为当事人有效意思表示的结果,应当予以尊重,故后诉应当予以受理并由法院作出实体判决。

实践中亦有不少法院允许当事人就执行和解协议提起后诉,即承认该协议的实体效力并允许其影响纠纷解决的程序。

【案例3—16】甲公司与乙公司、丙公司之间的纠纷经法院审理,作出生效判决。在强制执行中,当事人达成和解协议,但该协议未被履行。甲公司遂起诉乙、丙两公司,根据和解协议请求判令乙、丙两公司支付违约金10万元及利息。乙、丙两公司答辩称,后诉与前诉基于相同事由,故后诉违反一事不再理原则,此外和解协议的约定与前诉判决内容不同,若依据和解协议执行会导致审判与执行的混乱。但法院认为,本案系一方当事人在对方当事人不履行在执行程序中自愿达成的和解协议的情况下,起诉请求法院判决该

---

① 最高人民法院民一庭参照案例"大成公司与光明公司合同纠纷上诉案",类似案件如阳江市中级人民法院(2016)粤17民终312号民事裁定书。

对方当事人按照和解协议约定承担违约责任的纠纷。当事人不履行和解协议的争议，不属于执行程序处理。执行和解协议是双方就履行期限、方式、内容等进行自愿协商后形成的新合同，是诉讼外和解，是私法行为，对当事人产生合同上的约束力，一方当事人起诉请求法院判令对方承担不履行和解协议的违约责任，是基于对方当事人对和解协议的违反，不是基于原生效法律文书裁决过的法律关系，故后诉不违反一事不再理原则。①

本案中，法院认为基于和解协议提起的后诉不违反一事不再理原则，事实上，由于和解协议的存在，双方当事人之间的法律关系已发生了变化，所谓既判力基准时之后的新事由，不仅事由是新的，诉讼客体实质上亦是新的，与前诉并不相同，故后诉不构成重复起诉。

2. 履行不能

若生效法律文书中确定的债务在既判力基准时之后由于某些原因无法履行，是否构成新事由，也存在争议。

【案例 3—17】甲、乙共同出资成立丙公司。甲以丙为被告提起公司解散纠纷之诉，经过法院调解，甲乙达成调解协议，同意丙公司继续存续，且甲、乙应于一年内共同委托审计、评估机构对丙进行审计评估。二人在委托审计过程中，由于提供资料不完整导致无法进行审计。甲再次提起公司解散之诉，被告丙与第三人乙均主张违反一事不再理原则，法院则认为，调解协议履行中发生的情况意味着既判力基准时之后出现了新事由，因此对后诉不适用一事不再理原则。②

本案中，虽然当事人前后诉都要求解散公司，但前诉法院未对该请求作出过判决，因为当事人在法院主持下达成调解协议，调解

---

① 东莞市中级人民法院（2017）粤 19 民终 302 号民事判决书，类似案件如广东省高级人民法院（2017）粤民再 30 号民事裁定书，最高人民法院（2017）最高法民再 339 号民事裁定书。

② 江苏省南京市中级人民法院（2016）苏 01 民终 10309 号民事判决书。

书中约定公司存续以及各方应履行的义务。由于该义务履行不能，当事人才提起后诉请求解散。在调解书无法履行的情形下，公司仍然可能符合解散的要件，故关于公司是否存续的纠纷并没有解决。为了准许后诉，可以将调解书约定的义务之“履行不能”视为既判力基准时之后的新事由。前诉为调解书，后诉为诉讼，前后诉诉讼客体有时本来就不同。①

3. 后续治疗费用

基于同一侵权行为，当事人遭受身体损害，该损害极有可能无法在有限时间段内显现或被发现，但这并非禁止当事人立即起诉请求损害赔偿的理由，否则可能阻碍当事人获得补偿。但是，在先诉讼的法院仅能基于已显现或已发现的损害作出判决，既判力基准时之后，当事人仍有可能产生后续治疗费用，此时往往被视为新事由，允许其提起后诉。

【案例3—18】甲以提供劳务者受害责任纠纷诉乙，就其已实际发生的前期治疗费用请求赔偿，双方达成调解协议，约定乙赔偿甲经济损失2万余元。随后，甲再次诉乙，请求支付后续治疗费用，乙主张违反一事不再理原则，法院认为，前诉中甲的治疗并未终结，其损害后果及治愈程度尚未确定，甲的后诉是在后诉治疗终结经司法鉴定机构对其伤残等级进行评定后，就新产生的费用及伤残方面的费用提出的精神损害赔偿，属于新的事实，应予以受理。②

考虑到诉讼经济与诉讼效率价值，一次侵权行为造成的全部损害本来应当在一次诉讼中解决，但实践中受害人可能需要先获得加害人对已发生损害的赔偿来继续治疗，或者有些费用需要等待鉴定或认定。基于种种原因，在人身侵权案件中当事人要求对（原因意

---

① 如山东省济南市中级人民法院（2017）鲁01民终1192号民事判决书。本案中，由于当事人之间的调解协议对原诉讼请求作为根据的基础法律关系作出了变更，针对该调解协议中的新约定当事人提起后诉，法院将后诉理解为诉讼请求和诉讼标的与前诉并不相同。

② 浙江省绍兴市中级人民法院（2016）浙06民申187号民事裁定书。

义上的）同一个损害按照时间进行“拆分”起诉，基本上都被准许。除非法院明确在第一次诉讼中能够考虑全部的损害事实，或者双方通过调解书一次性解决纠纷，否则当事人根据前诉判决生效后新发生的治疗费用（即损害的发展导致的费用）提起后诉的，都被准许，为此可以将后续治疗视为新的事由。基于本案可知，所谓“新事由”与部分请求之间亦存在交叉。

4. 新证据

前文已述，既判力基准时之后的新事由，应当是新发生的事实，导致前后诉诉讼客体产生变化的新事实，而不能是针对旧事实的单纯新证据。然而，在我国司法实践中，单纯的新证据也可能被法院接受用来允许新诉，使得何谓既判力基准时之后的“新事由”这一问题的答案变得模糊不清。

【案例3—19】甲公司与乙公司签订《供货协议》，约定甲公司向乙公司提供电表箱、电线、动力柜等货物。甲公司主张乙公司拖欠货款，将其起诉至法院，请求支付欠款146368元。法院认定，甲公司主张其提供给乙公司的A批货物与《供货协议》相对应，予以确认；但B批货物则证据不足且乙公司不予认可，未予确认，据此判决支持甲公司部分诉讼请求。乙公司履行了判决确认的债务后，甲公司再次以拖欠货物为由起诉至法院，请求判令乙公司支付前诉判决未予支持部分的货款。乙公司主张后诉系重复起诉。法院认为，重复起诉是指当事人基于同一事实与理由两次提起诉讼的情形，后诉的诉讼请求系前诉未支持的部分，且原告已补充测评书等其他证据相佐证，并非基于同一事实与理由，故后诉不属于重复起诉。[①]

本案中，法院认定后诉不构成重复起诉的主要理由是，后诉诉

① 芜湖经济技术开发区人民法院（2015）芜经开民二初字第01082号民事判决书。类似案件如宁夏回族自治区固原市中级人民法院（2017）宁04民终30号民事判决书，法院依据新证据评估报告允许后诉。

讼请求系前诉法院未予支持的部分，次要理由为原告已补充“测评书”等其他证据相佐证。实际上，后诉的诉讼请求被包含在前诉诉讼请求之中，前诉法院未予支持，原因是当事人证据不足，后诉实质上是当事人提供新的证据来证明前诉被驳回的部分诉讼请求，而该诉讼请求及其对应的实体权利义务关系本身，并未产生基准时之后的新变化，因此，后诉本该被认定为重复起诉，法院却仅基于新证据而允许当事人另诉。根据《民事诉讼法》第200条第1项，当事人有新的证据足以推翻原裁判的，可以申请再审，本案原告提供了新证据故可以启动再审程序，但其却选择了另诉，一方面是由于再审程序属于特殊的事后救济途径，理论上应得到法院更为慎重的对待，当事人需要投入的时间成本与说服成本将有所提高；另一方面是由于当事人对判决的既判力制度不理解、不接受或不认同。此种观念，对于既判力制度具有破坏作用，从而带来判决终局性、法的安定性之丧失。

【案例3—20】甲与乙发生交通事故造成甲头部受伤，甲诉乙和丙保险公司，经鉴定甲构成十级伤残，法院据此判决丙赔偿甲的损失若干元，丙履行完毕。此后，甲到另一家司法鉴定所进行鉴定，结论是构成九级伤残。甲以此为根据提起后诉，主张判决生效后经鉴定构成九级伤残，损害后果发生了变化、伤残程度加重，出现了新的事实和新的损害后果，但法院认为后一个鉴定结果仅是对前诉判决中认定的十级伤残的否定，并不是裁判生效后新发生的事实，因此后诉构成重复起诉。①

本案中，法院认为，单纯的新鉴定结论若非针对新的事实作出的鉴定，而是对旧的事实进行的鉴定，并不构成既判力基准时之后的新事由。其他新证据亦是如此，除非该新证据能够证明一项新发生的事实，否则不属于既判力基准时之后的新事由。因此，前两个案例中，法院将新提交的证据视为新的事由准许后诉，是

---

①　湖北省襄阳市中级人民法院（2017）鄂06民终499号民事裁定书。

不妥当的。

通过上述案例可知，实践中既判力基准时之后的新事由较易与新证据混淆，而在我国，新证据可能通过另一种途径推翻既判力，即再审程序。为此，接下来有必要考察一下推翻既判力的另一种事由——再审事由。

二 推翻既判力的事由

有些特殊事由虽不属于既判力基准时之后的新事由，仅指向旧的事实，但却可能导致判决丧失正当性，存在这些事由时，大陆法系国家与英美法系国家均承认既判力的例外。不过大陆法系国家对旧的事实通过特殊救济——再审程序来推翻既判力，美国则准许当事人提起后诉或再次进行争执。我国亦借鉴大陆法系国家确立了再审制度，但再审事由较多且更为抽象，再审程序适用的频率更高，成为一种事实上的纠错机制，① 这与既判力的稳定性、法律关系的安定性存在一定的冲突。

虽然我国法院依然可以不限于具体事由依职权启动再审，但当事人申请再审和检察院抗诉要求再审的事由有了明确的具体限定，大体上可以与大陆法系国家的再审事由相对应。

表 3.1　　　　德国、日本与中国再审事由对照表

序号	德国	日本	中国
1	法院组成不合法	裁判所组成不合法	审判组织组成不合法
2	参与作出判决的法官不能行使司法权，对该障碍没有出现当事人申请回避或上诉但被驳回的情形	裁判官无权参与审判	—

① 参见王亚新《“再审之诉”的再辨析》，《法商研究》2006 年第 4 期，第 22—23 页。

续表

序号	德国	日本	中国
3	当事人以可能存在偏见为由申请法官回避并成功，但法官未回避	—	依法应当回避的审判人员没有回避
4	当事人未依法获得代理，且当事人未明示或默示同意诉讼的实施	欠缺代理权	无诉讼行为能力人未经法定代理人代理
5	伪造判决基础的罪行（假誓、伪证、证人或鉴定人违反真实义务、当事人或代理人诉讼欺诈、法官违反职业义务），须有罪判决	裁判官与职务有关的罪行，他人的刑事上可罚行为，作为证据的文书或物品是伪造的，证人鉴定人翻译或宣誓过的当事人或法定代理人作了虚伪陈述，以有罪或罚金裁判为前提	认定事实的主要证据是伪造的；审判人员贪污受贿、徇私舞弊、枉法裁判
6	作为判决基础的另一个判决被撤销	作为判决基础的判决或行政处分被变更	据以作出原裁判的法律文书被撤销或变更
7	针对同一事项存在一个在先判决，当事人可利用在先判决获得有利于自己的结果	判决与在先确定的判决有抵触	—
8	发现或可以使用某文书，当事人据此可获得更有利的裁判	—	有新的证据足以推翻原裁判
9	—	遗漏了对判决有影响的重要事项的判断	遗漏或超出诉讼请求

续表

序号	德国	日本	中国
10	—	—	应参加诉讼的当事人因不可归责于本人或诉讼代理人的事由未参加诉讼；违法剥夺当事人辩论权利；未传唤当事人缺席判决
11	—	—	原裁判认定的基本事实缺乏证据证明、主要证据未经质证；对主要证据当事人因客观原因不能收集，申请法院收集法院未收集；原裁判适用法律确有错误

《日本民事诉讼法》第338条与我国《民事诉讼法》第200条中，上述再审事由均以集中列举的形式出现；而在德国，存在两种不同的再审之诉——无效之诉（Nichtigkeitsklage，《德国民事诉讼法》第579条）与回复原状之诉（Restitutionsklage，《德国民事诉讼法》第580条），前者基于严重的违反程序行为，而后者则以判决基础错误为由，故再审的事由可相应地分为两类，在表3.1中与德国相对应的第1至4事由属于严重的程序违反，5至8事由属于判决基础的错误。纵观日本与我国民事诉讼法规定的再审事由，大体上亦可分为这两种类型。

值得一提的是，日本和我国的第9项事由以及我国的第10—11项事由。日本的遗漏了对判决有影响的重要事项的判断，指的是当事人合法地提出了会对判决结论产生影响的攻击防御方法，但法院未在判决结论中作出明示的情形，[①] 这与我国的遗漏或超出诉讼请求存在实质性差异。[②] 日本的遗漏影响判决的重要事项的判断还可以理

① ［日］新堂幸司：《新民事诉讼法》，林剑锋译，法律出版社2008年版，第667页。

② 其实，遗漏诉讼请求的情形，可以理解为对诉讼请求未作出判决，当事人可以另行起诉；超出诉讼请求的情形，违反了处分原则，当事人可以不理该裁判，不过通过再审予以纠正亦具有实用性。

解为判决基础的脱漏，即归入广义的判决基础错误中，但我国的遗漏或超出诉讼请求则很难归入程序严重违法和判决基础错误这两种类型。在表3.1中，我国的第10项事由是那些在德国和日本虽无规定，但大致上可归入严重程序违法的情形；第11项是我国特有的但大体属于判决基础错误的再审事由。

相较而言，我国《民事诉讼法》规定的再审事由比大陆法系国家多，且不像大陆法系国家那样主要限于可作出形式性判断的事项。我国的再审事由，特别是判决基础伪造或错误的情形中不要求存在生效的刑事判决文书，新的证据亦不限于文书，很多事由都需要再审审查法院作出实质性判断（如基本事实缺乏证据证明、适用法律确有错误）。这些需要再审审查法院作出实质性判断的事由，还有法院据以依职权启动再审的事由——“确有错误”，与大陆法系国家的再审制度存在实质性的不同，却与美国请求排除效和争点排除效的某些例外情形相近，如前诉判决明显与公平合理适用法律（制定法和宪法）的要求不符、可能导致适用法律的不公平。法院须对再审事由作出实质性判断，这意味着在再审程序的启动阶段就开始对案件实体内容进行审查，相当于一种“重审”或“上诉审”，与我国的两审终审制存在一定的龃龉。

此外，在实践层面我国的再审程序得到启动的频度较高，在裁判文书公开的网站上随处可见再审的裁定。再审实质上是推翻既判力的制度，其得到频繁适用就构成对既判力的极大挑战，这是一些学者主张我国生效判决无既判力的原因之一。不过，随着我国民事诉讼观念的转型和制度的调整，再审案件的数量已大幅下降，再审开始回归其“非常规”或作为例外救济的本来性质。[①] 再审事由作为既判力的例外，恰与既判力的范围暗中存在对应性的关系。在域外，大陆法系国家所承认的既判力范围较窄，其例外

① 王亚新、陈杭平、刘君博：《中国民事诉讼法重点讲义》，高等教育出版社2017年版，第286页。

事由相应较少；英美法系国家特别是美国的既判力范围较宽，其例外事由亦较多。在我国的实践语境中，既判力得到较宽适用与再审事由多样、再审程序的频繁适用是并存的现象，二者之间或许潜存着某种互补、因果等关系。这体现出既判力制度的一种整体生态。

三 两种既判力例外事由的关系

既判力基准时之后的新事由与再审事由这两种既判力例外事由之间的关系，要在既判力的“整体生态”之中才能得到澄清。既判力和其他判决效力均产生于前后诉之间的某种关系，反过来前后诉之间的关系——主要是当事人能否提起后诉、应当提起何种后诉——亦受既判力等判决效力的制约。

前诉判决生效后，可能出现一般后诉、再审之诉与执行异议之诉。假设前后诉主体同一，一般后诉仅在两种情形下成立：判决对后诉不产生既判力和后诉存在前诉判决既判力基准时之后的新事由；一般后诉不成立的，当事人可根据再审事由申请再审；在执行程序中，当事人提起执行异议之诉的，仅能主张既判力基准时之后的新事由。[①] 值得注意的是，不涉及案外人时，我国当事人现阶段要提起执行异议之诉仍苦无依据，但是考虑到既判力基准时之后的新事由，当事人也可能具备在执行程序中直接提起异议之诉的利益，此时不应强制其另行提起后诉，毕竟另行提起的诉讼不能直接中止执行程序，难以充分保障其利益；因此，在我国将来的强制执行立法中，或许亦有必要设立债务人执行异议之诉，并且要将其与既判力基准时之后的新事由结合起来。当前后诉主体不同时，案外人一般不承受判决的既判力，他可任意提起后诉，仅在执行程序中为了防止自

① 这指的主要是执行程序中的实体争议，若为程序事项争议执行法院有权予以处理，而实体争议必须通过诉讼的形式解决。参见赵秀举《论民事执行救济》，《中外法学》2012 年第 4 期，第 843 页。

己的财产被处分，有必要提起执行异议之诉；仅例外承受判决既判力的案外人（后文详述），享有与当事人相同的救济机制。

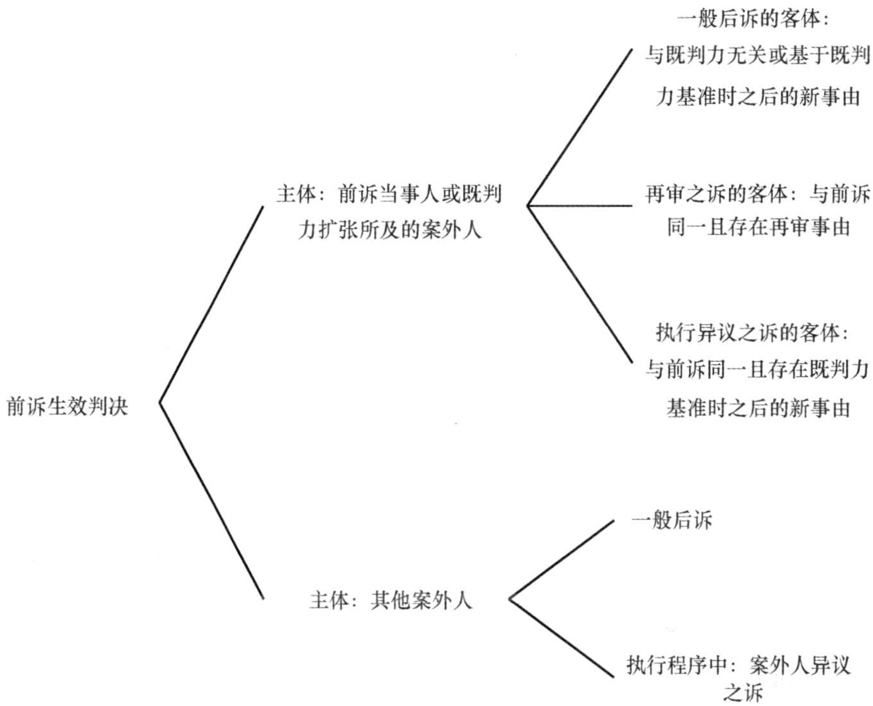

图 3—1　既判力影响下的前后诉

值得注意的是，我国还存在一些案外人，虽然不应承受判决的既判力，但却享有申请再审的权利，还有第三人撤销之诉这样的特殊救济渠道；鉴于本书至此尚未对判决效力的主观方面作深入的阐述，关于例外性承受既判力的案外人、其他案外人承受的非既判力的判决效力等问题，在图 3—1 中均未予以详细的考虑。对于我国《民事诉讼法》中规定的案外人再审和第三人撤销之诉，这两项制度与既判力和其他判决效力之间的关系，要留待后文详解。仅就图 3—1 中的主要（客体方面）结构而言，诉讼客体同一时，既判力基准时之后的新事由与再审事由分别决定当事人应当实施一般后诉抑或申请再审；是否已进入执行程序，则是当事人根据既判力基准时之后的新事由，选择提起一般后诉还是提起执行异议之诉所依据的标准。某个事由究竟是新事由还是可构成再审事由的旧事实，答案有时并不那么清晰，实践中当事人以既判力基准时之后的新事由申请再审，[①] 或将可构成再审事由的新证据理解为新事由提起后诉的案件时有发生。[②] 同样作为既判力例外的这两种事由，基于一般后诉的自由性[③]与再审之诉的受限制性，应当尽可能区分开来。

第四节　小结

在我国语境下研究积极既判力的范围，即探究前后诉诉讼客体先决性的含义，须同时明确其在整个判决效力体系中的位置，并澄清其与消极既判力之间的界限以及积极既判力自身的外围边界。在我国的法律规范中，《民诉法解释》第 247 条表面上仅针对禁止重复起诉——消极既判力，但其第 1 款第 3 项后半段包含了超出“重复”范畴的内容，即后诉诉讼请求实质上否定前诉裁判结果中的后诉诉讼请求与前诉裁判结果存在实体矛盾，将此种情形规范在禁止重复起诉制度中虽然不妥，但其规范目的是防止矛盾判决。而防止矛盾判决正与积极既判力的旨趣相同，矛盾关系中绝大部分也与先决性重合，因此在对消极既判力的规范基础——《民诉法解释》第 247 条——作了限缩性解释后，可将在彼处被“限缩掉”的后诉请求与前诉判决结果存在实体矛盾的情形拿来与先决关系和积极既判力相结合。由此，可得出消极既判力与积极既判力之间的关联与界限

① 四川省长宁县人民法院（2016）川 1524 民再 6 号民事判决书。

② 广西壮族自治区梧州市中级人民法院（2016）桂 04 民终 1357 号民事裁定书。

③ 在根据既判力基准时之后的新事由提起的后诉中，大陆法系通说认为判决的事实遮断效或相对既判力依然发挥作用，因此后诉法院的审理并非完全自由的，本书亦赞同这一观点，并将其纳入积极既判力的范畴。

（见图 3—2）。

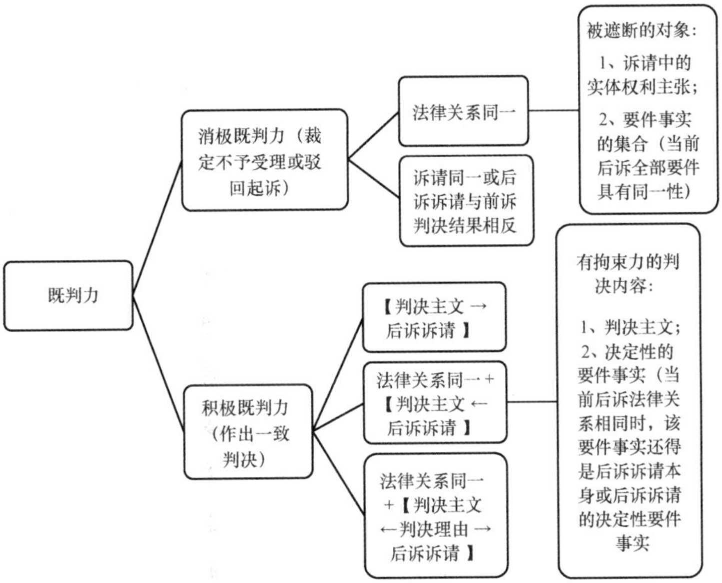

图 3—2　我国的消极既判力与积极既判力

倘若仅考虑我国积极既判力适用的范围，可以将本书主张的诉讼客体先决性概念图示化为图 3—3。

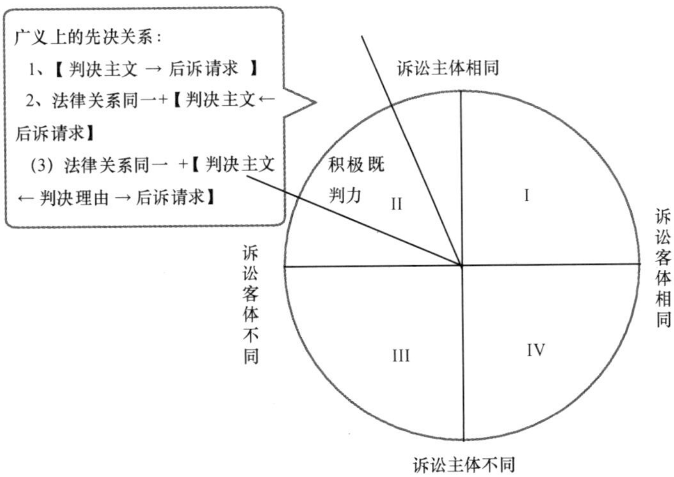

图 3—3　积极既判力与诉讼客体的广义先决关系

因此，不仅判决主文对后诉产生积极拘束力，而且特定的判决理由在后诉中亦不准许当事人重复争议。这些判决理由指的是在前后诉法律关系同一的前提下，作为后诉请求本身且对前诉判决主文具有决定性的关键判决理由，或者对前后诉请求均具有决定性的关键判决理由。这些判决理由对后诉产生拘束力，并不会造成裁判突袭，在域外亦通过某种效力来禁止重复争议，在我国不妨纳入先决性的范畴之下，作为积极既判力的一种情形。

大陆法系国家通说拒绝判决理由产生既判力的主要原因，是认为设置的要件不够明确和清晰，仍然存在突袭的可能。但判决理由是否拘束后诉与其留给法院自由裁量，不如尽可能将其类型化予以分别的对待。对于那些前后诉存在共通的事实问题或法律问题但法律关系不同，或者虽然法律关系相同但前后诉共通的问题对于前诉或后诉的诉讼标的不具备关键的决定性意义的情形，考虑到诉讼环境的差异，为了防止裁判突袭，不应承认这些判决理由对后诉产生拘束力。

不过，判决理由作为前诉法院已作出判断的问题，在后续相关联的诉讼中重复出现时，出于理顺当事人之间法律关系、防止出现不协调、节约司法资源、促进诉讼效率等方面的考虑，法院仍然很有可能倾向于采纳前诉判决中的判断，并在此基础上作出相应的后诉判决。不过在当事人那一方面，此时亦可发挥主动性，提出与判决中的判断相反的主张与证据，如果当事人确实有道理，后诉法院就会作出不同的判断。我国的司法解释就对这种实践状况进行总结，规定了生效裁判确认的事实在后诉中无须举证证明、有相反证据足以推翻的除外这样一种预决效力。作为一种前诉判决对后诉的影响，预决效力也是一种判决效力，但它是一种非拘束性的效力，与既判力存在明显的差异。在前后诉的关系方面，预决效力亦对应着某种广义上的“同一性”，即仅诉讼中某个前提事实问题或法律问题的同一，或者对应着广义上的先决性但不符合既判力客观扩张（即判决理由产生既判力）的其他特殊要件。

第四章

诉讼客体部分重合与预决效力

判决的预决效力，在我国语境下是指生效判决中确定的事实在后诉中当事人无须举证证明，除非异议当事人有相反证据足以推翻的效力。在前后诉关系的视角下，预决效力对应前后诉存在共通的事实或法律问题情形，勉强可以在最宽和最少限制的意义上将其理解为一种形式的“同一性”或“先决性”，诉讼客体部分重合。此种效力的构成要件与法律后果均不太确定，但在不构成遮断效与拘束力的意义上与既判力相区别，因此，对于该效力来说，最重要的问题是能否为其设置相对明确的构成要件及法律后果，从而使其成为一种制度化的判决效力并明确其与既判力的边界。

现阶段预决效力的要件与后果虽难以固定，但不乏层次性。前后诉主体同一时，前后诉客体关联有时紧密，有时松散，这些程度都能体现在证明的过程之中，即后诉当事人虽可举证推翻，但其举证推翻须达到的程度不能一概而论，应根据不同案件类型有高有低。因此，预决效力难以精确化，将其视为影响法官自由心证的“证明效”或“事实性效力”更为妥当。但为使法官操作趋于合理，有必要在理论上通过案例类型化来揭示出不同的层次。

本章先在预决效力先行研究基础上，就预决效力的性质给出本书的结论，即将其理解为判决对后诉的证明效；然后根据前文对既判力范围的界定，考虑预决效力与既判力的边界问题；接下来探讨在前后诉主体同一时预决效力作为一项证明效所具有的不同层次，为法院考虑后诉主体是否真的举出了足够的反证推翻前诉裁判中判断提供一点参考；最后简要阐述生效刑事判决或行政判决对后续民事诉讼的影响。

第一节　预决效力的性质

2019 年 12 月 25 日前，我国司法解释关于预决效力的表述为生效裁判确认的事实在后诉无须举证证明，有相反证据足以推翻的除外。2019 年新《证据规定》第 10 条却将其改为“基本事实”免证，似乎进一步规范了预决效力。但是关于预决效力的性质，学理上一直且仍将继续存在争议。接下来介绍几种学说，然后给出本书的立场。

一　苏联的预决力

我国多数学者将《证据规定》第 9 条与《民诉法解释》第 93 条规定的生效裁判确认的事实后诉无须举证证明的效力称为预决效力，这一概念来自苏联民事诉讼法中的预决力。[①]

1964 年《苏俄民事诉讼法典》第 55 条规定，已发生法律效力的民事判决所认定的事实，在审理由相同主体参加的其他民事案件时无须重新证明。苏联学者将这种事实称为预决事实，这种判决对后诉的效力称为预决力，并主张预决力还包括生效的刑事判决中对行为与行为主体的确认对民事案件有约束力（即第 55 条第 2 款）、无独立请求权第三人在自己的诉讼中受到自己参加过的诉讼中法院

---

① 最早使用预决效力来对《证据规定》第 9 条第 1 款第 4 项作出说明的可能是李浩教授，参见李浩《民事证据的若干问题——兼评最高人民法院〈关于民事诉讼证据的司法解释〉》，《法学研究》2002 年第 3 期，第 73—74 页。

判决的拘束。[①] 由此可知，苏联的预决力在法律后果上堪比大陆法系国家的积极既判力，即拘束后诉，然而其范围较宽，完全不限于判决主文，还包括判决中确认的事实。这是由于在苏联的语境中，要依靠预决力来实现判决的教育意义和社会政治意义、促进社会主义法制和法律秩序的巩固。此外，预决力还包含了在大陆法系具有独立性的参加效的内容。由于判决中的内容都被视为体现了客观真实，而不仅是法律真实，所以法院作出的判决之间必须都保持一致性，不允许出现任何矛盾，判决主文和判决理由均不例外。[②]

我国相关司法解释在20世纪90年代初次规定生效裁判确认的事实无需举证证明时，与苏联的规范是一致的；[③] 但是21世纪初的《证据规定》就将预决效力"相对化"了，即准许当事人举出反证推翻；2015年的《民诉法解释》第93条基本沿袭了《证据规定》的内容。这样看来，我国的预决效力与苏联的预决力就存在非常明显的差异，虽然构成要件一致但法律后果极为不同，自然不能与大陆法系国家的拘束力如既判力和参加效相对应了。此外，在我国今日的语境中，早已不再坚持苏联的民事诉讼法制度与理论，而是转受大陆法系的德日两国影响，承认了既判力制度，故而相对化了的预决效力的性质，亦应在中国语境下重新予以考虑。

二　与既判力对照或关联说

随着大陆法系既判力制度在我国的影响加深，《证据规定》生效

---

① 参见［苏］多勃罗沃里斯基主编《苏维埃民事诉讼》，李衍译，法律出版社1985年版，第203页。

② 与此相适应，在苏联当事人仅对判决理由不满亦可上诉。参见［苏］A. Ф. 克林曼《苏维埃民事诉讼中证据理论的基本问题》，马绍春、王明毅、陈逸云译，中国人民大学出版社1957年版，第31—39页；［苏］C. H. 阿布拉莫夫《苏维埃民事诉讼（下册）》，中国人民大学审判法教研室译，法律出版社1957年版，第75—78页。

③ 1992年的最高人民法院《关于适用〈中华人民共和国民事诉讼法〉若干问题的意见》第75条第4项规定已为法院生效裁判所确定的事实当事人无需举证，未规定可以举证推翻，该司法解释已失效。

后，我国最高人民法院有关部门在为《证据规定》编写的理解与适用书中，将生效裁判确认的事实可以免证的理论基础和依据指向民事诉讼中的既判力理论。[①]

但这一观点无疑是对既判力的误解，在法律后果方面，既判力是遮断效或拘束效，但预决效力是当事人可举证推翻的效力；在构成要件方面，学理中主张的既判力仅限于判决主文且限于前后诉主体同一的情形，但预决效力仅明确提及生效裁判中确认的事实，除此以外对主客观范围均未予以限制。以上这种将预决效力与既判力相对照的立场，引发了学者对预决效力的诸多批评：根据大陆法系通说，判决理由没有既判力，应通过中间确认之诉来解决预决事实的效力问题。[②] 然而，预决效力与既判力是不同的，特别是法律后果方面，故仅以判决理由无既判力来批判预决效力尚不充分。判决效力之间有差异，不必然导致这两个判决效力不能并存。

因此，有些学者不将预决效力与既判力对立起来，而是将预决效力视为既判力的下位效力；[③] 或者主张应将其与英美法系的争点排除效或日本学者主张的争点效理论结合起来考虑。但在后一种路径中，有的学者认为争点效对于我国来说步子迈得太大，[④] 有的学者则主张可将德国的既判力事实遮断效和美国的争点排除效作为我国预决效力的法理基础，取长补短用来建构我国的预决效力要件和适用

---

① 参见最高人民法院民一庭编著《民事诉讼证据司法解释的理解与适用》，中国法制出版社 2002 年版，第 85 页。学界也曾有类似观点，参见肖建华主编《民事证据法理念与实践》，法律出版社 2005 年版，第 144—145 页。

② 参见翁晓斌《论已决事实的预决效力》，《中国法学》2006 年第 4 期，第 181、189 页；曹志勋《反思事实预决效力》，《现代法学》2015 年第 1 期，第 131—132 页。

③ 参见胡军辉《民事诉讼中如何处理既判事实预决效力问题的思考》，《政治与法律》2010 年第 8 期，第 147 页，但既判力的下位效力中主要是积极既判力或事实遮断效，这两种效力亦与我国的预决效力存在差异。

④ 参见李浩《〈证据规定〉与民事证据规则的修订》，《中国法学》2011 年第 3 期，第 35—36 页。

规则。[①]

三　证据法上的效力

苏联的预决力和大陆法系国家的既判力、事实遮断效、英美的争点排除效均与我国预决效力的规范存在隔膜，有些学者就从该规范本身讨论这一效力的特征。由于该规范已明确说明“免证”，且将生效裁判事实确认的事实与其他免证事实如众所周知的事实并列规定，故将其作为一种证据法上的效力应无问题。

（一）司法认知说

我国有些学者将生效裁判确认的事实理解为司法认知，[②] 原因或许是裁判由法院作出，似乎与司法认知的概念相近，且司法认知在英美法系国家属于免证事实的一种情形。然而，这一主张恐怕是对英美法系司法认知概念的误解。

美国的司法认知（judicial notice）是指在法院辖区内众所周知，或者可以很准确、很方便地根据某些不可合理质疑其准确性的资料得以确定的事实，根据美国《联邦证据规则》（*Federal Rules of Evidence*）第 201 条，对于司法事实（adjudicative facts）也可以进行司法认知。司法事实的英文表述很容易与我国司法解释规定的已为生效裁判确认的事实混同，但美国《联邦证据规则》中的“司法事实”指的实际上是具体案件中的事实，[③] 与“立法事实”（legislative facts）相对立，确定司法事实的一般方法是举证，[④] 但如果不符合众

---

① 参见吴英姿《预决效力无需证明的法理基础与适用规则》，《法律科学》2017 年第 2 期，第 70—74 页。

② 参见毕玉谦主编《〈最高人民法院关于民事诉讼证据的若干规定〉解释与适用》，中国民主法制出版社 2002 年版，第 96 页。

③ Federal Rules of Evidence 201, Advisory Committee’s note; Paul F. Rothstein, *Rules of Evidence for the United States Courts and Magistrates*, Clark Boardman Company, New York 1980, pp. 36 - 38.

④ See Kenneth Davis, “An Approach to Problems of Evidence in the Administrative Process”, 55. *Harvard Law Review* 364, 405 - 407 (1942).

所周知，或者可以非常方便地根据其准确性无法合理质疑的资料得以确定的条件，即便是司法事实也不能进行司法认知。这样看来，司法认知与大陆法系国家还有我国的众所周知的事实倒更为接近。

我国相关司法解释规定的预决事实，并非众所周知的事实，且生效裁判本身也不能称得上是不可合理质疑其准确性的资料，因为有些裁判可能存在明显的错误。那么利用司法认知来解释生效裁判确认的事实无须举证的规定就不妥当。

（二）公文书证证明力规则

生效裁判确认的事实（还有生效仲裁裁决、公证文书确认的事实）与其他免证事实不同，殊难称得上真正的“免证”。相反，它们都是记载在公文书证上的内容，因此就出现了将预决效力规范理解为公文书证规则的观点。

有的学者主张，对于生效裁判中记载的内容，我国应采纳大陆法系国家以“真实性”为基础的公文书证规则。[①] 2015 年《民诉法解释》延续《证据规定》中预决效力规范，最高人民法院有关部门在为《民诉法解释》编写理解与适用书时，就将预决效力规范理解为公文书证规则，而根据我国的公文书证规则，公文书证记载的内容具有实质的证明力，因此当事人有相反证据足以推翻指的是当事人提出的反证须达到能证明相反事实成立的程度，这意味着反证者须承担相反事实的本证责任。[②] 换言之，由于生效裁判、仲裁裁决、公文书证的提出，产生客观证明责任倒置的后果。[③]

在我国既有的公文书证规则语境下，上述解释在逻辑上具有一致性。然而，我国的公文书证规则是不合理的，对此不可不察。我

---

① 参见纪格非《“争点”法律效力的西方样本与中国路径》，《中国法学》2013 年第 3 期，第 117—119 页。

② 参见沈德咏主编《最高人民法院民事诉讼法司法解释理解与适用（上）》，人民法院出版社 2015 年版，第 321、377 页。

③ 参见纪格非《“争点”法律效力的西方样本与中国路径》，《中国法学》2013 年第 3 期，第 117 页。

国公文书证规则来自大陆法系国家，但大陆法系国家的公文书证证明力均为形式证明力。在德国，公文书证的提出本身就使得该文书确为相关公共机关作出得以推定成立，仅在某些情形下才可进行反证推翻；文书中记载的内容是否真实，属于实质证明力问题，由法官自由裁量，[①] 日本与此相同。[②] 这对我国学者和实务界人士产生了一定的影响。[③]

如将公文书证中的记载一概视为具有实质证明力、被推定为真实的话，那么就意味着该事实在后诉中实行客观举证责任的倒置，这并不合理。民事诉讼中举证责任的分配应以实体法的规定为根据，假如要实行客观证明责任倒置就意味着偏离了实体法的分配，须存在特殊的明确规范和正当性根据。譬如在德国，仅在一些为了应对证据偏在问题的实体法领域如产品责任、医生控制下的危险领域和严重医疗行为错误、其他职业义务的严重违反等，才准许对客观证明责任进行倒置。虽然判例为了应对证明困难，特别是由于证明妨碍，提出了从证明的减轻到证明责任倒置（Beweiserleichterung bis hin zur Umkehr der Beweislast）的应对方法，但司法实践中擅用客观证明责任倒置是不应该的，因为这意味着事实上将属于证明评价问题的证明减轻和原则上应由实体法确定的客观证明责任混为一谈，还意味着法院可以根据一般的抽象性考虑创设客观证明责任倒置的规范，因此德国联邦法院强调仅当一般证明责任分配规则会产生不公正和无法承受的社会后果时，才能考虑证明责任倒置的例外，[④] 学者亦将判例中适用的上述“证明责任倒置”理解为并非客观证明责

---

① Vgl. Rosenberg/Schwab/Gottwald，Zivilprozessrecht，München 2010，S. 677。

② 参见［日］新堂幸司《新民事诉讼法》，林剑锋译，法律出版社 2008 年版，第 448—449 页。

③ 参见沈德咏主编《最高人民法院民事诉讼法司法解释理解与适用（上）》，人民法院出版社 2015 年版，第 376 页。

④ 参见周翠《〈侵权责任法〉体系下的证明责任倒置与减轻规范》，《中外法学》2010 年第 5 期，第 701—702 页。

任的倒置。[①] 回到我国的语境下，假如生效裁判确认的事实一概产生后诉中客观举证责任的倒置，那么实体法分配的客观证明责任就随时面临着被偏离的危险，极易造成不合理的结果。我国就有学者主张，预决事实证明责任倒置违反了法官独立审判和自由心证原则，对后诉当事人缺乏充分程序保障。[②]

四 本书观点

考虑到2019年12月之前预决效力规则的内容，本书支持将预决效力理解为一种证明效的主张，但并不将其理解为司法认知或将其与公文书证规则联系起来，而是将其视为判决内容对后诉产生的一种事实性影响，称为证明效。这种证明效仅仅是前诉法院作出的稍具权威性的判断对后诉法院的自由心证产生的影响，是否予以采纳，由后诉法院根据前后诉之间关系、后诉证明过程的整体状况来决定。

这样的一种事实性影响之所以产生，多半是由于前后诉的实体内容存在一定的关联、前后诉若作出不一致判断可能造成不便；并且前诉法院已经作出的认定具有一定的权威性，还可能是基于当事人的争执作出的，若无有力的反证，后诉法院予以尊重是自然的倾向。在域外国家的司法实践中也存在判决的这种事实影响力，如前所述古罗马的法官就已经倾向于赞同前诉法院的判断了，在今日的德国，若前后诉存在一定的关联，法院怀疑前诉判决中的判断对后诉产生既判力，就可依职权调取案卷，或者后诉中一方当事人向法院提交前诉的判决，那么即便是不产生既判力的判决理由，也会对法官的心证产生影响，后诉中当事人要争议、主张与此不同的事实，

---

① Vgl. Saenger, ZPO § 286, 7. Auflage 2017 Rn. 65 – 67.

② 参见段文波《预决力批判与事实性证明效展开：已决事实效力论》，《法律科学》2015年第5期，第109页。

就应当说明理由，否则法院不会予以支持。[①] 德国学者将这种效力称为一种道义上的、事实上的说服力（faktische Überzeugungsk-raft），它的意思是判决中的不产生既判力的判断亦可在后诉中作为论据（Legitimationspunkt），产生证明效力（Legitimationswirkung）。在日本，这种证明效在司法实践中也客观存在，有的学者就主张后诉法官会将前诉判决内容作为参考，这是证明效这种事实性影响力的体现；虽然有些日本学者怀疑甚至否定证明效（如伊藤真教授），但实践中这种影响力确实存在，有的学者甚至认为《日本民事诉讼法》第338条对再审事由的规定就考虑了判决的证明效。[②] 总而言之，判决对后诉产生证明效这种事实影响力是一种自然的行为倾向，将我国的预决效力在前后诉主体一致时归结为这种事实影响力更为妥当。

证明效的构成要件和法律后果都是不太确定的，除了对后诉产生既判力的事项，判决中确认的事实都有可能对后诉产生事实性的影响，这种影响在多大程度上影响法官的自由心证亦很难一概而论，受个案中具体情形的制约。证明效的这一特征正好与我国的预决效力规范内容相同。

不过，我国相关司法解释中对一般免证事实的例外性规定是有相反证据足以反驳的除外，对生效裁判确认的事实却是有相反证据足以推翻的除外，因此易在预决效力的法律后果方面引发疑惑，似乎唯有将后者解释为客观证明责任倒置才足以说明这二者的区别。但是岂能因前诉任意一个判决的任意一项判断，就使该事实在后诉中产生客观证明责任倒置的后果呢？在诸多案件中，客观证明责任的倒置是不妥当的，亦没有必要。通常的情形是，预决事实在后诉中遭受争议时，并不存在特殊的证明困难，不进行证明责任的倒置

---

① Vgl. Reischl, Die objektiven Grenzen der Rechtskraft im Zivilprozeß, Tübingen 2002, S. 188, 288。

② 参见［日］高桥宏志《重点讲义民事诉讼法》，张卫平、许可译，法律出版社2007年版，第285页。

也不会产生难以忍受的不公正，只要通过主观证明责任和证明的必要转移这些证据法中的工具，就能够促使对方当事人举出反证，不必非要客观证明责任转移。至于说当事人提出的反证，要求其达到证明相反事实成立的程度亦没有必要，只要能够合理地动摇该判断就足矣，否则某些当事人利用前诉法官随意作出的一个认定（或许是并未充分争议过的）就能将自己应负担的风险转移给对方了，这自然是不合理的。

客观证明责任不因前诉法院的判断而转移，还与国家权力的关系有关。我国的立法权高于司法权，立法者通过实体法规范对客观证明责任予以分配，若通过司法解释赋予法院的裁判以颠覆实体法规定的客观证明责任分配的能力，就在暗中超越了立法的规定，这不符合立法与司法权的关系，因此需慎重对待。

或许正是基于上述原因，2018 年最高人民法院修改《证据规定》时，才将产生预决效力的生效裁判确认事实限制在基本事实范围内，这一趋势具有合理性。但是，基本事实及有相反证据足以推翻的含义仍须进一步予以明确。

第二节 预决效力与既判力的边界

预决效力作为一种非拘束性的证明效，其与作为遮断效和拘束效的既判力自不相同。但是在司法实践中，这两种效力边界不清晰的情况时有发生，有时法院对本应适用既判力的案件适用了预决效力，有时在一个案件中同时适用既判力和预决效力，有时适用预决效力虽属妥当，但前后诉之间的关联较为紧密以至于容易与积极既判力产生混淆。要澄清二者的边界，就有必要对相关的案件进行对照分析。

一　与既判力同时适用的预决效力

前文阐述积极既判力时已列举法院对本应适用积极既判力的案件仅适用预决效力的案例，这可称为预决效力“替代”了既判力得到适用，此处不再赘言。有时，法院却同时适用消极既判力与预决效力，此时预决效力究竟是证明效还是附随于消极既判力的事实效力，有些难以言明。

【案例4—1】甲乙为同村居民，房屋地基相邻。由于甲建房，二人为房屋地基之事发生争吵，乙将甲家二层、三层的水泥板屋檐及琉璃瓦砸碎，甲将乙诉至法院，请求判令乙停止对其住房的侵害，并恢复房屋原状，即恢复损毁的房屋屋檐，处理好房屋漏水。法院经过审理，判决乙于判决生效后一个月内为甲的屋檐与琉璃瓦恢复原状。随后乙以相邻权纠纷为由诉甲，请求法院判决拆除甲屋檐超过乙的屋檐的部分。后诉法院认为，虽然前后诉的请求权基础不同，但后诉乙的请求实质上违反了一事不再理原则，其就甲已经提起的诉讼事项在判决生效后再次起诉，构成重复起诉，因此后诉不属于法院的审理范围，根据《民事诉讼法》第124条第1款第5项和《民诉法解释》第93条第1款第5项，裁定驳回起诉。乙不服提起上诉，二审法院认为乙在后诉主张的理由是甲的屋檐太宽，屋檐水滴在其屋顶并淌入其屋内，给其生活造成不便，但前诉判决已经对甲屋檐宽度的合理性与屋檐滴水对乙的生活是否造成影响进行了审理，现在乙以同一理由提起诉讼，确属重复起诉。①

本案中，虽然前后诉请求不同，但法律关系相同且后诉请求与前诉裁判结果相反，因为前诉判令乙恢复原状，后诉乙却请求拆除，在乙未能主张既判力基准时之后新事由的情况下，就属于重复起诉。至于乙提出的事实理由，在前诉中也已经作出过判断，法院适用《民诉法解释》第93条的预决效力是为了说明对此不予作出相反判

---

① 湖南省郴州市中级人民法院（2017）湘10民终998号民事裁定书。

断的理由。法院大概是想以此来辅助后诉构成重复起诉的观点，那么将这种效力定义为证明效不太合适，不如将其理解为附随于消极既判力的事实效力。但是实质上，前后诉争议的对象是相同的，后诉就不应被准许，后诉原告不能主张相关的事实，对其提出的相反事实主张法院亦不须予以审查，适用预决效力有些多此一举。

二 与积极既判力易混淆的情形

我国法院适用预决效力处理前后诉关系的案件中，有一类与积极既判力"接壤"，很容易产生混淆，有时判决确认的事实当事人在前诉中还争议过，并且该事实对法院作出前诉判决来说亦相当重要，其在后诉中又成为争议焦点的，判决中的判断对后诉产生的影响就较强。对于这类实际争议过的问题，英美法系国家以争点排除效来禁止后诉重复争议，但是在我国似无接受争点排除效的传统，关于是否实际争议过法院依职权调取前诉案卷尚可查明，然而该争点是否对前诉判决必不可少、是否存在某些使后诉当事人承受绝对拘束力不正当的事由，均需要法院进行较大程度的自由裁量，缺少可预期性，并且争点排除效与我国的既判力制度不太融洽。为今之计，保留当事人在后诉中进行争执的权利、由法院综合后诉的证明状况作出判断是更为灵活的解决办法，也有助于防止当事人的权益遭受不当侵害。

【案例4—2】甲向乙购买白银，支付了定金，乙履行了一部分的合同义务，未按时交付足额数量白银（剩余合同义务），但甲未提出异议。后来甲、乙均未继续履行合同。甲诉乙请求解除合同、要求乙返还剩余定金并承担利息，法院认为甲对乙未足额交付白银的行为没有提出异议，而是予以接受，故乙不构成违约，是双方对合同约定的履行期限和方式作出了变更，判决驳回甲的诉讼请求。甲第二次诉乙请求继续履行合同，乙反诉请求解除合同，法院认为双方已以行为对原合同达成变更，但至今未达成新的协议，并且此时白银价格翻倍上涨，超出了一般商业风险的范畴，如继续履行合同将导致双方权利义务严重不对等，不能实现合同目的，故判决解除合同。在这份判决中，法院还认定，第一份判决中法院驳回甲要求解除合同的诉讼请求并不是以任何一方构成违约作为判决依据，在判决表述上给双方进一步协商提供了空间。甲对乙提起第三个诉讼，主张合同已经解除，请求乙返还剩余定金和利息，一审法院认为甲违约无权请求返还定金，甲上诉主张自己并未违约，生效判决也已确认双方均未违约，乙则主张甲违约，二审法院认为，甲、乙因购销合同历经多次诉讼，针对哪一方违约的问题双方各有诉情与答辩理由，但前两个诉讼中生效判决均认定双方都不违约，应适用《证据规定》第9条，因此乙若认为甲违约应举出反证推翻，否则生效判决确定的事实有“既判力”，但乙提供的证据依旧是前诉中经过审查、判断过的证据，前诉判决并没有将其作为认定违约的根据，反而认定不违约。所以根据合同法，乙应当返还剩余定金和自合同解除之日起的利息。①

本案中，第三个诉讼的法院在适用预决效力的同时，说理中似乎有借鉴英美法系争点排除效的意思。但一方面，争点排除效是一种拘束性的效力，当事人不可举证推翻，与我国预决效力不同；另一方面，双方当事人在前诉中就是否存在违约、谁违约似乎并未进行充分的争执，即便有所争议对前诉判决似乎并不具有决定性影响：第一次诉讼中，诉讼争议焦点是乙是否违约，未对甲违约进行审理；第二次诉讼有可能乙主张甲违约，但法院并未对此深入展开，而是根据继续履行合同将导致显失公平为由判令合同解除。这样一来，即便按照美国争点排除效的要件，本案后诉中亦不应排除对违约问题的争议。考虑到前后诉之间的这种关系，虽然仍属较为紧密的情形，但还未达到先决关系的程度，不符合本书在上一章为判决理由产生积极既判力设置的要件，因此为了防止裁判突袭不宜将既判力适用于是否存在甲合同违约的判断，本案第三次诉讼的法院使用

① 呼和浩特市中级人民法院（2014）呼商终字第44号民事判决书。

“既判力”的说法亦存在不妥之处。

【案例4—3】被继承人去世前立有遗嘱，将某房屋指定给孙子甲所有。被继承人死亡后，其继子女乙、丙等对其所立遗嘱提起诉讼，请求确认遗嘱无效，理由是被继承人立遗嘱时是限制民事行为能力人，且遗嘱中处分的财产属于父母夫妻共有，被继承人个人无权处分。法院经过审理，认定原告未能证明被继承人为限制民事行为能力人，但财产属于夫妻共有财产，故判决确认遗嘱中涉及被继承人配偶份额的部分无效。在与前诉相同的当事人之间，又产生了后诉，继子女乙、丙等起诉孙子甲，主张系争房屋是原告与父母一起出资出力建造的，故请求判决确认该房屋属于继子女与父母共同所有。后诉法院查明，前诉裁判中载明：“各方当事人对涉案房屋属于父母夫妻共同财产均无异议”，故认定前诉中各方对属于夫妻共同财产未提出异议，后诉主张自己有出资的证据不足，根据《民诉法解释》第93条判决驳回后诉诉讼请求。[①]

本案中，虽然在相同的当事人之间前诉已经涉及房屋归属和共有问题时，不主张自己享有部分权利，非要等到后诉再主张是不符合常理的，但前诉当事人诉讼请求的主要理由是被继承人无民事行为能力，故遗嘱全部无效；房屋属于夫妻共有的辅助性理由仅导致遗嘱部分无效，由此可知前诉当事人的主要精力可能置于证明被继承人无民事行为能力，而未对辅助理由进行充分争议。[②] 因此，为了防止裁判突袭，在后诉中准许其再主张自己亦享有部分权利，更为慎重。

上述案例中，前后诉法律关系同一且前诉判决中的某个判断在

---

① 北京市通州区人民法院（2016）京0112民初9372号民事判决书。

② 虽然后诉法院说前诉当事人对属于夫妻共有财产各方均无意义，但根据前诉判决有些继子女在前诉中亦主张自己出资了，但未继续强调并使其成为争议焦点，这可能是由于其所述不实，但亦有可能是由于前诉的争议焦点是被继承人是否具有民事行为能力。前诉判决为北京市通州区人民法院（2014）通民初字第17161号民事判决书。

后诉中至为关键，但是这种前后诉关系毕竟不如与积极既判力对应的前后诉关系那样紧密：前后诉共通的事实问题在前诉中并不属于基本的要件事实，或者由于情势的变迁假如不准许后诉再行争执就容易造成裁判突袭。由此可知赋予判决理由以积极既判力应当十分慎重，仅应就前诉的基本要件事实判断禁止后诉的重复争执，对其他的判决理由，一般都应当准许当事人在后诉中提出反证。

第三节　预决效力的不同层次

作为一种要件与后果均不像既判力那样明确的证明效，预决效力存在着不同的层次。有的就像上一小节中提到的那样与积极既判力十分接近，有的前后诉之间关系却相对松散，这些不同的层次决定了当事人后诉受到前诉判决的影响究竟多大，应当提出何种程度的反证才有助于推翻前诉判决的判断。

一　前后诉法律关系同一

上一小节已经稍微提及那些前后诉法律关系同一且关联较为紧密，以至于与积极既判力较为接近的案例，下面的案例4—5与积极既判力亦较为接近，但后面的几个案例虽然前后诉法律关系同一，但前后诉的关联没那么紧密，有时就后诉十分关键的问题前诉中并未直接作出判断，仅在较为间接的事实层面共通。

【案例4—4】甲的职工乙驾车与丙发生交通事故，丙诉甲、乙和甲车的交强险与商业险的保险公司丁，请求赔偿。丁主张商业险合同中有机动车号牌未按照规定检验或检验不合格时的免责条款，法院认为虽然该条款用黑色字体印刷，但其字体颜色不足以引起注意，因此保险公司没有履行其提示告知义务，故判决丙除了交强险外还应承担商业险责任。由于丙发生后续治疗费用，他又将前诉的被告诉至法院，丁再次主张免责条款有效。后诉一审法院认为，前诉生效判决已经确认免责条款不生效，故判决丁承担商业保险责任。丁提起上诉，二审法院却认为丁在“责任免除”部分使用黑体字印刷，与保险合同其他条款存在明显区别，应当认定丁已经履行了免责条款的提示义务，前诉判决虽然认定免责条款不生效，但是本案中丁提供证据证明其已就免责条款作出了说明，足以推翻前诉判决确认的事实，二审也适用《民诉法解释》第93条，但判决商业险部分丁免赔。①

本案前后诉的法律关系同一，共通的问题是保险公司是否履行了免责条款提示义务，这对前诉判决结果的作出亦较为关键，并且前诉当事人已进行了争执，法院作出了判断并据此作出判决。虽然我国不宜采纳美国的争点排除效，但就本案具体情形来看，基于诚实信用原则本来可以拒绝保险公司的重复争议。不过考虑到后续治疗费用通常难以预见，保险公司在前诉中可能由于诉争利益不大而未予充分争执，故后诉中准许其提出反证推翻显得更为慎重。对此，保险公司本应提出前诉中没有的、更加有力的证据，才有机会推翻；然而本案中它并未提出与前诉不同的证据，法院却根据自己的观点，径行作出与前诉法院不同的判断，这样做似乎不太妥当。虽然后诉法院享有自由裁量权，但其自由裁量权应当是经得住检验的，后诉法院仅根据保险公司的主张就推翻前诉的判断，与《民诉法解释》第93条不符。进一步深入思考的话，本案牵涉到何种行为才算完成了免责条款说明义务这一实体标准的问题，前后诉法院基于相同的事实（因为后诉中保险公司并未主张新的事实和理由）作出不同的判断，实质上或可归结为采纳了不同的实体标准。

【案例4—5】一场交通事故之后，受害人甲诉侵权人乙，请求赔偿损失，法院认定了事故责任，并据此判决乙赔偿甲的损失。由于发生了后续治疗费用，甲再次起诉乙，请求赔偿。乙抗辩称，交通事故已经被法院生效判决作出过处理，并没有提及后续治疗费用，

① 广东省中山市中级人民法院（2016）粤20民终4202号民事判决书。

交通事故已经过去了三年，原告现在的治疗与交通事故没有因果关系，乙对前诉判决确认的内容本身并没有异议。后诉法院认为，前诉判决中认定交通事故导致甲受伤，前诉的鉴定结论还对事故导致原告左下股静脉血栓予以证实，因此甲后诉主张的静脉血栓治疗费用与交通事故存在着因果关系；乙主张这次治疗距离交通事故已三年，甲的后诉请求与交通事故无因果关系，但无证据证实，不予采纳，适用《民诉法解释》第93条作出相应的判决。①

在本案中，同样是后续治疗费用引发了新的请求，但后诉中当事人的抗辩主要是后续治疗费本身与交通事故不存在因果关系，这事实上是新的问题，在前诉中并未经过审理，因此谈不上前诉裁判对后诉产生的积极拘束力。不过，关于交通事故与后续治疗费用是否存在因果关系的问题，后诉法院仍需结合前诉判决认定的事实作出判断，其结合的不是前诉的基本要件事实，而是一些间接事实进行推断，如前诉认定的原告的受伤情况等。② 因此，这仅仅是一种证明性的效力。前诉判决中的间接事实判断虽对后诉产生一定的影响，但后诉当事人完全可以提起反证，且不会受客观证明责任倒置的影响。

关于预决效力与积极既判力的边界，若前后诉法律关系同一，共通的事实虽为主要事实但后诉与前诉请求关联稍远，应准许后诉重新争议，仅适用预决效力，但意图推翻前诉判决中判断的当事人须提出前诉中没有出现过的、较为有力的反证；前后诉共通的事实为间接事实，且后诉要件事实未在前诉出现或被作出判断的，后诉仅能适用可推翻的预决效力，当事人可自由地提出与前诉无关的反证，但若争议焦点再次着落于前诉作出过判断的间接事实上，当事人要么以其他反

---

① 山西省和顺县人民法院（2016）晋0723民初1209号民事判决书。

② 类似案件如上海海事法院（2013）沪海法商初字第1162号民事判决书，云南省泸水县人民法院（2016）云3321民初503号民事判决书，浙江省宁波市中级人民法院（2017）浙02民终677号民事判决书，前后法律关系同一，但并非前诉基本要件事实在后诉中重新出现，而均为间接事实。

证使后诉争议的主要事实不能成立，要么就得针对该间接事实提出前诉不存在的、较为有力的反证。这是因为前后诉法律关系同一，判决理由（特别是间接事实）虽不能一概对后诉产生拘束力，但若随意作出不一致的判断仍会可能引起实体法律关系的混乱，仅在有相当有力的反证时，作出不一致的判断才是合理的、可容忍的。

二　前后诉法律关系不同仅事实共通

基于同一法律关系可产生不同的请求，基于同一个事实亦可产生不同的法律关系。有时双方当事人之间的纠纷产生于同一事实，其中存在多个不同的法律关系，双方就不同法律关系可提起不同的诉讼，但前后诉有着一些共通的事实问题。对这些事实问题，前诉法院在审判时亦应作出判断，这些判断对后诉亦可产生一定的影响，但绝非既判力这种拘束力，而仅仅是一种证明效，根据该共通事实在前后诉中的不同地位，而产生强弱不同的影响。

【案例 4—6】甲通过天猫从乙商店购买了两盒燕窝，该燕窝的宣传中说明其原料来自泰国，甲主张，后来知晓我国不允许泰国燕窝在我国销售，因此该燕窝制品来源不明，根据《食品安全法》第 148 条请求返还购物款并支付 10 倍赔偿金。乙抗辩称产品原料来源合法，进口自印度尼西亚，手续完备。法院查明以上事实，认为乙虽然宣传其原材料来自泰国，但有合法的来源，并非来源不明，不支持甲的诉讼请求。随后，甲对乙提起后诉，根据《消费者保护法》第 55 条，主张乙销售的产品虚假宣传，请求返还购物款并给付 3 倍赔偿。乙抗辩称后诉是重复起诉。后诉法院认为，前后诉属于不同的法律关系，前后诉诉讼标的、诉讼请求均不相同，不属于重复起诉。乙的商品未如实标注商品原产地，隐瞒商品真实信息，导致消费者陷入认识错误，已经构成欺诈，应当返还货款并给付 3 倍赔偿金，同时适用了《民诉法解释》第 247 条与第 93 条。①

① 江苏省南京市中级人民法院（2016）苏 01 民终 9878 号民事判决书。

本案中，前后诉请求产生于同一购销行为，但法律关系不同，依据的法律规范不同，具体的诉讼请求也不同。在美国的语境下，根据纠纷事件理论，或许后诉会被遮断，但在我国，后诉并不属于重复起诉。至于前后诉共通的事实，主要为间接事实，在本案中即产品的来源地，产品的来源地在前诉中说明该产品并非来源不明，在后诉中说明该产品的宣传与实际来源不符。值得注意的是，本案有一定的特殊性，那就是产品来源地的状况在前诉中对被告有利，但在后诉中对被告不利，假如被告在后诉中对该事实进行反驳，实则有违诚实信用原则。不过，本案中，被告在后诉并未对该间接事实予以反对，[①] 因此法院援用认可该事实无不妥之处。

【案例 4—7】甲是乙公司的股东。乙曾按照股东出资比例向各股东借款总计 571 万余元，随后，乙按照股东出资比例向各股东返还共计 800 万元，其中超过 571 万余元的数额，甲分得了 27 万余元，在甲公司账册中这部分金钱是以股东借款名义转出的，无甲的签字。乙公司诉甲，主张甲得到这 27 万余元是股东抽逃资金，请求返还抽逃的出资。法院查明这是以股东借款名义转出，因此抽逃出资的证据不足，故判决驳回诉讼请求。乙提起后诉，请求甲返还这 27 万余元的借款，并提出该判决作为证据。甲抗辩称，这是利润分配，并非借款。后诉法院认为前诉判决只是确认该笔资金以借款名义转出，没有确认借款关系，乙主张的借款关系证据不足，判决驳回其诉讼请求。[②]

本案中，前诉法院并未对甲与乙是否存在借款关系、谁为出借人、谁为借贷人等问题进行审理。前诉当事人提出的诉讼请求是返还抽逃出资，法院仅需对被告获得该笔款项是否是抽逃出资进行审理，既然股东账册对这笔金钱有所记载，可将其认定不构成抽逃出

---

① 类似案件如鼎城区人民法院（2012）常鼎民初字第 105 号民事判决书，江苏省连云港市中级人民法院（2014）连商终字第 0013 号民事判决书。

② 江苏省连云港市中级人民法院（2014）连商终字第 0013 号民事判决书。

资，这一事实认定并不是就确认了双方存在借贷关系。因此，原告利用前诉判决预决效力影响后诉审判的企图是应当拒绝的。

前后诉法律关系不同，仅存在共通事实且该事实在前诉中属于间接事实或背景性事实的，有时前诉法院并未对该事实作出过确认性的判断，实际上不应适用作为证明效的预决效力；有时后诉当事人对该共通事实不予争议，亦没有必要适用预决效力。但法院经常适用，或许是为了表明由此前后诉裁判具有了一致性，从而增强后诉判决的正确性外观和权威性。若后诉当事人对该事实进行争议，要看该事实在前诉的三段论演绎中居于什么地位，若对作出前诉判决亦相当重要，当事人应提出前诉没有的、相当有力的反证；若对前诉无关紧要故法院仅顺带随意作出一个判断的，后诉中即使没有新的反证，根据旧的证据就能够得出不同结论的亦可。

第四节　行政判决或刑事判决对民事诉讼的预决效力

行政诉讼、刑事诉讼、民事诉讼这些不同种类的诉讼之间，有时亦存在关联，如存在先决关系或共通的事实、法律问题。民事判决对行政诉讼或刑事诉讼的影响属于广义上的民事生效判决效力问题，但其受行政诉讼法或刑事诉讼法原理的影响更大，因为是否真的接受民事判决对行政诉讼或刑事诉讼的影响，主要是行政或刑事诉讼的法官来判断和决定；而行政判决与刑事判决对民事诉讼的影响，却主要应由民事诉讼法来加以解决，置于民事诉讼法的语境和体系中去考察。[①] 不过，这个问题毋庸置疑具有交叉学科的性质，亦

① 当然，能够在三种诉讼法之间达成协调性的方案是最佳的，但不同诉讼法有不同的原理，这或许会影响到该问题的解决，故此处还是主要考虑行政判决或刑事判决对民事诉讼的影响。

应考虑行政判决和刑事判决的特征，由于笔者能力和精力所限，拟对这个问题仅稍微作一点简单的论述。因此，虽然该问题涉及的前后诉主体并不同一，考虑到它与后文将要介绍的判决对第三人效力之间差异亦极为明显，就在本章将要结束时，对这个问题的解决提供一点自己的思路，这样做亦兼顾了判决效力体系的完整性。

一　比较法视野

在比较法的视野中，德国对不同诉讼途径存在共同前提问题（Vorfragen）的情形，亦予以较多的关注。由于行政诉讼法和刑事诉讼法的差异，对这个问题应区分行政判决和刑事判决，分别予以考察。

在德国，行政法院与民事法院原则上互不干扰，各自对自己职责范围内的诉讼进行处理，即使牵涉先决性法律关系亦不例外；因此民事法院可以对公法性的先决问题进行独立的审查和判断，行政法院同样对私权利的先决问题进行独立的判断。但是，行政机关的若干形成性的行为和与此有关的行政法院的判决，却对民事法院具有拘束力（Bindung），在国家赔偿案件中这种拘束力还被视为行政判决的既判力拘束，[①] 如某官员的解雇或退休决定、征用或没收、对某行为的批准或拒绝、对某营业的禁止、对特许的剥夺、给予外国人国籍、撤销某项具体行政行为的判决、宣告征收无效的判决、不存在某项具体行政行为的确认判决等。当然，民事形成判决，如离婚或撤销婚姻、确认亲子关系不存在、确认不具备继承人资格等，也对行政法院产生类似的拘束力。更值得注意的是，由于行政诉讼与民事诉讼的交叉性特征（行政关系与民事关系的紧密交织），有时虽然在不同的法院，但出现针对同一个客体在相同的（或受既判力扩张的）主体之间分别两次争议的情形，此时在先的判决都会拘束

---

① BGHZ 175，221，225 = MDR 2008，520.

后诉，不论牵涉诉讼标的，还是先决问题或抗辩。[①] 在某种意义上，这比民事判决对后诉的既判力还要宽泛。

德国的刑事法院和民事法院同样分别根据自己的诉讼法规范进行审判，刑事法院对于民法法律关系，例如某个被侵占的物的所有权，也根据刑事诉讼的原则来进行判断，即便对此已存在生效的民事判决。[②] 但是，假如这样作出的刑事判决将影响在先民事判决的既判力时，刑事法院就受到民事判决的拘束。例如，在民事判决中已驳回支付抚养费的诉讼请求，那么刑事法院不得认定民事诉讼中胜诉的被告违反了德国刑法第 170 条（违反抚养义务），[③] 否则就违反了民事判决的既判力。区分的关键大概与相关问题是否构成判决主文有关。此外，民事判决的形成力拘束刑事法院，对此后者进行的真实性调查受到相应限制，尤其是那些对一切人产生既判力扩张的民事判决（如家事案件）。与此相反，民事法院不仅对相关的民事法律关系，而且即便是作为民事请求权先决问题的刑事可罚行为，也进行独立的判断。德国 2003 年《司法现代化法草案》规定在先生效的刑事判决中的事实确认对民事法院产生拘束力，该规定虽未能通过，但学者中始终存在关于这一问题的讨论。[④] 此外，在附带程序中刑事法院作出了一个原因判决的，就对民事法院的数额判决产生拘束力。在再审程序中，一个刑事判决可能对民事法院产生构成要件效力，即特定事由经过刑事判决确定的，当事人可以提起回复原状之诉。[⑤]

---

① Vgl. Rosenberg/Schwab/Gottwald, Zivilprozessrecht, München 2010, S. 78。

② Vgl. BGHSt 5, 106; OLG Bremen NJW 1964, 1286.

③ Vgl. Schwab, Bindung des Strafrichters an rechtskräftige Zivilurteile, NJW 1960, 2169; ders., Rechtskrafterstreckung auf Dritte und Drittwirkung der Rechtskraft, ZZP 77 (1964), 124; Schönke/Schröder/Lenckner, StGB, 27. Aufl., 2006, § 170 Rn. 13.

④ Vgl. Foerster, Transfer der Ergebnisse von Strafverfahren in nachfolgende Zivilverfahren, 2008, 转引自 Rosenberg/Schwab/Gottwald, Zivilprozessrecht, München 2010, S. 60。

⑤ Rosenberg/Schwab/Gottwald, Zivilprozessrecht, München 2010, S. 60。

由此可知，德国的行政诉讼与民事诉讼较为“对等”，均主要是形成性的决定或判决对另外一种诉讼产生拘束力；而在刑事诉讼与民事诉讼之间，似乎民事判决的优先性较强，刑事判决中的判断则不拘束民事法院。

二　中国语境下的解决思路

我国语境却与德国完全不同，在诉讼的进行方面，可能存在着某种“先刑后民”的原则;[①] 在理念上，刑事判决甚至行政判决都可能被许多人视为优于民事判决。有些学者认为行政诉讼与刑事诉讼中的证明标准比民事诉讼中证明标准高，因此刑事判决与行政判决中认定的事实似乎完全可以被民事诉讼所接纳。[②] 但这种观点体现的还是追求“客观真实”的传统思路，假使采纳这一观点，那么民事诉讼法规定的证明标准、证明责任就完全没有意义了，民事诉讼与行政诉讼、刑事诉讼的区别就荡然无存。实际上，民事诉讼与行政诉讼、刑事诉讼的目标不同、主体不同、客体不同，无论其中哪一个诉讼的判决，对另一个诉讼直接产生既判力的遮断效或拘束效，都是不合理的。德国判例和学者所承认的跨越诉讼途径的拘束力，主要是形成性的判决或决定，这或许有一定的合理性，但能否在我国的语境中也成立还值得深入探讨。

那么至少在一般层面上，应当否认行政诉讼、刑事诉讼的判决

---

① 参见张卫平《民刑交叉诉讼关系处理的规则与法理》，《法学研究》2018 年第 3 期，第 102 页。

② 参见贾亚强、姚军强《民行交叉案件中行政判决对民事诉讼的效力》，《人民法院报》2010 年 12 月 29 日，第 6 版；纪格非《我国刑事判决在民事诉讼中预决力规则的反思与重构》，《法学杂志》2017 年第 3 期，第 36 页。纪格非教授主张刑事判决的预决力不应作为证据制度来考虑，而应作为判决效力理论。但笔者以为这一预决效力应当作为证明性效力，而这种效力与既判力、参加效等判决效力不可同日而语，事实上可将预决效力视为证据制度与判决效力的交叉领域。

对后续的民事诉讼产生既判力。[①] 不过，我国的预决效力规范之中提及的生效裁判并不限于民事裁判，因此生效行政判决或刑事判决对后续民事诉讼仍可产生预决效力，且主要应为一种证明性的效力，对后诉法院的自由心证产生影响。

但是，如同上一小节提及的那样，证明效具有不同的层次，在前后诉不属于同一诉讼途径时亦不例外。同时，由于行政诉讼、刑事诉讼和民事诉讼之间存在较多差异，如诉讼目的不同，程序要件不同，同一事实在不同诉讼中具有的意义、地位和价值亦不同，某一事实与法律后果之间的逻辑关系各有特征，当事人能够对某个事实判断施加的影响力大小也取决于个案，这些因素使得此时前诉判决对后诉产生的证明效更为复杂、层次也更多。要想澄清行政判决和刑事判决对后续民事诉讼效力的强弱、大小和作用方式，还需要更加具体化、类型化的分析。

一个类型化的思路，是首先梳理出行民交叉、刑民交叉分别经常出现的案件类型，如行民交叉中的不动产登记、证券欺诈、专利等领域，刑民交叉的侵权、合同欺诈等领域；接下来就具体的案件，整理出不同诉讼途径共通的事实问题的种类，最关键的就是对这些事实进行分类，多种分类标准之中一个比较重要的因素是它们对前诉请求或诉讼目的所具有的功能和地位；最后还要考虑实然的状况，在司法实践中能否概括出决定前诉判决对后诉效力强弱的因素。这仅是笔者暂时所能想到的一个思路，能否展开还有待将来的研究。

---

① 在特殊的场合，可能由于存在一个刑事判决导致后续的民事诉讼丧失诉的利益。例如，刑事判决中责令被告退赔，被害人的损害足以得到弥补的，就不能提起民事诉讼请求赔偿了。江苏省南京市中级人民法院（2013）宁商终字第994号民事裁定书。但是刑事判决中这一判项是否有强制执行力，还值得进一步讨论。如果并没有强制被告退赔的相应措施，或许还是应当允许被害人提起民事诉讼。

第五节　小结

就本书主张而言，前后诉主体同一时判决对后诉的预决效力主要是一种证明效，这就产生一个问题：是否有必要保留来自苏联的“预决效力”名称，还是应当采用证明效的概念？采用证明效是较为准确的说法，但是在现阶段，我国学者大多还使用预决效力的说法，为了保持对话，本书依然主要使用预决效力这个指示性的概念，但将其指向证明效。证明效适用的范围较宽，在前后诉关系的性质上难以获得较为具体的标准，仅能停留于“前诉与后诉存在部分共通的事实或法律问题”这种抽象的描述。将这种可推翻的事实证明效图示化，可得到图4—1。

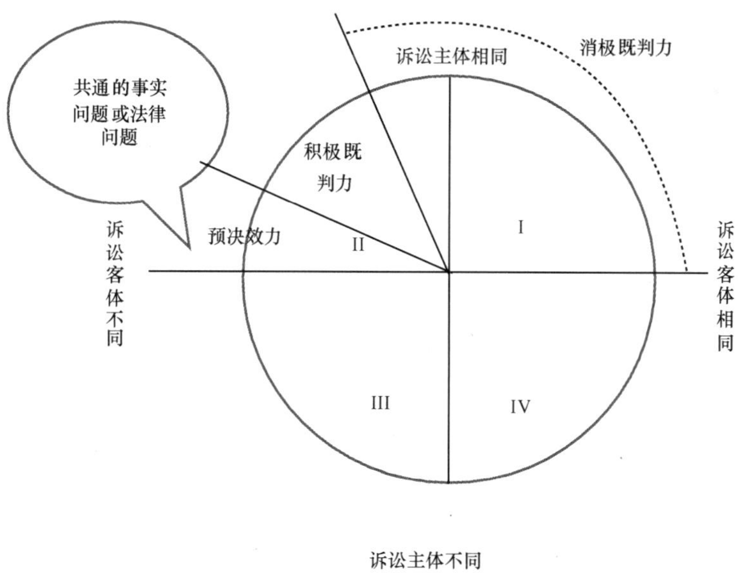

图4—1　前后诉主体同一时的预决效力

法院适用预决效力有一些实践上的好处，首先，可以降低说理难度。《民事诉讼法》与相关司法解释未像大陆法系国家那样允许法院根据辩论的全部趣旨作出证据评价,① 有时仅凭当事人提交的证据链条难以说明为何能达到法官心中实际上认为如此的结论，客观上要求当事人再提交证据可能存在困难且法官内心已经采信，此时若已有前诉判决对该事实作出了与后诉法官心证相同的判断，援引前诉判决有助于提高后诉判断的正当性。其次，若某一事实已被前诉生效裁判确认，当事人没有任何其他根据而要求后诉法院采取鉴定这样昂贵的证明方式，法院也可能援引预决效力予以拒绝，达到节约资源、防止诉讼拖延的目的。值得注意的是，2020 年 5 月 1 日新《证据规定》开始实施之后，预决效力适用范围将受到限制，但效果究竟如何，还须拭目以待。

法院适用预决效力的具体案件，能够印证本书关于预决效力不意味着客观证明责任倒置的观点。有时前后诉共通的事实并非要件事实，客观证明责任针对的却是要件事实，如何能够倒置间接事实的“客观证明责任”？法院通常亦非适用客观证明责任倒置达到后诉的结论。但事实上的证明效仍可能对后诉当事人造成不利，因为其须提出反证，有时还得是相当有力的证据才足以推翻该判断，且当事人所提出的证据可能需要与前诉某些证据、客观状况相结合，才能够使法院对一个事实作出真正合理的判断，在前诉中未举出这些证据也可能是由于客观原因，这样一来前诉法院的判断对于后诉请求来说就是不合理的，其对后诉产生影响不妥当。

但判决对后诉的事实性影响通常难以杜绝，为此当事人最好能在前诉进行诉的合并或变更或提起反诉。前后诉存在较紧密的关联时预决效力对后诉的影响更强，反观诉讼过程本身，不同诉讼请求也都完全可以进行合并或变更。一旦合并，前诉法院可对两个请求

---

① 辩论全部趣旨，指的是庭审的状况、辩论的过程等与诉讼、举证、辩论等有关的诉讼活动作为一个整体留给法院的某种一般性印象，将这种印象与实际的证据结合起来更容易作出证据评价和事实认定。

同时进行审理，当事人就有可能提出充分的证据，法院就会对共通的问题作出一致性的判断，由于前诉判决对后诉产生影响而损害当事人利益的担忧就可以平息。但当事人自己有时并不能意识到追加、变更诉讼请求或提起反诉的必要性，毕竟这种必要性在前诉中可能还没有那么紧迫，为此需要依靠法院释明权。

预决效力的存在还可能引起对我国准许诉的变更、合并、反诉之要件合理性的反思。对于存在较紧密关联的诉讼请求，不妨赋予当事人扩充诉讼容量的自由，这样并不会造成程序的混乱，影响被告的防御和法院的审理。该倾向在诉讼主体方面亦应承认，民事诉讼典型形态是一个原告针对一个被告提出一个诉讼请求，基本诉讼制度与理论是在这一典型形态基础上发展起来的，但现代社会的交往纷繁复杂，相同的主体之间可能存在彼此关联的纠纷，不同主体之间的纠纷亦可能缠绕在一起，诉讼相对性越来越不能满足社会经济发展对司法制度纠纷解决能力的需要，因此在诉讼客体论与诉讼主体论中均须寻求突破。本书接下来以判决的主观方面为研究对象，该问题与诉讼主体论相对应。

第五章

诉讼主体同一性与既判力相对性

前几章的讨论均以前后诉诉讼主体同一为前提，以专门就判决效力的客观方面进行阐述。接下来要研究判决效力的主观方面。首先要界定诉讼主体同一性，再在此基础上研究诉讼主体不同时的判决效力问题，因此本章具有承前启后的过渡性意义。

诉讼主体同一性是既判力主观相对性原则的要求。既判力是诉讼法上的判决效力，原则上仅对诉讼主体产生，因为诉讼主体通过实施诉讼行为（提出请求、主张事实、举出证据）影响了法院作出的判决，该判决的正当性基础就在于诉讼主体获得了充分的程序保障，相反基于自我决定、自我负责的诉讼法理，诉讼主体应承受判决的遮断效或拘束力。案外人却未获得程序保障，不应承受判决的既判力。然而，诉讼法虽具有自身独立属性，诉讼程序中处理的内容却是实体权利义务关系，判决是对作为诉讼对象的实体内容的确认，故不能完全脱离实体法律关系，实体法律关系彼此交织，总牵涉到其他未参加诉讼的主体，这就产生了既判力相对性原则的一些例外情形以及判决对案外人产生其他效力的问题。

诉讼主体的同一性与诉讼主体概念密切相关，诉讼主体概念又离不开诉讼客体概念以及实体法与程序法相结合的维度。民事诉讼法中存在若干彼此关联的主体概念：实体当事人、形式当事人、适格当事人、诉讼实施权，这几个概念从不同侧面对诉讼主体予以说明。为界定诉讼主体同一性，须考虑这些概念之间关系及何者与既判力主观方面更为契合。民事诉讼以一对一的诉讼形态为典型（prototype），上述几个主体概念的界定主要考虑这种典型形态，而在复杂的多数人诉讼（包括共同诉讼与有独立请求权第三人）中诉讼主体的同一性问题更为复杂，须单独阐述。本章先通过诉讼主体同一性要件的分析，对诉讼主体概念做“减法”；后面几章则考虑判决对案外人产生的既判力扩张或其他效力，即以判决效力为视角对诉讼主体概念做“加法”。至于参加诉讼的无独立请求权第三人，在本章和接下来某些章节的合理位置均适当涉及。

第一节　关于诉讼主体的基本概念

关于诉讼主体存在着若干重要的概念：实体当事人、形式当事人、当事人适格/诉讼实施权。在一个诉讼流程中，这几个概念的关系大致可以描述为：实体当事人是在诉前的纠纷过程中实体法律关系的两方主体，除了少数例外，实体当事人同时也是真正有权利就纠纷进行实体辩论、获得实体判决的主体，即适格当事人或有诉讼实施权的当事人。形式当事人则是提起诉讼或作为被告被拉入诉讼的主体，形式当事人通常是实体当事人，即便不是实体当事人，如果例外地具有诉讼实施权，也有权利实施诉讼并获得实体判决，具有当事人适格；如果不符合这样的条件，就只能获得诉讼判决，在我国的语境下将会被裁定驳回起诉。当事人适格与诉讼实施权的概念，已经嵌入对实体当事人与形式当事人进行的介绍之中。这几个概念之间是彼此关联着的，它们共同形成一个概念体系，这个概念体系影响到对诉讼主体同一性的界定。

一　诉讼主体概念之间的关系

（一）实体当事人与形式当事人

最开始，实体当事人与形式当事人是一体的。古罗马私法具有程序与实体不分的特征，其最重要的概念之一“诉权”（actio）就具有实体与程序的双重性质，[①] 诉讼当事人与实体当事人在观念上并无区别。后来德国学者温德沙伊德（Windscheid）从 actio 中创造出实体请求权（Anspruch）概念后，人们依然还将实体当事人作为诉讼当事人，诉讼当事人既是诉讼法律关系的主体，又是实体法律关系的主体。[②]

随着法律制度和法律逻辑的发展，现在人们不再要求诉讼当事人必须是实体当事人，而只要是形式当事人即足矣。形式当事人并不依赖于实体法律关系，向法院请求获得法律保护以及该请求针对的对象就是形式当事人。[③] 形式当事人概念之所以必要，既是因为对并非实体当事人提起的诉讼也要给予司法回应，也是由于要对消极确认之诉的主体作出一贯性的解释，还因为法律越来越多地规定非实体当事人可以为该实体法律关系提起诉讼。[④] 后两种情形中，在符合其他诉讼要件时，这些形式当事人还应当获得实体判决，成为实体判决的当事人，与实体判决的既判力产生关联。

（二）实体当事人与当事人适格

在德国将诉讼当事人理解为实体当事人的时期（大概在 20 世纪

---

① Vgl. Reischl, Die objektiven Grenzen der Rechtskraft im Zivilprozeß, Tübingen 2002, S. 12; Althammer, Streitgegenstand und Interesse, Tübingen 2012, S. 12.

② Vgl. Wach, Handbuch des Deutschen Civilprozeßrechts, Band I, Leipzig 1885, S. 518f. 转引自 Henckel, Parteilehre und Streitgegenstand im Zivilprozeß, Heidelberg 1961, S. 15。

③ 最早提出形式当事人观点的德国学者是 Friedrich Oetker. Vgl. Henckel, Parteilehre und Streitgegenstand im Zivilprozeß, Heidelberg 1961, S. 17。

④ Vgl. Jauernig/Hess, Zivilprozessrecht, Müchen 2011, S. 69.

之前)，[①] 与当事人有关也形成了“当事人适格”这一概念。罗马法的两阶段诉讼模式——裁判官审理诉讼要件后发出程式，再由法官据此进行审理——在东罗马帝国时期就已衰微，但19世纪德国的普通法仍然将诉讼分为诉讼要件的审查和实体问题的审理两个阶段，为了在诉讼要件和实体诉讼理由之间进行区分，就要界定哪些问题属于诉讼要件，哪些属于实体问题。当时，当事人适格就是诉讼要件之一，当事人不适格的，被告可以拒绝实体答辩。当事人既然是实体当事人，当事人适格就意味着当事人确实是真正存在的法律关系的主体，为了判断当事人是否适格就必然牵涉到实体的诉讼理由，但此时关于实体问题的审理尚未开始，并且实体审理阶段的开始要以存在诉讼要件为前提，这就造成一种尴尬境地。为解决这个问题，当时的人们把案件的实体内容分为主观和客观两个方面，当事人适格是主观方面，权利和法律关系确实存在是客观方面，前者作为诉讼要件，后者作为实体审理对象，此时的当事人适格指的并非是当事人是真实存在的法律关系主体，而是当事人是其主张存在的法律关系的主体（是否真实存在留待后一阶段审理）。这就意味着当事人适格在一定程度上形式化了，并不具有全部的实体内容，当事人在这一阶段不需要提交实体法律关系确实存在的证明。

但到了19世纪中叶，前面那种人为地将实体法律关系切割为主观与客观两个方面的观念开始发生转变。根据普鲁士地区1846年的一项规定，即便缺少当事人适格，被告也不得拒绝实体答辩，在学理中，这种观点从19世纪中叶开始也成为无争议的学说，主体适格问题不再作为程序有效要件，而是作为主观方面的诉讼理由（即实体问题），如果不具备当事人适格，还是要进行实体审理并将诉讼以无理由驳回。[②]

---

① Vgl. Jauernig/Hess, Zivilprozessrecht, Müchen 2011, S. 18.

② Vgl. Henckel, Parteilehre und Streitgegenstand im Zivilprozeß, Heidelberg 1961, S. 16.

德国语境中的当事人适格，本是以实体当事人概念为前提的一个历史性概念，在今天已完全归属于本案实体问题，不再是诉讼要件。[①] 与形式当事人概念相结合防止与案件实体法律关系完全无关的第三人实施诉讼的程序装置是“诉讼实施权”（Prozeßführungsbefugnis）。

（三）形式当事人与诉讼实施权

形式当事人取代实体当事人成为诉讼主体的标准之后，也并不意味着任何一个未参与实体法律关系的第三人针对该法律关系提起的诉讼都被许可。原来的实体当事人概念身兼两职——确定诉讼当事人并防止无关的第三人实施诉讼，而现在的形式当事人只承担前一个任务，后者由新创造出来的诉讼实施权概念来承担。[②]

诉讼实施权，一方面，像以前作为诉讼要件的当事人适格那样意味着形式当事人应是自己主张的实体权利或法律关系的主体，另一方面，适应法律的新规定使特定的非实体当事人也有权实施诉讼获得实体判决，后者又称为诉讼担当（Prozessstandschaft）。诉讼实施权是诉讼要件之一，具有诉讼实施权的当事人才能获得实体判决，成为实体判决的当事人。实体判决的当事人是实体当事人时，既判力就对实体当事人产生；实体判决当事人是非实体当事人的诉讼担当人时，原则上诉讼担当人与被担当人——实体当事人均应承受既判力，例外情形下——在德国的共同共有人都各自有管理权等情形中——实体当事人不受诉讼担当人获得的判决之拘束。[③] 若不享有诉讼实施权的主体获得了实体判决，该判决对实体当事人不产生效力。

---

① Vgl. *Jauernig/Hess*, Zivilprozessrecht, Müchen 2011, S. 83 – 84.

② Vgl. Henckel, Parteilehre und Streitgegenstand im Zivilprozeß, Heidelberg 1961, S. 17.

③ Vgl. MükoZPO/Gottwald, 5. Aufl. 2016, ZPO § 325 Rn. 48 – 49.

（四）当事人适格与诉讼实施权

在德国，当事人适格与诉讼实施权为两个不同的概念，前者已成为诉讼理由的一部分，当事人对其进行实体辩论，法院作出实体判决，其内涵是当事人确实是其诉讼请求中主张的请求权的实体当事人，当事人适格是该诉讼请求得到法院支持的主观前提条件；但诉讼实施权是诉讼要件，即当事人获得实体判决的前提，具有诉讼实施权的主体是主张自己享有争议权利的人——不像当事人适格那样要求其确实是争议权利的主体——或者根据法律规定享有诉讼实施权者。①

但在继受了德国法的日本，却将当事人适格作为诉讼要件，并主张适格的当事人享有诉讼实施权，即将当事人适格与诉讼实施权这两个概念重合，当事人适格更为常用且事实上与德国诉讼实施权内涵相同，与德国的当事人适格则不同。在确定适格当事人的标准方面，日本学者提出了许多不同的学说，如“法的利益”说、管理处分权说、纠纷管理权说等。不过，具体层面上大致也可以将适格当事人理解为主张自己为争议的权利义务归属主体的人或进行诉讼担当的主体。②

无论如何，仅享有诉讼实施权的主体或适格的当事人才能获得实体判决，成为判决当事人之后，才承受判决的既判力。如果是不具有诉讼实施权的主体，通常不能获得实体判决，尽管大陆法系以诉不被许可为由驳回诉的判决和我国的驳回起诉裁定也都有既判力，但这并非判决的既判力，并不意味着实体法律关系通过判决确定下来。

---

① Vgl. Rosenberg/Schwab/Gottwald, Zivilprozessrecht, München 2010, S. 84.

② 参见［日］新堂幸司《新民事诉讼法》，林剑锋译，法律出版社 2008 年版，第 204—208 页。

（五）美国的“实质利益关系当事人”与大陆法系的当事人适格

美国《联邦民事诉讼规则》第17条（a）（1）规定：“诉讼必须由实质利害关系当事人（Real Party in Interest）实施。以下主体可以自己名义起诉且不必将享有诉讼所欲实现利益的主体合并进来：（A）执行人（executor）；（B）管理人；（C）监护人；（D）受托人；（E）明示信托的受托人；（F）以其名义成立为他人利益的合同的当事人；（G）法规授权的主体。”

上述实质利益关系当事人大致可以与大陆法系的诉讼实施权或当事人适格概念进行对照。此外，《联邦民事诉讼规则》第17条的列举并非在说明一种例外，也不是排他性的，根据不同的交易方式，还可能出现一些情形，虽然法律没有明确规定，但非权利义务归属主体也可作为有实质利益的当事人起诉。而且此处列举的有些主体可作为有实质利益的当事人起诉，并不意味着权利义务归属主体就不能成为有实际利益的当事人，例如为第三人利益合同中，不仅合同名义上的当事人可以起诉，根据合同获得利益的第三人也可以起诉。还值得注意的是，这一规定一开始是为了允许非权利义务归属主体（如受托人等）能够以自己的名义诉讼，在这一目的已经实现的前提下，该规则的现代功能是保护被告，防止真正权利义务归属者向其提起第二个诉讼，并且确保判决获得真正的既判力。① 这一方面意味着不论是否是真正权利义务归属者作为当事人，只要当事人对本案有实际的利益，判决就会产生既判力的拘束力；另一方面，此时真正的权利义务归属者也受该判决的拘束，即大陆法系语境下的既判力扩张。

在判决效力语境下，上述诉讼主体有关概念之间的关系可以图5—1展现出来。

---

① See Advisory Committee Notes for Rule 17, in *Federal Rules of Civil Procedure*, 2005 - 2006 *Educational Edition*, 2005 Thomson/West, p. 116.

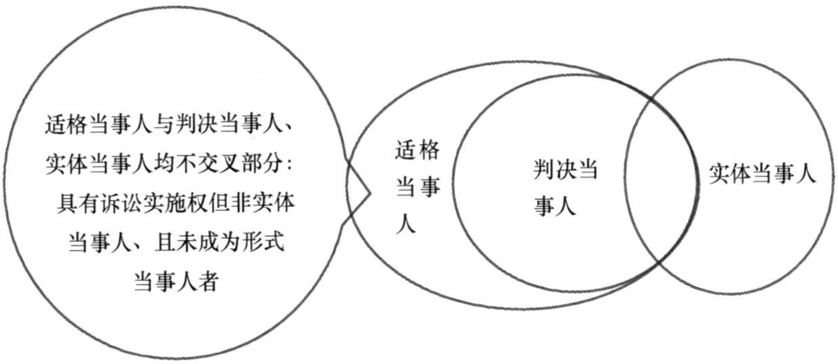

图5—1 诉讼主体相关概念之间的关系

我国主要采纳的是大陆法系国家与诉讼主体有关的上述若干概念，因此在我国的语境下，亦不直接考虑美国的实质利害关系人，而是要考虑形式当事人、实体当事人、当事人适格和诉讼实施权等概念之间的关系。图5—1是在判决效力的语境下，将这些概念关联起来的。

二 诉讼主体相关概念与既判力相对性

在大陆法系国家，与既判力所要求的诉讼主体同一性相对应的诉讼主体概念是形式当事人，这是因为诉讼要件不成立时法院亦应作出判决，不过是诉不合法的判决。但是在我国，判决仅仅指实体判决，如诉不合法，法院将作出驳回的裁定。这在一定程度上影响着我国诉讼主体同一性对应的诉讼主体概念。

考虑到既判力的客观范围，承受既判力的主体一般是诉讼标的的主体，即正义的实体权利义务的归属者，亦即实体当事人。但既判力是诉讼法上的效力，如果实体当事人未获得程序保障，就不应当承受判决的拘束，因此既判力要求实体当事人与形式当事人的合一。但是法律规定了某些主体，虽然并非争议的实体权利义务主体，但却有权就该实体内容实施诉讼，如这些主体不承受判决的既判力，法律的赋权规定就丧失制度意义。因此，在我国的语境下，实体判决的既判力所要求的诉讼主体同一性，与诉讼主体中的当事人适格概念相对应。

在我国的语境下，当事人适格是起诉条件之一，对于这个概念的理解，决定了既判力意义下诉讼主体同一性的含义。但这个概念具有一定的特殊性，必须从静态和程序动态两个方面进行探讨。

（一）静态的当事人适格概念

我国学理中的当事人适格受日本当事人适格理论影响较大，在实务中法院所使用的“当事人适格”通常也不像在德国那样意味着真正的实体当事人，而是主要作为一项起诉条件，在诉讼开始阶段就发挥作用。针对中国语境下的特殊问题，本书接下来使用的“当事人适格”主要是可与日本的当事人适格、德国诉讼实施权相对应的概念，不过这只是静态视角下的一种理解。

我国《民事诉讼法》第119条第1款第1、2项规定，起诉必须符合下列条件：原告是与本案有直接利害关系的公民、法人和其他组织；有明确的被告。这被视为当事人适格在我国《民事诉讼法》中的具体规定。从第1项可知，当事人适格在我国语境下指的是当事人与本案有直接利害关系；但从第2项可知，要么被告适格与原告适格存在差异，要么被告适格与原告适格相同——与本案有直接利害关系——但被告适格并非我国的起诉条件。不论哪一种解释方案，都不太合理，前者有违当事人平等原则，后者在客观上不见得能够实现，因为原告适格与被告适格经常是相互依存的。这一问题，在静态的概念中难以得到妥当的说明，恐怕要在动态的诉讼流程中才能解决。

在静态视角下，“与本案有直接利害关系”成为理解当事人适格的“钥匙”。比较法上的“法的利益”、管理处分权说对理解我国的“直接利害关系”都有借鉴意义。但具体地讲，与本案有直接利害关系一般体现在当事人主张自己是争议的权利义务归属主体。不过，权利义务归属主体由于实体法规范和现实中交易方式的不完全匹配性可能产生模糊：举例来说，实体法中的“实质当事人”与“形式当事人”（或称名义当事人）——并非诉讼主体意义上的实质当事人和形式当事人——不一致时，法院对与本案有直接利害关系的人究竟是“实质当事人”还是名义当事人的问题，可能采取不同的做法。如甲原为乙公司职工，后离职，但仍使用乙公司的盖章空白合同书与丙发生交易，[①] 在实质意义上进行交易活动的是甲与丙，但合同上的形式当事人却是乙公司与丙，由于丙违约，甲打算起诉丙，此时对“与本案有直接利害关系”的理解就决定了究竟是甲具有原告适格还是乙公司具有原告适格。对此，我国司法实践中存在完全对立的观点，有的法院还要求二者作为共同诉讼主体。[②] 根据当事人适格作为起诉条件这一性质，一般应将实体法上的形式当事人认定为与本案有直接利害关系者，因为在起诉条件的审查阶段通常不会对实体法律关系进行深入的审理，故很难确定实体法上的实质当事人是否确实如其所主张的那样与本案存在直接的利害关系；但若在此阶段存在某个实体上的实质当事人已经极为明显，或者涉案各方主体对其属于真正的法律关系主体不存异议，那么应将他——而不是名义当事人——认定为与本案有直接利害关系之人。以与本案有直接的利害关系作为当事人适格的标准，据此将某人视为适格的当事人，归根结底其着眼点均会落到判决对“当事人”产生的既判力之上。这也是我国法院采取不同做法，甚至要求成立共同诉讼时潜在的考虑，目的是防止判决对未成为当事人之人产生实际影响，使其程序保障利益受损。

与本案存在直接的利害关系还体现在，法律规定某一并非争议法律关系主体的人有权就该法律关系起诉或应诉。如我国《合同法》第 73 条规定的债权人代位权、第 74 条规定的债权人撤销权，《公司

---

① 我国《民诉法解释》第 65 条规定：“借用业务介绍信、合同专用章、盖章的空白合同书或者银行账户的，出借单位和借用人为共同诉讼人。”最高人民法院有关部门为“民诉法解释”编纂的理解与适用书中认为这是不可分的诉讼权利义务关系，似乎是将其作为必要的共同诉讼。参见沈德咏主编《最高人民法院民事诉讼法司法解释理解与适用（上）》，人民法院出版社 2015 年版，第 249 页。但这一观点值得商榷，且与文中举出的例子稍有不同。

② 参见王亚新、陈杭平、刘君博《中国民事诉讼法重点讲义》，高等教育出版社 2017 年版，第 116 页。

法》第151条规定的股东代表诉讼，破产管理人、遗产管理人、遗嘱执行人、财产代管人等。这类情形在德国或日本均被归为“诉讼担当”，但“诉讼担当”这个概念在我国的含义还需要进一步澄清。此外，考虑到既判力，上述诉讼担当人还不尽相同，有的诉讼担当人纯粹是为了被担当人的利益实施诉讼，有的担当人则主要是为了自己的利益实施诉讼，虽然他们均作为具有当事人适格的诉讼主体成为判决既判力的承担者，但这种差别可能影响判决对实体权利义务归属者产生的效力。

当事人与本案有直接的利害关系，在确认之诉与形成之诉中具有特殊的含义。在确认之诉中，这种直接利害关系应当被解释为确认利益，有确认利益的主体不限于争议的法律关系主体，也不限于法律明确规定有权提起确认之诉者（法律极少甚至没有规定）。基于与争议的权利义务或法律关系之间紧密的实体关联，第三人也有提起确认之诉的利益，确认之诉的条件得到满足，这样的主体也被视为与本案有直接的利害关系。在形成之诉中，只有享有形成权者才能提起诉讼，故仅享有形成权者才与本案有直接的利害关系。

最后，由于某些类型诉讼中的实体内容具有特殊性，与本案有直接利害关系者必须是复数的主体，且这些主体针对本案的直接利害关系是不可拆分的，这一利害关系本身就对应着多数的主体，这就要求这些多数主体实施（固有的）必要共同诉讼。这也与既判力对应的当事人“适格”有关，仅这些多数的主体作为一个整体才能承受判决的既判力。不过，这一问题开始超出一对一的诉讼原型，进入复杂诉讼形态的领域，对此将在后文中详细阐述。

（二）动态程序流程中的当事人适格

1. 作为起诉条件的当事人适格与作为实体问题的当事人适格

前文已经提到，我国《民事诉讼法》第119条规定的起诉条件中仅要求原告与本案有直接的利害关系，对被告的要求是有明确的被告。不应将这一规定理解为对原告适格与被告适格采纳不同的标准，因为这意味着双重标准，对当事人不公平。由此只能将我国

《民事诉讼法》第119条的规定理解为被告适格不作为起诉条件，但原告适格与被告适格经常相互依存，不可能截然分开。不过，在动态的程序流程中，或许可以对这种将原告适格与被告适格“分离”的做法作出合理的解释。

在动态的程序流程中，一开始法院在审查起诉条件时，主要依据原告提供的诉状、证据等一系列书面材料，因为在案件受理以前并不会向被告送达。此时，在这一阶段，站在原告的立场上，为了便利起诉，仅要求其针对的被告是明确的，但对于他自己则要求与其起诉的案件实体存在直接的利害关系，完全可以说得通。在案件受理以后送达给被告，如果此时被告主张自己不适格，法院不可能仅根据《民事诉讼法》规定的起诉条件，拒绝被告的这一主张，但是应当说在这一阶段假如根据双方的主张和提供的书面材料经过简易的审查就能确认被告确实与原告的诉讼请求并无直接利害关系的，应当裁定驳回起诉。不过，经常可能出现的一种情形是，被告是否是原告主张的请求权的对方当事人，必须经过案件的实体审理才能得出明确的肯定或否定性结论，这意味着在审理前阶段当事人适格这一问题产生了疑义。正如德国的“当事人适格”提醒我们的那样，当事人适格也可能意味着当事人确实是本案争议的实体权利义务或法律关系的主体，站在被告的立场上，原告将自己作为被告是不正确的，但其提出的理由是实体方面的，或者很难通过简便的程序得出毫无疑问的结论，由于实体方面的诉讼理由与作为起诉条件的当事人适格在这一情形中产生了交叉、重叠、不可分割，不应当贸然地将被告判定为不适格。从正当性和合理性的理由出发，法院应进入实体审理，并最终作出实体判决，当被告确实并非原告主张的义务人时再判决驳回诉讼请求，[①] 因为实体判决对后诉的效力——既判

---

① 我国司法实践中，针对当事人不适格裁定驳回起诉的案件很多，但也有一些法院对不适格的当事人是以判决驳回诉讼请求的方式加以处理的。例如江西省抚州市中级人民法院（2016）赣10民终7号民事判决书；类似的案件如浙江省舟山市中级人民法院（2013）浙舟民终字第88号。

力更为厚重，也更有利于实现法的安定性，这对被告和已经审理到如此阶段的法院来说都是更值得追求的目标。[①] 驳回诉讼请求的实体判决将对原告产生拘束力，如果只是裁定驳回，原告就可以就相同的实体问题，主张被告后来适格了，再次起诉。因此，在被告是否适格与实体问题紧密关联，以至于需要在实体程序中判断时，将被告适格不作为起诉条件，而作为本案审理的对象，就具有合理性。

通过在动态程序流程中考察我国的直接利害关系标准，不得不说，我国的当事人适格实质上同时承担了德国法中诉讼实施权与当事人适格（主体方面的本案适格）这两个概念的任务，或者说至少在司法实践中分别存在着以当事人不适格裁定驳回起诉和判决驳回诉讼请求的做法。但在概念体系中，确实不妨将前者称为当事人不适格，将后者视为当事人不享有实体请求权。

2. 当事人适格问题引起的诉讼主体变更

诉讼应当由适格的当事人，即有诉讼实施权的主体实施，法院才能作出实体判决；因此，如果诉讼进行中当事人变得不适格或者当事人不适格被发现，就应当考虑更换当事人。前者应无疑问，但后者——本来当事人就不适格，只是后来才被发现——是否应当更换当事人与时间点和诉讼阶段的关系更为密切，要是在起诉阶段发现当事人不适格，直接裁定驳回起诉是合理的，无须变更当事人；若在实体审理将尽的阶段才发现当事人不适格的，可以直接判决驳回诉讼请求，亦没有必要变更。对于本来就不具有当事人适格的情形，仅仅在已经进行了一部分实体审理但作出判决的时机尚未成熟时，更换当事人才是合理的，还要考虑此前不适格的主体进行的诉讼行为能否对后来进入诉讼的适格当事人产生效力，产生这种效力是否合理。如果是由于客观原因一开始的主体丧失了当事人适格，那么后来获得诉讼实施权的主体应当受此前的主体实施的诉讼行为

---

① 参见［日］高桥宏志《民事诉讼法制度与理论的深层分析》，林剑锋译，法律出版社 2003 年版，第 215 页。

的拘束；如果是原来的当事人本就不具备当事人适格，后来真正适格的当事人要求进入诉讼替换他的，此前的诉讼行为至少不能对真正适格的当事人产生不利的影响。

由于当事人不适格引起诉讼主体的变更后，既判力的主体也会受到影响：成为当事人的主体获得判决后，要承受判决的既判力。至于退出诉讼的主体，他既然是不具有当事人适格的主体，即使他不受适格当事人获得的判决既判力的直接拘束，他也没资格通过诉讼主张该判决中涉及的实体权利义务关系。假如他事后获得对该权利义务实施诉讼的资格，一般仅可能因为他是原当事人的权利义务继受人，他就要承受既判力的扩张，对此后文中将进行详细阐述。

3. 对既判力或其他判决的忧虑与当事人适格

前文研究静态的当事人概念时举过一个例子，涉及实体意义上的形式当事人（名义当事人）和实质当事人的情形，有的法院将实质当事人——非合同名义当事人但却是权利义务的最终归属者——认定为适格当事人，这样可以由实际的权利义务归属者获得实体判决并承受其既判力。有的法院则将名义上的合同主体视为适格当事人，这可能是为了交易对方的利益，此时的权利义务关系可能较为复杂且交易对方是由于信赖合同名义当事人才同意实施该交易活动的，那么要求名义当事人作为诉讼主体更有利，但却可能产生合同名义当事人与合同实际当事人之间纠纷这样的“后遗症”问题，因为实体上的实质当事人不受判决既判力的拘束。有的法院为了防止这种后遗症纠纷、查明案情并作出一致的实体判决，就要求实体上的形式当事人与实质当事人作为共同原告提起诉讼，若当事人同意就不会产生实际问题，如果当事人不同意，在不告不理、当事人处分权主义的影响下，我国法院逐渐地不再总是会依职权强制追加当事人，毕竟很难将这种情形解释为固有的必要共同诉讼，不过法院可以依职权追加第三人，即通知第三人参加诉讼，虽然第三人参加诉讼将产生何种效力在我国尚不明确，但至少在查明事实等方面，比起不将该第三人纳入诉讼要更为有利，这种模糊性甚至还提供了充分的灵活性来容纳法院的“依职权”操作。

在我国的语境中，因为判决仅指实体判决，当事人适格问题与既判力主观方面存在紧密的关联。在静态的视角下，仅适格的当事人能够获得实体判决从而成为承受既判力的主体；在动态的视角下则需要考虑诉讼程序具体的进展状况，其中也可能涉及较多的主体（如变更当事人）。但这些较多的主体中，有些是适格的，有些是不适格的，与既判力有关的问题相对比较简单。更为复杂的是有复数主体的复杂诉讼形态，多数主体均具有一般意义上的当事人适格，但是这些复数主体之间的关系却存在多种多样复杂的样态，这些样态决定了既判力的主体。

第二节　复杂诉讼形态中的判决主体界定

大陆法系传统的复杂诉讼形态主要包括共同诉讼与第三人诉讼参加，近年来随着美国的集团诉讼（class action）在全球影响力的扩张，类似的大规模纠纷解决机制在大陆法系国家也逐渐开始得到建立，例如德国的团体诉讼（Verbandsklage），《德国行政法院法》规定的群体诉讼（Gruppenklage）和示范诉讼（Musterprozesse），日本多数人诉讼中的选定当事人制度和大规模诉讼程序。我国的《民事诉讼法》除了共同诉讼与第三人诉讼参加外，也规定了代表人诉讼与公益诉讼。在这些复杂的诉讼形态中，存在诸多产生于诉讼形态本身的特殊问题，其中诉讼主体的问题尤为明显，且与判决的既判力范围紧密地交织在一起。针对共同诉讼和第三人诉讼参加，与判决效力有关的主体同一性问题意味着在实施或参加诉讼的主体中间来确定判决效力的主体范围，即界定判决主体若有什么操作也可归结为做“减法”；针对代表人诉讼与公益诉讼，与判决效力有关的主体问题却意味着要考虑判决对具体实施诉讼的当事人以外的主体的效力，可归结为做“加法”，因此公益诉讼与代表人诉讼不在本章中进行阐述，而留待既判力扩张和判决对案外人的其他效力的有关章节中进行讨论。

一　共同诉讼的判决主体

共同诉讼中，一方或双方当事人存在多数主体，如原告$_1$、原告$_2$、……原告$_n$诉被告$_1$、被告$_2$、……被告$_n$。这些主体如何组合成既判力意义上的对立当事人——是否仅能由原告$_x$和被告$_y$（$1 \leqslant x \leqslant n$，$1 \leqslant y \leqslant n$，x 或者等于 y，或者不等于 y）组合，抑或也可以由原告$_x$和原告$_y$进行组合——的问题就直接影响判决效力的主体。如果只能由原告$_x$和被告$_y$作为对立的判决当事人，判决就仅在具有对立地位的主体之间产生既判力；如果原告$_x$和原告$_y$或被告$_x$和被告$_y$之间也是对立的判决主体，那么判决就在同属一方当事人的主体之间也产生既判力。在普通共同诉讼中是前一种情形，仅仅是在必要共同诉讼中，同属一方当事人的主体也构成既判力意义上的对立当事人。将共同诉讼划分为普通共同诉讼与必要共同诉讼，除了用来确定某些当事人是否必不可少外，还决定了是否要作出统一的判决，因此与判决效力的主观方面遥相呼应。

不过，在一方当事人内部的多数主体彼此之间虽然不一定构成既判力意义上的对立主体，他们有时也会针对某个问题产生争议，形成某种对抗态势。这种实际意义上的对抗也可能对判决结果产生影响，判决虽无法在既判力意义上遮断后诉，但有可能在这样的原告$_x$和原告$_y$或被告$_x$和被告$_y$之间，产生某种与既判力存在差异的拘束性效力，这种效力是在要件和效果上与既判力均不相同的其他判决效力，这亦要留待后文。

关于共同诉讼的必要性问题，域外其他国家的做法对于澄清我国的问题亦有借鉴意义。接下来首先对其他国家的共同诉讼分类及其与判决效力主观范围的关系进行介绍，再在我国语境下考虑该问题。

（一）大陆法系国家的共同诉讼

在大陆法系国家，经过普通共同诉讼作出的判决，仅在原告与被告之间产生既判力，在一方当事人内部之间不产生既判力，若在这些当事人之间存在辅助参加或诉讼告知，可能产生参加效，这属于第三人诉讼参加形态和与之相关的判决效力，这将在后文中进行阐述。仅在必要共同诉讼中，必须就诉讼标的对所有的当事人作出合一确定，故不论是在原告$_x$和被告$_y$之间，还是在原告$_x$和原告$_y$之间或被告$_x$和被告$_y$之间，判决都产生既判力。因此，在必要共同诉讼与普通共同诉讼之间划清界限，对既判力的主体范围——即诉讼主体同一性的界定，也具有重大意义。

1. 德国的共同诉讼制度

《德国民事诉讼法》第59条规定："当数人针对某个诉讼标的是权利或义务共同体或者数人的权利或义务产生于相同的事实和法律根据，这些主体可以共同诉讼。"第60条规定："当数人的权利或义务是同种类的，并且产生于本质上同种类的事实和法律根据，这些主体可以共同诉讼。"第62条第1款规定："如果就争议的法律关系必须对所有的共同诉讼人合一确定，或者基于其他原因共同诉讼是必要的，其中一人缺席的，视为被在席的共同诉讼人所代理。"因此，德国必要共同诉讼（notwendige Streitgenossenschaft）与简单共同诉讼（einfache Streitgenossenschaft）的区别并非体现在不同的法律规范基础上，而是要在第59、第60条的基础上去判断何时必须对所有共同诉讼人合一确定或者有必要进行共同诉讼。根据不同法律上的原因，学理上将必要共同诉讼分为基于实体法原因的必要共同诉讼和基于诉讼法原因的必要共同诉讼，区别在于前者根据实体法的规定所有相关主体共同地享有诉讼实施权（在日本和中国语境下即共同地具有当事人适格），故必须同时作为当事人，否则诉不合法；后者由于诉讼法上的既判力扩张对共同诉讼人须作出合一判决，当事人可以选择分开诉讼但仍然会产生既判力扩张。① 这意味着，在德国实质上并非共同诉讼的类型决定既判力的主观范围，相反是既判力

① Vgl. Rosenberg/ Schwab/ Gottwald, Zivilprozessrecht, München 2010, S. 249.

与既判力扩张决定必要共同诉讼的范围。

德国的简单共同诉讼是指那些符合共同诉讼要件但没有必要作出合一确定的情形，它可能对应于《德国民事诉讼法》第59、第60条分别规定的几种共同诉讼类型，不过主流观点认为，这几种类型之间并没有清晰的界限，并且只要进行共同的辩论与判决是合适的，共同诉讼就始终是被允许的。① 那么，简单共同诉讼人彼此之间可能并不存在直接的法律关系，因此，简单共同诉讼的判决可以分别对他们作出，即便在同一份判决书中记载，该判决也仅能在具有对立地位的当事人之间产生既判力。

而在必要共同诉讼中，不论是基于实体法原因的必要共同诉讼，还是基于诉讼法原因的必要共同诉讼，判决都必须对相关的诉讼主体作出合一确定，因此，判决在多方主体之间产生既判力。基于实体法原因的必要共同诉讼主要是根据实体法上的共同共有关系和法律（包括实体法与程序法）的特别规定，相关主体必须一同起诉或应诉的情形。不过并非所有产生于实体法上共同共有关系的诉讼都属于基于实体法原因的必要共同诉讼，② 有可能属于诉讼法原因的必要共同诉讼。基于诉讼法原因的必要共同诉讼是结合既判力的主观扩张范围，考虑受既判力拘束的案外人与当事人共同实施诉讼的可能性，其中的一部分主体，虽然可以分开诉讼，但一旦共同诉讼就必须作出合一判决的情形。③ 在这种情形下，由于本来即便不是共同诉讼也存在着既判力的主观扩张，法院正好利用共同诉讼的状况作出合一的判决，就使既判力拘束相关主体的同时还将该既判力建立

---

① Vgl. Rosenberg/ Schwab/ Gottwald, Zivilprozessrecht, München 2010, S. 241, 判例如 BayObLGZ 1991, 343 (344), BayObLG MDR 1996, 850. 但也存在反对观点，有的学者认为《德国民事诉讼法》第59、第60条规定的并非一般性条款，而是具体的许可性要件，可以根据这些规定的目的进行宽泛的解释，但不能完全超越该条款。在有需要的情形中，可以根据第147条规定的诉讼合并达到目的。Vgl. MüKoZPO/*Schultes*, 5. Aufl, 2016, § 60 Rn. 3。

② Vgl. Rosenberg/ Schwab/ Gottwald, Zivilprozessrecht, München 2010, S. 246 – 248.

③ Vgl. Rosenberg/ Schwab/ Gottwald, Zivilprozessrecht, München 2010, S. 244 – 246.

在该主体成为判决当事人的基础之上。

德国在共同诉讼类型与既判力主观范围之间建立了最直接的联系，即根据既判力扩张范围来划定必要共同诉讼与简单共同诉讼之间的界限。德国既判力扩张的根据往往是法律的特殊规定和实体法的某些牵连关系（详见后述），诉讼实施等实践性的必要和统一纠纷解决等诉讼上的考虑，在确定既判力扩张范围时作用相当有限，也并不直接作用于对必要共同诉讼范围的确定。

关于德国的共同诉讼类型，可通过图 5—2 加以展示。

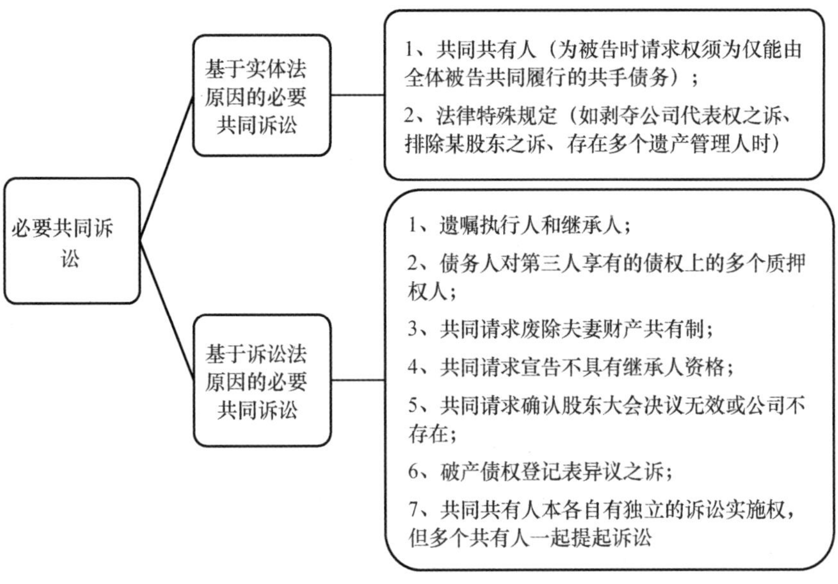

图 5—2　德国的共同诉讼类型

2. 日本的共同诉讼制度

《日本民事诉讼法》第 38 条规定："作为诉讼标的的权利或义务对于数人是共同的，或数人的权利或义务基于同一事实上和法律上的原因，这样的主体可以共同诉讼。作为诉讼标的的权利或义务是同种类的且基于事实上和法律上同种类的原因，也可以共同诉讼。"第 40 条第 1 款规定："在全体共同诉讼人之间，应对诉讼标的合一确定的场合，一人的诉讼行为在有利于全体的利益时才生效。”

日本与德国一样，仅在必要共同诉讼中，即本应在全体共同诉讼人之间对诉讼标的作出合一确定的场合，既判力才在所有的共同诉讼人之间产生拘束；在普通共同诉讼中，既判力仅在处于对立地位的两个主体之间产生。日本学理将必要共同诉讼分为某些主体必须共同实施诉讼的固有必要共同诉讼与复数主体虽可以分开诉讼但一旦共同实施诉讼就要实行诉讼资料统一和程序进行统一的类似必要共同诉讼。日本学理通说与主要判例在必要共同诉讼与普通共同诉讼的类型和分类标准上，与德国也十分相近，以图5—3加以展示。

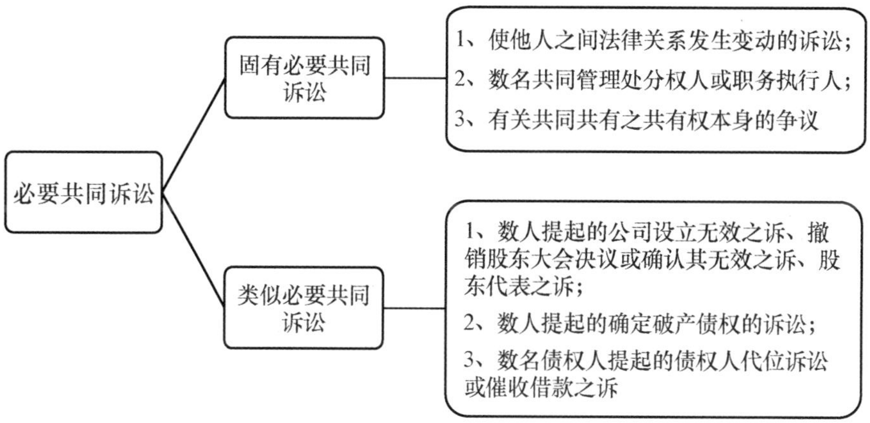

图5—3　日本的共同诉讼类型

但在通说之外，针对必要共同诉讼的边界问题，日本的判例中出现了一些不同的做法，学者也提出一些不同的观点。例如在固有的必要共同诉讼最常发生的情形——共同共有关系中，本来是根据实体法上的共有权与共有持分权之二分划定固有必要共同诉讼与普通共同诉讼的界限，但该界限由于诉讼上的实际需要产生了模糊：在共同诉讼主体人数众多时，若视为固有的必要共同诉讼，遗漏了部分主体就不满足当事人适格的条件，诉讼就会被驳回，为了避免这样严重的后果，可以将诉讼客体理解为共有持分权而非共有权，那么该诉讼就不是固有的必要共同诉讼，而变成普通共同诉讼，当事人可以分别起诉；但由此可能引发判决效力方面的问题，因为部分共有人进行诉讼获得的判决虽不拘束其他共有人，但事实上会影响后者进行的诉讼，这就减损了其他共有人获得的程序保障的程度；而且如果不同共有人实施诉讼获得的判决内容存在矛盾，实体法律关系就得不到统一的处理。①

针对类似必要共同诉讼，日本学说与判例中出现的不同于通说的观点就更加多样化：第一，共同共有人中每个人都对共同共有的请求权享有诉讼实施权——如保存行为——时，若多个共有人共同起诉，在德国构成基于诉讼法原因的必要共同诉讼，日本也有学者主张这种情形应作为类似的必要共同诉讼；② 第二，判例曾承认若不同主体的请求或针对不同主体的请求在主要的争点上具有同一性（如同一事故产生的多个受害人的损害赔偿请求或针对主债务人和保证人提出的请求），或由于存在目的与手段的关联如果不能对共同被告全部获得胜诉就无法实现诉讼目的（如某不动产的登记多次被转让时对数人要求注销登记的请求），也构成类似的必要共同诉讼，不过现在判例的立场已经发生改变，仍像通说一样将这些情形理解为普通共同诉讼；第三，有学者提出“准必要共同诉讼”理论（中村英郎教授），主张对不可分的债务或连带债务诉讼中的多个请求（诉讼标的）本身虽不必作出合一判决，但对这些请求共同的基础问题，例如主债务和担保债务诉讼中的主债务成立与否、连带债务中债务本身是否成立等，在实体法逻辑上应合一确定，这作为单纯的普通共同诉讼有些不妥，应准用《日本民事诉讼法》第40条关于必要共同诉讼的规定，故称为“准必要共同诉讼”，当事人可以分别起诉，

---

① 参见［日］高桥宏志《重点讲义民事诉讼法》，张卫平、许可译，法律出版社2007年版，第197—204页。

② 对此还有判例加以支撑，参见［日］新堂幸司《新民事诉讼法》，林剑锋译，法律出版社2008年版，第547页。

对不同的诉讼标的也可以作出不同的判决，但对作为共同基础的问题应当作出统一的判断。①

一个案件究竟是固有必要共同诉讼，还是类似必要共同诉讼，将决定当事人能否分开诉讼；一个案件究竟是必要共同诉讼（包括固有和类似），还是普通共同诉讼，则与判决效力产生关联。在以德国法为典型的大陆法系理论框架下，必要共同诉讼中，判决是在所有当事人之间作出的合一性确定，因此所有的当事人——不论是原告$_x$和被告$_y$还是原告$_x$和原告$_y$之间——都受判决既判力的约束，反过来既判力与既判力主观扩张范围亦构成必要共同诉讼的“最后防线”；普通共同诉讼中，判决实际上是一对一地作出，故既判力也是一对一地发生，在共同原告或共同被告彼此之间不产生既判力。但日本有些学者开始考虑诉讼的实际需要、判决对案外人的其他效力，针对必要共同诉讼与普通共同诉讼的界限方面提出弹性化处理的建议。② 这一方面是将必要共同诉讼与既判力适当解绑，另一方面显得更为关注诉讼实践的需要和判决可能对案外人产生的其他效力。这样的立场比起德国法自然没有那么规整，但更切合实际，与我国的司法实践相契合，日本学者这种立场对我国学界观点也产生了相当大的影响。

（二）美国的当事人合并

在美国，与大陆法系的共同诉讼制度可进行对照的是当事人合并（Joinder of Parties），当事人合并是由已有的当事人或法院要求当事人将案外人合并到诉讼中来。此外，案外人还可以主动要求介入诉讼（Intervention）成为当事人。

根据美国《联邦民事诉讼规则》第19条与第20条，当事人合并可分为强制性合并（Required Joinder of Parties）与许可性合并（Permissive Joinder of Parties）。强制性合并适用的情形是某个主体不

---

① 参见［日］高桥宏志《重点讲义民事诉讼法》，张卫平、许可译，法律出版社2007年版，第219—220页。

② 同上书，第238—239页。

作为当事人时，法院就无法在已有的当事人之间提供完整的救济；或者某个主体主张与本诉有关的利益，他若不作为当事人实际上会损害他保护该利益的能力或者使已有的当事人由于该利益很可能（a substantial risk）承受双重、多重或者具有其他种类不协调性的义务，在这两种情形中强制性要求该主体成为诉讼当事人。[①] 许可性的当事人合并则是指，多个主体要求的救济或被请求承担的责任是产生于同一纠纷事件（transaction/occurrence）或一系列纠纷事件的连带的（jointly）、按份的（severally）或选择性的（alternative）救济或责任；或者对于多个原告或被告存在共同的法律或事实问题。[②] 对美国强制合并与许可合并的具体情形，可以图 5—4 加以展示。

美国《联邦民事诉讼规则》第 19 条的内容曾经包含了“不可或缺的”（indispensable）、“共同的利益”（joint interest）这些与更注重概念体系的大陆法系国家共同诉讼制度十分接近的词语，但后来因为这些抽象的术语将人们的注意力引向被合并的主体实体权利义务的技术性或抽象性特征，妨碍了更重要的实用主义（pragmatic）的考量，这些词语被删掉了。

根据美国《联邦民事诉讼规则》第 24 条，案外人介入诉讼被分为权利性的介入（Intervention of Right）与许可性的介入（Permissive Intervention），案外人介入诉讼后就成为诉讼的当事人。权利性介入是指联邦法规赋予某人无条件介入诉讼之权利，或者某人对作为诉讼标的的财产或纠纷主张某种利益且他不参加诉讼的话诉讼结果实际上会损害或妨碍他保护该利益的能力（除非该利益已经由某位当事人充分地代表了）时，法院必须准许该主体介入诉讼。后者是指当联邦法规赋予某人有条件介入诉讼的权利，或者某人自己的一个请求或防御与本诉存在共同的事实问题或法律问题，法院可以许可该主体介入诉讼。对于权利性诉讼介入，较早的规则中，要求申请

---

① Federal Rules of Civil Procedure, Rule 19.

② Federal Rules of Civil Procedure, Rule 20.

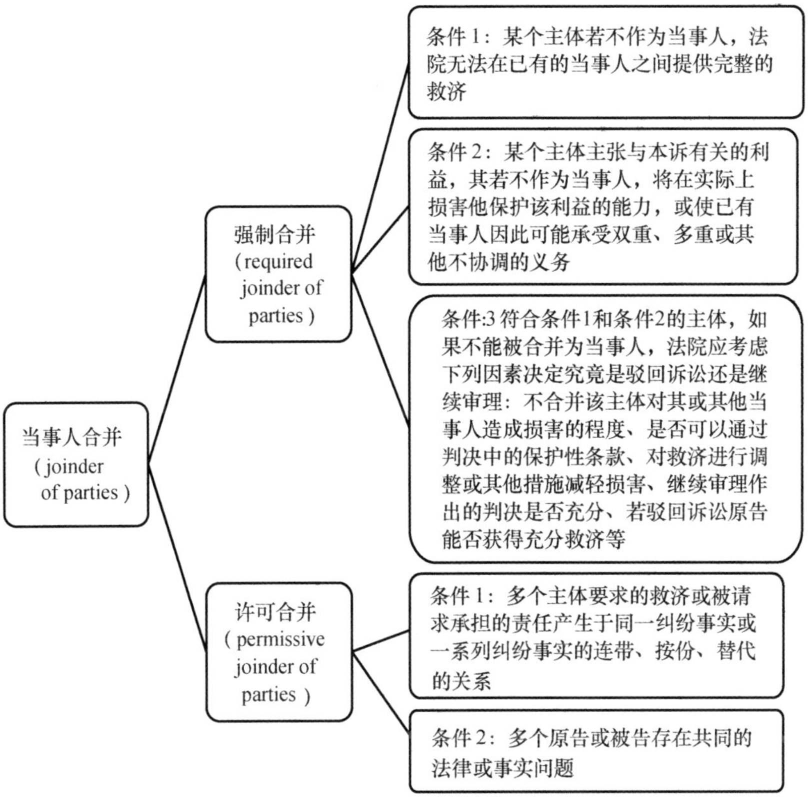

图5—4　美国的当事人合并

人证明其未作为当事人的诉讼对某财产——诉讼标的物——的分配或处分会对其产生不利影响，但实践中法院总是超出该规范文本。在接下来的规范修改中，它被变更为，如果判决在实际意义上会实质性地影响某个案外人，他就有权介入诉讼。这种有权利介入诉讼的主体同时也被认为就是《联邦民事诉讼规则》第19条中规定的主张某个与诉讼标的有关的利益，若不参加诉讼，诉讼结果可能在实际上损害其保护该利益之能力，故应当被合并的主体。① 对当事人介

① See Louisell & Hazard, Pleading and Procedure: State and Federal 749 - 50 (1962). 转引自 Advisory Committee Notes for Rule 23, in *Federal Rules of Civil Procedure, 2005 - 2006*, Educational Edition, 2005 Thomson/West, pp. 139 - 140。

入诉讼的事由，可图示化为图5—5。

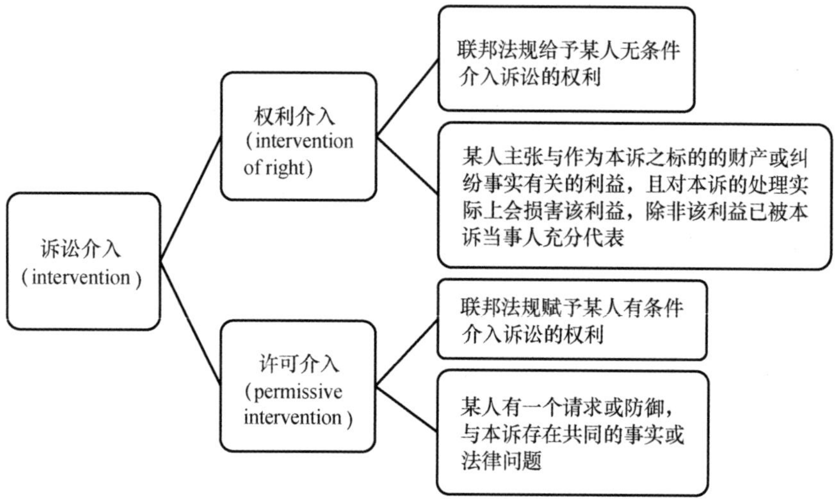

图5—5　美国诉讼介入的事由

关于案外人与诉讼标的有关的利益，关于诉讼介入的原来的规则实际上是要求申请人会或可能被该诉讼的判决拘束，这一条件——从字面意思上讲即既判力（Res Judicata）——会导致一些主体无法通过介入诉讼保护自己的利益，如主张已有的当事人不能充分代表自己利益的主体，若按照其主张的事由，他不会受既判力拘束，那他就无权介入诉讼，但这是不合理的。现在这一要件被删掉，结合《联邦民事诉讼规则》第19条，在判断强制当事人合并与权利性诉讼介入时均无须严格适用既判力。

因此，美国的强制当事人合并范围，明确不严格以既判力和大陆法系语境下的既判力扩张为唯一甚至主要的根据。实体上的关联性当然应当得到考虑，但更重要的是一些实际诉讼方面的因素。

由此可知，美国的强制当事人合并不像德国那样仅根据既判力的扩张，在共同诉讼中亦并不强制要求对全部共同诉讼人作出合一性的判决。根据美国第二次判决重述，在一方当事人内部，若没有提出交叉请求（cross-claim），既判力就不在这样的主体之间产生，毕竟没有提出过请求的，就不存在请求被排除的可能。但若他们彼此之间对某个争点进行了实质性的争议，并且对作出判决必不可少，在他们之间就会产生争点排除效。① 事实上，强制当事人合并本身并不是与既判力直接对应，法院很可能考虑判决对案外人的其他效力，甚至某种事实上的影响，要求当事人共同诉讼。

值得注意的是，这里提及的交叉请求是比共同诉讼还要再复杂一些的三方诉讼甚至多方诉讼的一种表现形式。共同诉讼虽也涉及多数人，但仍被组合为原—被告二元对立型的结构；三方或多方诉讼则突破了两造对抗的诉讼原型，呈现出多方对抗的形态。大陆法系与英美法系国家均承认三方诉讼形态，不过大陆法系相对比较保守，只存在主参加或独立当事人参加制度允许三方对立诉讼，德国仍然将其理解为共同诉讼的一种形态，日本则将其理解为三方诉讼；英美法系国家则更加开放，可能允许三方、四方……多方对立诉讼。这种复杂形态与大陆法系国家的第三人诉讼参加制度相似之处更加明显，因此将在后文中进行集中对照式的介绍。

（三）我国的共同诉讼制度

我国的共同诉讼借鉴了大陆法系国家的制度，但在规范内容上与德国或日本相比却存在着较大的差异。我国《民事诉讼法》第 52 条规定，当事人一方或双方有两人以上，且诉讼标的共同或诉讼标的同种类而法院认为可以合并审理并经当事人同意的，为共同诉讼。此外，共同诉讼人对诉讼标的享有共同权利义务，经其他共同诉讼人承认，其中一人的诉讼行为对其他共同诉讼人有效；共同诉讼人对诉讼标的没有共同权利义务，其中一人的诉讼行为对其他共同诉讼人无效。

1. 静态的共同诉讼类型

我国《民事诉讼法》对共同诉讼的规定与德日的差异体现在三

① See Restatement (second) of Judgments, § 38 (1982), pp. 378 - 379.

点：第一，我国没有规定数人权利义务产生于相同的事实和法律基础这类情形下可以实施共同诉讼；第二，诉讼标的为同种类时，德日对成立共同诉讼附加的要件是产生于本质上同类的事实和法律根据，我国的条件则是法院认为可以合并审理并经当事人同意；第三，我国以诉讼标的共同为必要共同诉讼的条件，德日的必要共同诉讼并不直接与诉讼标的相同画等号，[①] 而是在所有可成立共同诉讼的情形中考虑争议的对象是否必须在所有人之间合一确定，或者基于其他原因有必要共同进行诉讼的，才构成必要共同诉讼。

不过，我国《民诉法解释》规定了若干种具体的共同诉讼情形，其中有一些就是数人权利义务产生于相同的事实和法律基础，有一些按照实务界较具权威性的观点看来似乎还是必要共同诉讼，它们与《民事诉讼法》第 52 条的关系就成为问题，将对“诉讼标的同一”和“诉讼标的同种类”的理解产生较大的影响。在此意义上，共同诉讼制度还体现出诉讼主体与诉讼客体问题的重叠，在我国，它也与既判力主观范围和判决对案外人的效力问题紧密相关。

对我国《民诉法解释》中关于共同诉讼的规范进行整理，可得出表 5.1。

表 5.1　《民诉法解释》中关于共同诉讼的规范

民诉法解释	共同诉讼的情形	类型
第 54 条	当事人请求挂靠人和被挂靠人承担责任，二人为共同诉讼人	—
第 58 条	被派遣工作人员执行工作任务造成他人损害的，受害人主张劳务派遣单位承担责任的，接受劳务派遣的用工单位与劳务派遣单位为共同被告	—

① Vgl. Fenge, Bemerkungen zur “Notwendigkeit” der notwendigen Streitgenossenschaft, FS Mitsopoulos, Bd. 1, 1993, S. 473; BGHZ 30, 195, 199 = NJW 1959, 1683; Rosenberg/ Schwab/ Gottwald, Zivilprozessrecht, München 2010, S. 244.

续表

民诉法解释	共同诉讼的情形	类型
第59条第2款	个体工商户营业执照上登记的经营者与实际经营者不一致的，以登记的经营者和实际经营者为共同诉讼人	—
第63条	企业法人分立，因分立前民事活动发生的纠纷，以分立后企业为共同诉讼人	—
第65条	借用业务介绍信、合同专用章、盖章空白合同书或银行账户，出借单位和借用人为共同诉讼人	—
第66条	债权人向保证人和被保证人一并主张权利的，二者作为共同被告；一般保证时，债权人仅起诉保证人的，法院应通知被保证人作为共同被告	根据法院依职权的通知，似乎是必要共同诉讼
第67条	无民事行为能力或限制民事行为能力人造成他人损害，无民事行为能力或限制民事行为能力人和其监护人为共同被告	—
第70条	继承遗产诉讼，部分遗产人起诉，法院应通知其他继承人为共同原告；被通知的继承人不愿参加诉讼但未明确表示放弃实体权利，仍列为共同原告	必要共同诉讼
第71条	原告起诉代理人和被代理人要求承担连带责任，二人为共同被告	—
第72条	共有财产权受侵害，部分共有权人起诉的，其他共有权人为共同诉讼人	必要共同诉讼

《民诉法解释》第70条与第72条中规定的情形，由于当事人争议的诉讼标的不可分割，必须由所有相关主体共同诉讼，此时应成立固有的必要的共同诉讼。这在我国学理和实践中均存在相对一致的意见（但对第72条应注意保存行为的例外），除此以外，上述司法解释中的其他情形究竟是必有的共同诉讼还是普通共同诉讼，在实务界与理论界均存在不同的观点。

对个体工商户的登记经营者和实际经营者、分立后的多个企业法人、业务介绍信等的出借人与借用人、一般保证的保证人与被保证人、无民事行为能力或限制民事行为能力人和其监护人，无须原告主张，上述司法解释均直接规定为共同诉讼，即相当于将其作为不可分的固有必要共同诉讼，[①] 但这一观点在理论上遭遇了不少批评。首先，这类情形若理解为诉讼标的同一，与传统的诉讼标的理论不符，并且完全偏离了实体法与诉讼法中的相对性原则；其次，在实体法上，原告应有权选择其中一人起诉，将其作为固有必要共同诉讼与当事人的处分权原则不符。以一般保证人为例，《民诉法解释》规定法院应依职权通知被保证人为共同被告，其理由是根据一般保证人享有的先诉抗辩权，[②] 但这可能是对实体法先诉抗辩权性质的误读，[③] 先诉抗辩权是一种实体抗辩权，不是被告不适格这一类的起诉要件，故不影响诉讼的单独成立。

其实对于连带债务，典型的如连带保证人与被保证人，我国实务界人士认为应属于类似的必要共同诉讼，因为给付具有同一性，且实体法赋予债权人选择起诉何人和一并起诉还是分别起诉的自由。将这种情形作为类似必要共同诉讼，一并起诉时就可要求法院作出合一确定。[④] 对这种观点，我国有学者指出，将连带债务作为类似必要共同诉讼并不符合来源于大陆法系国家的这一术语的本来含义，

---

① 参见王亚新《“主体/客体”相互视角下的共同诉讼》，《当代法学》2015 年第 1 期，第 62 页。

② 最高人民法院有关部门编写的关于“民诉法解释”的理解与适用中认为，如果原告只起诉一般保证人，由于一般保证人有先诉抗辩权，法院应通知被保证人作为共同被告参加诉讼，已经作为被告的一般保证人也可以申请追加被保证人参加诉讼，如果原告不同意追加主债务人，根据先诉抗辩权原理，法院应当驳回原告对于一般保证人的起诉；如果原告不同意追加被保证人且明确放弃对被保证人诉讼请求的，法院应驳回原告诉讼请求。参见沈德咏主编《最高人民法院民事诉讼法司法解释理解与适用》（上），人民法院出版社 2015 年版，第 252 页。

③ 参见安海涛《保证合同诉讼的程序原理——基于〈民诉法解释〉第 66 条的分析》，《华东政法大学学报》2017 年第 2 期，第 185—186 页。

④ 参见沈德咏主编《最高人民法院民事诉讼法司法解释理解与适用》（上），人民法院出版社 2015 年版，第 231 页。

在大陆法系国家这种情形均为普通共同诉讼，[①] 如前所述仅少数学者主张其为准必要共同诉讼；且对连带债务的共同诉讼，起诉之后还允许部分撤诉，两个债务本身也并不属于真正意义上的同一诉讼标的，有必要作出统一判断的只是二者共通的法律或事实问题，作为普通共同诉讼更为妥当。[②]

结合我国《民事诉讼法》对必要共同诉讼的规定，上述将连带债务作为必要共同诉讼的观点似乎是将“诉讼标的同一”这一要件理解为“给付同一”了；从另一个角度出发，连带债务的法律关系不同，但通常产生于同一事实基础（这就是大陆法系国家将其作为共同诉讼的理由），故还可以将诉讼标的理解为生活事实或纠纷事件。[③] 这种较宽理解“诉讼标的”的主张可以将更多的情形容纳到必要共同诉讼中去，除了上述“民诉法解释”中特殊规定的情形外，只要是产生于同一个纠纷事件的多个法律关系，不论这些法律关系之间的关联性强弱，均可以作为必要共同诉讼来对待。关联较强的情形如上述的保证关系、其他连带责任，而在不真正连带责任、[④] 多数人侵权中的按份责任、补充责任等情形中，不同主体（如多数人侵权中的侵权人）之间的法律关联越来越弱，它们在大陆法系国家均属于普通共同诉讼。[⑤] 但在我国，由于普通共同诉讼的成立需要法院的许可和对方当事人的同意，而对方当事人又经常滥用这种权利，

① 参见卢政敏、齐树洁《连带债务共同诉讼关系之探讨》，《现代法学》2008 年第 1 期，第 80 页。

② 参见安海涛《保证合同诉讼的程序原理——基于〈民诉法解释〉第 66 条的分析》，《华东政法大学学报》2017 年第 2 期，第 185—186 页。

③ 参见王亚新《“主体/客体”相互视角下的共同诉讼》，《当代法学》2015 年第 1 期，第 64 页。

④ 参见罗恬漩、王亚新《不真正连带责任诉讼问题探析》，《法律适用》2015 年第 1 期，第 59—60 页。

⑤ 关于多数人侵权中的共同诉讼类型问题，参见卢佩《多数人侵权纠纷之共同诉讼类型研究》，《中外法学》2017 年第 5 期；罗恬漩《数人侵权的共同诉讼问题研究》，《中外法学》2017 年第 5 期。

不将特定案件作为共同诉讼予以准许又可能产生不利的后果，使得原告不能一次性获得权利的确认，在先的单独诉讼中法院对共通事实问题的判断还可能对后诉其他主体产生强烈的影响，所以为了避免出现这些不合理的结果，法院有时候就仍然允许进行共同诉讼，由于对方当事人提出了异议，虽然法院极少或从来没有明确说明案件究竟是必要共同诉讼还是普通共同诉讼，但在我国《民事诉讼法》第 52 条的逻辑下，就不得不将这种情形理解为必要的共同诉讼，那么只能将诉讼标的理解为纠纷事件。值得注意的是，这仅仅是在解决共同诉讼问题时对诉讼标的的较为合理的理解，不意味着该结论就能够直接适用于既判力、诉讼系属排除效等问题。

综上可知，根据我国《民事诉讼法》第 52 条，为了解决我国的共同诉讼问题，只有两种选择，一种是对必要共同诉讼进行扩张性的解释，另一种是对普通共同诉讼进行扩张。由于规范中对普通共同诉讼的成立设置了较为苛刻的条件，它只能对应着那种共同诉讼主体之间法律关联特别松散的情形；因此学者不得不在扩张必要共同诉讼的方向上进行努力，特别是不要求当事人必须一并起诉，因此不损害当事人处分权的类似必要共同诉讼。

2. 动态的共同诉讼流程与判决效力问题

共同诉讼是主客体的合并，是否允许共同诉讼，取决于当事人要求合并的主客体是否符合一定的要件。根据我国《民事诉讼法》的规定，当事人要提起共同诉讼，应当是在多数的主体之间具有共同的诉讼标的，或者具有同类诉讼标的并且法院认为可以合并而当事人也予以同意的条件下提起。因此，何谓诉讼标的同一、同种类，就成为法院确定是否必须或是否可以允许共同诉讼的裁判规范标准。诉讼标的是否同一、是否同种类，不像法院是否认为应当合并诉讼，对方当事人是否同意这样的程序性要件那样明确（不过法院认为应当合并诉讼或者不应当合并通常也是对很多因素进行综合考虑之后得出的结论），而是与案件的实体内容紧密联结在一起。

然而，是否要求必须进行共同诉讼或是否准许共同诉讼，均应在诉讼的较早阶段作出判断：如果是始发的共同诉讼，那么在原告起诉的阶段法院就应当得出结论；如果是后发的共同诉讼，也仅在较早阶段提出并作出决定才具有实际意义。在诉讼的早期阶段，关于不同主体之间是否属于诉讼标的同一，需要对“诉讼标的”有明确的认识，但“诉讼标的”在我国的理论与实践中均存在较大的分歧，因此，法院在实际处理共同诉讼的问题时，实际上不可能仅仅考虑被合并的诉讼客体之间是否具有同一性或同类型这两个抽象而具有分歧的标准。

对于固有的必要共同诉讼，即当事人必须一并起诉或应诉、一个都不能少的情形，当事人没有什么选择的权利。决定一个案件是否是固有的必要共同诉讼，最重要的因素是法律的规定，特别是实体法中的特殊情形，针对共同共有权利本身的纠纷（如继承权、其他共同共有关系），合伙协议内部的纠纷和以多数主体之间法律关系为标的的纠纷等。这些情形中，毫无疑问要实施诉讼是不能缺少相关主体的。除了法律的规定以外，法院还可能为了查明案件事实、保障债权人一次性获得完整的救济、防止分别诉讼引起前诉的判决对当事人不同的后诉产生不利于前诉案外人的影响，将某些法律并未规定为具有不可分性质的法律关系理解为固有的必要共同诉讼，例如在共谋的侵权行为中，实体法仅仅是规定了多数侵权人应承担连带责任，这一债务的性质是可分的，但有的法院却可能要求受害人将全部的侵权人作为被告一并起诉，通常情况下受害人也宁愿全部起诉，那么问题就不是很大；但假如受害人不想起诉某些主体，或者想要单独起诉他们，即法院与当事人在是否构成固有必要共同诉讼的问题上产生分歧的时候，如果法院“让步”，那么这最后可被理解为并非固有的必要共同诉讼，如果法院坚持，原告的拒绝要么不对诉讼产生影响，要么（更经常地）意味着原告“放弃”对这些主体追偿的实体权利。但如果不是法院与当事人之间存在分歧，而是由于客观的原因无法将同一纠纷事件涉及的主体均合并到诉讼中，如找不到特定的主体或者法院对该主体没有管辖权（如外国人）等因素，法院不得不“让步”，这种案件又回归到并非固有必要共同诉讼的状态。

非固有的必要共同诉讼，或称类似的必要共同诉讼与普通共同诉讼的界限在我国就更为模糊。这在实践中的表现是，法院从来不轻易说明一个案件中的共同诉讼究竟是何种类型的共同诉讼。而除了固有必要共同诉讼之外，其他共同诉讼的程序进展中不存在明显的标识。但是结合学理上对类似必要共同诉讼的定义和实体法、诉讼法的相关规定，此时当事人特别是原告的选择权还是相当大的。但是如果是普通的共同诉讼，原告的选择会受到法院的看法和被告的意见之制约，如果法院认为不宜合并，或者被告拒绝合并，就不能进行共同诉讼，而应当分开诉讼。法院认为不宜合并，通常是因为被合并在一起的诉讼客体内容关联较远，合并审理可能没有意义，甚至造成程序的混乱；而被告拒绝合并，其动机就很难确定了，有的时候的确是因为不利于防御，但更多时候可能是为了抗辩而抗辩、拖延诉讼等不太正当的目的。因此，在类似必要共同诉讼与普通共同诉讼之间，法院并不倾向于作出明确的区分，如果法院认为应当合并、合并有利于查明案件事实、一次性解决纠纷、针对不同主体的请求权关联紧密如果不合并审理可能造成不一致的裁判，那么即便被告提出异议，也允许原告进行共同诉讼；① 反过来，如果法院与被告意见一致，认为合并审理没有必要、不利于节约资源、反倒可能造成混乱，就会根据被告的意见拒绝原告进行共同诉讼的申请。

总的来看，在我国司法实践中对于某个共同诉讼究竟构成必要共同诉讼还是普通共同诉讼，法院考虑的因素是很多的。第一类因素当然是实体上的关联，如诉讼标的是否同一，是否产生于同一事实和法律基础（如连带责任），是否产生于同一事实基础（如不真

---

① 参见最高人民法院（2015）民二终字第98号民事裁定书。在本案中法院认为应收账款的债权转让与保理合同的订立构成一笔完整的保理业务，涉及保理人、债权转让人、债务人三方相互之间权利义务，因此，被告主张不应合并审理的理由不能成立。

正连带责任），是否仅仅是诉讼标的同种类（普通共同诉讼）；第二类考虑的因素是判决的效力，包括既判力与既判力扩张，还有其他判决效力，如预决效力这样的事实性影响；第三类考虑因素是其他诉讼上的考虑，诸如证据共通、主张共通，诉讼效率，诉讼经济，一次性解决纠纷，有效保护受害人利益等。

以我国《民事诉讼法》第 52 条的规定为基础，结合我国的司法实践，确有必要扩大必要共同诉讼的对象。对共同诉讼的“必要”，合一确定的“必要”，都不必像大陆法系通说那样限制在狭窄的范围内。不过，共同诉讼的必要牵涉当事人的处分权，因此还是应当尽可能尊重当事人的意愿，对于的确不属于固有必要共同诉讼的情形，法院和对方当事人为了查明案情、防止前后诉作出不一致的判断，可以采取将其作为第三人的方式，不必非要将其作为共同原告或共同被告。但就合一确定的必要，就不必局限于当事人主张的诉讼标的本身，在不同的诉讼标的之间存在关键性的共同事实问题或法律问题时，在共同诉讼中也应尽可能对这些问题作出合一确定。为了使这种合一确定针对未进入诉讼系属的诉讼请求、诉讼标的（例如追偿权），还有必要考虑使判决对非处于形式性对抗态势的当事人之间也产生某种效力，这更符合诚实信用原则，并能够对当事人之间的实体法律关系作出统一的处理。

二　第三人参加诉讼的判决主体

第三人参加诉讼也是来自大陆法系的特殊“当事人”制度。在大陆法系国家，第三人诉讼参加分为主参加与辅助参加，前者为三方诉讼形态，辅助参加人则并非独立的当事人，判决不对其产生既判力，但会产生其他效力——参加效，对此要留待后文详述。主参加的三方诉讼形态面临着和共同诉讼类似的问题，即判决仅一对一地产生拘束力，还是在三方当事人之间产生统一的效力。我国民事诉讼法也规定了第三人参加诉讼制度，并将第三人分为有独立请求权的第三人与无独立请求权的第三人，这一分类与大陆法系不能完全对应，在判决效力方面也存在差异，但也存在相似之处。与对共同诉讼的处理相似，接下来先梳理一下比较法中关于主参加或独立当事人参加的制度与理论，再在我国语境下有独立请求权第三人参加诉讼时的诉讼主体同一性标准问题。

（一）德国的主参加

《德国民事诉讼法》第 64 条规定，某一主体针对其他主体在诉讼中争议的标的物或者权利，全部或者部分为自己主张请求权的，在其他主体的诉讼获得生效判决之前，有权以在该诉讼的法院对正在诉讼的双方当事人起诉的方式，主张该请求权，这就是第三人的主参加（Hauptintervention）。在德国，主参加是一种诉的主客观合并，但不必根据《德国民事诉讼法》规定的共同诉讼要件来审查是否许可主参加，第三人实施主参加成为当事人后，诉讼自然成为共同诉讼形态，但仅在满足必要共同诉讼的条件时才成立必要的共同诉讼。① 若不成立必要共同诉讼，原告对被告、第三人对原告、第三人对被告提出的三个请求，各自的判决效力仅拘束特定请求的双方当事人，法院对这几个不同的请求也可能作出不相一致的判决（由于自认、承认对方请求等原因），例如债务人在本诉与主参加诉讼中可能同时被判决给付。② 为了避免这样的结果，当事人必须借助辅助参加、诉讼告知等程序引发参加效。③

与主参加相关，《德国民事诉讼法》还规定了两种特殊的诉讼形态——“权利竞争者诉讼”与“指名诉讼”，学者主张它们都是主参加的特殊形态。④ 《德国民事诉讼法》第 75 条规定了权利竞争者诉讼（Prätendentenstreit），在这样的诉讼中，作为被告的债务人对权利存在的本身无争议，但除原告外还有其他人主张自己是该权利

① BGH NJW 1988, 1204/05.

② RGZ 64, 321.

③ Vgl. Rosenberg/Schwab/Gottwald, Zivilprozessrecht, München 2010, S. 273.

④ Vgl. Stein/Jonas/*Bork*, § 75 Rn. 1.

的享有者，被告进行提存并退出诉讼，由被诉讼告知的权利竞争者与原告进行诉讼。《德国民事诉讼法》第 76 条规定了指名诉讼 (Urheberbenennung)，是指原告起诉某标的物的直接占有人，该占有人向原告指明该物的间接占有人，并对间接占有人进行诉讼告知，由间接占有人与原告围绕占有或对所有权的侵害进行诉讼。与主参加不同，权利竞争者诉讼和指名诉讼中原来的被告退出了诉讼，故最终只存在一个诉讼而已。[①] 但将诉讼进行到底的双方当事人获得的判决对于诉讼脱退人也有拘束力。[②] 判决对诉讼脱退人的拘束，是将诉讼脱退人视为判决当事人，还是既判力扩张，不是很明确。

（二） 日本的独立当事人参加

《日本民事诉讼法》第 47 条第 1 款规定："主张诉讼结果将要侵害自己权利的第三人，或者对诉讼标的的全部或一部分主张权利的第三人，可以该诉讼的当事人双方或一方作为相对方，自己作为当事人参加到该诉讼中去。"同条第 4 款规定："第 40 条第 1 项至第 3 项的规定准用于本条第 1 项中的当事人和参加诉讼者，第 43 条规定准用于本条第 1 项中的参加申请。"这是日本的独立当事人参加制度，与德国的主参加稍有不同，即日本的独立当事人参加要准用第 40 条必要共同诉讼的相关规定，因此法院必须在三方当事人之间作出无矛盾的判决。故三方当事人均受统一判决的既判力拘束，既判力并非一对一地发生。

此外，日本独立当事人参加的事由比德国的主参加要多一项，即主张诉讼结果将侵害自己的利益，这在学理上被称为诈害防止参加。这种独立当事人参加与辅助参加之间的界限不是很清晰，有的

---

① Vgl. Wieczorek/Schütze/*Mansel*, § 75 Rn. 14ff.

② 对权利竞争者诉讼，根据判例可知诉讼脱退人受判决拘束，BGH NJW – RR 1987, 1439 (1440); 1992, 1151. 对于指名诉讼，《德国民事诉讼法》第 76 条第 4 款第 2 句明确规定判决对原来的被告也有效并且可执行。

学者主张将诈害防止参加限定于既判力或反射效及于第三人的情形，以便与普通的辅助参加区别开来，但这样也就限制了独立当事人参加诉讼防止诈害的能力，因此，在日本还是单纯考虑诈害意思的学说影响力渐渐扩大。[①]

在诈害防止参加中，如果将既判力扩张作为独立当事人参加的一个条件，正好与判决的合一确定性相适应；但独立当事人参加并不限于诈害防止参加，对他人之间诉讼标的主张权利并不要求承受既判力扩张就可以进行独立当事人参加。从这两个事由的对称性来说，无须要求诈害防止参加申请人承受既判力的扩张。即便如此，由于三方当事人之间均存在对抗，法院准用必要共同诉讼规定就必须作出合一的确定，以保障程序进行和诉讼资料的统一，避免在三方当事人之间出现实体法逻辑上的矛盾。[②] 因此，日本的独立当事人参加虽并非以既判力扩张为前提，但通过三方诉讼的程序，仍要实现裁判的统一，这并非仅仅基于实体法律关系本身的特征，还由于三方诉讼的独特程序特征。

与德国的权利竞争者诉讼和指名诉讼类似，《日本民事诉讼法》第 48 条也规定了诉讼脱退："前条（第 47 条）规定的主张自己权利的第三人进行独立当事人参加的场合，参加前的原告或被告，得到对方当事人的同意后可以从诉讼中脱退。在这样的场合中，判决对脱退的当事人也有效力。"

（三）美国的第三方诉讼实践与交叉诉讼

美国的第三方诉讼实践（third-party practice）与交叉诉讼（interpleader），虽可在一定程度上与大陆法系的主参加与独立当事人参加进行对照，但极富特色。

美国的第三方诉讼实践也称"引入第三方被告"（impleader），

---

① 参见［日］新堂幸司《新民事诉讼法》，林剑锋译，法律出版社 2008 年版，第 579 页。

② 同上书，第 575—576 页。

是指被告可以自己以原告的身份（third-party plaintiff），将第三人引入诉讼作为自己的被告（third-party defendant），主张该第三人应当为自己可能向（本来的）原告承担的责任负责。① 在实践中，第三方诉讼实践结合其他相关诉讼制度，可能在这些复数主体之间呈现出更加复杂的形态，如图 5—6 所示。

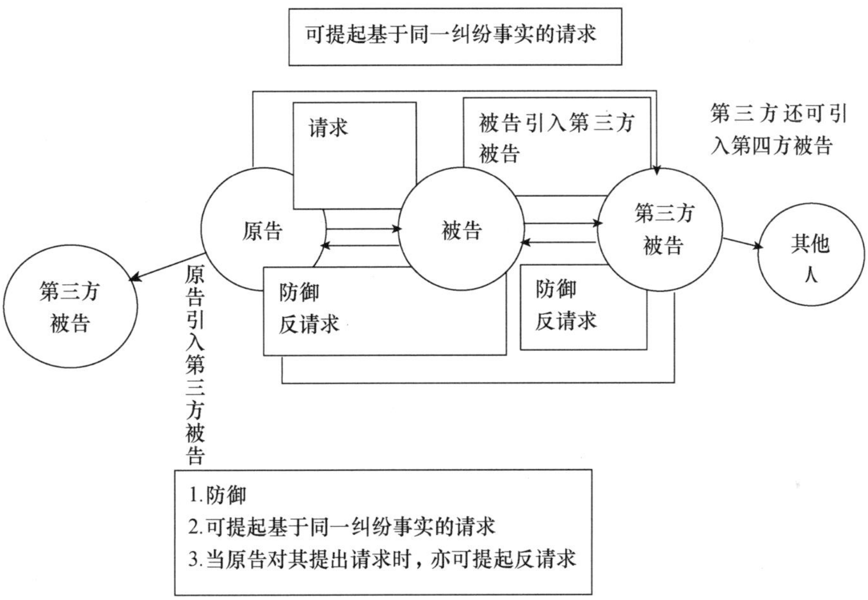

图 5—6　美国的多方当事人诉讼

对图 5—6 还需要加以说明的是，原告也可以引入第三方被告的前提条件是被告对他提出了一项反请求（Counter-claim）。假如程序中当事人充分利用自己提出反请求，引入第三方被告的权限，结果导致程序过分复杂，不便审理，影响到当事人的利益，法院可以基于当事人的申请对多项请求进行分离。由于美国第三方诉讼实践的情形多样、当事人权限较多，与大陆法系的必要共同诉讼差异较大，

① Federal Rules of Civil Procedure，Rule 14.

除非有特殊事由，否则既判力仍限于彼此之间存在请求的当事人之间。

美国的交互诉讼（Interpleader）是指原告主张有多个主体向自己提出请求，这些请求可能导致自己承担双重或多重的责任，故要求将这些多个主体共同作为被告，并由这些被告交互进行诉讼。[①] 这与德国的权利竞争者诉讼情形类似，但当事人的地位是互换的，即在德国债务人仍居于被告地位，而在美国的交互诉讼中债务人为原告，主张权利的多个主体作为被告并在彼此之间进行诉讼；此外权利竞争者诉讼中被告退出诉讼，但在美国的交互诉讼中原告可以对被告的请求进行防御，不一定完全承认。

在美国的上述多数人诉讼形态中，虽然既判力仅拘束处于对抗地位的当事人，但若不存在对立请求的当事人之间产生了实质性的争议，该争议还对判决结果产生了影响，判决就在二者之间产生争点排除效，这与大陆法系辅助参加的参加效具有类似的原理，但更强调实质性的争议，不限于参加诉讼这种形式。

（四）我国的“有独三”参加诉讼形态

我国《民事诉讼法》第56条第1款规定，第三人认为自己对当事人双方的诉讼标的有独立请求权的，有权提起诉讼。因此，有独立请求权第三人将成为当事人，并且是对原被告之间诉讼标的主张权利的第三方当事人，虽无相关法律规定，但我国实践中法院一般都会在三方主体之间作出统一判决。[②]

在我国，有独立请求权第三人获得的理论与实践关注均较少，仅在少数案件中第三人以有独立请求权第三人的身份参加诉讼。与此相比，我国学者围绕无独立请求权第三人存在更多争议，这

① Federal Rules of Civil Procedure，Rule 22.

② 如上海市第二中级人民法院（2016）沪02民终8055号民事判决书。

种第三人在实践中也更为常见。[①] 根据法律规定，我国的无独立请求权第三人可被分为被判决承担责任的“无独三”和未被判决承担责任的“无独三”，前者因为被判决承担责任而成为诉讼当事人，从而应承受既判力的拘束；后者则相当于大陆法系辅助参加人的地位。但这二者之间界限并不明确，几乎可以说某个第三人究竟是被判决承担责任的第三人还是未被判决承担的第三人，除了案情限制外都是由个案中的法院任意决定的，并且无独三不属于被告却被判决承担责任，有违处分原则，因此遭到不少学者的批评。[②] 判决无独立请求权第三人承担责任的规定确实存在问题，将来或许有必要考虑废除或者借鉴美国的引入第三人诉讼制度对其进行合理化改造；不过，在判决效力的语境中，将这种第三人视为承受既判力的当事人应无问题，毕竟该第三人已经被判决承担责任了，若不令其承受既判力是说不过去的，他承受既判力还可以利用相关制度寻求进一步的救济。对于未被判决承担责任的第三人，就不属于案件的当事人了，不能将其视为在界定诉讼主体同一性时应当考虑的对象。

三　我国多数人诉讼形态下的判决主体

在界定诉讼主体的同一性时，多数人诉讼形态具有特殊性。在须合一确定的必要共同诉讼中，判断前后诉主体是否具有同一性，只需考虑后诉主体在前诉中是否曾经作为当事人出现过；在无须合一确定的普通共同诉讼中，判断前后诉主体是否同一，却必须考虑

---

① 笔者在中国知网上以“有独立请求权第三人”为关键词进行检索，出现的期刊论文大部分却是关于无独立请求权第三人的，最后浏览日期 2018—02—04；在我国的司法实践中，大部分第三人是无独立请求权第三人，有些第三人主张自己为有独立请求权第三人，但实际上或者法院最后还是将其作为无独立请求权第三人。

② 参见肖建华《论我国无独立请求权第三人制度的重构》，《政法论坛》2000 年第 1 期，第 111—112 页；章武生《我国无独立请求权第三人制度的改革与完善》，《法学研究》2006 年第 3 期，第 57 页。

后诉主体在前诉中是否是对立双方当事人。因此，诉讼主体同一性的界定与共同诉讼的类型密切相关。但是，近来的情形中，除了德国还坚持仅以既判力扩张范围为标准来划定必要共同诉讼与简单共同诉讼之间界限外，日本和中国司法实践中均开始为了诉讼实际的需要，考虑判决对相关主体产生的既判力以外的其他判决效力，扩大必要共同诉讼的范围。这样一来，在前诉中法院作出的合一确定性质就产生了模糊，不能够直接被用来标志前后诉诉讼主体是否具有同一性。举例来讲，德国的基于诉讼法原因的必要共同诉讼均属于既判力扩张的情形，当其事先作为当事人实施诉讼，那么判决就必须在诉讼标的的层面上对所有的当事人作出合一确定，在判断前后诉主体是否同一时，仅需考虑后诉主体在前诉是否曾经出现过；而在我国学者主张的一种类似必要共同诉讼——主债务人和保证人作为共同被告——中，法院并非在诉讼标的层面作出合一判决，而是在判决理由层面作为合一判断，主债务人与保证人之间实施的后诉，与前诉的诉讼主体就并不同一，因为二者在前诉中并非作为对立双方当事人，亦未曾就二者之间的法律关系提出诉讼请求并实施诉讼。

在对诉讼主体同一性进行界定时，还要考虑第三人参加诉讼形态中的特殊性。虽然“有独三”本来并非承受既判力的主体，然而一旦其参加诉讼，对原被告均提出请求，法院一般都要在三方主体之间作出统一判决，否则就会出现尴尬的境地，那么判决在三方主体之间产生统一的既判力，在判断后诉与前诉诉讼主体是否同一时，可仅查看后诉主体是否在前诉作为当事人或有独三出现过。此外，在我国的语境中，无独三虽然无独立请求权，但可能被判决承担责任，他应承担判决的既判力，不过由于无人对其直接提出诉讼请求，在判断前后诉主体是否同一时，还存在一些模糊性：通常无独三被判决承担责任的情形都是，原告要求被告承担责任，被告却主张该责任是由于无独三造成的，那么判决确认无独三承担责任后，实际上是同时对原告与被告之间法律关系和被告与无独三之间法律关系作出了判决，因此实际意义上可以等同于有独三，判断前后诉主体是否同一时仅看后诉主体是否曾在前诉出现过。当然，这一判断由于缺少制度上的明显标志，在实践操作中极易被滥用，我国仍然有必要考虑采取由法院释明原告直接将无独三追加为被告的做法，假如原告无权直接起诉无独三，不妨借鉴美国的第三方诉讼实践，允许被告作为原告引入第三方被告，这虽然突破了纠纷解决的相对性原则，但有助于纠正我国判决无独三承担责任的乱象，还可以赋予法院在尊重当事人意愿的前提下拆分诉讼的权力。经过这样的改造，无独三被判决承担责任的弊端就得以避免，还有利于纠纷的一次性解决。

在我国，无须“合一审判”的普通共同诉讼、若干种类似必要共同诉讼、无独立请求权第三人参加诉讼且未被判决承担责任时，同属一方当事人的主体彼此之间、当事人与第三人之间，判决均不能直接产生既判力，前后诉的诉讼主体并不同一。但是判决可能对后诉产生某种其他效力，这在我国实践中常常由预决效力来加以解决。

第三节　小结

界定诉讼主体同一性时须对与诉讼主体有关的概念进行辨析，将当事人适格作为标准最为妥当，因为仅适格的当事人有权获得实体判决。在多数人诉讼中，诉讼主体同一性的界定存在特殊性。共同诉讼中，前后诉主体是否同一主要看后诉主体在前诉中是否具有对立地位，除非是必须在诉讼请求层面作出合一确定的必要共同诉讼（只需后诉主体在前诉中出现过）；有独三为当事人，为解决实体法律关系相对性与物权对世性之间的矛盾，应当在有独三与当事人之间作出合一确定，故在后诉中亦仅需看后诉主体是否在前诉中出现过，我国还规定无独三可被判决承担责任，此时应作类似处理；

其他无独三并非当事人，其在后诉作为当事人时，前后诉诉讼主体不具有同一性。

以上对诉讼主体同一性的界定，是在一般当事人概念中析出承受判决既判力的诉讼主体，这可被称为“减法操作”。原则上判决效力应仅作用于诉讼主体，但判决效力具有独立的制度目的，为实现这些目的它们有时例外地超出诉讼主体的范围，对其他主体产生约束或影响。本书接下来就要考察既判力主观扩张及判决对案外人产生的效力，在诉讼主体的层面这就是“加法操作”。

第六章

既判力主观扩张

既判力主观扩张，是指判决对案外人产生既判力。鉴于既判力包含了判决对后诉的遮断效与积极拘束力这两种作用方式不同的效力，问题在于既判力主观扩张究竟是判决须同时对案外人产生遮断效与拘束力，还是判决对案外人产生遮断效或拘束力任意一种情形即可。对此域外不同国家采取了不同的立场，在我国语境下，法律规范仅有作为消极既判力之体现的禁止重复起诉规则，并无积极既判力规定，为慎重起见，应将既判力扩张限定为判决必须同时对案外人产生遮断效与拘束力。为与消极既判力相适应，至少可以确定既判力主观扩张应当满足的一个要件——前后诉诉讼客体同一。域外承认的案外人作为当事人的后诉不被遮断但其应承受判决拘束的几种情形中，前后诉诉讼客体间存在着先决关系，故这类案外人可称为与前诉存在实体牵连关系者，判决对这些主体的效力留待下一章进行全面考察。

前后诉主体不同时诉讼客体是否有可能保持同一性，是一个观念上有些棘手的问题，因为诉讼主体与诉讼客体总是紧密结合在一起决定诉讼审判对象的。与这种相互交织、相互影响的关系相对应，学说中存在一种“大诉讼标的”理论，将诉讼标的概念理解为包含了主观、客观与时间三方面因素的综合体。[①] 但诉讼主体维度与客体维度毕竟不同，诉讼主体同一时诉讼客体可能不同，诉讼客体相同时诉讼主体不同的情形亦存在，将二者分开考察具有可行性与可欲性。域外大陆法系学者在考虑既判力主观扩张时，多数满足于列举既判力扩张的特殊情形，较少追寻其统一根据，但曾有学者提及既判力主观扩张与诉讼标的同一的对应性。[②] 综合考虑这些具体情形，可归纳出前后诉须有相同诉讼客体，然而，受程序保障原则制约，并非所有前后诉客体同一的情形均产生既判力主观扩张。本章接下来先梳理域外关于既判力扩张的制度与学理，提炼出既判力主观扩张的统一根据；然后以此为启发，考察我国应承认的既判力主观扩张具体情形，特别注意其与我国相关实体程序法规范的体系一致性。

第一节　域外关于既判力扩张的制度与理论

大陆法系德国与日本既判力扩张制度相似，但扩张的具体情形并不完全相同，这既是由于各国规范有所不同，又与学说和判例对这个问题的态度有关。事实上，德国的既判力扩张不仅包括判决同时对案外人产生遮断效和拘束效的情形，还包括判决仅拘束后诉而不遮断后诉的情形；而日本的既判力扩张却仅限于判决同时遮断和拘束后诉的情形；此外，两国承受既判力的案外人之具体类型亦不完全一致。在英美法系国家，不像大陆法系国家这样强调既判力的相对性，以美国为例，其争点排除效本来就可以在满足一定条件时

① 参见任重《论中国民事诉讼的理论共识》，《当代法学》2016 年第 3 期，第 45 页。

② Vgl. Rosenberg/Schwab/Gottwald，Zivilprozessrecht，München 2010，S. 891.

为案外人所援用，但是基于案外人程序保障的考虑，判决通常还是仅拘束当事人，不过在一些特定情形中对案外人亦产生效力，有时仅对案外人产生请求排除效，有时仅对案外人产生争点排除效，有时则同时对案外人产生请求排除效和争点排除效。

一　德国的既判力主观扩张

德国的既判力主观扩张主要以法律的特殊规定为根据，因此要根据具体的规范来确定判决对案外人产生的效力：有时不论判决是否有利于第三人，既判力均及于第三人，有时仅在判决对第三人有利时既判力扩张，有时仅在判决对第三人不利时既判力扩张。这些规范的数量众多，且散见于德国的实体法和程序法之中；学者对这些规范进行整理，将既判力扩张大致分为四种类型。

（一）不论判决是否有利均对所有人产生效力

有些诉讼标的性质特殊，涉及公共利益，因此法律规定针对这些诉讼标的作出的判决，不论其结果有利或不利，均对所有人产生效力。例如，根据《德国家事案件和非讼事件法》第 184 条第 2 款，针对身份事项的决定对一切人产生效力。

此外，基于合目的性的理由，特别是为了防止矛盾判决可能引起的混乱，针对某个主体作出的判决，对所有参与了作为诉讼争议对象的法律关系的主体，均产生效力。例如，根据《德国民事诉讼法》第 856 条，在强制执行程序中，债务人对第三人的债权被债务人的多个债权人扣押的，任何一个债权人都有权起诉第三债务人请求履行其债务，这一诉讼获得的判决，不论有利还是不利，均对所有实施了扣押的债权人有效。根据《德国破产法》第 183 条，在破产程序中，某个破产债权存在异议且当事人提起确认之诉的，该判决对破产管理人与所有的破产债权人均有效。根据《德国股份公司法》第 248 条与第 252 条，确认股东大会决议无效的判决对所有的股东均有效。根据《德国股份公司法》第 147 条与第 148 条第 5 款，股东代表诉讼获得的判决不论有利还是不利均对公司和所有的股东有效。根据《德国合作社法》第51条第5款，第96条与第111条第2款，确认全体大会决议无效、合作社无效、撤销合作社破产清算结果之诉的判决对所有的合作社社员均有效。根据《德国有限责任公司法》第75条第2款，宣告有限责任公司无效的判决对所有的股东有效。

关于身份事项的判决具有的所谓“对世效”（Rechtskraftwirkung inter onmes），其实是形成权法律后果的体现。法律规定判决对一切主体有效，意味着一般主体均应尊重关于身份关系的权利形成。这应当与在当事人之间产生的既判力，与针对与案件有关的第三人产生的真正既判力扩张区分开来。[①] 这一点在上述公司、破产等法律领域中，基于法律的具体规定表现得较为明确，既判力就只是对那些参与了同一法律关系的主体产生扩张。

这类情形中前后诉诉讼客体具有同一性，既判力之所以扩张，主要是为了使人身关系和团体关系能够迅速得到确定，维护其稳定性。

（二）对权利义务继受人的既判力扩张

首先，判决理所当然应拘束当事人的概括继受人，特别是继承人，因为继承人完全承接了当事人的法律地位。[②] 当然，仅当概括继受发生于判决生效后，才可能出现既判力的扩张；若还在诉讼程序中产生了概括继受的事由，就不得不变更当事人，由继受人成为当事人直接承受判决的效力。

其次，在一定的条件下，判决也拘束当事人的特别继受人，包括其既判力与执行力。不过这种既判力扩张仅仅针对继受人与权利前手之相对方当事人之间的法律关系，这是因为可以将继受人与对方当事人间的诉讼标的视为权利前手与对方当事人之间诉讼标的的

---

① Vgl. Calavros, Urteilswirkungen zu Lasten Dritter, 1978, S. 114ff. 转引自 MüKoZPO/Gottwald, 5. Aufl. 2016, ZPO § 325 Rn. 6。

② BGH MDR 1956, 542; BGH MDR 1971M 913.

延续，二者具有同一性，前诉判决对这一诉讼标的作出了确认，该确认不应因主体的变化而受到影响。前诉判决对继受关系本身并没有作出判断，自不妨碍或影响后诉的实施。

特别继受可分为权利继受与债务继受。权利继受人承受既判力扩张的要件如下：

第一，继受是指对诉讼标的的转让，或者是获得一个派生性的法律地位，如质权、用益物权或纯粹的占有，不论这一转让是通过法律行为还是国家行为，亦不论采取何种转让方式。此外，对系属于诉讼的标的物（streitbefangen Sache），为了当事人或其继受人利益成为直接占有人者，也像继受人一样受到既判力扩张。对此，存在争议的一种情形是，甲将自己所有的某物出借给乙，诉乙请求返还，诉讼中乙将该物出租或者再出借给丙或交丙保管，若甲乙之间的判决以甲的所有权为理由，丙受判决拘束；若判决根据出借这一债权关系判决乙返还该物，由于此时该物不是系属于诉讼的标的物（因为前者是物权争议，后者是债权争议），丙不受判决拘束。但学者认为这两种情形极为相近，应当类推适用，即两种情形下既判力都扩张及于丙。①

第二，在时间点上，权利的转让必须发生在诉讼系属之后，包括判决产生既判力之后；若权利的转让不影响权利前手的本案适格，案外人与权利前手成为共同权利人时（权利加入），仅判决产生既判力后的权利转让产生既判力扩张的后果。

但是，若权利受让人根据实体法是从无权处分人处善意取得，并且对诉讼系属或已存在有既判力的判决也具有善意（善意地不知），他将不受既判力的拘束。这是为了防止受让人通过实体法获得的善意取得保护因为既判力的扩张而落空。此外，基于登记簿的公信力，抵押权人获得的败诉判决不拘束诉讼系属后从他那里继受抵押权的主体，除非继受人知道登记簿是错误的或者知道关于抵押权的诉讼正在

---

① 不同观点可见于 RGZ 103，121，vgl. Rosenberg/Schwab/Gottwald，Zivilprozessrecht，München 2010，S. 889。

进行。反过来，土地的受让人即使不知关于土地上已登记的土地债、抵押权等正在进行诉讼，也受该诉讼中当事人获得的给付或者确认判决的拘束。对于强制拍卖中土地的受让人，只有至迟于拍卖期日在催告报价前对诉讼系属进行了告知的，判决才产生拘束力。

如果权利的转让发生在诉讼系属之前，一般来说原权利人实施的诉讼获得的判决既判力不及于权利继受人，因为原权利人并无诉讼实施权。不过，根据《德国民法典》第407条第2款，如果在进入诉讼系属时债务人对权利的转让并不知情，为了保护他的信赖利益，即便诉讼一直在他与转让人之间进行，判决也拘束受让人，这一效力仅对受让人不利，受让人不得作有利于自己的援引。如果在诉讼过程中权利的转让被披露，诉讼必须由受让人继续进行。

以上均是关于权利继受的一般要件和例外情形。对于债务的继受人能否受既判力扩张这一问题，在德国存在争议。判例和一些文献中主张此时不应发生既判力的扩张，① 但也存在相反观点，主张前后诉的诉讼标的在客观上是完全一致的，故应当承认既判力扩张；② 也有学者认为，如果债务承受是在判决产生既判力后发生的，就有既判力的扩张，反之则否。③ 当然，与权利加入（案外人与权利前手成为共同权利人）类似，债务加入（案外人与原来的债务人成为共同债务人）也仅在判决产生既判力后发生时，加入者才承受既判力的扩张。④

---

① 判例如BGH NJW 1954，420；学说如Stein/Jonas/*Leipold*，§ 325 Rn. 31ff。

② Vgl. Bettermann，Die Vollstreckung des Zivilurteils in den Grenzen seiner Rechtskraft，1948，S. 72. 转引自Rosenberg/Schwab/Gottwald，Zivilprozessrecht，München 2010，S. 890。

③ Vgl. Blomeyer，§ 93 II und Rechtskrafterstreckung infolge zivilrechtlicher Abhängigkeit，ZZP 75（1962），21；Rosenberg/Schwab/Gottwald，Zivilprozessrecht，München 2010，S. 890.

④ Vgl. Bettermann，Die Vollstreckung des Zivilurteils in den Grenzen seiner Rechtskraft，1948，S. 136. 转引自Rosenberg/Schwab/Gottwald，Zivilprozessrecht，München 2010，S. 890。

根据《德国民事诉讼法》第 326 条，若先位继承人针对继承事项在后位继承成立前获得生效判决，该判决对后位继承人也有效力；若是在后位继承条件出现后诉讼还未终结，但先位继承人享有对标的物的处分权或者后位继承人同意这一处分的，判决对后位继承人也产生效力。在实体法中，严格说来后位继承人并非先位继承人的权利继受人，但二者毕竟存在相继的关系，故可与权利义务继受进行类比，承认既判力的扩张。

对于德国受既判力扩张所及的继受人应满足的条件，可以图 6—1 进行整理。

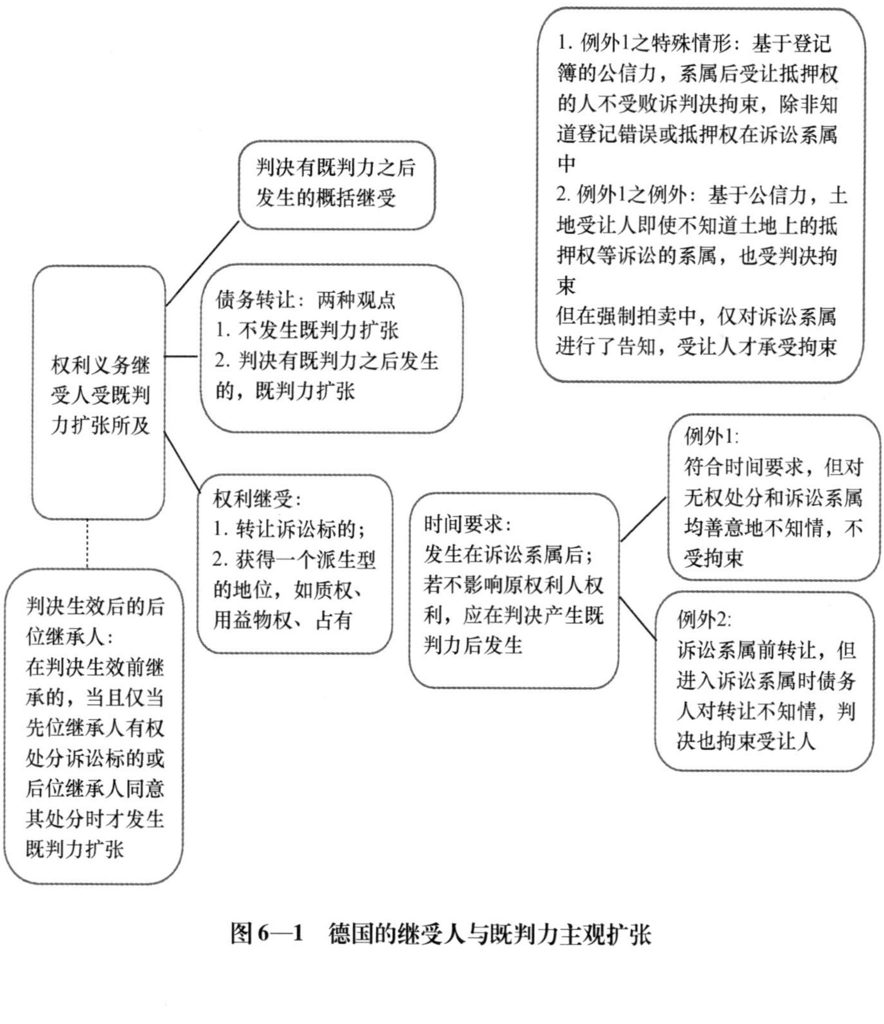

图 6—1　德国的继受人与既判力主观扩张

（三）诉讼担当引起的既判力扩张

诉讼担当的情形中，诉讼担当人实施诉讼的客体是实体当事人所享有的权利义务，其所获得的判决应当拘束实体当事人，诉讼担当制度才能得其所，且不枉对方当事人与诉讼担当人进行诉讼花费的时间与精力。如果实体当事人针对对方当事人提起诉讼，该诉讼的客体与诉讼担当人实施的诉讼之客体就具有同一性。故此处的既判力扩张亦与诉讼客体同一性相结合。

但是值得注意的是，在德国，法律规定了较多的可被称之为诉讼担当的情形，学者将其分为两类：一类是诉讼担当人对由其维护的他人权利在实体上享有独立的处分权，或者权利主体自己的诉讼实施权被完全剥夺（即转移给诉讼担当人）时，因此诉讼担当人实施诉讼就只是为了维护权利主体的利益；① 另一类则是诉讼担当人实施诉讼主要是追求其自身的利益。第一类被担当的实体主体应承受既判力的扩张，而第二类诉讼担当人实施诉讼获得的判决则不拘束实体权利归属者。② 关于这两类诉讼担当人究竟是怎样的主体，下面分别予以阐述。

为维护实体权利主体利益而进行诉讼担当的主体主要有职务当事人（Partei kraft Amtes），如破产管理人、遗产管理人、强制管理人，他们针对其管理的财产所获得的判决就拘束相关的实体权利主体。《德国民事诉讼法》第 327 条还特别规定遗嘱执行人获得的判决拘束继承人。在婚姻财产共同制中，仅夫妇一方对共有财产享有管理权的，那么该主体获得的判决对夫妇另一方也有效力，但如果双方均有管理权，就属于第二类诉讼担当，不产生既判力的扩张。在分居阶段或离婚诉讼阶段父母一方可以自己的名义向另一方请求给

① BGHZ 79，245（248） = NJW 1981，1097；Rosenberg/Schwab/Gottwald，Zivilprozessrecht，München 2010，S. 233.

② Prütting/Gehrlein/Völzmann-Stickelbrock Rn. 39；转引自 Rosenberg/Schwab/Gottwald，Zivilprozessrecht，München 2010，S. 234。

付对未成年子女的抚养费，该判决或诉讼和解对孩子均有效力。

主要为了自己的利益实施诉讼担当的情形有：在婚后所得财产的共有关系（《德国民法典》第1368条、第1428条、第1455条第8款）、财产共有关系（《德国民法典》第744条、第1011条）、遗产共有关系（《德国民法典》第2039条）中，配偶任何一方、任何一个共有人都有权对共有财产进行管理，如果配偶一方或共有人一方对于必须得到另一方或其他共有人的同意才有效的处分行为未经同意就加以实施，对第三人主张该处分行为无效的诉权，另一方配偶或其他共有人也可以行使。这些情形也被视为法定诉讼担当，但此时“担当人”的行为只是为了实现自己的利益，法律规定这样的诉讼担当也只是为了方便担当人有效地追求自己的利益，因此如果这种追求自己利益的行为是通过诉讼实施的，其获得的判决就不拘束其他共有人。[①]

（四）基于实体牵连关系的既判力扩张

当实体法将第三人的法律地位与前诉一方当事人的法律地位紧密地关联起来时，也可能产生既判力扩张，此时的前提条件自然也是前后诉的诉讼标的在客观上具有同一性，可称为实体牵连关系（materiellrechtlicher Abhängigkeit）。

根据《德国商法典》第129条，无限公司、两合公司获得的判决也拘束其股东（无限公司、两合公司的股东应当为公司债务承担无限连带责任），[②] 因为债权人就公司之债务起诉股东时，除股东个人享有的抗辩外，公司不享有的抗辩股东也不享有，这意味着如果公司因前诉判决的生效某些抗辩被遮断，股东也在同一范围内不能提出相关的抗辩。

---

① BeckOK ZPO/Gruber，24. Ed. 1. 3. 2017，ZPO §325 Rn. 40.

② 判例如 BGHZ 139，214（218）= NJW 1998，2972（2973）；文献 vgl. Weller，Zur Rechtskrafterstreckung zwischen der Gesellschaft des bürglichen Rechts und ihren Gesellschafttern，ZZP 124（2011），491（494ff.）. 转引自 MüKoZPO/Gottwald，5. Aufl. 2016，ZPO § 325，Rn. 71。

根据《德国保险合同法》第124条第1款，原则上责任保险的保险人可以援引被保险人获得的有利判决，被保险人也可以援引保险人获得的有利判决。不过，如果前诉判决驳回第三人针对保险人的诉讼请求，是基于保险人的免责条款，被保险人就不得作有利于自己的援引；[①] 此外，驳回第三人针对被保险人的诉讼请求后，针对保险人却有可能因为保险人明示的债务承认而作出给付判决；[②] 并且这种对既判力的援引还有可能构成权利滥用，[③] 此时就可能拒绝其援引对自己有利的判决。

保证人、提供抵押或质押者等从属债务人，可以援引债权人对主债务人的败诉判决。这是由于《德国民法典》第768条第1款、第1137条第1款与第1211条第1款规定从属债务人可以主张主债务人享有的全部抗辩，这就包括主债务人针对债权人可以主张的既判力这一抗辩。但如果主债务人与债权人之间诉讼产生的判决不利于主债务人，该判决却不能拘束保证人等从属债务人，[④] 保证人提出抗辩的权利不受影响。不过，如果保证等从属债务是在关于主债务的判决产生既判力之后成立的，虽然并不被理解为既判力扩张，但对于经生效判决确定的主债务，保证人（此时被理解为程序保证人 Prozessbürgen）等从属债务人应不得争议。[⑤] 此外，债权人针对保证人获得的判决对主债务人没有效力，主债务人也不得作有利于自己的援引。

在执行程序中，多个债权人要求实现自己债权的情形中，他们彼此之间可对对方的债权进行争议、提起诉讼，若某个有争议的债权已有生效判决确认，异议人与债务人一样受到事实遮断效的排除，

① BGH NJW 1978, 2155.

② BGH NJW 1982, 996.

③ BGH MDR 1979, 835.

④ BGHZ 139, 214 Rn. 10 = NJW 1998, 2972.

⑤ BGH NJW 1975, 119; vgl. Bettermann, Die Vollstreckung des Zivilurteils in den Grenzen seiner Rechtskraft, Hamburg, 1948, S. 139, 141; Blomeyer, Rechtskrafterstreckung infolge zivilrechtlicher Abhängigkeit, ZZP 75 (1962), 1 (23). 转引自 MüKoZPO/Gottwald, 5. Aufl. 2016, ZPO § 325, Rn. 76。

因为他现在处于与债务人相同的地位。[①] 在破产程序中的债权人也受到其他债权人与债务人之间生效判决的类似拘束。[②] 但有些学者持不同的观点。[③]

不过，多数纯粹的实体牵连关系并不能产生既判力扩张。例如，连带债务人、连带债权人之间不存在既判力扩张，针对承租人获得的腾退判决，不能拘束次承租人，除非次承租关系成立于诉讼系属之后，而此时次承租人构成承租人的权利继受人。[④] 在为第三人利益的合同、融资租赁、债权人撤销之诉的实体牵连关系中，也不产生既判力的扩张。

德国的既判力扩张情形，不论是基于特殊法律领域中特定法律关系的性质，还是权利义务继受或诉讼担当，都可以理解为前后诉的诉讼标的在客观上具有同一性。当然，在具体的情形中，由于主体发生改变，诉讼标的在客观上还能否保持同一性取决于一系列复杂的实体要件，这特别体现在权利义务继受的情形中。至于基于实体牵连性的既判力扩张，德国学者主张这也是以前后诉诉讼标的在客观上同一为前提条件的，但实际上此处的前后诉诉讼标的存在差异。与前三种类型不同，实体牵连性实际上意味着前后诉诉讼标的存在先决关系，故属于先决性范畴，而非同一性范畴，也正因为如

---

① RGZ 153, 200 (204); BGHZ 63, 61 (62) = NJW 1974, 2284; Gaul/Schilken/Becker-Eberhard, Zwangsvollstreckungsrecht, München, 2010, § 59 Rn. 36. 转引自 MüKoZPO/Gottwald, 5. Aufl. 2016, ZPO § 325, Rn. 81。

② Vgl. Häsemeyer, Prozeßrechtliche Rahmenbedingungen für die Entwicklung des materiellen Privatrechts-zur Unvertauschbarkeit materieller und formeller Rechtssätze, AcP 188 (1988), 140 (154F.); MüKoInsO/Schumacher §179 Rn. 33ff. 转引自 MüKoZPO/Gottwald, 5. Aufl. 2016, ZPO § 325, Rn. 82。

③ Stein/Jonas/Münzberg §878 Rn. 23ff.; Braun, Materielle Rechtskraft und prozessuale Betrachtungsweise des materiellen Rechts, FS Spellenberg, 2010, 69 (72ff.). 转引自 MüKoZPO/Gottwald, 5. Aufl. 2016, ZPO § 325, Rn. 81。

④ BGH NJW-RR 2006, 1385; Schilken, Veränderungen der Passivlegitimation in Zivilprozeß, 1987, S. 91 ff. 转引自 Rosenberg/Schwab/Gottwald, Zivilprozessrecht, München 2010, S. 891。

此后诉才不可能被遮断，判决既判力不对第三人的后诉产生消极既判力，仅对其产生积极的影响。因此，在严格的意义上，这种基于实体牵连性的“既判力扩张”并不符合前后诉诉讼标的在客体上同一的要求。

二　日本的既判力主观扩张

在日本，既判力主观扩张仅指案外人同时承受判决既判力的消极作用与积极作用的情形。这种与德国的差异其实在日本是不得不如此的，因为如前文所述，日本的消极既判力与积极既判力差异很小，仅仅是从不同的角度来描述既判力的作用（前者是禁止当事人提出对判决中有既判力之判断的争议，法院不予审理该争议中的主张与举证；后者是后诉法院须以前诉判决内容为基础和前提作出后诉判决），其法律后果都是以诉无理由判决驳回诉讼请求，或者作出与前诉一致的判决。① 既判力的消极作用与积极作用既然是一体两面的关系，自然就不存在两种既判力的主观扩张了，既判力扩张只能是案外人始终都同时承受判决的消极作用与积极作用，因为这两种作用本来就不可分离。在既判力主观扩张的语境下，将消极既判力与积极既判力打包，体现了更强调保护案外人程序权利的立场。

日本民事诉讼法理论十分强调既判力的相对性原则，认为既判力原则上只作用于对立的双方当事人。不过在某些例外情形中，第三人与前诉作为诉讼标的的权利义务存在极为紧密的利害关系，若判决效力不及于该第三人，判决对纠纷的解决就不具有实效性，为此有必要使既判力延伸到该第三人；或者必须在所有相关人员之间作出统一的处理的，也必须将既判力扩张到相关的第三人，这些例外情形均存在实定法的规范依据。但是日本民事诉讼法理论对（任

---

①　参见［日］新堂幸司《新民事诉讼法》，林剑锋译，法律出版社 2008 年版，第 491—492 页。

何）第三人未参加诉讼却受到判决拘束的观点始终持谨慎态度，并主张在对相关规范进行解释、适用及立法评价时，都应当考虑如何在程序上保障第三人的利益以便获得使既判力扩张具有正当性的根据。①

根据《日本民事诉讼法》第 115 条，除了当事人以外，当事人为了他人而成为原被告时的该他人（即诉讼担当时的被担当人）、口头辩论终结后当事人的承继人、为了当事人而持有请求标的物之人也应受判决效力的拘束。此外，《日本民事诉讼法》第 48 条、第 50 条、第 51 条规定的场合中，判决对诉讼脱退的当事人也有效力。在其他法律中，还规定为了对身份关系或团体的法律关系作出划一处理，既判力向利害关系人或一般第三人予以扩张。

（一）作为诉讼标的之权利义务关系的承继人

与德国相比，日本承认的既判力主观扩张范围要窄很多，在具体的要件设置上也存在差异。例如，关于继受人（在日本称为“承继人”）受既判力扩张的前提条件，《德国民事诉讼法》规定权利承受可以是诉讼系属后、包括判决生效后，而日本却规定为口头辩论终结后。以什么时间点为依据确定既判力是否对继受人扩张，一方面取决于各国不同的立法政策与制度协调性的要求，② 另一方面取决于便利性与统一性原则。举例来说，即便在德国概括继受和债务的继受也只能或必须发生在判决生效后，才产生既判力的扩张，因此须将继受分为若干不同情形；而在日本就不存在这一问题，口头辩论终结后的承继，不论是概括承继、还是权利义务的特殊承继，均

① 参见［日］新堂幸司《新民事诉讼法》，林剑锋译，法律出版社 2008 年版，第 486 页。

② 这与诉讼系属中转让作为诉讼标的的权利义务时是否强制或许可更换当事人的制度有关。在日本，对此采纳的是“诉讼继承原则”，因此在诉讼系属中诉讼标的转让的，必须进行当事人的更换，原当事人不再适格，因此其获得的判决不能拘束受让人；但在德国，采纳的是“当事人恒定原则”，故原权利人依然有权实施诉讼，且其获得的判决拘束受让人。关于日本的诉讼承继原则参见［日］新堂幸司《新民事诉讼法》，林剑锋译，法律出版社 2008 年版，第 592 页。

可产生既判力的扩张。不过，实践中若的确出现了当事人与法院不知特殊承继已发生、诉讼还在原来的当事人之间继续进行的案件，判决若对真正的权利主体不产生拘束力，诉讼得重新来过。

（二）诉讼标的物的持有人

不同于《德国民事诉讼法》规定的诉讼系属后为当事人或其权利继受人实施直接占有的占有人，《日本民事诉讼法》使用的是“持有人”这一术语，且未对持有的时间范围作出任何限制。对持有人的理解，日本学者主张与占有人不完全相同，持有人是指在请求返还特定物的诉讼中，对该特定物之持有并不具备固有的利益、为了当事人的利益持有该特定物之人。持有人主要包括标的物的受委托人、管理人、同住人以及管家、家人等，管理人包括根据契约实施管理的管理人、不在者的财产管理人、继承财产管理人和强制管理人，[①] 但如果是为了他人的利益实施的强制管理，该强制管理人不属于请求标的物的持有人。[②] 由于请求标的物的持有人对标的物并不具备固有的利益，因此没有必要给予他们独立的程序保障。持有人区别于受雇人、法人的代表人这种占有机关，因为占有机关的占有被包含在当事人的占有之中；持有人也区别于标的物的承租人、质权人等对占有标的物具备自己固有利益之人，这些占有人不应承受判决的既判力。持有人性质处于这两类主体之间，具有一定的模糊性。因此有学者主张持有人的概念应依据“实质说”，即对既判力扩张及于这些主体是否妥当作出实质性判断，若妥当就认为这些主体是持有人，若不妥当就不将其认定为持有人。这样一来，“持有人”这一标准对既判力扩张就不具有指示与限定意义了，应当直接在实质意义上考虑判决是否应对占有标的物之人产生既判力扩张。[③]

---

① 参见［日］伊藤真《民事诉讼法》，有斐阁2014年版，第548—550页。

② 参见［日］铃木正裕、青山善充编集《注释民事诉讼法（4）》，有斐阁1997年版，第425页。

③ 参见［日］高桥宏志《民事诉讼法制度与理论的深层分析》，林剑锋译，法律出版社第2003年版，第570—573页。

与“实质说”相比，有的学者走得更远，主张名义上虽为所有人，但实际上是为了逃避执行从债务人处虚假受让该标的物之人，也属于《日本民事诉讼法》规定的请求标的物的持有人，这是因为在判断是否构成虚假受让时已经赋予了该主体程序保障，并且只要虚假受让被认定那么该主体对该标的物就不再具备固有的利益。[①] 甚至当诉讼请求是转移登记时，从当事人处虚假买卖并获得该转移登记的受让人，日本判例也主张可以类推适用针对请求标的物持有人的既判力扩张规定，将这样的受让人理解为请求标的物的持有人。在这个案例中，甲以乙为被告，基于买卖合同提起诉讼，请求转移登记，在第一审判决即将被宣告前，乙公司将诉争不动产赠予自己的社长的儿子丙，并将该不动产的登记转移到丙的名下。在前诉中甲胜诉，且判决得以确定，但由于此时不动产的登记名义人是丙，于是甲又不得不以丙为被告请求转移登记，后诉中法院却认为乙将该不动产登记转移给丙，不具备有效的登记原因，丙不具有保持该登记的利益，乙才是后诉实质的当事人，丙作为登记的名义人性质上相当于请求标的物的持有人，因此可以类推适用既判力扩张，丙不得对甲、乙之间的买卖关系再度争议。[②] 就这个案件本身而言，事实上这种类推适用请求标的物持有人的做法，是对口头辩论终结后承继人这一有限的时间范围的弥补，目的是要使得在诉讼过程中恶意承继诉讼标的或争议的诉讼标的物的受让人，也受既判力扩张所及。

（三）诉讼担当

在诉讼担当这一典型的既判力扩张类别中，日本通说认为被担当人应被视同诉讼的当事人，由于诉讼标的本来就是属于被担当人

---

① 参见［日］新堂幸司《新民事诉讼法》，林剑锋译，法律出版社 2008 年版，第 489 页。

② 参见［日］高桥宏志《民事诉讼法制度与理论的深层分析》，林剑锋译，法律出版社第 2003 年版，第 574—575 页。

的权利义务，甚至可以说既判力作用本来针对的当事人就是被担当人，而不是担当人，仅扩张地及于担当人，这一说法在实质意义上具有合理性，但与形式当事人概念不符。与德国不同，日本所有的诉讼担当人获得的判决均拘束被担当人。

对此，作为少数说，三月章教授将诉讼担当分为两大类，第一类是像破产管理人那样“利益吸收型”的诉讼担当，第二类是像债权人代位诉讼那样“对立抗衡型”的诉讼担当，前者诉讼担当人获得的判决效力拘束被担当人，但在对立抗衡型的诉讼担当中，仅担当人的胜诉判决效力及于被担当人，若败诉就不及于被担当人。其实在德国也并非所有的诉讼担当均产生既判力的扩张，但债权人代位诉讼本是来自法国法系，在德国并不存在的制度，故能否将债权人代位理解为德国法系的诉讼担当还存在疑问，日本的福永有利教授就认为债权人提起代位诉讼并不是诉讼担当，而是对该诉讼享有自己固有的当事人适格，因此判决若对债务人不利，就不能拘束债务人。

（四）其他情形

关于人身关系和公司关系的诉讼获得的判决产生既判力的一般性扩张，亦须根据日本特定的规范来确定。此外，在日本的民事诉讼法理论与司法实践中，还存在着某种主张存在超法规的既判力扩张的观点，例如存在公司法人格否认事由时，虽然日本最高裁判所否定了既判力扩张及于公司股东的立场，但在学理中存在数量较多的学者支持既判力扩张的观点。在日本的司法实践中，以个案为契机，在前后诉主体不同时“依据诚实信用原则来遮断后诉”的判例也逐渐增多，学理上认为将这种做法作为应对实定法不完备状况的解决之道是有积极作用的，但应设定更明确的解释论框架。①

相比较而言，日本民事诉讼法承认的既判力主观扩张范围相对

---

① 参见［日］高桥宏志《民事诉讼法制度与理论的深层分析》，林剑锋译，法律出版社 2003 年版，第 576—584 页。

有限，主要将既判力扩张限于前后诉诉讼标的同一的情形。

三　美国判决效“扩张”

根据美国法学会编纂的第二次判决重述，非诉讼当事人的主体不受判决的拘束也是美国法的一项基本原则。但这项原则有三种例外情形：第一，在一定条件下，案外人由诉讼当事人所代表，他就应受判决的拘束；第二，案外人与诉讼当事人间事先存在着某种法律关系，因此他可能受到判决的拘束，这类关系经常被称为“利害关系”（privity）；第三，案外人与前诉诉讼程序产生了关联，主要是以某种行为影响了前诉或者有机会影响前诉判决，因此虽然他并非当事人，但这种与前诉程序间的关联足以使其在特定的争点上不能再次进行争议。①

这三种例外情形在广义上都属于判决效“扩张”，或者可以表述为判决对案外人发生效力的情形。对于美国的这些判决效扩张情形，可以根据前后诉在客体上究竟是存在同一性关系还是先决性关系，结合争点排除效的特征，将判决效及于案外人的情形分为案外人同时受这两种效力拘束、案外人仅受请求排除效拘束与案外人仅受争点排除效拘束这三种类型。

（一）案外人同时承受请求排除效与争点排除效

1. 代表性

被当事人所代表的主体（Person Represented by a Party）将受到判决的拘束并享受判决带来的利益，就如同他自己是当事人那样。例如案外人作为某财产或利益的受益人（beneficiary）而当事人是受托人（trustee），案外人授权当事人在诉讼中代表自己，当事人是案外人作为受益人的某个利益的执行人、管理人、监护人、保护人或类似地位的管理者，法律授予某个官员或职员代表某些主体的利益，

① See Restatement（second）of Judgments（1982），Vol. 2，p. 125.

集团诉讼中的代表人。① 被当事人所代表的主体，即便在前诉中没有接到诉讼告知、没有被送达，也受判决的拘束。这类代表人包括专为某一诉讼指定（ad litem）的代表，如为未成年人、不在场者、未出生的人指定的代表人，人数众多因此无法全部被合并为当事人的集团成员，还包括在诉讼前就可以为受益人的利益进行管理和保护之人，如财产的执行人或管理人等。

这类代表人实施诉讼的行为就被视为被代表者亲自实施诉讼的行为，故被代表者应承受判决完全的效力。不过这仅限于被代表人与前诉的对方当事人之间的法律关系，在作为代表人的当事人与被代表的案外人之间，还有机会就二者的法律关系实施诉讼。此外，被代表的案外人承受这一判决效力亦存在例外情形：（1）这种代表性被要求通知（notice）给被代表的当事人或者保护其利益之人，但作为代表人的当事人未实际遵守这一要求；或（2）诉讼标的不属于作为代表人的当事人有权代表他人实施诉讼的范围；或（3）作出判决前当事人丧失对诉讼标的事项的代表权；或（4）在集团诉讼中，作为代表人的当事人利益与其他成员利益之间存在实质性的偏离，以至于他不可能公正地就诉讼标的事项代表这些集团成员；或（5）代表的当事人未能足够勤勉与充分谨慎地实施诉讼，并且对方当事人能够注意到明显体现这一瑕疵的事实。若某个当事人已经自己实施诉讼，就不承受后续的针对同一请求由其代表人实施诉讼获得的判决之效力。②

当事人与案外人之间存在代表性关系的情形与大陆法系的诉讼担当具有类似性，在大陆法系国家，被担当人要摆脱诉讼担当人获得的判决的效力，仅能主张诉讼担当人无诉讼实施权，如诉讼标的超越权限、丧失权限等诉讼担当不成立的事实。在美国，还可能由于法律或法院要求代表人进行诉讼告知而未告知、代表的当事人未

---

① See Restatement（second）of Judgments，§ 41（1982）.

② See Restatement（second）of Judgments，§ 42（1982）.

能足够勤勉与充分谨慎实施诉讼且对方当事人知晓，被代表的案外人不受判决效力的拘束。在大陆法系国家，被担当人主张诉讼担当人未勤勉、谨慎地保护其利益的，并不能摆脱判决效力的拘束，仅能向诉讼担当人进行追偿或者追究诉讼担当人的责任，这也是为了维护对方当事人的信赖利益，不过美国法中的制度并未过分损害对方当事人的利益，因为只有当对方当事人很明显能够看出代表人未勤勉实施诉讼时，这一事由才能使被代表人摆脱判决效力的拘束，这一理由需要进行实质性的判断，这与美国法官享有较大自由裁量权是相对应的。

代表性的法理，是判决对案外人产生拘束力的一个重要根据，在下文列举的若干种具体情形中，都存在代表关系的影子，即虽然不像以上举出的例子那样明显，但案外人均在实质上被视为被当事人所代表。

2. 继受人

一个以某项财产上的利益为诉讼标的的诉讼，其判决对判决生效后该财产利益的继受者，[①] 产生与作为权利前手的诉讼当事人承受的判决效力相同的效力。若当事人的权利继受人继受的不是诉讼争议的利益附着其上的财产，判决对该权利继受人不产生拘束力。[②] 一般来说，若前诉的诉讼标的是“对人权利”（personal rights），从当事人处获得财产的案外人不受前诉判决的拘束，但若前诉诉讼标的针对的是特定的财产，那么继受该财产的案外人就受判决的拘束。

若继受发生在诉讼系属当中，继受者也受该判决的拘束，还可作有利于自己的援引，除非：法律规定在诉讼系属中存在通知财产利益继受者的程序，但没有人进行通知因此继受者对该诉讼不知情；或者对方当事人知道利益的转让并且知道继受人对诉讼系属不知

① Restatement（second）of Judgments（1982），Vol. 2，p. 3.

② See Restatement（second）of Judgments，§ 43（1982）.

情。[①] 在诉讼系属中受让相关利益的，继受人可能知道了诉讼并且能够作为当事人加入诉讼或者替代原来的当事人实施诉讼，这样就会获得一个拘束他的判决，如果继受人知道诉讼系属但不加入诉讼成为当事人，他就是默认权利前手继续进行诉讼，事实上就是允许权利前手在诉讼中作为他的代表人。如果受让人并不知道诉讼系属，就应考虑如何平衡该受让人与对方当事人的利益，为此应让受让人承受这一负担。理由是"购买者自己应当留心"的规则（caveat emptor），且权利受让人若因判决丧失利益可以向转让人追偿，权利受让人是对所有权归属现状的改变者，若不采纳这样的规则，针对该财产的判决效力的稳定性就会被一连串的转让所打破。不过，上述两种例外情形中，即法律要求进行通知但未进行通知的或对方当事人知晓权利转让的，这种利益状况就会发生改变，不应由受让人承受这一不利后果。若转让发生在诉讼系属前，受让人不受转让人获得的判决拘束。

3. 人身损害导致死亡的死者及其继承人

某人遭受人身损害，该损害行为后来才导致其死亡的，在美国原来的普通法中，死亡将使其本来享有的人身损害赔偿请求权丧失。这一不公平状况后来通过法规加以调整，死者的损害可以由其代表人或继承人提出请求，这一请求的项目包括医疗费、误工费、残疾损失、遭受的疼痛和痛苦。此外，死者的家属自己本来就有权提出请求，称为不当致死请求（wrongful death claim），以弥补靠死者抚养、扶养及赡养者与死者的亲人受到的损失，包括死者未死亡可能给他们提供的经济支持与陪伴。不当致死请求在美国不同的法域（jurisdiction）中具有不同的性质，一种是纯粹派生于死者本人的请求，另一种是具有相对独立性的请求。这些复杂的状况引发了不同的判决效力状况。

若死者生前就自己的损害已经起诉并获得判决，不论有利与否，

---

① See Restatement (second) of Judgments, § 44 (1982).

他的继承人针对死者本人的损害，就像死者本人一样受到判决的拘束。[①]

若死者生前就自己的损害已经起诉并获得一个驳回请求的判决，他的继承人提起的不当致死请求，就像死者自己不能提起基于该人身损害行为的其他诉讼一样，受到前诉判决的拘束。若死者生前就自己的损害已经起诉并获得一个支持其请求的判决，而且其亲属的不当致死请求具有派生性，此时关于不当致死请求的诉讼就受前诉判决的遮断；若不当致死请求具有独立性，后诉就不被遮断，但前诉中本来可以请求赔偿的损害不得在后诉中提起。[②]

伤者死亡后，有些代表人/继承人就伤者的损害提起了诉讼，其他继承人为家属的损害提起了不当致死请求的，在先获得的判决禁止后诉当事人请求在前诉中本可以请求的损害项目，并禁止前诉的受益人再度成为后诉的受益人。[③]

在这些不同情形中，由于对前后诉诉讼标的是否同一这个问题在美国不同法域存在不同理解，这影响了请求排除效的具体范围，不过争点排除效都对继承人发生，这是因为代表性关系的存在。

4. 对同一损害共同享有诉讼实施权者

某个主体遭受一项人身损害，对此除了他自己，他的家庭成员，特别是为未成年人支付医疗费的父母、为伤者支付医疗费的配偶、主张夫妻共同财产减少的家庭成员等，都可以向侵权人起诉要求损害赔偿。对这种情形，通过强制合并来解决是最好的，但在美国的有些法域中，不承认强制合并规则（大陆法系国家仅在特别窄的范围内承认强制合并，即固有的必要共同诉讼），此时排除效是次优选择，可以倒逼相关的主体一同实施诉讼，或者通过排除后诉防止多重受偿。在这样的情形中，伤者获得的判决，就伤者的损失而言，

---

① See Restatement (second) of Judgments, § 45 (1982).

② See Restatement (second) of Judgments, § 46 (1982).

③ See Restatement (second) of Judgments, § 47 (1982).

同样拘束享有诉讼实施权的家庭成员；家庭成员获得的判决，同样就伤者的损失而言，拘束伤者本人。①

这种就某一个特定的损失，既可以由伤者自己起诉，也可以由与伤者有关的主体起诉的规则，暗示着任何一人均对获得损害赔偿享有利益，因此可以信赖他勤勉地实施诉讼，并且在他们之间存在充分共同的利益以至于任何一人无须合并另一方作为当事人就可以合理地实施诉讼。由于利益的共通性，未作为当事人的主体之利益事实上由当事人所代表，因此，他应当受当事人获得的判决之拘束。

5. 为他人侵权行为承担替代责任者

美国法中为他人行为承担替代（vicarious）责任的情形有很多，例如主人为仆人在执行职务中的行为承担责任，机动车的所有人对其允许驾车的人造成的损害承担责任；财产的所有人为占有人替其占有的财产致他人的损害承担责任；责任保险人为被保险人承担责任，等等。不过，在法律上伤者针对原来债务人的请求与其针对承担替代责任者的请求毕竟是两个不同的请求，并且任何一位债务人均不是另一位债务人的代表，因此通常来说一位债务人获得的请求对另一位债务人并不产生遮断效。然而，此时在事实上仅有一个请求，因为涉及同一个损害，损害赔偿应该是相同的，还涉及相同或至少几乎完全一致的法律与事实争点。在实体法上赋予伤者向不同主体起诉的权利是为了保障他能够获得充分的救济，但若伤者要求损害赔偿的请求本来不应成立，这一实体法上的赋权不应当允许他对相关问题进行重复争议。通常来说，他应当同时起诉这些不同的责任人，人们也可以正当地期待他这样做。如果他针对其中一位债务人败诉了之后，还可以起诉另一位债务人，那么他就有可能针对已被判决确定为不成立的损害获得赔偿，如果前诉是本来意义的债务人，替代责任债务人在后诉中败诉后就可能向前诉的债务人追偿，这就意味着前诉胜诉的债务人间接地还是应当承担责任。所以，对

---

① See Restatement（second）of Judgments，§ 48（1）（1982）.

伤者前诉败诉的情形，美国判例法也认可一般情形中的既判力规则。①

不过，伤者对本来意义上的责任人和他对替代责任人的请求有时并非完全一致，这就构成请求排除效的例外，如后诉请求的理由是针对前诉被告无法提出的事由或使伤者在前诉中败诉的被告抗辩仅归属于被告自己，不涉及另一个责任人。此外，伤者在前诉获得胜诉判决，其中关于损害数额的判断对他在后诉中具有拘束力，除非前诉法院的管辖权使前诉中伤者不能就其损害获得全部赔偿，或者伤者有权且行使了分割其请求的权利，或者前后诉在计算损害时应适用不同的标准。②

6. 股东派生诉讼

公司获得的判决对后续的股东派生诉讼产生既判力的拘束，股东派生诉讼的判决也拘束公司。③ 在美国的股东派生诉讼中，公司必须被作为当事人，虽然公司本身可能反对实现自己的权利并且与作为原告的股东处于对立地位。但是既然作为当事人，该判决的结果就拘束公司。在此意义上，判决对公司的效力非属判决效扩张，而对股东的效力属于判决效的扩张。

7. 合伙人

根据美国的《统一合伙法》（*Uniform Partnership Act*），任何一个普通合伙人都可以为合伙的请求实施诉讼，或者为合伙进行防御。有的准据法要求所有的合伙人作为当事人，这样判决自然就拘束所有的合伙人；但大多数准据法允许个别的或几个（但并非所有）合伙人以自己的名义或者以合伙的名义实施诉讼，如此一来起诉的合伙人就是针对合伙的请求或防御为自己并同时作为其他合伙人的代理人（agent）实施诉讼。后一种制度安排对于判决效力的主观方面

---

① See Restatement（second）of Judgments（1982），Vol. 2，p. 51f.

② See Restatement（second）of Judgments，§ 51（1982）.

③ See Restatement（second）of Judgments，§ 59（1982）.

具有重要的影响。

若由于合伙的活动导致第三人受伤，伤者可以起诉全部或部分合伙人，不论起诉的形式如何，若伤者败诉，则他针对其他合伙人的请求也消灭，若伤者胜诉，还可以对其他合伙人提出请求，这与上述承担替代责任的情形道理近似。如果一个或部分合伙人就合伙的请求起诉，针对该请求，判决对其他合伙人产生请求排除效；若其他合伙人参与了诉讼，就也受争点排除效的排除。没有参加诉讼的合伙人与对方当事人之间的诉讼，如争议的法律关系与合伙无关，不受争点排除效的拘束。[①]

（二）案外人仅承受请求排除效

美国的争点排除效有一个特殊要件，即要求当事人对特定争点事实上进行过争议，而案外人既然未参加诉讼，一般当然不可能承受判决的争点排除效，除非其在整体意义上被视为由诉讼当事人所代表或者由于其自身的行为被视为已实际参与争执。但请求排除效则不限于实际的争执，有时虽然不符合代表性法理，但前诉案外人作为当事人后诉中请求亦被排除。在上文中提到的合伙人中就已出现了案外的合伙人仅承受请求排除效，但不承受争点排除效的情形。

1. 财产的寄托人与受托人

对处于寄托状态的财产所有权的侵犯或损坏、毁坏行为，寄托人与受托人均有权提起诉讼，且其中一人获得的判决排除另一人提起的后诉。除非前诉的请求限制在前诉当事人自己的损失，那么后诉当事人就可以起诉请求他的损失；或者前诉主体是受托人，后诉是寄托人，而前诉判决的基础是一个无法对后诉寄托人主张的抗辩；或者受托人在基于产生该损害的纠纷事件提起的诉讼中通知对方当事人他并不要求保护寄托人的利益。

这是因为若处于寄托状态的财产受到争夺或者损坏，无论是寄

① See Restatement（second）of Judgments，§ 60（1982）.

托人还是受托人都有权应诉或者对侵权人起诉请求给付全部的损害赔偿。对这一权利的行使事实上使起诉的一方在诉讼中作为另一方主体的代表，以要求确定第三人对该损失应承担的责任。但是相比之下，这一代表性仅为拟制性，故可能由于被告对受托人和对寄托人存在不同的抗辩，或者受托人披露自己的起诉仅请求他自己的损失而被打破。

由于这种代表性仅具有拟制性，寄托人或受托人提起的诉讼中，判决对争点的判断都不在另一方的诉讼中产生排除效。①

2. 共同债权人

美国的共同债权人（joint obligee），享有的是以不可分给付为内容的共同债权，除可转让票据外，每一个债权人都对该债权整体享有处分权，通常来说若债务人提出申请，所有的债权人都应当被合并为当事人，但如果某个债权人没有被合并当事人，起诉的债权人就在事实上代表全部债权人实施诉讼，作为这样的一个代表人，获得的判决对其他债权人具有拘束力，但仅限于其对该共同债权有处分权的方面。

由于这一代表性是受到限制的，目的仅仅是防止债务人就一个债务不得不两次应诉，故这一代表性仅限于请求本身，不能对其他债权人产生争点排除效。②

3. 债权的转让人与受让人

除可转让票据外，某个债权被转让的，让与人（assignor）与受让人（assignee）之一获得的判决将对另一方就该债权提起的后诉产生排除效，前提是前诉原告享有对该债权的处分权。但是让与人或受让人判决中的争点判断不对另一方产生排除效，除非债权让与发生在诉讼开始后，这时就适用财产权益于诉讼系属后转让的判决对受让人同时产生请求排除效与争点排除效的规

---

① See Restatement（second）of Judgments，§ 52（1982）.

② See Restatement（second）of Judgments，§ 53（1982），Vol. 2，p. 63.

则，或者在让与人与受让人之间存在其他可能导致争点排除效的关系。①

通常来说，债权被转让的，对债务人发出通知前让与人还有处分权，对债务人发出通知后就仅受让人有处分权，但在特殊的情形中，发出通知后让与人依然有处分权，而受让人在转让有技术性瑕疵时也还是有处分权。因此，在有处分权时，无论哪一方实施的诉讼获得的判决都禁止另一方对债务人再提起诉讼。这并不考虑债权转让的时机，为了防止债务人必须两次应诉才作出这样的规定；如果债权转让是在诉讼开始之后，那么就要像财产权益的转让规则那样，请求排除效与争点排除效均对受让人产生作用，除非债务人明知道转让的发生却不要求更换当事人。这一点与德国不同，在德国，诉讼系属后转让诉讼争议的权利的，需要被告同意才能更换当事人，被告不同意的既不能更换当事人，符合其他要件时判决还拘束受让人，相比之下稍微更偏向被告的利益，不过受让人可以进行辅助参加。

上述美国判决重述中整理的这些案外人，不论是受判决的请求排除效与争点排除效共同的影响，还是仅承受请求排除效，均与某种意义的“代表性”有直接或间接的关联。或者根据法律规定案外人与当事人之间存在代表关系，或者由于案外人与当事人之间存在某种实体法上的关联使二者之间存在共同的利益，因此可以将当事人视为案外人的代表人。不过不同的案外人受当事人代表的程度不同，所以有的案外人同时受到请求排除与争点排除，而有的案外人就仅受请求排除。在这些代表性关系中，不论是法定的还是由于实体关联性产生的，前后诉诉讼标的在实际意义上均具有同一性，一种更为直接，另一种则稍微间接。直接的同一性如：（1）法定的那些当事人代表案外人实施诉讼的情形；（2）死者的损害由其死后的继承人或代表人起诉，亦属于代表性；（3）对同一损害分别享有诉

① See Restatement（second）of Judgments，§ 55（1982）.

讼实施权并且其利益的共通性显而易见的情形；（4）股东派生诉讼与公司自己诉讼针对的请求是同一的；（5）财产的寄托人与受托人都可以针对因该财产受到的全部损害起诉且二者利益共通；（6）债权转让的，让与人与受让人诉讼的标的在客观上具有同一性。间接一点的同一性主要是为了防止不必要的多重应诉和受偿，如：（1）死者家属因其死亡的请求与死者本人的请求相比具有派生性（或曰补充性），在实质上就具有同一性（给付同一）；（2）为防止不必要的双重应诉，受害者对原始责任人与替代责任人的请求例外地被视为同一；（3）合伙作为一个“整体”对外承担的责任实质上是同一的，但具体要由多个不同的合伙人承担；（4）对不可分割的债权任一个债权人都有权诉讼，由于利益的共通性他构成其他债权人的代表。

因此，在根本的意义上，与大陆法系国家类似，一个案外人之所以受到他人获得的前诉判决的遮断，原因就在于前后诉诉讼客体方面具有实质上的同一性，或者被法律拟制为具有同一性。值得注意的是，在前文关于诉讼客体的内容中已经介绍过，美国法针对“诉讼标的”采纳了纠纷事件理论，美国对诉讼标的同一性的理解就比大陆法系国家要宽泛，这也影响了其生效判决对案外人产生遮断效的范围，明显的例子就是上述给付同一的情形。若进行大致的比较，美国的遮断效主观扩张范围比大陆法系既判力消极作用主观扩张范围要宽。

此外，与德国继受人的情形类似，在美国虽然前后诉诉讼标的在客观上本来是同一的，但由于主体不同，某些特定的因素有可能使后诉诉讼客体与前诉相比发生变化，因此在上述判决对案外人产生请求排除效的场合中，也存在诸多例外，这就体现出主体/客体相互视角下诉讼“同一性”识别标准的复杂性。

（三）案外人仅承受争点排除效

美国的争点排除效已经取消了主体相互性（mutuality）的要求，案外人可以对前诉当事人主张争点排除效，不论是防御性的还是攻击性的，但这都应当是对案外人有利的情形，且存在一些例外事由：如本来在当事人之间就不应承认争点排除效的成立，或者在后诉中承认争点排除效与该诉讼所寻求的救济方案存在不协调性，① 或者后诉中提供给当事人的对该争点进行阐明和判断的机会是前诉中所没有的程序机会，而利用这样的机会在后诉中很可能对该争点产生不同的判断，或者后诉主张争点排除效的当事人本来可以加入前诉却没有利用该机会，或者前诉对争点的判断与对相同争点作出判断的另一个判决是矛盾的，或者前诉对该争点的判断取决于前诉当事人双方之间的关系但其中一人并非后诉当事人或前诉中的判断产生于前诉当事人的合意，或者争点排除效可能导致后诉审理复杂化或损害对方当事人的利益，或者争点为法律争点且若被排除就导致不能对法律规范进行重新考虑，以及其他使允许当事人重复争议更合适的强有力理由。② 这些例外事由主要考虑前诉当事人在前诉中是否真正有过对该争点进行充分争议、得到审判的机会，以及产生争点排除效是否符合公平正义的要求。

但判决效力一般不能拘束案外人，即对案外人不利，除非他的利益完全被前诉当事人所代表，这是一项宪法原则。③ 争点排除效也是如此，不过这项基本原则亦存在例外，有些例外也是基于案外人与前诉的实体牵连关系，但同时必须符合案外人实际上参与或有机会参与前诉对特定争点之争议这样的条件，或者就该争点前诉当事人实际上代表案外人进行过争议，案外人才须承受争点排除效。这类情形与大陆法系的既判力扩张存在较为明显的差异，不过与大陆

---

① 例如，法律规定对某争点的判断限于前诉，或在后诉中仅能作为某事实的表面证据（prima facie evidence）。See Restatement（second）of Judgments（1982），Vol. 2，p. 293。

② See Restatement（second）of Judgments，§ 29（1982）.

③ See Blonder-Tongue Laboratories，Inc. v. University of Illinois Foundation，402 U. S. 313，329，91 S. Ct. 1434，1443，28 L. Ed. 2d 788（1971），on remand，334 F. Supp. 47（N. D. Ill. 1971），aff'd，465 F. 2d 380（7th Cir. 1972），cert. denied，409 U. S. 1061，93 S. Ct. 559，34 L. Ed. 2d 513（1972）.

法系的参加效十分近似，所以留待后文进行详细的介绍更为合适。

四　既判力主观扩张的统一根据

综合考虑大陆法系国家与英美法系国家既判力主观扩张或判决效扩张的诸多情形，应将既判力主观扩张的统一根据归纳为：诉讼客体同一且案外人获得单独程序保障的非必要性。

若非前后诉诉讼客体同一，判决自然不能对后诉产生既判力的遮断效，将其称为既判力扩张就不甚准确。但即便前后诉诉讼客体同一，由于前后诉主体的差异，这种同一性就可能稍有动摇，且使判决遮断后诉或拘束后诉就意味着案外人虽未曾获得充分的程序保障就要承受判决的效力。因此，在前后诉客体同一之外，还须案外人与前诉当事人存在某种密切的实体关联，以至于对其无施予单独的程序保障之必要。

这一既判力主观扩张的根据仍稍显抽象，非要将使案外人不应享有单独程序保障的法律关联整理出来的话，第一种就是诉讼担当或代表性关系，第二种是在诉讼开始后（日本要求口头辩论终结后）的传递或派生性关系（继受），第三种是对法律关系的稳定性要求较高的特殊法律关系如人身关系或公司关系，第四种是颇具争议的特别紧密的实体依赖关系或牵连关系。这几种关系大致上能够将域外国家判决对案外人产生既判力的情形涵盖在内。

前文已述，不同国家对诉讼标的同一性的理解是不同的，这潜移默化地影响了其对待既判力主观范围扩张的态度，例如德国学者就将一些本来是先决关系的情形视为前后诉诉讼标的具有同一性，美国判决效对案外人产生扩张的很多情形是为了防止不必要的双重求偿诉讼，实质上是考虑到给付的同一性。

在我国的语境下，至少在判决效力问题内部，对诉讼客体同一性的理解应当在逻辑上保持一致，并且由于我国特殊的司法环境和当事人聘请法律代理的比例还较低的现状，在考虑案外人是否有必要获得单独的程序保障时，应当较为慎重，减少案外人无端承受他人之间诉讼结果的不利后果。接下来在这样的思路之下，根据我国的相关实体法与程序法规范，研究我国既判力主观扩张的范围与要件。

第二节 我国的既判力主观扩张

我国的相关法律与司法解释直接对既判力主观扩张进行规范的情形较少。根据《民诉法解释》第 249 条，诉讼中争议的民事权利义务转让不影响原当事人的诉讼主体资格，但法院作出的生效裁判对受让人具有拘束力；《公司法解释（二）》第 6 条规定，法院对解散公司的诉讼作出的判决，对公司全体股东均有约束力，法院判决驳回解散公司的诉讼请求后，提起该诉讼的股东或其他股东根据同一事实和理由再次起诉要求解散公司的，法院不予受理。

不过，最高人民法院有关部门为《民诉法解释》编写的理解与适用书中，在《民诉法解释》第 247 条项下，就前后诉当事人同一这一要件作出的理解是，不限于通常当事人，还包括诉讼担当人与被担当人具有同一性，有独立请求权第三人和独立实施诉讼的无独立请求权第三人，当事人的继受人与为当事人或其继受人占有请求标的物之人，且在身份关系与公司关系诉讼中具有形成力的判决具有对世效力。[①] 这与我国学者就既判力主观扩张所采纳的观点所主张的情形类似，但具体的范围与要件存在较大差异，且上述理解与适用书中所提及的当事人的继受人与《民诉法解释》第 249 条的关系如何，构成一个尚未得到明确界定的问题。

我国学者针对既判力主观扩张范围的既有研究极少，且主要借鉴了日本的制度和理论，因此其主张承认的既判力扩张情形与日本

---

① 参见沈德咏主编《最高人民法院民事诉讼法司法解释理解与适用（上）》，人民法院出版社 2015 年版，第 633—634 页。

相同。[①] 但是我国《民诉法解释》第249条已与《日本民事诉讼法》规定相异；我国对诉讼客体同一性的理解与日本虽然在结果层面极为接近，但仍不完全一致；我国的实体规范与日本实体法恐怕亦存在诸多差别，这些因素决定了我国既判力扩张的具体情形不一定能够与日本完全相同，如完全同一反倒不能实现合理的效果。因此，接下来要就既判力扩张的具体类型在我国的语境下逐一进行分析。

一　诉讼担当

诉讼担当时，被担当的实体当事人应受诉讼担当人获得的判决之拘束，较易获得共识。事实上，实体当事人才是作为前诉诉讼标的的权利义务之归属者，若前诉判决不拘束实体当事人，前诉根本就没有必要进行辩论、作出裁判，由诉讼担当人实施诉讼的制度存在的意义不大。前后诉的诉讼客体需同一，且案外人（后诉主体）获得单独程序保障缺乏必要性时，既判力才应当扩张，诉讼担当正好就是后诉主体已经在前诉中由其担当人（代表）获得过程序保障的情形，他自然不应享有获得第二次程序保障的机会，应承受判决的既判力。

不过，究竟哪些情形属于诉讼担当，是否所有的诉讼担当均应当承认既判力的拘束，在我国可能还存在一些疑问，一方面法律的明确规定较少，另一方面这一来自大陆法系国家的“术语”若不在我国的语境下加以具体化，就容易在司法实践中间接产生过分扩大既判力主观范围的效果。就诉讼担当而言，在德国的理解是比较宽泛的，但并非所有的诉讼担当都产生既判力的扩张，如果诉讼担当人不是为了被担当人的利益实施诉讼，就不产生既判力扩张；这个概念在日本相对明确，且通说主张所有的诉讼担当均产生既判力的

---

① 参见翁晓斌《我国民事判决既判力的范围研究》，《现代法学》2004年第6期，第79—83页；张卫平《既判力相对性原则：根据、例外与制度化》，《法学研究》2015年第1期，第78—82页。

扩张，但在学理上存在一些争议，主张是针对诉讼担当人并不能代表被担当人利益的情形。在我国，或许是由于学理和上述理解与适用书均提及诉讼担当的缘故，司法实践中已经开始出现一些案件，法院利用“诉讼担当”禁止案外人提起再诉。

【案例6—1】甲与乙保险公司签订机动车保险合同，为登记在丙公交公司名下的某公交车投保交强险与商业三者险。该车发生交通事故，导致丁受伤。丁起诉丙公交公司、乙保险公司请求损害赔偿，法院对侵权人的责任与保险公司的责任一并作出处理，判令鉴定费、律师代理费与部分案件受理费由丙公司承担。判决生效后，甲起诉乙保险公司，主张自己将鉴定费、律师费、案件受理费交付给丁后，向乙保险公司理赔，乙拒绝赔付，请求法院判令乙保险公司理赔。后诉一审法院认为甲与丙公交公司具有主体同一性，裁定驳回起诉；二审法院认为不应考虑甲与乙公司是否具有同一性，而应当考察甲与丁是否具有同一性问题，丁前诉的请求是基于甲与乙保险公司的保险合同，丁实质上是代替甲要求乙履行保险合同，其依据是《保险法》第65条第2款“被保险人怠于请求的，第三者有权就其应获赔偿部分直接向保险人请求赔偿保险金”，故丁为甲的“法定诉讼担当人”，因此前后诉诉讼主体相同，由于诉讼标的、诉讼请求也相同，故构成重复起诉。①

交通事故的受害人直接向保险人请求给付保险金的诉讼实施权，究竟是否是诉讼担当，而这种为了自身利益实施诉讼的行为能否拘束被保险人，均是值得深思的问题。实际上，从本案一审、二审法院的说理来看，很可能一开始法院就因为前诉判决已经认定保险公司不应承担鉴定费、律师费和部分案件受理费，而认为后诉主张无理所以无须对后诉进行实体审理，虽然前后诉涉及不同的主体和不同的实体请求权，法院就利用“诉讼担当”将后诉认定为重复起诉。

在理论上对诉讼担当的情形进行梳理，有利于澄清既判力主观

---

① 长春市中级人民法院（2015）长民四终字第543号民事裁定书。

扩张的界限。诉讼担当可以分为法定的诉讼担当与意定的诉讼担当。前者是指法律赋予某些主体为他人的实体权利义务实施诉讼的权能，后者是指实体权利义务主体授予他人为自己的权利义务实施诉讼的权能。

（一）法定诉讼担当

法定诉讼担当可以分为由职务型当事人实施的诉讼担当，和其他法律特别规定的诉讼担当。

1. 职务型当事人

职务型当事人（Partei kraft Amtes）概念来自于德国，其特征在于法律并非仅仅就某一特定诉讼授予该当事人实施权，而是概括性地赋予该当事人某种职务，实施诉讼的权能是该主体应当履行的职责之一部分。

我国《企业破产法》第 25 条规定了破产管理人的职责，其中第 1 款第 7 项规定破产管理人应履行代表债务人参加诉讼、仲裁或其他法律程序的职责。公司未申请破产但开始进行清算的，由于公司不再进行正常的活动，我国《公司法》第 184 条第 7 项规定公司的清算组在清算期间可代表公司参与民事诉讼活动，但此时公司尚未注销、仍然存续，故清算组仍应以公司的名义实施诉讼，不属于诉讼担当，仅仅是法定代表。①

《继承法》第 16 条规定，公民可依法立遗嘱处分个人财产，还可指定遗嘱执行人。顾名思义，遗嘱执行人即执行遗嘱中被继承人意志的人，为了执行遗嘱也必然要对遗产进行管理与处分，故若关于遗嘱或由遗嘱执行人管理或处分的财产发生纠纷，遗嘱执行人可以自己的名义（立遗嘱人已死亡）实施诉讼。

我国《民法总则》第 42 条规定失踪人的财产由财产代管人代管，第 43 条规定代管人应妥善管理失踪人的财产，维护其财产权益。财产代管人也有权实施保障失踪人财产权益的诉讼。

---

① 枣庄市中级人民法院（2016）鲁 04 民终 193 号民事裁定书。

此外，《民法总则》虽未单独规定遗产管理人的选任及其职责，但在关于诉讼时效的第 194 条提及了“遗产管理人”，对遗产进行管理处分之人自然也应当为了维护遗产实施诉讼。

《民诉法解释》第 492 条规定，无法拍卖或变卖被执行人财产，在申请执行人同意且不损害其他债权人的合法权益及社会公共利益的情形下，法院可以将该财产交付申请执行人管理，这被称为“强制管理”。我国的强制管理制度尚处于萌芽阶段，[①] 法院将财产交付申请人后，执行程序是否存续，申请人对财产的强制管理行为是否还属于执行程序的内容，均不甚清晰。不过，依笔者之见，指定强制管理本身虽属于执行行为，但原申请债务人开始进行强制管理后，就属于私法行为，在这个过程中如第三人对该财产主张权利的，应当实施一般的诉讼，没有必要通过执行异议与执行异议之诉来解决。这一诉讼应由管理人代替债务人来实施，属于诉讼担当，故其获得的判决拘束债务人。

职务上的诉讼担当人基本上都是为被担当人的利益实施诉讼（仅强制管理人似乎更强调管理人自身的利益，与债权人代位诉讼颇为相似），因此诉讼担当人作为当事人获得的判决拘束被担当人应无疑问，此前被担当人自己作为当事人获得的判决对于事后被选任的诉讼担当人也有拘束力。这一既判力扩张有利于实现判决的确定力、权利的安定性与纠纷解决的实效性，而且被担当人自己的利益既已被充分代表，他承受既判力的拘束具有公平性。

2. 公益诉讼

我国《民事诉讼法》第 55 条规定，对于污染环境或者侵害众多消费者合法权益等对社会公共利益造成损害的行为，法律规定的机关、有关组织可提起诉讼。这种诉讼被称为公益诉讼，法律明确赋予特定主体提起公益诉讼的资格，目的是保护公共利益。

---

① 参见沈德咏主编《最高人民法院民事诉讼法司法解释理解与适用（上）》，人民法院出版社 2015 年版，第 1313 页。

关于法律规定的特定主体提起公益诉讼之资格的性质，存在一些争议。我国的公益诉讼规范大体上采纳了德国的团体诉讼模式，特定团体能够提起公益诉讼的这一资格，究竟是诉讼实施权还是本案适格，将决定公益诉讼原告的身份是诉讼担当人还是实体当事人本人。在德国，判例与一部分文献曾主张团体诉讼主体资格具有作为诉讼要件与实体请求权要件的双重性质；[①] 后来德国立法者对《不作为诉讼法》第 3 条第 1 款的表述进行了修改，将原来的“要求不作为和禁止重复实施某行为的请求权由……行使”变更为“请求权属于……”基于此，学者们开始主张团体提起不作为诉讼的资格以实体法上的权能为基础，团体本身是该诉讼的实体当事人，受到判决的拘束。[②]

我国《民事诉讼法》与相关法律、司法解释对公益诉讼的规范相当概括，看不出法律规定的特定主体是否是在实体法上获得直接的授权，还是仅仅由法律赋予一种实施诉讼的权能。但考虑到有权提起公益诉讼的具体主体数量较多，主张某个提起诉讼者就是与公益诉讼相关实体请求权的实体当事人，并不妥当；故将提起公益诉讼者理解为一种受害公共利益的代表者更合理。将公益诉讼实施者理解为诉讼担当人，虽然被担当人难以确定为某个实体，但有助于解释为何未实际提起诉讼的拥有公益诉讼主体资格的团体受公益诉讼获得的判决之拘束。《民诉法解释》第 291 条规定，公益诉讼的裁判生效后，其他享有原告资格的机关、有关组织针对同一侵权行为提起公益诉讼的，法院将裁定不予受理，法律、司法解释另有规定的除外。正是因为前诉中公益诉讼原告代表公共利益获得了生效裁

---

① 判例如 BGHZ 133，316，319 = NJW 1997，1702；BGH NJW 1996，3276；文献如 Ahrens/Jestaedt，Der Wettbewerbsprozeß，6. Aufl. 2009，Kap. 19 Rn，2。

② Greger，Neue Regeln für die Verbandsklage im Verbraucherschutz-und Wettbewerbsrecht，NJW 2000，2457，2458，2462；Becker-Eberhard，Neue dogmatische Einordnung der Verbandsklage kraft Gesetzes?，FS Leipold，2009，S. 3，12ff. 转引自 Rosenberg/Schwab/Gottwald，Zivilprozessrecht，München 2010，S. 237 - 238。

判，那个在一定程度上是“虚拟的”，或者最好称为“集合的”公共利益主体要承受该裁判的效力，其他公共利益的代表者作为诉讼担当人就不能再次提起公益诉讼了。视不同的公益利益代表者彼此互为诉讼担当人稍显怪异，故不妨在他们中间虚构一个集合性的公共利益作为纽带，承认既判力的扩张。

3. 股东代位诉讼

域外大陆法系国家均在针对公司法律关系的特殊既判力扩张中提及股东代位诉讼，但股东代位诉讼亦可被理解为一种诉讼担当。根据我国《公司法》第 151 条的规定，董事、监事、高级管理人员或其他人损害公司利益的，符合一定条件的股东可以请求未实施侵权行为的公司内部代表机构起诉，在被拒绝或公司代表机构于请求后 30 日内未起诉或情况紧急时，股东有权为了公司的利益以自己的名义直接起诉。这是为了直接保护公司的利益、间接保护股东自己的经济利益，赋予股东代表公司提起诉讼的权利，是一种法定的诉讼担当。股东获得这种诉讼担当权需符合一定的条件。

股东代位诉讼的诉讼客体是公司享有的请求权，公司作为实体当事人，应当承受股东实施代位诉讼所获得的判决之既判力。我国公司法与相关司法解释未明确规定股东代位诉讼的判决效力主观范围，《公司法解释（四）》第 24 条规定，股东代位诉讼应当将公司列为第三人使其参加诉讼，此外在一审法庭辩论终结前，同样符合提起股东代位诉讼条件的其他股东以相同请求申请参加诉讼的应当列为共同原告；该司法解释第 25 条规定，股东代位诉讼的胜诉利益归属于公司。将公司作为第三人，可以保障公司的程序利益，不过，公司本来就是本案的实体当事人，其应承受判决的既判力。与公益诉讼的情形类似，既然作为被担当人的公司受到一个担当人获得的判决之拘束，那么公司的其他诉讼担当人——其他符合要件的股东，亦应当受到既判力的拘束，这还有助于实现公司内部法律关系的统一性。

4. 债权人代位诉讼

我国《合同法》第 73 条规定，债务人怠于行使其到期债权故对债权人造成损害的，债权人可以向法院请求以自己的名义代位行使该债权，除非该债权专属于债务人自身。我国的债权人代位诉讼制度来源于日本，[①] 日本则是借鉴 1804 年的《拿破仑法典》第 1166 条关于“债权人得行使其债务人的一切权利和诉权”的规定，赋予债权人代位债务人起诉次债务人的权限。[②] 日本学界通说将债权人代位诉讼视为法定的诉讼担当，并主张债权人代位诉讼获得的判决拘束债务人，我国一些诉讼法学者亦采纳这一观点。[③] 然而，债权人代位与职务当事人的诉讼担当存在一定的差异，毕竟债权人主要是为了自己的利益实施这一诉讼，而不像职务当事人那样主要是为了被担当人的利益实施诉讼，因此就像在日本一样，我国也有学者不将债权人代位诉讼归属于一般的法定诉讼担当，而是作为一种特殊的当事人适格情形，[④] 由此其实施诉讼获得的判决是否拘束债务人就存疑，需考虑是否存在其他的既判力扩张根据。

另外，我国实体法和相关司法解释对债权人代位诉讼的规定还与日本民法存在一些差异，最为明显的是我国未采纳“入库规则”，这使我国债权人享有的代位诉讼权更接近一种固有的当事人适格，

---

① 德国没有在债法中规定债权人代位诉讼，但在强制执行程序中债权人可对债务人针对第三人享有的请求进行扣押，扣押后债权人就可以自己的名义对该请求实施诉讼，这也属于法定的诉讼担当，且产生既判力的扩张，原因是债权人对债务人针对第三债务人的请求实施扣押后，对此就产生了优先权，对这一请求也就享有了实体上的处分权。Vgl. Kleinheisterkamp, Prozessführung über gepfändete Geldforderungen, 2001, S. 39ff. 转引自 Rosenberg/Schwab/Gottwald, Zivilprozessrecht, München 2010, S. 228。

② 参见洪学军《债权人代位权的性质及其构成研究》，《现代法学》2002 年第 4 期，第 103 页。

③ 参见赵刚、刘学在《论代位权诉讼》，《法学研究》2000 年第 6 期，第 4 页；陈爱武、眭鸿明《论债权人代位权诉讼与债务人自行诉讼之并存》，《山东社会科学》2004 年第 6 期，第 39 页。

④ 参见王亚新、陈杭平、刘君博《中国民事诉讼法重点讲义》，高等教育出版社 2017 年版，第 117 页。

而非对债务人的诉讼担当。“入库规则”是日本民法中关于债权人代位诉讼效果的传统观点，认为债权人行使代位权的效果应直接归属于债务人而非债权人，故获得的财产将作为对债务人之全体债权人的共同担保，行使代位权的债权人并不会取得优先受偿权，他应当与其他债权人平等受偿。① 在我国，《合同法解释（一）》第20条规定，法院认定代位权成立的，由次债务人向债权人清偿，由此债权人与债务人、债务人与次债务人之间相应的债权债务关系即予消灭。这与日本的“入库规则”明显不同，故我国有些实体法学者将债权人行使代位权的效果理解为债权债务的法定转移。②

法定的债权债务转移说不利于债务人的其他债权人，但能够间接鼓励债务人的债权人早日行使其权利。那么，债权人代位诉讼获得的判决结果对债务人会产生何种效力呢？根据上述规定，债权人胜诉的，债权人与债务人、债务人与次债务人之间相应的债权债务关系消灭，债务人有权以此对抗债权人，并应承认次债务人的抗辩权。假如债权人由于次债务人的抗辩而败诉，该判决又该对债务人产生何种效力呢？若不将债权人视为债务人的诉讼担当人，这个问题就难以回答，且次债务人有可能面临二次追诉。为了解决这个问题，我国相关规范未直接在判决效力问题上予以规定，而是赋予债务人事先程序保障机会。《合同法解释（一）》第16条规定，债权人提起代位诉讼但未将债务人列为第三人的，法院可追加债务人为第三人。但债务人作为第三人参加诉讼后，其应承担何种判决效力，法律与司法解释亦无明确规定。

实际上，债权人起诉次债务人，其最终目的虽是实现自己的利

---

① 参见［日］奥田昌道《债权总论》增补版，日本悠悠社2000年版，第258页；［日］於保不二雄《日本民法债法总论》，庄胜荣校订，台湾五南图书出版有限公司1998年版，第158页；转引自崔建远《债权人代位权的新解说》，《法学》2011年第7期，第138页。

② 参见徐澜波《合同债权人代位权行使的效力归属及相关规则辨析》，《法学》2011年第7期，第88—89页。

益，但毕竟要求次债务人清偿的是债务人的债权，在这一问题上债权人与债务人利益同一，可以期待债权人勤勉地实施诉讼，而且我国还要求债务人参加诉讼，债权人更不能随意放弃债务人的实体权利了，此时将债权人视为债务人的诉讼担当人，使判决既判力拘束债务人，是更为合理的做法。[①] 这种情形符合前后诉的诉讼客体同一，且债务人由于自己懈怠实现权利导致债权人利益手段而丧失获得独立程序保障的必要性之要件。

值得注意的是，我国既然未采纳入库规则，债权人仅能在自己对债务人享有的债权数额之范围内提起代位诉讼，债务人对次债务人的债权数额超出债权人之债权的，不属于代位诉讼的诉讼标的，债务人可以另行起诉（《合同法解释（一）》第21、22条）。这与本书第2章讨论过的部分请求问题存在少许联系，但由于债权人代位诉讼的制度设计，此时不得不准许对债权拆分为两部分分别诉讼。

5. 保险人代位诉讼

我国实体法还规定保险人可以代位被保险人实施诉讼，《保险法》第60条第1款规定，第三者损害保险标的构成保险事故的，保险人向被保险人赔偿保险金后，可在赔偿金额范围内代位被保险人行使其针对第三者请求赔偿的权利。此外，一些实体法学者还主张我国现行法也规定了保证人的代位权，但法律实际上规定的是保证人的追偿权，而追偿权与代位权并不相同，与追偿权相比，代位权可请求的范围不仅包括债权人对主债务人的债权本身，还包括该债权的其他担保（人保或物保）。[②]

不过，保险人的代位权与保证人的代位权，均为在向被保险人

---

① 日本的新堂幸司教授与池田辰夫教授采取的正是承认债权人的诉讼担当获得的判决拘束债务人，但要求债权人或次债务人对债务人进行这样的立场，不过二者具体的观点还存在诸多差异，参见［日］高桥宏志《民事诉讼法制度与理论的深层分析》，林剑锋译，法律出版社2003年版，第221—225页。

② 参见程啸、王静《论保证人追偿权与代位权之区分及其意义》，《法学家》2007年第2期，第98页。

或债权人履行债务之后产生的，这两种代位权实质上与追偿权的性质更为接近，虽然与追偿权的权利范围有差异，但与追偿权的目的相同。这两种追偿权与上述债权人代位是不同的，因此恐怕不能将这两种情形视为诉讼担当，而应当视为法定的债权债务转移。

【案例6—2】甲所有的A轮船与乙所有的B轮船发生碰撞，造成A轮船受损。丙是A轮船的保险人，丁是B轮船的保险人。甲诉乙，请求赔偿船舶碰撞事故造成的损害，法院作出判决，对部分诉讼请求予以支持，对船舶修理费的请求因其未提供证据证明未予支持。判决生效后，A轮的保险公司丙起诉乙、丁，主张事故发生后该船产生修理费若干万元，丙已依据保险合同向被保险人甲支付保险赔款，依法取得了代位求偿权，请求乙、丁向自己支付修理费。丁提出后诉违反一事不再理原则的抗辩，法院认为后诉构成重复起诉，因为前后诉当事人表面上不同，但丙提起后诉的前提是代位权，丙与甲对维修费损失有相同的诉讼实施权，因此应认定丙是甲的法定诉讼担当人，与甲为同一当事人，至于丁保险公司，因为丁公司承担责任的前提是乙对甲或丙承担责任，其承担的是乙的赔偿义务，是因法律规定和法律行为受让乙权利义务之人，故前后诉当事人相同，且前后诉的诉讼标的是基于同一侵权损害事实产生的同一侵权损害赔偿请求权，诉讼请求也相同，故裁定驳回起诉。[①]

在这个案件中，前后诉诉讼标的在客观方面的确具有同一性，均为A轮船的修理费损失：前诉中轮船所有人已经对侵权人主张过该请求，但由于未能提供证据被法院判决驳回诉讼请求；后诉保险人主张自己向轮船所有人支付了该修理费、取得代位权，故再次向侵权人主张。这在实质意义上应认定为重复起诉，否则对于侵权人来说极不公平，而且构成重复争议。但这里既判力扩张的具体理由与其说是诉讼担当，不如说保险人是被保险人的继受人。保险人的“代位权”与债权人代位诉讼的代位权是不同的，它以保险人向被保

① 湖北省高级人民法院（2015）鄂民四终字第00131号民事裁定书。

险人给付保险金为前提，而这应当理解为一种法定的债权债务转让，即保险人受让了被保险人对侵权的第三者享有的请求权。将保险人理解为被保险人的受让人，使其承受被保险人前诉获得的判决的既判力，是更为合理的。关于当事人的继受人承受既判力扩张的范围与要件，将在后文进行详述。

6. 作为诉讼要件的诉讼担当与作为既判力扩张要件的诉讼担当

诉讼担当既是上一章讨论过的当事人适格的一种情形，也是既判力主观扩张的一种情形，乍看之下似乎不存在什么直接关联，毕竟前者意味着诉讼担当人应承受判决的拘束，而后者意味着被担当人应承受既判力，但既然均为诉讼担当有关的问题，其作为诉讼要件的性质与其作为既判力扩张要件的性质在司法实践中却可能产生交织。

【案例 6—3】甲厂的合伙人为乙、丙、丁、戊。乙、丙诉丁，以戊为第三人，要求退伙，法院立案受理后，乙、丙与丁达成《退股协议》，并撤诉。该《退股协议》中记载，甲厂经营不善亏损巨大，同意由丁收购乙、丙的股份，乙、丙退股并分别拿出 30 万元弥补甲厂的亏损，退股后，甲厂由丁持 95% 股份，戊持 5% 股份。甲厂根据《退伙协议》诉乙，丁作为甲厂的负责人，请求支付弥补亏损款项 30 万元，一审法院认定，虽然甲厂并非退股协议的主体，但退股协议为利他合同，甲厂有权向乙请求支付弥补亏损款项，判决支持请求，但二审法院认为《退股协议》内容仅是合伙成员就合伙亏损的承担问题进行的确认，并未明确该 30 万元款项应向甲厂支付，故甲厂与本案缺乏直接利害关系，原告主体不适格，裁定驳回起诉。裁定生效后，甲厂负责人丁起诉乙，请求乙向甲厂支付 30 万元弥补亏损款项，法院认为后诉与前诉均基于《退股协议》、诉讼标的相同，诉讼请求实质相同，原告表面上不同，但丁主张的权益归属为甲厂，故丁是受前诉裁判约束的诉讼担当人，前后诉当事人相同，故后诉构成重复起诉，再次裁定驳回。甲厂据此对前诉裁定申请再审，浙江省高级人民法院认为再审申请符合法律规定，裁定提审。①

本案中，前诉法院认为退股协议未明确约定弥补亏损款项归属于甲厂，故甲当事人不适格，丁以甲厂名义提起的诉讼被裁定驳回；到了后诉，丁以自己的名义请求乙向甲厂支付30万元，前后诉的客体内容确实具有同一性。如果丁后诉构成甲厂的诉讼担当人，后诉就为重复起诉，但丁是退股协议的签订者之一，是乙的相对方当事人，他有权独立地依据退股协议要求乙履行义务，所以他在后诉并非甲的诉讼担当人。而且，前诉法院作出的是驳回起诉的裁定，裁定的既判力仅限于驳回起诉的理由，前诉裁定驳回的理由是甲作为当事人不适格，后诉丁以自己的名义起诉，前诉当事人不适格的事由消失了，故不受前诉裁判既判力的影响。后诉法院之所以要裁定驳回起诉，其实是因为前诉在裁定理由中说明退股协议未约定甲厂享有获得30万元的实体权利，后诉丁的诉讼还是要求乙向甲支付30万元，二者存在着矛盾，但是后诉法院以丁属诉讼担当人为由裁定驳回起诉在技术上不正确。

由此可知，并非所有的起诉请求实现他人权利的主体都是诉讼担当人，丁享有独立的实施诉讼的权利，在我国的语境下，甚至可以说仅丁享有这种实施诉讼的权利，享有这种针对乙的请求权。虽然退股协议约定的是甲厂的利益、权利，但利他合同是否赋予甲针对乙的请求权，在我国大多数学者倾向于给出否定性的回答。根据我国《合同法》第64条，当事人可以约定由债务人向第三人履行债务，债务人未履行或者履行债务不符合约定，应向债权人承担违约责任，学者据此主张，第三人不享有对债务人要求履行债务的实体

---

① 前诉绍兴市中级人民法院（2016）浙06民终2314—2号民事裁定书；后诉是绍兴市中级人民法院（2016）民终4436号民事裁定书；对前诉裁定再审的文书是浙江省高级人民法院（2017）浙民申279号民事裁定书。

请求权，虽然部分学者主张应当赋予这样的第三人请求权，[①] 但最近并无相关规范对此予以规定，在我国仍应认为合同约定了其利益的第三人不享有针对债务人的实体请求权，自然就不具有当事人适格了。依据这一逻辑，要想弥补甲的亏损，仅能通过退股协议的当事人丁起诉乙提出请求的方式实现，本案后诉法院应当受理并作出判决。

本案后诉法院的做法虽不合理，但甲对前诉裁定申请再审，被法院接受并提审，不知会作出何种变动。事实上，虽然《合同法》第 64 条规定债务人应向合同的对方当事人承担违约责任，但并未明确否定获得利益的第三人向债务人提出请求的权利，或许前诉法院在再审过程中就支持了甲的诉讼请求也未可知。

这个乍看之下十分简单，实际上却蕴含着复杂的实体和程序问题的案例说明，在有些案件中诉讼担当与实体当事人的界限并不是很清晰，二者虽然都可以实施诉讼，在前诉的范围内问题不是很大；但是究竟是实体当事人还是诉讼担当，影响着判决既判力是否扩张与扩张的范围。如果前诉主体为实体当事人，那么其判决不能拘束其他实体当事人（有时多个主体分别享有诉讼实施权）；如果前诉主体为诉讼担当人，其获得的判决就拘束实体当事人。

（二）任意诉讼担当

任意诉讼担当，是指并非由法律规定，而是由实体权利义务主体自己授权他人为自己的权利义务实施诉讼的情形。任意诉讼担当体现了对当事人意愿的尊重，方便当事人利用代理制度来实施诉讼，大陆法系的德日两国均承认任意诉讼担当，不过为其设置了不完全一致的许可性要件，如德国要求除授权关系本身外，担当人还应对

---

① 参见崔建远《为第三人利益合同的规格论——以我国〈合同法〉第 64 条的规定为中心》，《政治与法律》2008 年第 1 期，第 68 页；薛军《论〈中华人民共和国合同法〉第 64 条的定性与解释——兼与“利他合同论”商榷》，《法商研究》2010 年第 2 期，第 51 页；吴文嫔《加拿大合同法之“受益第三人规则”》，《环球法律评论》2015 年第 2 期，第 174 页。

实施诉讼享有某种其他的法律利益;[①] 日本判例在任意诉讼担当没有规避法律的危险且存在合理必要的情形中才予以准许，学者主张这应当解释为诉讼担当人本来可以辅助参加被担当人之诉讼的情形。[②]

我国民事诉讼法中是否承认任意诉讼担当，在学术界曾存在一定的争议。就最近的趋势来看，大体是承认任意诉讼担当的，不过当事人授权他人为自己实施诉讼应当满足什么条件，还不够清晰。哪些情形的确构成任意的诉讼担当，在实践中偶尔还出现误认。一旦构成任意的诉讼担当并在前诉中被准许，前诉判决就会对被担当人产生既判力的扩张。

1. 代表人诉讼

我国《民事诉讼法》与相关司法解释并未明确规定任意诉讼担当，学术界与实务界存在着一种观点，将法律规定的代表人诉讼理解为任意的诉讼担当。[③] 但是，人数确定的代表人诉讼中，代表人虽代表其他当事人实施诉讼，但被代表人仍然是当事人并以自己的名义进行诉讼，不存在既判力扩张的必要，实际上在此种情形中不妨将代表人理解为诉讼代理人，与诉讼担当并不相同。[④] 而在人数不确定的代表人诉讼中，参加登记的权利人就是以自己的名义成为诉讼的当事人；未参加登记的权利人则不属于当事人，代表人若为诉讼担当人也只可能是未参加登记者的担当人，但是未参加登记者并未对诉讼代表人进行授权，又怎能主张其利益由诉讼代表人所代表呢？综上，在我国的代表人诉讼中，并不存在任意的诉讼担当，诉讼代表人不过是代表其他当事人实施诉讼行为的代理人罢了。

---

① Vgl. Rosenberg/Schwab/Gottwald，Zivilprozessrecht，München 2010，S. 230ff.

② 参见［日］新堂幸司《新民事诉讼法》，林剑锋译，法律出版社 2008 年版，第 212 页。

③ 参见沈德咏主编《最高人民法院民事诉讼法司法解释理解与适用（上）》，人民法院出版社 2015 年版，第 634 页。

④ 参见肖建国、黄忠顺《任意诉讼担当的类型化分析》，《北京科技大学学报》2009 年第 1 期，第 56—57 页。

值得注意的是，我国《民事诉讼法》第 54 条第 4 款第 2 句规定，未登记的权利人在诉讼时效期间内起诉的，适用代表人诉讼的裁判。《民诉法解释》第 80 条进一步规定，未参加登记的权利人起诉后，法院认定其请求成立，就应裁定适用代表人诉讼的裁判。这其中似乎有点既判力主观扩张的意味，若确属既判力主观扩张，就能反推出诉讼代表人对于未参加登记者构成诉讼担当人这一结论。但这是不妥的，首先可知的是未参加登记者提起的后诉不被遮断，这与既判力扩张的界定不相符；其次，根据人数不确定代表人诉讼中实体内容的类型，提供统一性救济的判决（如停止侵权、召回产品、公开赔礼道歉等）的确可以直接适用于未参加登记的权利人，但提供个别性救济的判决就不能直接适用于后诉了；最后，《民诉法解释》规定法院认定后诉权利人权利成立的才适用前诉裁判，若前诉法院判决驳回诉讼请求，后诉权利人权利成立的自然不能直接适用前诉裁判。由此可知，我国代表人诉讼的判决不对未参加诉讼的主体产生既判力主观扩张。

将代表人诉讼视为任意诉讼担当的观点，与日本的选定当事人制度和美国的集团（class action）诉讼制度有关。日本选定当事人制度的确构成任意诉讼担当，但那是因为多数的当事人选定当事人后，就会退出诉讼，不再作为诉讼的当事人，这一制度安排在我国则似乎并不存在，故无法“依样画葫芦”认为是任意诉讼担当。美国的集团诉讼中，代表人可主张自己是那些未参加诉讼的，甚至是无法完全特定的多数（甚至是数不清的）主体的代表，因此判决将对这些潜在的当事人产生既判力。根据美国《联邦民事诉讼规则》第 23 条，集团诉讼分为三类，对前两类集团诉讼——为避免分别诉讼造成的不协调判决给对方当事人设定相互矛盾的行为标准或者将实际上损害未参加诉讼者利益而成立的集团诉讼、对集团成员提供统一的禁令救济或宣告性救济是合适的集团诉讼——在合适的通知（notice）之后，集团诉讼的判决拘束全体集团成员；对第三类集团诉讼——集团成员之间存在共同的事实或法律问题且这种共同性比起个性更为突出——在实际条件的允许下进行最好的告知后，集团成员未申请退出集团的，就全部受到集团诉讼判决的拘束。美国的集团诉讼能够最大限度地实现对大规模纠纷的统一和一次性解决，然而在一定程度上对未起诉但被视为集团成员的主体提出了更高的注意义务（有时候确实无法做到个别的告知 individual notice）和主动性要求。

关于美国集团诉讼类型与要件可见图 6—2。

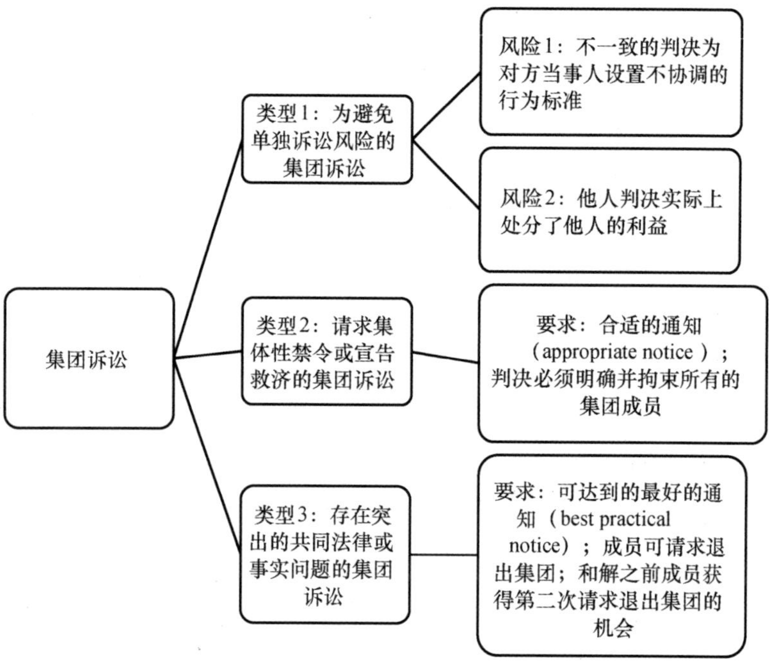

图 6—2　美国集团诉讼类型与要件

在我国人数不确定的代表人诉讼中，却并不存在与美国集团诉讼类似的程序设计，因此使既判力扩张及于未登记的权利人没有正当化的理由。虽然上述法律规范与司法解释（似乎是受到集团诉讼的影响）规定代表人诉讼的判决可以直接在未登记权利人的后诉中得以“适用”，这也并非既判力的主观扩张。事实上，将前后诉进行对比，诉讼客体并不同一，也不存在先决关系，仅存在共同的事实问题或法律问题，因此前诉判决对后诉仅能产生某种事实性的影响力。

2. 任意诉讼担当的其他情形

在我国的司法实践中，可能出现任意诉讼担当并被法院准许的案件多数发生在专利许可、著作权专有使用、[①] 著作权集体管理组织等知识产权法领域，[②] 在其他领域中法院准许任意诉讼担当的案件相对较少。[③] 无论在何法律领域，任意诉讼担当被允许的情形中，诉讼担当人均与诉讼标的存在利害关系，如享有许可使用权、专用权，可能被实体当事人追偿等。如不存在这种实体关联，法院就不一定准许与诉讼标的无关的主体代替权利主体实施诉讼，除非形成诉讼代理关系。不过，一旦任意的诉讼担当被准许，判决就会产生既判力的扩张。

【案例6—4】甲是A商标的权利人，乙是B商标的专用人。乙诉甲，请求确认自己并未侵犯甲对A商标的注册商标专用权，法院作出判决确认乙在自己经销的化肥产品上使用B商标的行为不构成对甲A商标专用权的侵权。判决生效后，甲与自己作为法定代表人的丙公司签订商标许可使用合同，将对A商标的使用权许可给丙使用，甲还授权丙公司作为利害关系人就乙的侵权行为提起诉讼，故丙以乙为被告起诉，主张商标侵权，请求停止侵权、消除影响、赔偿经济损失，乙提出重复起诉的抗辩。一审法院根据甲的授权书认

---

① 浙江省高级人民法院（2016）浙民终367号民事判决书。

② 参见刘学在《著作权集体管理组织之当事人适格问题研究》，《法学评论》2007年第6期，第63页；根据实体法的规定，工会也可能构成法定诉讼担当人，参见肖建国、黄忠顺《任意诉讼担当的类型化分析》，《北京科技大学学报》2009年第1期，第61页，法院在有些案例中也表述了这一观点，参见深圳市中级人民法院（2014）深中法劳终字第1699号民事裁定书。

③ 江苏省徐州市中级人民法院（2013）徐民终字第407号民事判决书。本案中，受损货物的货主出具授权同意由货物运输人行使该货物的索赔权利，法院认定运输人为适格的诉讼主体。

定丙作为原告适格，认为由于前后诉分别为确认之诉与给付之诉，诉讼标的不同，后诉不属于重复诉讼，但前诉生效判决已经确认乙不侵权，故后诉丙请求停止侵权、消除影响、赔偿损失的诉讼请求不能成立，判决驳回后诉请求。丙上诉，二审法院则认为后诉构成重复起诉，就当事人是否相同的问题，认为虽然甲、丙为两个不同的主体，但丙通过甲授权的方式产生了诉讼担当，是甲的任意诉讼担当人，是与甲具有“同一性”的当事人，应受前诉判决的既判力拘束。①

这个案例在前文探讨既判力消极作用与积极作用之界限时引用过，对这部分内容此处不再重复，仅研究一下其中的诉讼担当与既判力扩张问题。本案十分明显，甲在与乙的诉讼中败诉后，将商标使用权许可给丙，并授权其起诉，属于十分典型的任意诉讼担当。正如诉讼担当人获得的判决拘束实体当事人一样，实体当事人获得的判决当然拘束其诉讼担当人，只要前后诉诉讼客体同一。本案中，值得注意的是，诉讼客体并不同一，但存在实体矛盾关系。

二 当事人的继受人

当事人的继受人，在继受了当事人之法律地位的意义上，也应当接受某些法律地位已被生效判决确认下来这样的事实，因此，既判力应当扩张及于当事人的继受人。前诉当事人之间争议的诉讼客体，与前诉一方当事人的继受人与另一方当事人在后诉争议的诉讼客体具有同一性，而且如果前诉判决不对当事人的继受人产生既判力，前诉判决解决纠纷的实效性就会丧失。不过事实上，受继受种类、时机等因素的影响，有时前诉当事人的继受人实施的诉讼之诉讼客体与前诉相比已然不同，或者使其承受前诉判决既判力的拘束有违正当程序或合理期待。因此，在界定判决对当事人的继受人产生既判力扩张之要件时，应当考虑这些因素。

---

① 新疆维吾尔自治区高级人民法院（2015）新民三终字第 16 号民事裁定书。

我国《民诉法解释》第 249 条规定，如果争议的民事权利义务在诉讼中被转移，当事人的诉讼主体资格和诉讼地位不受影响，法院作出的生效裁判对受让人具有拘束力。此处仅仅规定了特定继受，即诉讼标的或诉讼争议对象本身的转让。但是，值得一提的是，权利义务的继受不限于特定继受，还包括概括继受。但概括继受与特定继受形态存在较大差异，故应分别予以研究。

我国《民诉法解释》第 249 条规定，如果争议的民事权利义务在诉讼中被转移，当事人的诉讼主体资格和诉讼地位不受影响，法院作出的生效裁判对受让人具有拘束力。此处仅仅规定了特定继受，即诉讼标的或诉讼争议对象本身的转让。但是，首先值得一提的是，权利义务的继受不限于特定继受，还包括概括继受。但概括继受与特定继受形态存在较大差异，故应分别予以研究。

（一）概括继受

概括继受人概括承受了当事人的全部法律关系，自然应当承受当事人获得的判决之既判力。事实上，概括继受的情形主要是原当事人主体资格消灭，继受人主要是继承人或承担法人全部权利义务的主体。

我国《民事诉讼法》与《民诉法解释》没有明确规定既判力扩张及于概括继受人，但这其实是较为明显的道理即可证成的结论。此外，《民诉法解释》第 375 条规定，当事人死亡或终止，其权利义务承继者可以申请再审，再审与另诉是相互排斥的，那么根据该规定或许可推断出当事人概括继受人应承受前诉判决既判力的结论。《民诉法解释》的一些条文还规定执行力向概括继受人的扩张，如第 472 条、第 473 条与第 475 条规定，被执行人死亡或者终止的，可以变更其权利义务继承人为被执行人。虽然执行力与既判力的根据存在一些差别，但是在概括继受的场合中，执行力的扩张实际上是以既判力的扩张为基础的，这些与执行力扩张有关的规范亦可以间接证明既判力应扩张及于当事人的概括继受人。

在考虑概括继受的时间点时，需要注意的是，概括继受人要承受既判力的扩张，仅可能在概括继受发生于前诉判决生效后的情形。否则，概括继受人应继承原当事人的诉讼地位，自己成为当事人，直接承受判决的既判力，而不能依旧以原当事人为当事人，以继受人为受既判力扩张所及之人。

（二）特定继受

特定继受指的是继受人受让了当事人在前诉中作为争议对象的实体权利义务关系。这种情形下，考虑到诉讼客体的同一性，如继受人对该权利义务关系进行重复争议，前诉的判决结果就会丧失实效性，故有必要承认判决既判力的扩张。但特定权利义务关系的受让人，可能基于转让标的之特殊性质、转让发生的时间点和转让是否履行了通知或获取同意这样的附随义务等因素，有权享有独立的程序保障，其对法律状况的合理期待使承认既判力扩张将产生不合理的后果。接下来对特定继受时的既判力主观扩张要件进行逐一分析。

1. 特定继受对象的特征

根据我国《民诉法解释》第249条的规定，诉讼中争议的权利义务被转移的，受让人受到判决的拘束。诉讼中争议的权利义务，大致可分为物权、债权和其他财产权利。对于物权的转让，需登记生效，但登记时不见得知晓该物权的登记有误，亦不一定能发现该物权处于诉讼系属之中，故有信赖原登记、在实体法上构成原始取得的余地，对此，我国虽无规范，亦应借鉴德国民事诉讼法的规定使善意受让人得以摆脱原权利人获得的判决之拘束。

对于债权的转让，须通知债务人；债务的转让和债权债务的整体转让，均须获得对方当事人的同意，才对对方当事人生效，故债权债务转让均不存在受让人不知该标的处于诉讼系属的情形。

其他财产权利的类型极为多样，但可根据其权利公示的方法和转让的程序性要求，比拟物权转让与债权转让进行处理。

值得一提的是，有时虽非诉讼标的本身的转让，但却在原权利人与案外人之间创设了一种派生性的法律关系，构成对作为诉讼标的之权利的负担，对此德国亦将其理解为广义上的转让，使这些案外人亦应承受判决既判力的拘束，以防止当事人以这种方式巧妙地逃避生效判决的效力和其中确定的义务。在我国，有可能当事人较少采取这种做法，但如采取这样的做法，亦应当将其视为广义上的受让人，考察是否应当令其承受判决既判力的扩张。

此外，当事人转移的并非直接争议的特定权利义务，而是系属于诉讼的标的物，如甲把某物借给乙，请求返还时，乙把该物转移给丙，或者把物转借、转租给丙，此时能否始终都使受让人丙承受判决的既判力，存在一定的争议。例如在德国，判例主张，当法院依据物权的理由判决返还物，那么物的受让人就要承受前诉判决既判力；如法院是依据债权的理由判决返还，物的受让人就不承受既判力的扩张。但是德国学者认为法院作出判决时选择判决理由通常较为随意，这将使得既判力是否扩张取决于偶然事件，故不合理，应当不考虑前诉判决究竟是基于物权理由还是债权理由，都应承认既判力的扩张。① 在我国的司法实践中，也出现了类似的案件。

【案例6—5】某房屋登记在甲名下，但由乙实际占有。甲起诉乙，主张自己为该房屋的所有权人，乙并不享有占有使用该房屋的权利，请求法院判令乙返还房屋，法院经过审理认为乙享有支配该房屋的权利，故判决驳回甲的诉讼请求。在该诉讼过程中，甲将该房屋卖给自己的儿子丙，并完成了过户手续。前诉判决生效后，丙起诉乙，请求判令乙从房屋中迁出并向自己支付使用费，后诉法院认为前诉生效判决已经认定甲对诉争房屋没有支配权，因此甲将房屋转让给丙的行为无效，并且丙作为甲的儿子对前诉是明知的，因此丙也不享有对诉争房屋的占有使用权，判决驳回丙的诉讼请求。②

本案中，甲就前诉要求返还某房屋，其理由是物权，但法院认

---

① 德国的判例如 RGZ 103，121；学者的观点 vgl. Rosenberg/Schwab/Gottwald，Zivilprozessrecht，München 2010，S. 888 - 889。

② 江苏省徐州市中级人民法院（2013）徐民申字第0130号民事裁定书。

为乙享有占有权，甲在诉讼中将该房屋转让给自己的儿子丙，丙就应当作为前诉当事人甲的继受人看待，承受既判力的扩张，否则甲就能通过这种方式实施两次争议，乙就不得不重复防御行为。本来后诉应视为重复起诉，不过由于丙提起的诉讼请求与前诉稍有差别，法院在后诉判决驳回丙的诉讼请求是合理的。

由此可知，即使当事人转让的不是直接的诉讼客体，在涉及物权争议的时候，由于所有权是物权请求权的根据，受让标的物的所有权亦属于特定继受的一种情形。

2. 时间点

（1）学理分析

以上案例分析以《民诉法解释》第 249 条为根据，自然是将转让的时间点限制在诉讼中，即诉讼系属至诉讼结束之间的这么一段时间。但是，毋庸置疑的是，若争议的权利义务转让的时间点是在诉讼结束后，判决当然亦应当拘束受让人。诉讼结束后，一方当事人将争议的权利义务转让给他人的，要么是将自己享有的以生效判决为基础的权利转让给他人以换取交换利益，要么是为了逃避履行生效判决确定的债务，前一种情形中受让人应当享受生效判决的利益，后一种情形自然应当受到抑制，判决既判力的扩张正是适当的应对办法。

至于说诉讼系属后诉讼结束前受让争议对象的主体亦应承受既判力的扩张，就与当事人适格制度有关了。按照实体当事人这样一个当事人适格的主要标准，诉讼中原权利主体将权利转让给他人的，他自己就丧失了当事人适格，不再具有诉讼实施权；但是考虑到对方当事人的利益和程序安定性的需要，德国和我国都采取了当事人恒定主义，即诉讼实施权的判断仅依据起诉时的情形，诉讼中发生的变化不影响当事人的诉讼实施权，因此其实施诉讼获得的判决就有效，且还要拘束受让人。这在一定程度上能够抑制诉讼过程中的主体变动，在受让人那一面看来，在权利正处于争议之中时却答应受让，其实是以自己的行为表示愿意承受相关的风险，同时，他还可以要求替代原权利人实施诉讼，如对方当事人不同意或法院不准许，他可以作为无独立请求权第三人参加诉讼，防止自己的利益受损。假如受让人不承受原权利人实施诉讼获得的判决之既判力，那么当事人为了获得重复争议的机会，就在诉讼过程中进行虚假转让，这样做的后果就是给其对方当事人造成损害。

我国是采取了全面的当事人恒定主义，不管是权利的转让还是义务的转让均产生既判力扩张及于受让人的后果。但德国在债务转移的情形采纳了不同的立场，前文已提及有的学者主张不产生既判力扩张，有的学者主张仅在判决生效后的债务转移时既判力才拘束受让人。其理由不甚明确，不过想来大概是为了更好地保护债务的受让人：由于受让人如因承受判决既判力利益受损，就可向转让人求偿，故可以期待转让人作为当事人勤勉地作为“诉讼担当人”实施诉讼；而债务转移时，受让人面临的风险要更大，而好不容易把债务“出售”的原债务人就不见得能够为受让人勤勉地实施诉讼了。

我国《民诉法解释》第 249 条则是对债权转让和债务转让一视同仁，但就真实的实践而言，这恐怕不是很有必要。一方面，实践中诉讼开始后转移债务的情形较少，另一方面债务转移须债权人同意才生效，既然债权人同意了，那么为何不直接要求受让人实施诉讼呢？如果债权人不同意，那么债务转移不生效，也没有必要使既判力扩张及于受让人。与德国相比，我国对债权转让与债务转让在既判力扩张方面一视同仁，体现了更强调债权人利益保护的立场。

（2）实践状况

在我国的司法实践中，针对诉讼进行过程中争议的权利义务转移时为何要采取当事人恒定主义，有些法院给出了一些理由，如可以维护判决的既判力、保护对方当事人的诉讼依赖利益；不变更当事人并不影响案件的正常审理和受让人的正当利益；受让人申请参加诉讼应当在一定程序阶段中，不能到了很晚的程序阶段还要求变更当事人；生效判决同样拘束受让人；如果受让人替代原权利人参加诉讼，对方当事人可能提出债权债务转让无效的抗辩，[①] 使得案件审理复杂化；为了避免诉讼突袭和诉讼的过分迟延等。如果原告在诉讼过程中转让的是争议的事项的一部分，有的法院虽然对当事人恒定主义为原则、诉讼承继主义为例外进行了阐述，但其实际做法却既非当事人恒定亦非诉讼承继，而是主张原告对其已转让的部分请求，应当予以驳回，对剩余部分进行审理，[②] 这就意味着将该被转移的部分从诉讼标的中排除出去，不予审理，受让人自然可以提起后诉且不受前诉判决拘束，即不承受既判力的扩张。

在实践中，当事人在判决生效后转移争议的权利义务之情形更为常见，此时判决当然应对受让人产生既判力。不过应根据前后诉诉讼客体的具体关系类型，考虑是直接遮断后诉，还是对后诉产生积极拘束力。值得注意的是，这并非是说判决可对继受人仅产生积极既判力而一概不遮断后诉，而是说判决本应对该案外人同时产生消极和积极既判力，只不过因为后诉诉讼请求与前诉不同，存在直接先决关系，因此才积极地拘束后诉。一个是在抽象层面的讨论，一个是在具体层面的适用。

【案例6—6】甲对乙的债权经法院生效判决确认，随后甲将该债权转让给丙。丁曾向甲出具《代偿贷款承诺书》，表示如果原贷款担保人不履行担保责任自己愿意为乙代偿上述贷款，并以自己所有的某项目资产作为代偿债务的担保。甲将自己对乙的债权转让给丙时还约定将从属权利也转移给丙。丙受让后申请强制执行未获得清偿，又将乙与丁诉至乙所在地的法院，请求丁承担连带保证责任。丁提起管辖权异议，主张根据一事不再理原则丙无权再次起诉乙，丙本诉中也没有对乙主张权利，乙不应当作为本案被告，也就不应当以乙的住所地确定管辖，应当将本案移送到丁所在地的法院。法院也认为丙受让的甲对乙的债权已经生效判决确认，丙无权就同一

---

① 长沙市中级人民法院（2016）湘01民再1号民事判决书。

② 最高人民法院（2016）最高法民申2572号民事裁定书。

事项再次起诉，且并未向乙提出具体的诉讼请求，显属虚列被告，裁定驳回丙对乙的起诉，丙对丁的起诉移送到丁所在地法院。[①]

本案中，受让人重新将债务人列为被告主要是为了影响管辖，一旦被认定为重复起诉，裁定驳回对主债务人的起诉，案件的管辖也就会产生变化。

【案例6—7】甲向乙定做镁砖，由于甲拖欠货款，乙诉至法院，法院判决甲向乙支付定做款若干元。判决生效后进入强制执行程序，丙公司为了与甲公司商谈股权合作的事宜，来找乙签订债权转让协议书，约定乙将生效判决确定的自己对甲的债权转让给丙、由乙通知债务人甲，随后丙向乙支付了该判决书中确定的数额。乙又反过来委托丙自己通知债务人甲，丙没有进行通知，但起诉甲请求支付债务，法院认为，丙是乙的债权受让人，应受乙获得的前诉判决的约束，前后诉所涉及的债权是同一的，因此丙提起的后诉违反一事不再理原则，构成重复起诉，裁定驳回。[②]

本案中，丙作为乙的受让人，没有必要另行起诉，可向甲进行通知，要求其履行债务，若甲不主动履行债务，丙应申请法院强制执行。

3. 诉讼系属前特定继受人亦受既判力扩张的情形

特定继受发生在诉讼系属前的，原来的权利义务主体还作为当事人实施诉讼，本应由于其已丧失当事人适格，没有诉讼实施权，法院应裁定驳回起诉，这一裁定不影响受让人实施诉讼。万一当事人不适格的事由未被发现，法院依然作出了生效判决，该判决亦不应拘束受让人。这是因为前诉主体实际上不具有当事人适格，后诉主体却适格，前后诉的诉讼客体就不具有真正意义上的同一性了，后诉主体也应享有独立的程序保障权。如若不然，将对交易安全产生重大的影响。

---

① 浙江省高级人民法院（2016）浙民辖终47号民事裁定书。

② 山东省烟台市中级人民法院（2015）烟商二终字第339号民事裁定书。类似案件如山西省三原县人民法院（2016）陕0422民再7号民事裁定书。

但此时不产生既判力扩张的一般性结论，为了保护对方当事人的合理信赖利益，而存在一些例外。假如对方当事人确实不知且不可能知道争议的权利义务被转移了，那么其信赖现状与原权利义务主体实施的诉讼结果就不应归于无效。实体法中，债权的转移须通知债务人才生效，债务的转移和债权债务的概括转移须获得对方当事人的同意才生效，假使出让人与受让人未履行通知的义务，就不能以转让是发生在诉讼系属之前为理由要求重新实施诉讼。如果当事人转让的是登记才生效或登记对抗的物权，并且进行了登记，那么与原权利人产生争议的主体就不可能存在这种合理的信赖；如果当事人没有登记，或者转让的是无须登记的物权，就需要根据个案的情形来判断对方当事人是否存在合理的期待。

4. 诉讼系属后特定继受人不受既判力扩张所及的情形

根据我国《民诉法解释》第249条，诉讼系属后的特定继受人，应承受既判力的拘束。但是如果特定继受人根据实体法上的公示公信原则与善意取得制度，对于争议的权利义务构成善意取得这种不受前手权利瑕疵影响的原始取得，并且还不知道该权利义务处于争议之中的，那么假如让他承受既判力的扩张，就突破了实体法上保护善意取得的政策。虑及此，德国民事诉讼法特别规定了在既判力扩张的场合中，实体法中保护善意取得者的规范应得到适用，即此时的受让人例外性地不承受既判力的扩张。

我国的实体法中亦规定了善意取得制度，善意取得是指无权处分人将特定财物转让给第三人，受让人在取得该财物时是善意的，支付了合理对价且经过了公示，那么受让人取得该物的所有权，原权利人丧失所有权。[①] 那么，特定权利义务的受让人在实体法上符合

---

① 根据我国《物权法》第106条的规定，所有权人可以追回无处分权人转让给他人的不动产或动产，但是须符合3个条件：（1）受让人受让时是善意的；（2）转让的价格合理；（3）转让的不动产或动产按照法律规定应登记的已经登记，无须登记的已经交付时，除非法律另有规定，受让人取得所有权。当事人善意取得其他物权的也要参照该规定。

善意取得的条件，在诉讼法上对于该权利义务系属于诉讼中这一事实又毫不知情，且并非由于自己的重大过失，那么该受让人亦不应受该判决的拘束。结合实体法上的要件与对诉讼系属的不知情要求，可以将特定继受人不承受既判力扩张的条件理解为“双重的善意”——对无权处分的善意与对诉讼系属的善意。

不过，一旦要在判断诉讼开始后的特定继受人是否受既判力扩张所及时考虑当事人的主观状态，就面临着一个困境：假如对方当事人与受让人均存在善意，该优先保护何者的利益呢？由于受让人的善意取得需要满足一定的公示性要件，或许可以说此时对方当事人不可能构成完全无瑕疵的“善意”，需要登记的权利固然可以这样说，然而若是不需要登记的权利通过交付这种形式不能达到特别明显的公示性，对方当事人事实上也不见得能够获悉，关于这个问题可能亦需要在实践中对具体个案进行分析，才能得出妥当的结论。

如此一来，为了实现实体上的公平，既判力扩张的界限就可能不那么明确了，但这恐怕是不可避免的。既判力扩张本身，一方面是为了实现纠纷解决的实效性、维护判决的效力；另一方面是为了使当事人之间的实体法律关系确定下来，本来就是为了追求实体上的公平。作为诉讼法效力的既判力也不可能逃出与实体法相互纠缠的命运，且由于前后诉诉讼客体的同一性是判决对当事人的继受人产生既判力的条件，在判断前后诉客体是否同一时，不得不受到实体法上若干特殊要件的影响。

综上所述，在一定条件下，判决对当事人的继受人也产生既判力，这是因为前诉与可能出现的后诉在诉讼客体方面具有同一性，且继受人没有必要获得单独的程序保障机会。概括继受发生在判决生效后，才有必要承认既判力的扩张。特定继受应发生在诉讼开始后，判决才对受让人产生既判力，但为了保护对方当事人的信赖，有时需要使在诉讼开始前受让的主体受判决拘束；为了保护善意的受让人，有时有需要使其不承受判决的既判力。实体法上实质正当性的原则使判决对继受人产生的效力界限存在一定的模糊地带，需要结合具体的案情来考虑。

三　既判力的“对世效”

既判力扩张有时是与形成力相互交织的，学理上喜欢将此情形称为既判力的“对世效”。但真正具有对世效的仅仅是形成力，因为既判力的作用方式决定了其不必亦不可能产生对世效。既判力是遮断后诉与拘束后诉的效力，如第三人对特定的法律关系并不享有诉讼实施权，那就无法提起后诉，自然不能承受既判力这样一种判决对后诉的效力。

但是在涉及具有对世效的形成力的情形中，既判力确实要对相关的多数主体产生既判力的扩张，即对那些未作为前诉当事人但有可能提起后诉的主体产生遮断效或拘束力。其原因主要是特定的实体法领域，如身份关系与公司关系，还有破产程序和强制执行中参与分配时关于某个债权的异议之诉，同一个权利义务关系影响着多数彼此关联着的主体的利益，考虑到身份关系和公司关系特别强烈地需要获得安定性，破产和参与分配时迫切需要迅速对争议作出确认，就有必要使某个或某些具有当事人适格的主体实施的诉讼获得的判决，对其他具有当事人适格者也产生既判力，这样才能防止法律关系的不稳定性和由此造成的拖延。

（一）身份关系判决的既判力扩张

对世效一般是形成力的特征，但即便不是形成判决，而是对身份关系的确认判决，也应当具有对世效，因为一般的第三人都应当尊重法院对身份关系作出的确认或变更，否则就很难维持身份关系的确定性与稳定性。法院对身份关系的确认，有时可能并非以普通诉讼的判决之形式出现，但在后诉中也应当予以尊重。

【案例6—8】法院作出生效判决确认甲为无民事行为能力人，随后甲的妻子乙将甲的女儿丙作为被申请人，向法院申请确定甲的监护人，法院经审理作出判决，指定女儿丙为甲的监护人。丁死亡后，由于甲是丁的继承人之一，妻子乙以甲的名义起诉其他继承人，请求分割被继承人丁的遗产。后诉法院认为前诉判决已经指定丙为甲的监护人，丙也已经就继承纠纷起诉丁的其他继承人，甲的妻子乙以甲的法定代理人身份起诉不符合法律规定，裁定驳回起诉。乙上诉，主张自己是甲的第一顺序监护人人选，有监护能力，愿意承担监护责任，在这一情况下不能将后顺位人丙指定为监护人，丙自己也有精神疾病，法院不应当排除乙的监护权。但是二审法院认为前诉判决已经指定丙为甲的监护人，且没有确定乙为甲的监护人，根据《民诉法解释》第93条规定，基于前诉判决之内容，对乙的上诉意见不予采信。①

本案涉及的确定监护人诉讼和后续的继承诉讼中，当事人不完全相同，前一个案件的主体是争夺监护权的乙与丙，后诉是甲（乙主张自己作为甲的代理人）与丁的其他继承人；前后诉的客体亦不相同，但乙是否对甲享有监护权是后诉能否成立的条件，因此前诉判决对后诉会产生影响。这种影响力不太像一般的既判力，倒是与大陆法系国家承认的构成要件效力——具有特定内容的某个判决的存在本身，构成后诉的一个构成要件，在本案中，涉及的是一个程序性要件。或许是由于这种特殊的结构，我国法院未适用既判力，而是适用对主客体关系的要求均较低的预决效力，当然也就不是承认既判力扩张了。但是事实上，后诉的那些主体，包括作为前诉当事人的乙和其他亲属，均应当尊重前诉法院指定监护人的判决。

回到既判力扩张的问题，对身份关系的判决应当具有终局性，即便对该身份关系可以提起诉讼的主体有多人但仅有一人或者其中一部分起诉。例如，针对我国《婚姻法》第10条规定的确认婚姻关系无效，《婚姻法解释（一）》第7条规定，有权申请法院宣告婚姻无效的包括婚姻当事人与利害关系人，利害关系人包括主张重婚的当事人近亲属及基层组织，主张未到法定婚龄的未到法定婚龄者的近亲属，主张存在禁止结婚之亲属关系的当事人近亲属，主张婚前

① 浙江省绍兴市中级人民法院（2016）浙06民终4447号民事裁定书。

患有医学上认为不应当结婚的疾病的与患病者共同生活的近亲属。针对亲子关系的确认之诉，根据《婚姻法解释（三）》第2条，夫妻任何一方均有权提起亲子关系确认之诉，此外既然亲子关系为父母与子女之间的关系，子女本人也有提起确认之诉的权利。针对收养关系，收养人、送养人与被收养人都应享有相应的诉权。对于这些身份关系，法院一旦作出判决，就不应准许其他主体再次起诉要求重新作出确认或者变更（除非存在既判力基准时之后的新事由），否则就可能使身份关系经常处于混乱或变动状态，影响家庭关系、社会关系的稳定。

不过，利害关系人即便没有参加诉讼也要受到判决的拘束，不利于利害关系人发表自己的意见、提出自己的主张与证据，因此，应当尽可能将诉讼系属通知给利害关系人，① 或者通知他们参加诉讼。在我国，审理婚姻关系、亲子关系、收养关系这类诉讼的法院虽然均为普通民事法院，但在这类案件中法官一般均比较重视调解和维护原来的社会关系，不仅是诉讼当事人，利害关系人和其他家庭成员都有可能被引入到调解活动甚至是诉讼中去；并且法院在这类案件中职权主义较强，当事人主义与辩论主义经常不予适用，这样也就有助于维护利害关系人的利益。

（二）公司关系诉讼之判决的既判力扩张

公司关系诉讼主要指的是公司内部关系的诉讼，例如请求确认股东会、股东大会或董事会决议不成立或者无效，或者请求撤销决

---

① 大陆法系国家与地区也开始适度承认法院依职权通知当事人参加诉讼的做法，根据德国《家事程序法》第7条，法院可以依职权或依申请使与诉讼直接相关的案外人进入到诉讼中来。日本2003年修改后的《人事诉讼法》第15条规定死后认领诉讼中，因诉讼结果可能危及自身继承权的第三人，可以辅助参加方式参加诉讼，如果没有主动参加法院还可以强制其参加。参见［日］高桥宏志《重点讲义民事诉讼法》，张卫平、许可译，法律出版社2007年版，第513页。我国台湾地区2003年修改后的“民事诉讼法”第67条之一规定，诉讼结果对第三人有法律上利害关系的，法院得于第一审或第二审言词辩论终结前相当时期，将诉讼事件和进行程度以书面形式通知这个第三人。

议的诉讼；确认股东资格之诉；解散公司诉讼；确认公司成立无效之诉等。我国《公司法》与相关司法解释中规定了前三种诉讼，没有规定确认公司成立无效之诉。

针对公司的内部关系，如果不能作出明确的稳定判断，也不利于公司作为一个完善的法人对外进行交往。因此，一方面，就公司股东会、股东大会、董事会决议的不成立、效力和应否撤销的问题，任何一个符合条件的股东都有权提起诉讼，实际提起诉讼的股东获得的胜诉判决，具有形成力，并且不允许其他股东质疑；另一方面，即便股东败诉，原来的决议被维持，也应对其他股东产生效力，虽然股东应当在60日内起诉撤销股东会决议，但如主张决议无效，则不受该除斥期间的限制；如允许股东前仆后继地提出请求确认决议无效的诉讼，公司内部关系就难以稳定下来，也影响公司对外开展交往。

【案例6—9】甲公司有很多自然人股东，根据某个股东会决议，甲公司将公司章程修改为：自然人股东与公司解除劳动合同的，应当将股权转让给仍然与公司保持劳动关系的其他股东。根据这一公司章程的修改，甲对若干与自己不再具有劳动关系的自然人股东的股权转让款办理了通知与提存等事宜。乙是甲的已经解除劳动关系的自然人股东之一，对该股东会决议曾投反对票，随后对甲公司提起诉讼，主张甲未向自己分配红利，请求甲停止侵权行为，支付应得股利。法院经审理认为，甲对公司章程进行的上述修改不违反法律、行政法规的强制性规定，决议合法有效，因自该日期起乙不再是甲的股东，甲仅应支付在该日期前的股利，驳回乙在该日期后的股利请求。乙上诉，二审法院的判决理由中也认定依法修订的公司章程对全体股东具有约束力。乙申请再审也未得到支持。该判决生效后，甲公司的另一个自然人股东丙起诉甲公司，请求确认上述修改公司章程的决议无效，请求甲向自己支付股利。后诉法院审理认为，前诉生效判决已经确认该决议合法有效，故对丙请求确认决议无效的请求不予支持。由于丙请求对股利进行分配超过了诉讼时效，判决驳回丙的全部诉讼请求。[①]

这个案例本身未能说明公司关系诉讼的判决对相关主体的既判力扩张，因为前后诉诉讼客体存在一定的差异。前诉诉讼请求并非确认股东会决议无效，而是要求支付股利，因此法院只是在判决理由中对该股东会决议的效力进行了说明。后诉则是另一位股东要求确认股东会决议无效以及要求支付股利的请求。因此，很难讲后诉的原告受到前诉判决既判力的拘束，法院亦未适用既判力，而是适用了《民诉法解释》第93条规定的预决效力。但是，假设前诉原告诉讼请求时确认股东会决议无效，被判决驳回诉讼请求的，后诉原告提出相同的请求，自然应当受到前诉判决的拘束，否则以公司的股东人数之多，关于该决议的效力还可成立无数诉讼，就很难获得稳定的基础开展公司活动了。

针对确认股东资格的诉讼，我国《公司法解释（三）》第21条规定，当事人起诉请求确认其股东资格的，应以公司为被告，与案件争议的股权有利害关系的人作为第三人参加诉讼。尽管司法解释没有对股东资格确认之诉的判决效力范围作出规定，一旦在股东与公司之间就股东资格问题作出了生效判决，其他股东亦应当予以尊重。事实上，就某个股东的资格问题，其他股东很可能并不具备起诉的资格，如我国法律就仅规定当事人应以公司为被告请求确认股东资格，实践中法院曾以作为同一个公司的其他股东的原告与被告股东之间不存在直接的利害关系为由，裁定驳回该股东的起诉。[②] 但这不能排除实践中某些法院准许其他股东诉请确认某股东不具有股东资格的做法，[③] 此外，在其他股东作为当事人，以其他诉讼请求为

① 河南省南阳市中级人民法院（2013）南民一终字第433号民事判决书。前诉为河南省南阳市中级人民法院（2011）南民二终字第340号民事判决书。

② 最高人民法院（2015）民申字第1092号民事裁定书。

③ 河北省邯郸市中级人民法院（2014）邯市立民终字第229号民事裁定书。本案中，法院是以后诉违反一事不再理为由裁定驳回起诉，似乎并不认为公司的股东不具备起诉确认其他股东资格的资格。

诉讼客体的后诉中，其他股东可能会对某个股东的资格进行质疑，如果他们之间争议的是二者之间的实际出资与代持关系，可不受前诉判决的拘束；如果纯粹是关于股东与公司之间的关系，就应当受前诉判决的拘束。如果准许其他股东再随意质疑该股东已被生效判决确认了的股东资格，对该股东不利，且同样影响公司团体关系的稳定性。

在我国应产生既判力扩张最没有争议的是解散公司的判决，因为这是《公司法解释（二）》第 6 条明文规定的，这一条规定，法院对解散公司诉讼作出的判决对全体股东都具有法律约束力，法院判决驳回解散公司的诉讼请求后，起诉的股东或其他股东以同一事实和理由提起解散公司的诉讼，法院不予受理。这就意味着，不论是解散公司还是驳回诉讼请求的判决，都对全体股东产生既判力。

（三）债权分配表异议之诉的判决

我国《破产法》第 58 条规定，破产管理人编制的债权表应提交债权人会议核查，债权人与债务人无异议的，由法院裁定予以确认，债权人与债务人对其中记载的债权有异议，可向受理破产申请的法院提起诉讼。《民诉法解释》第 511 条、第 522 条规定，在强制执行的参与分配程序中，债权人可以对执行法院制作的分配方案提起执行异议之诉。这两种情形具有类似性，可归纳称为债权分配表异议之诉。

在破产程序和执行程序中，都特别强调程序的效率和争议的集中解决，对特定债权有异议的其他债权人都有必要及时提出异议、及时提起异议之诉或者参与其他债权人提起的异议之诉。所以为了能尽快确定债权分配表的内容，仅允许对特定债权集中提起一个分配表异议之诉，不能在法院已经对此作出判决后还允许其他债权人再次就同一个债权提出异议和异议之诉。因此，将其中一个或部分异议债权人获得的判决之既判力，扩张地及于债务人、破产管理人、其他全体债权人，是非常有必要的。这种情形就与身份关系、公司关系一样，都特别强调法律关系的确定性与稳定性，否则破产程序与执行程序就很难实现效率的价值、相关主体很容易拖延程序。

四　前后诉诉讼客体同一但是否属既判力扩张存疑的情形

上面介绍的几种在我国既判力应当扩张的情形，与德国、日本的既判力扩张范围基本相似，这当然是由于我国的民事实体法与诉讼法基本上是以大陆法系国家为蓝本制定的，而既判力扩张又特别依赖于案外人与前诉当事人的实体关系。此外，这种跨国的相似性说明这几种情形可构成既判力主观扩张的典型。除了这些典型外，有一些相似的情形，或者前后诉客体同一，以至于看起来似乎也应该承认既判力扩张，但又存在一些疑问。有些在实践中较为少见，但来源于域外的一项规范故在我国亦获得了相当多学者和实务界人士的支持；有些虽然学理讨论较少，但在域外有所注意，在我国司法实践中出现得相当频繁。

（一）标的物持有人

我国《民事诉讼法》与《民诉法解释》并未对既判力扩张的情形作出完善的明确性规定，对于一些学者受《日本民事诉讼法》影响认为标的物的持有人亦应受既判力扩张的观点，[①] 我国实务界人士大致采纳了相近的看法，但在具体表述上却有所变化：为当事人或其继受人占有请求标的物的人。这种人指的是在诉讼标的是以给付特定物为目的的请求权时，为当事人或其继受人而非为了自己占有该标的物的人。[②] 但这样的持有人，究竟是受到既判力的扩张，还是受执行力的扩张，还是二者兼具？他们与受判决拘束的诉讼开始后争议的权利义务的受让人，是否存在某种关系？

日本法中的持有人是对于请求的标的物虽然进行着占有但并无

---

① 参见张卫平《既判力相对性原则：根据、例外与制度化》，《法学研究》2015年第1期，第80页。

② 参见沈德咏主编《最高人民法院民事诉讼法司法解释理解与适用（上）》，人民法院出版社2015年版，第634页。

自己固有的利益之人，那么就该请求标的物的诉讼来说，这样的持有人并不具备当事人适格。由此可见，一般是不可能出现以其持有人为当事人的后诉，那么就谈不上判决遮断或者拘束持有人提起的后诉。判决与请求标的物持有人产生联系，其实仅仅是在强制执行的场合，即判决得以确定后，胜诉者可以请求法院直接对标的物的持有人采取强制执行措施，持有人应当忍耐。我国《民事诉讼法》第 249 条规定，有关单位持有法律文书中指定交付的财物或票证的，应根据法院的协助执行通知书转交；有关公民持有的，由法院通知其交出，公民拒不交出的，强制执行。如果有关单位拒不交出的也应强制执行。请求标的物的持有人属于执行力扩张所及的主体，在日本也是如此，学者还主张相对于既判力扩张，请求标的物持有人承受执行力扩张具有更重要的意义。

前面介绍过，日本学者和判例主张，为了逃避执行而实施的虚假转让和虚假买卖，即使发生在口头辩论终结前，那些受让了物的所有权的主体也应当被视为请求标的物的持有人，这或许是日本对“标的物持有人”适用既判力扩张的唯一情形。而在我国，《民诉法解释》已经将诉讼开始后受让争议权利义务的受让人规定为既判力扩张的对象，日本的这种标的物持有人，在我国可以通过将其理解为继受人，使其承受既判力的扩张。

由此可知，在我国已将当事人的继受人承受既判力扩张的时间范围界定在诉讼系属后的前提下，不需要再承认请求标的物的持有人受既判力扩张所及，只要将其作为执行力扩张的对象就足够了。有的执行力扩张应以既判力扩张为前提，有的则不必，对于请求标的物的持有人，既然他本来就不具备针对标的物提出请求的当事人适格，既判力遮断后诉与拘束后诉的效力对他也就不发生实际的作用，故可以被归类为无须既判力扩张的执行力扩张对象。

（二）其他前后诉诉讼客体同一的情形

有些实体法律关系具有特殊的属性，或者实体法或程序法存在一些特殊的安排，以至于对同一个诉讼客体，不同的，甚至不存在直接关联的主体都有权提起诉讼，并且各自享有的当事人适格具有独立属性，不会互相影响。此时若这些主体分别诉讼，不同法院可能对同一个实体问题作出不同的判断，引起实体法律关系的混乱，为了防止这种混乱，在实践中，前诉判决还是会对后诉产生影响，但这种影响恐怕不能是既判力的扩张，否则后诉的主体本来应当享有的独立程序保障就丧失了。我国学者此前的判决效力研究，主要是以书本、知识为根据和研究对象，较少想到还会存在这些棘手的情形。但是这类情形在实践中实不少见，德国学者对此有所关注，在多数这类情形中，一个有诉讼实施权的主体实施的诉讼，虽构成对其他有诉讼实施权者的诉讼担当，但此时不产生既判力的扩张，如婚后所得财产的共有关系、财产共有关系、遗产共有关系中，配偶任何一方、任何一个共有人都有权对共有财产进行管理，假如配偶一方实施了应以另一方同意为生效要件的处分行为，针对该无权处分行为的无效实施该行为的配偶对第三人享有的权利，另一方配偶也可以行使。这种法定诉讼担当只是为了实现起诉者自己的利益，并不是为了“被担当者”的利益，规定这种单独行动的权能，是为了方便其更有效地追求自己的利益，这样的诉讼获得的判决就不会对其他共有人产生既判力。[①] 但在少数情形中，德国学者却考虑到法律关系的相对性与案外人和前诉当事人之间的特殊关系，对案外人适用事实遮断效，案外人虽可提起后诉，但却要像前诉当事人一样不能主张前诉判决既判力基准时之前的旧事由。这指的主要是在破产和强制执行程序中，债务人与其中一个债权人早已获得生效判决，其他债权人虽可对该债权人的债权提出异议，但仅能像债务人一样主张既判力基准时之后的新事由，如无新事由，就须接受前诉判决

① BeckOKZPO/Gruber，24. Ed. 1. 3. 2017，ZPO §325 Rn. 40.

的结论。不少学者还在既判力主观扩张部分论及这两种情形。① 类似德国法中这些情形，我国司法实践中出现了一些案例。

1. 夫妻针对一方处分共同财产行为先后分别作为当事人

【案例 6—10】甲、乙为夫妻，家庭居住的房屋登记在甲名下，甲以自己的名义与街道办签订了拆迁安置补偿协议，由于甲拒绝搬迁，街道办以甲为被告诉至法院，请求腾房，甲抗辩称合同无效，原因是街道办并无拆迁许可证，还存在胁迫情形，并且该房屋属于甲与乙的夫妻共同财产，法院审理认为甲为房屋所有权人，签订合同处理房产符合法律规定，甲未证明存在胁迫，合同依法有效，双方应当诚信履行义务，判决甲限期内向街道办交付房屋钥匙并让出房屋。判决生效后，甲的妻子乙以甲和街道办为共同被告，主张甲与街道办签订的协议处分的是夫妻共有财产，甲无权擅自处分，街道办明知该房屋为夫妻共有财产仍然签订合同，请求确认拆迁合同无效。后诉一审法院认为，前诉判决中并未认定拆迁协议存在无效情形，乙在后诉中提出的证据与前诉并无差异，不能提供相反证据推翻前诉生效判决认定的协议效力，应承担举证不能的后果，根据《民诉法解释》第 93 条，判决驳回乙的诉讼请求，乙不服上诉，二审法院认为甲作为系争房屋的户主，与乙为夫妻关系，甲签订拆迁补偿协议符合家事代理法律特征，且街道办并无过错，因此该协议对甲与乙均具有拘束力，判决维持原判。②

我国的这个案件与前文中介绍的德国夫妻间诉讼担当的情形有些差别。本案中，前后诉的诉讼客体并不完全统一，后诉请求仅仅是前诉中比较关键的判决理由，当然法院也未明确主张妻子要受丈

---

① Vgl. Rosenberg/Schwab/Gottwald，Zivilprozessrecht，München 2010，S. 892. 此外，债权人撤销之诉的情形中，在德国法中要求债权人已获得可执行的债务名义才可提起债权人撤销之诉，如债务名义为生效判决，在撤销之诉中第三人就像债务人一样仅能对债权人主张既判力基准时之后的新事由，如无新事由，就要接受前诉判决的结论，但德国学者却将这种情形视为构成要件效力。

② 江苏省常州市中级人民法院（2016）苏 04 民终 1165 号民事判决书。

夫获得的前诉判决的拘束。后诉一审法院虽然提及前诉裁判对后诉的影响，但适用的是《民诉法解释》第 93 条的预决效力，且并非是在既判力的意义上适用它。由于前后诉主体不同，后诉不会亦不应被视为重复起诉，即便后诉妻子的诉讼请求会“实质上”否定前诉裁判结果，法院却不可能适用《民诉法解释》第 247 条将后诉裁定予以驳回。对该案的案情稍作假设性的变动，若前诉是丈夫起诉请求确认拆迁合同无效，诉讼请求被驳回，而后诉是妻子再次起诉请求确认拆迁合同无效，由于主体不同仍不能构成重复起诉。其根本原因就在于，妻子与丈夫共有房屋，房屋的处分是重大的变故，应由双方共同处分才是（故本案二审法院的理由并不太能站得住脚），故妻子与丈夫对房屋处分行为的效力自然应享有独立的诉讼实施权，妻子不应受丈夫获得的判决之拘束。这一立场在一定程度上是为了防止妻子因丈夫与对方当事人串通损害妻子利益而采取的，若考虑本案的实质情形，丈夫与妻子的立场却是一致的，二者均主张处分行为无效，丈夫要求确认拆迁协议无效的行为是有利于妻子的；再进一步考虑实体问题，二人共同居住于该房屋，街道办在办理拆迁事宜时，不像一般私人主体交易那样隐秘，妻子十有八九甚至绝对是知晓的，其在当时未提出异议就是表示同意，那么妻子就应受到协议的拘束，这样看来二审法院的说理在结论上可能是没问题的。不过在诉讼法上，还是准许妻子独立实施诉讼进行争议更为谨慎。

2. 已由生效裁判、调解书确认的债权在破产程序中遭到异议

【案例 6—11】甲诉主债务人乙与保证人丙，请求法院判决乙还款、判决丙承担连带保证责任，经过法院调解，各方达成调解协议约定乙与丙连带向甲给付 490 万元，且甲对丙提供的抵押物享有优先受偿权。乙与丙均未履行，甲申请强制执行也未得到清偿，此时丙进入破产程序，甲申报了债权，破产管理人予以确认。丁是丙的另一位债权人，他对甲的债权提出异议，以丙、甲为共同被告请求确认甲申报的债权中仅 290 万元是真实的债权。异议之诉的一审法院认为前诉生效调解书已经确认了甲对丙的债权，丁的诉请与该调

解书确认的事实不符，适用《民诉法解释》第93条，判决驳回丁的诉讼请求，丁不服提起上诉，二审法院也认为甲的债权已经过生效调解书确认，丁的请求与事实不符，判决维持原判。①

在破产程序中，破产管理人应对债权人申报的债权编制债权登记表，债权人之一可以对其他债权人申报的债权提出异议，在异议不被接受的情况下还可以提起异议之诉，即便在债务人与该债权的债权人之间已经进行过诉讼，债务人的另一债权人也有权提起这一异议之诉，这意味着债务人的一般债权人不受既判力遮断效的影响。但在这一异议之诉中，提出异议的一般债权人却极可能受到前诉判决的影响，在德国，如前面介绍的那样，提出异议的债权人就要像债务人本人那样，仅能主张既判力基准时之后的新事由，有的学者理解为既判力扩张，有的理解为事实遮断效。

在我国的语境中，法律对此没有明确规定，并且债权人的异议之诉也不会被视为重复起诉（否则只要有债权人提出生效判决，异议之诉就无法提起了，这与制度设计不一致），那么将其作为既判力的扩张并不妥当。在上述案例中，法院也仅适用了《民诉法解释》第93条规定的预决效力，不过在实践中，一般债权人要推翻前诉判决还是比较困难的。一般债权人有时候还可能主张债务人与被异议的债权人前诉中存在恶意串通，如果不是存在生效裁判、调解书的情形，债权人可以主张实体法上的债权人撤销权，但对于恶意串通获得的判决，实体法上的撤销权或许不一定能够对抗该判决，可能还必须诉诸我国《民事诉讼法》第56条第3款规定的第三人撤销之诉。但与其让债权人大费周章地走第三人撤销之诉这一特殊的救济渠道，不如让他在破产程序的异议之诉中主张这样的事由，充分利用破产的异议之诉程序，集中解决纠纷，在债务人的破产程序中相关的诉讼集中起来予以处理就更有利于确定公平清偿的方案，所以不妨不承认既判力扩张及于债务人的一般债权人。事实上，在上述

---

① 安徽省宣城市中级人民法院（2017）皖18民终104号民事判决书。

案例中更应该坚持这一点，因为前诉并非生效判决，而是调解书。虽然我国调解书与大陆法系的诉讼和解不同，调解书具有遮断后诉的效果（《民事诉讼法》第124条），但调解书中不存在法院对某一事实的确认，因此调解书不能对后诉产生积极的既判力，也就无法在债权人针对破产债权登记表提起的异议之诉中产生既判力的扩张了。其实，调解书中既然不存在法院对某一事实的确认，它也不应当对后诉产生预决效力，那么在处理本案时，只能是结合前诉调解书的内容，法官对存在490万元的债权这一事实获得了更大的确信罢了。

3. 已由生效裁判、调解书确认的债权在执行分配中遭到异议

【案例6—12】甲将某工程发包给乙建设施工，由于甲拖欠工程款，乙将其诉至法院，请求判令甲支付剩余工程款，并主张优先受偿权，经法院调解，甲与乙达成协议约定甲给付乙工程款若干元，法院对此作出调解书。甲不履行调解书，乙申请强制执行，执行阶段法院认为调解书可能存在问题，依职权再审，撤销调解书，判决支付数额较少的工程款，驳回其他诉讼请求，乙对该再审判决上诉，二审法院认为一审法院依职权再审违反法律规定，并且乙主张的工程款数额确实符合事实，乙还享有工程款的优先受偿权，乙起诉时并未超过主张优先受偿权的6个月期限，因此撤销再审的一审判决，维持最初的那份调解书。乙继续申请强制执行，由于还有其他债权人丙对甲申请强制执行，法院作出执行分配方案，丙对乙主张的优先受偿权提出异议，法院将丙对该执行分配方案的异议通知乙，乙要求按照原来的分配方案执行，故丙将乙、甲作为被告，提起执行分配方案异议之诉，请求确认乙对甲享有的工程款优先权超过了6个月的法定期限，丧失胜诉权，请求确认变卖甲财产获得的价款应优先分配给丙。异议之诉的一审法院认为，本案虽系执行分配方案异议之诉，但与甲、乙之间的前诉存在密切关联，前诉就已经涉及乙的优先受偿权问题，维持最初调解书的那一份判决书中明确认定乙起诉主张优先受偿权时并未超过6个月的法定期间，丙要求确认

乙的优先受偿权超期的请求与前诉判决的认定重复，实质上是对该判决的不服，因此执行异议之诉不符合受理条件，应予驳回。丙上诉，二审法院认为生效判决书对诉讼标的的判断具有既判力，禁止当事人重新起诉，禁止法院再行裁判，当事人应提起审判监督程序。既判力限于主文，但判决对前诉主要争点的判断也有确定力与既判力，由于前诉中对乙是否享有优先受偿权这一主要争点法院作出了判断，所以产生既判力，一审驳回丙的起诉并无不当。①

本案中，前诉当事人与后诉不同，后诉是在强制执行程序中对分配方案提出的异议之诉，但后诉法院却认为前诉判决具有既判力，债务人的另一个债权人无权提起异议之诉，即后诉被消极既判力所遮断。这是不正确的判断，一方面前后诉主体不同，另一方面前诉并非判决，最后生效的判决是维持原来那份调解书的判决，故真正的前诉裁判结果是一份调解书而已，还并未涉及优先受偿权，再审时二审法院判决的结果是维持调解书，却在判决理由中增加了调解书中原本没有的内容，已属奇特。以这种奇特的判决理由为根据裁定驳回后诉，并不具有正当性。假使前诉为判决，由于法律关系的相对性，本应考虑像德国那样不准许异议人（一般债权人）提出既判力基准时之后的新事由，但在我国恶意串通、虚假诉讼猖獗的特殊背景下，不妨不承认这种拘束力，利用异议之诉来赋予一般债权人对债务人的其他债权临时性的争议资格。

4. 债权人撤销之诉

我国《合同法》第 74 条规定，债务人放弃其到期债权或无偿转让财产，或者以明显不合理低价转让财产且受让人知道会损害债权人，对债权人造成损害的，债权人可以请求法院撤销债务人的行为。我国这一实体法的规定中，未像德国《撤销法》（Anfechtungsgesetz）第 2 条那样将债权人获得可执行的债务文书作为提起撤销之诉的前提条件，债权人要求撤销时，不一定就已与债务人一起取得生效判

① 安徽省高级人民法院（2016）皖民终 94 号民事裁定书。

决。不过，一旦债权人已取得生效裁判文书，后（如申请强制执行时）主张存在债务人逃避债务的行为，提起撤销之诉的，债务人及其处分财产的对方当事人有时并不对债权人享有的经生效判决确认的债权提出异议，那么争议焦点大多是债务人是否放弃了权利、无偿或低价转让财产是否损害债权人利益等问题。[①] 但有时即使存在生效判决，债务人或其处分财产的相对方还是会对债权人的债权提出异议。

【案例6—13】在甲与乙的民间借贷纠纷诉讼中，法院作出生效判决判令乙向甲偿还借款与利息若干元。甲申请强制执行，随后以乙、丙为被告向法院提起债权人撤销之诉，主张乙、丙二人签订的《联合竞买国有建设用地使用权协议书》约定乙出资10%、丙出资90%竞买某土地使用权，竞买成功后乙、丙与国土局签订《国有建设用地使用权出让合同》，却将该土地使用权登记在丙名下，甲认为这两项协议损害了自己作为乙的债权人的利益，请求法院予以撤销，并请求法院确认丙单方申请土地使用权登记的行为无效。一审法院认为，土地使用权出让合同为行政协议，不属于民事诉讼受理范围，因此对该项请求不予审理，而联合竞买使用权的协议不具有财产转让的性质，合同本身内容也没有对甲的债权造成损害，甲的理由不能成立，至于丙单方申请土地登记的行为，虽然客观上构成对乙资产的转移，但甲未能证明乙已经因此丧失偿债能力，且该行为不存在其他无效事由，判决驳回甲的诉讼请求。甲不服上诉，丙对此提出抗辩，主张甲自己的债权基础事实明显存疑，因此丙已经向前诉法院提出申诉。二审法院认为，甲的债权关系存在的依据是前诉生效判决书，为普通债权，由于甲主张的土地使用权已经被丙提供给某银行作为抵押以便获取贷款，银行的抵押权应优先受偿，看起来丙将土地使用权单独登记在自己名下的行为可能影响甲债权的实现，但是甲的债权不能对抗银行对该标的物的抵押权，故不能通过行使

① 福建省龙岩市中级人民法院（2017）闽08民终1039号民事判决书。

撤销权予以救济，一审法院适用法律错误但判决结果正确，予以维持。①

本案中，债务人将其财产处分给第三人，第三人在债权人撤销之诉中对债权人之债权提出了异议，但法院主要根据前诉生效判决认定了该债权，对异议未予以充分回应。一审法院判决驳回请求的主要理由是其认为债务人处分财产的行为未损害债权人之债权，而二审法院虽认为处分行为的确影响了债权人利益，但该财产又被第三人处分给第四人，即提供给银行作为抵押担保，抵押权具有优先性。② 与一般债权人类似，债务人处分行为的相对方通常亦无权干预债务人的其他法律关系，故其对债权人的债权没有进行争执的利益，但在诚信缺失的背景下，如果债权人是与债务人串通好获得判决并来撤销法律行为的，第三人的利益将遭到损害。既然债权人已经提起撤销之诉这种特殊的诉讼形式，不妨准许第三人对此进行争议。在实践中，这种“反过来串通”的行为或许是较为少见的，且事实上相对方当事人很难推翻前诉判决。

综上，作为前诉判决对后诉产生的效力，判决的既判力要扩张及于案外人，应以案外人有资格提起相关的后诉为前提，故对标的物不享有诉之利益的持有人不承受既判力的扩张，仅受执行力的拘束。既判力扩张的情形中，前后诉客体应具有同一性，但并非所有前后诉诉讼客体同一的情形均产生既判力扩张。前后诉客体同一时，如果前诉判决在后诉得不到尊重，的确会引起实体法律关系的混乱，但后诉当事人若享有单独的程序保障权利，就不能承认既判力的扩

① 湖南省张家界市中级人民法院（2017）湘08民终303号民事判决书。

② 本案中法院的判断基本正确，因为根据二审判决，银行抵押权成立的时间虽晚于一般债权人的债权成立与得到确认的时间，但早于债权人一审起诉的时间，此时由于土地使用权登记于第三人名义，银行取得抵押权具有优先性。假如银行取得抵押权的时间是在一审诉讼系属中，就需要考虑其他因素，因为此时第三人有无权处分之虞，银行能否单纯信赖登记、不考虑诉讼系属而善意取得？德国的做法是构成善意，除非其知晓登记可能有误或知晓诉讼系属。

张，其仍有权对前诉判决的判断进行争议。是否有必要赋予某个主张同一诉讼客体的非前诉当事人者以独立的程序保障权利，取决于实体法上的安排和一国的具体情形。一般来说均有必要赋予案外人独立的诉讼实施权，仅在案外人与前诉当事人存在极为紧密的关联，以至于可以在事实上承认案外人被前诉当事人所代表（诉讼担当、继受、利益共通且法律关系稳定性要求极为强烈）时，才无须赋予案外人单独的诉讼实施机会，即承认既判力的扩张。

第三节　小结

既判力原则上具有相对性，但在例外情形中为了维护判决的效力、防止实体法律关系的混乱，既判力会扩张及于特定案外人，其前提条件是前后诉诉讼客体同一且对案外人没有必要赋予独立的程序保障机会。在我国语境下符合这一要件的情形大致如图 6—3 所示。

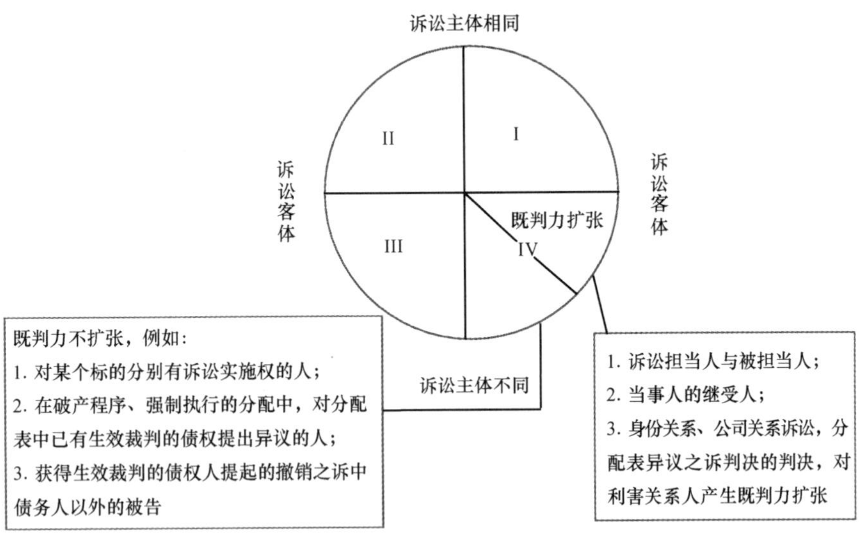

图 6—3　我国的既判力主观扩张

不过，诉讼客体同一性与是否有必要赋予案外人独立的程序保障机会，在不同国家、不同学者那里完全可能存在不同的理解。本章对我国既判力主观扩张情形的探索，主要依托于大陆法系民事诉讼法的基本框架，结合我国诉讼法与实体法规范提炼出诉讼客体的概念及对赋予案外人独立程序保障机会之必要性的理解。因此，基于实体法的考虑，诉讼客体同一性的范围较窄，大多数案外人均有权享有独立的争议机会。从实践角度出发，近来我国社会诚信缺失现象越来越常见，当事人利用法院裁判损害他人利益的行为层出不穷，因此，在既判力扩张问题上应极为谨慎，不应使生效裁判随意对案外人产生遮断效或拘束力，否则将倒逼当事人利用推翻生效裁判的特殊救济，反倒损害判决的权威性。

第七章

判决对实体或事实牵连案外人的预决效力

最小单位的实体法律关系是两个主体之间的关系，二这个数字是“关系”范畴中最基础的要素，正是在二的基础上，产生了债权的相对性、诉讼的相对性、纠纷解决的相对性与既判力的相对性等原理。但在现实生活中，不同主体之间的不同法律关系常常紧密地交织在一起：甲与乙之间的A法律关系是乙与丙之间B法律关系的前提，或者相反，或者两法律关系均以C法律关系为前提或产生于同一事实或事实基础。因此，两个诉讼的不同主体、不同客体之间，虽不具有同一性但却可能存在法律或事实上的牵连关系。所谓法律上的牵连关系，即实体法上的关联，为先决性之体现，此时涉及的案外人可称为实体牵连关系案外人；[①] 所谓事实上的牵连关系，是指前后诉客体产生于同一基础事实或者基础事实存在关联，此时案外人可称为事实牵连关系案外人。由于前后诉主客体之间存在这些关

① 实体牵连关系来自德国的“materiellrechtliche Abhängigkeit”，我国台湾地区学者将其翻译为实体依存关系，但是翻译为牵连关系亦不为错，且先决关系中除了前后诉互为构成要件外，还包括以第三个法律关系或权利为共同的决定性要件的情形，如连带债务，此时虽然前后诉关联仍极为紧密，但却很难称得上是“依存”关系了，故本书使用实体牵连表述。

系，前诉判决虽不对后诉产生既判力，但也必然产生某种影响，否则法院可能对同一个法律关系、权利义务或事实作出不一致的判断，使不同主体之间的法律关系之网难以融洽无碍。然而，诉讼毕竟具有相对性，后诉主体虽与前诉存在牵连关系但并未参加诉讼，自然应当在自己作为“主人”的后诉中享有充分的程序保障。

为了在实体法律关系或法院事实判断的统一性与诉讼的相对性、有限性或不同主体享有的平等独立的程序保障权利之间求得平衡，在适用我国《民诉法解释》规定的预决效力处理判决对实体牵连或事实牵连关系案外人的效力问题时，需要十分慎重，视同客观证明责任倒置固不相宜，案外人在后诉中举出反证的必要性也与个案中的请求权及证明状况息息相关，对此恐怕难以给出精确的一般性说明框架。但是前后诉之间客体的先决性关系与事实共通关系、诉讼主体的实体牵连与事实牵连疏密程度不同，判决对后诉产生的影响力大小亦各自不同，若对其进行梳理与分层，应能加深对判决效力之模糊地带的认识，完善判决效力的体系，甚至为我国法院在适用预决效力处理前后诉关系时提供合理的判断指针。接下来先借鉴大陆法系学说分析一下相关的概念（如反射效、波及效等）与理论框架，再在对我国司法实践中与判决对实体牵连或事实牵连关系案外人效力有关的案例进行梳理与类型化，分析不同类型判决效力的特征。

第一节　域外判决对实体或事实牵连关系案外人的效力

德国对少数几种实体牵连关系案外人承认既判力扩张，美国亦将少数几种实体牵连案外人视为被当事人所代表，故上一章阐述既判力扩张有关比较法资料时，已略有提及。除了这些少数情形，判决对其他实体牵连或事实关系案外人的效力并不属于既判力扩张。德国学者施瓦布（Schwab）提出不同于既判力扩张（Rechtskrafterstreckung auf Dritte）的既判力的第三人效力（Drittwirkung der Rechtskraft）理论，[①]日本学者借用19世纪末20世纪初德国学者赫尔维希的"反射效"（Reflexwirkung）概念指称一部分实体牵连案外人承受的判决效力，还以证明效、波及效等概念来说明其他牵连关系案外人承受的效力。

一　既判力第三人效力

由德国学者施瓦布提倡的既判力第三人效力，在其曾参与编写的罗森贝克教科书中也得到接受，它指的是在当事人之间发生既判力的判决，第三人也始终应受其约束。这种约束虽不妨碍第三人为了自己主张某个请求权提起后诉，即使这个请求权与前诉生效判决中的确认相矛盾；但第三人不能主张前诉判决在前诉当事人之间是错误的，因为他应当将判决中的"权利形成"作为一个实体要件加以接受。在法院那一方面，本来在理想状态下就应对同一事实作出无矛盾的判断。[②]

然而既判力第三人效力，并不同于既判力扩张那样的拘束力。判决要对未在前诉中获得法定听审保障的第三人产生拘束力，需要法律的明确规定，或至少存在特殊的正当化事由。既判力第三人效力并不以符合这样的要件为前提，亦不会产生强制性的遮断效和积极拘束力。第三人仅应将他人之间的判决当作一个事实加以注意，该事实也不会改变后诉当事人之间的客观证明责任分配。[③] 与这种效力性质相适应，考虑到公平性和诉讼风险分配的平等性，即使前诉

---

① Vgl. Schwab, Rechtskrafterstreckung auf Dritte und Drittwirkung der Rechtskraft, ZZP 77（1964），124，160；ders.，Zur Drittwirkung der Rechtskraft，FS Walder，1994，S. 261. 转引自 Rosenberg/Schwab/Gottwald，Zivilprozessrecht，München 2010，S. 892。

② Vgl. Rosenberg/Schwab/Gottwald，Zivilprozessrecht，München 2010，S. 892.

③ Vgl. Beys，Die subjektiven Grenzen der Rechtskraft und die staatsrechtliche Wirkung des Urteils，FS Schwab，1990，S. 61，70ff. 转引自 Rosenberg/Schwab/Gottwald，Zivilprozessrecht，München 2010，S. 892。

判决有利于案外人，也不能对后诉产生既判力那样的拘束力，同样是仅由法院在后诉中将前诉判决作为一种信息加以注意。①

判决对第三人产生这种效力的前提，通常都是第三人与前诉存在实体牵连关系，如：第一类，案外人的法律地位取决于前诉当事人，如债权人对主债务人胜诉的，保证人不能主张前诉判决有误，以便主张保证债务不存在。这在德国仅有少数学者和一部分判例予以支持；如前诉债权人败诉，德国通说与多数判例认为保证人受既判力扩张所及，但由于缺乏规范上明确的根据，既判力第三人效力说认为这本应是既判力第三人效力；除保证人外，担保债务人、质押人亦受这样的既判力第三人效力影响。第二类，前诉为以绝对权利或者某一权利关系为对象的确认判决，这一绝对权利或权利关系构成后诉的先决条件，例如甲对乙的继承权诉讼，甲胜诉获得确权判决，因此遗产的债权人丙就不能要求乙清偿债务了。对这样的情形，假如继承纠纷中采纳的不是当事人提出主义/辩论主义，而是职权探知主义，有些学者将其理解为既判力的扩张。第三类，为第三人利益的契约，契约当事人之间诉讼获得的判决对第三人也产生第三人效力。第四类，甲从乙处购买某物，甲对乙提起损害赔偿请求之诉，获得了胜诉判决；由于乙是从丙那里买到该物的，在乙向丙提起的追偿诉讼中，丙不得主张乙本不应向甲承担损害赔偿义务，所以自己也不应当向乙承担损害赔偿。第五类，强制执行的分配表异议之诉中，异议人不得主张其他债权人的债权不存在，这种情形德国通说认为是既判力的扩张。②

上述德国学者提倡的既判力第三人效力所处理的具体情形，与通说中基于实体牵连关系的既判力扩张存在着交叉，这说明在既判

---

① Vgl. BGH MDR 2005, 338; Gottwald, Präjudizialwirkung der Rechtskraft zugunsten Dritte? FS Musielak, 2003, S. 183, 191ff. 转引自 Rosenberg/Schwab/Gottwald, Zivilprozessrecht, München 2010, S. 892。

② 日本学者对此予以介绍，参见［日］柏木邦良《民事诉讼法要说》，リンパック有限会社 2005 年版，第 370 页。

力与判决的非拘束性效力之间，存在着一些灰色地带，其中的情形究竟是否为既判力扩张莫衷一是。

二 反射效

反射效这一概念亦来自德国，[①] 但其内涵经历了变迁，现今在德国和日本所指不同。

（一）德国的反射效

根据笔者掌握的资料，德国学者赫尔维希在其于1901年出版的著作中就使用了"判决的反射效"（Die Reflexwirkung der Urteile）这一说法，他用这一概念来说明判决的一种效力，这种效力与既判力扩张表面上相似，但必须与既判力扩张区别开来。这种判决效力的情形如下：第一，胜诉者根据给付判决获得了执行请求权，对此任何一个第三人都应当承认，就像他们应当尊重法律关系或事实关系由于强制执行而产生的变动一样。这在下列关系中有特殊的意义：继承人与受遗赠人、其他遗产债权人之间；债务人被判决给付并遭到强制执行的，其责任财产减少，第三人应当接受；对继承人身份的确认或否认，同时是对所有人的确认。此时，因为判决是一个事实，它是真实的，那么它对任何一个人来说都是真实的。但这并非既判力的扩张，因为该判决无法阻止案外人在后诉中提出不同的主张。第二，共同债权人或连带债权人中一人请求向全体债权人给付（如给付不可分），或者向自己或向另一个债权人给付的，不论债权人胜败，法院作出的判决均对其他债权人产生反射效。这虽非既判力扩张，但于逻辑上不能否认有必要在这些多数的债权人之间作出统一的确认。第三，在为第三人利益的契约中，契约一方当事人起诉另一方当事人请求向第三人给付，获得的判决对该第三人产生反射效。第四，破产程序中，对某个债权有异议并提起异议之诉的债权人获得的判决，对全部的债权人均产生效力，但这并非既判力的

① 参见［日］三月章《民事诉讼法》，有斐阁1959年版，第35页。

扩张，这种反射效产生的原因是：被异议的债权由法院判决确认下来的，其他破产债权人不得阻止该债权获得清偿；被异议的债权被法院判决否定的，其无法再从破产财产中获得清偿。第五，由于第三人的法律地位直接依赖于前诉当事人争议的法律地位，判决中对当事人之间法律关系的纯粹确认，也对第三人的法律地位产生影响。①

第五类又可细分为以下几类：（1）《德国商法典》第 129 条规定无限责任公司的股东由于无限责任公司的对外债务被起诉时，不得主张公司自己已经不能再主张的抗辩了，包括被前诉生效判决所遮断的抗辩，这被理解为反射效。（2）如果出租人与承租人之间的租赁关系终止，次承租人与承租人之间的租赁关系也无法存续。当出租人要求承租人腾退的请求得到生效判决确认后，出租人可以针对次承租人援引这一判决；此外，承租人对租赁物的所有人获得一个确认了承租人权利的判决，次承租人也可以对所有人援引该判决，因为他可以主张承租人的抗辩。（3）抵押人、保证人和为他人承担连带责任者，均可以对债权人援引其与主债务人之间的败诉判决，因为他不能对主债务人要求清偿是一个被判决确认下来的事实，且根据《德国民法典》第 768 条，保证人享有一切主债务人享有的抗辩。（4）信托关系中，受托人与第三人针对信托财产的诉讼结果对委托人、受托人的内部关系也具有决定力，但并非是既判力扩张，委托人可以对受托人主张权利本来存在，但受托人由于诉讼实施不当导致失误。委托人也可以对受托人与第三人之间的判决作有利于自己的援引，例如法院错误地认为没有超过时效期间，因此受托人针对信托财产对第三人获得胜诉，在委托人起诉受托人要求返还时，受托人不能主张前诉判决确认的权利并不存在，而不予返还。（5）第三人对买受人买得的物主张权利，买受人获胜后，就不能对出卖

① Vgl. Hellwig, Wesen und Subjektive Begrenzung der Rechtskraft, Leipzig 1901 (Neudruck: Aalen 1967), S. 21ff.

人行使追索权。（6）对于某个请求，有两个人主张权利，被告进行了提存并退出诉讼的，判决结果对被告也产生效力，不论对争议的哪一方来说被告都完成了清偿行为。但这不是既判力扩张，因为判决中的内容是关于两个权利争夺者之间的争议，也就是究竟谁才是被提存的款项真正的债权人，关于一开始的原告提出的请求权并不是判决的结论，它只是判决作出的前提问题。所以这只是一种反射效。①

然而，德国学者库特纳（Georg Kuttner）却将反射效这一概念理解为“构成要件效力”中涉及案外人的一种形态。② 构成要件效力（Tatbestandswirkung）指的是，实体法赋予一些判决（不见得已有既判力）某种其他效力，使判决的成立作为某个实体法规范的一个事实要件，这种效力还可被称为（私法上的）附随效力，如果涉及第三人的法律关系，就被称为反射效。

判决的这样一种效力，指的是以特定内容的某个判决之存在，作为某个实体法律后果的事实要件，故并非像既判力那样是判决中确认的法律后果产生的效力。这种效力发生的场合有下列情形：第一，债权人针对保证人获得了一份可执行的判决，即使只是临时可执行，保证人也可以向主债务人请求采取某种措施使自己免除保证债务；第二，一个保留判决或临时可执行判决被撤销后，当事人可以提出损害赔偿请求权，或者请求不当得利返还；第三，被生效判决确定的请求权就具有了30年的诉讼时效期间；第四，对某物的请求权被生效判决确认后，对方的占有请求权就不复存在了；第五，

---

① 德国学者瓦赫（Wach）存在不同的观点，他认为在权利竞争者诉讼中，判决同时对谁享有权利和是否对被告享有权利的问题都作出了判断。Vgl. *Wach/Laband*, Zur Lehre von der Rechtskraft: Drei Rechtsgutachten, Leipzig, 1899, S. 23/4, 39f., 95f. 转引自 *Hellwig*, Wesen und Subjektive Begrenzung der Rechtskraft, Leipzig 1901（Neudruck: Aalen 1967）, S. 33 – 34.《日本民事诉讼法》中明确规定诉讼脱退人受既判力扩张所及，与瓦赫的观点一致。

② Georg Kuttner, Die privatrechtlichen Nebenwirkungen der Zivilurteile, 1908. 转引自 Rosenberg, Lehrbuch des deutschen Zivilprozessrechts, München 1961, S. 731。

债务人（包括作为遗产债务人的继承人）被判决向一个债权人给付后，他对其他连带债权人所负的债务就减少了；第六，债权人对债务人的债权被生效判决确认后，他提起债权人撤销之诉，债务人处分行为的对方当事人不能对债权人的这一债权进行争议。①

当事人对实体权利享有处分权，故基于实体构成要件关系的构成要件效力不会被法院依职权审查，而是适用辩论主义的当事人提出原则。构成要件效力还可以根据当事人的合意创设出来。上述情形中仅有一部分涉及前诉的案外人，此时的构成要件效力是反射效，它不同于既判力扩张。

（二）日本的反射效理论

起初，日本学者受德国学者将反射效作为构成要件效力之一种形态这一学说的影响，也将反射效理解为一种构成要件效力，但日本学者关于是否承认反射效这个问题存在争议。

渐渐地，日本学者开始将反射效理解为一种类似既判力的拘束力。如三月章教授主张，反射效是指当事人之间的某个具有确定内容的判决之存在，针对本来不受判决既判力影响的第三人，产生反射性的利益或不利的影响，这种影响是：在第三人作为当事人的后诉中，裁判所可以在实体审理中接纳前诉判决中的判断，将前诉判决的存在作为当然的判断前提，产生拘束效力。这样的“反射效”，其法律后果的内容与积极既判力并无二致，实质上是既判力对第三人的扩张，因此与无特别规范时既判力应限于当事人之间的原则相矛盾。②

随后，日本学者针对反射效与构成要件效力的关系立场亦开始

---

① Vgl. Rosenberg, Lehrbuch des deutschen Zivilprozessrechts, München 1961, S. 731; Rosenberg/Schwab/Gottwald, Zivilprozessrecht, München 2010, S. 864; MüKoZPO/Gottwald, 5. Aufl. 2016, ZPO § 322 Rn. 20.

② 参见［日］三月章《民事诉讼法》，有斐阁 1959 年版，第 35 页。

发生变化。“构成要件效力”开始变为“法律要件的效力”,[①] 不过其基本内容未变；有的学者（如新堂幸司教授）将法律要件的效力与反射效并列论述，这似乎意味着并不将反射效视为构成要件的一种形态，而是一种独立的效力；[②] 当然亦有学者（如伊藤真教授）仍将反射效与法律要件效力联系起来考虑其理论构成：第三人将当事人一方的胜诉或败诉判决作为其负担某一债务之前提条件的场合，当事人之间诉讼的判决结果就会对第三人的这一债务存否产生影响，这是法律要件的效力；保证债务具有附从性，保证人即是以主债务存在为条件承担保证债务的，虽未直接将确认主债务存在的判决设定为其前提条件，但可视其与上述情形类似，故保证人可援引主债务人胜诉判决的反射效力，因为主债务人获得的胜诉判决是保证债务不成立的前提条件。由此可知，反射效与法律要件的效力具有同质性。[③] 但是，在法律效果的层面，日本学者主张的反射效都是与既判力扩张极为相近，甚至实质上相同的一种前诉判决对后诉的拘束力。

在日本学者中间，对反射效可发生的场合存在着一个最大的公约数：第一，根据《日本民法典》第 448 条，基于保证债务的从属性，保证人可以援引驳回债权人对主债务人诉讼请求的判决。第二，根据《日本民法典》第 436 条，连带债务人之一对债权人享有债权，他请求抵销导致债权全部消灭的，债权人对于其他连带债务人的债权也消灭。此外，由于抵销抗辩有既判力，其对其他连带债务人也产生效力。第三，根据《日本商法典》第 80 条，合名公司的股东应对公司债务承担无限责任，合名公司与债权人之间的诉讼获得的判决，不论是支持债权人诉讼请求还是判决驳回债权人诉讼请求，都

---

① 参见［日］铃木正裕《判决的法律要件的效力》，山木户还历下 149 页以下。参见［日］伊藤真《民事诉讼法》，有斐阁 2014 年版，第 565 页。

② 参见［日］新堂幸司《新民事诉讼法》，林健锋译，法律出版社 2008 年版，第 511 页。

③ 参见［日］伊藤真《民事诉讼法》，有斐阁 2014 年版，第 564 页。

对股东产生效力。第四，出租人与承租人之间关于租赁权的确认判决，次承租人可以援引。第五，《日本民法典》第 252 条规定的共有人可以单独实施的保存行为，部分共有人起诉请求返还共有物或者排除妨害的，其他共有人可以援引该判决。第六，在债务人与第三人之间针对某个特定财产的诉讼，确认该财产不属于债务人的判决，对债务人的一般债权人有效。第七，根据《日本破产法》第 129 条第 1 项，破产人与某个破产债权人之间确定债权存在的判决针对其他提出异议的破产债权人也有效力。第八，强制执行的参与分配程序中，债务人与某个要求分配的债权人之间关于债权存在与否的判决，对其他提出异议的债权人也有效。①

反射效是一种拘束力，且与既判力的拘束力同质，但又缺乏相应的明文规定，显已超出解释论的范围，欠缺对第三人的程序保障。但在日本的学说中，反射效获得了压倒性的支持，不过亦有学者主张反射效有违程序保障和纠纷解决相对性原则。②

（三）我国台湾地区关于反射效的学说

我国台湾地区学者受日本反射效理论影响较大，一些学者赞同日本学者主张的反射效适用情形。③ 一些学者虽肯定反射效，但认为债权人与主债务人之间的判决，既判力不及于保证人，但债权人可以在对保证人的后诉中援引自己对主债务人的胜诉判决，后诉法院对于主债务是否存在也不应作出与前诉不同的判断。④ 这与日本的反射效理论不同，意味着保证人不能对主债务存在与否提出自己独立的抗辩。

---

① 参见［日］铃木正裕《判决的法律要件的效力》，山木户还历下 149 页以下。转引自伊藤真《民事诉讼法》，有斐阁 2014 年版，第 565 页。

② 参见［日］伊藤真《民事诉讼法》，有斐阁 2014 年版，第 565—569 页。在日本司法实践中，下级裁判所或有支持反射效的判例，但最高裁判所则否认反射效。参见［日］三谷忠之《民事诉讼法讲义》，成文堂 2011 年版，第 242 页。

③ 参见吕太郎《民事诉讼法》，元照出版有限公司 2016 年版，第 649 页。

④ 参见李木贵《民事诉讼法（下）》，自版 2010 年版，第 7—91 页。

承认反射效是为了谋求诉讼法与实体法的调和，避免诉讼法上的既判力相对性原则与实体法权利存在之绝对性原则产生冲突，因为既判力相对性可能导致实体法上的绝对权利（如物权）的相对化。关于反射效的性质，我国台湾地区存在三种观点：第一种认为这些情形其实就是既判力扩张，故没有必要另行创设反射效，如根据实体法作为后诉诉讼标的的法律关系依存于前诉的诉讼标的，就不妨类推适用我国台湾地区“民事诉讼法”第 401 条关于既判力扩张的规定，但由于后诉当事人未参加前诉，因此仅能承认判决对这类案外人产生有利的效力；第二种认为应从实体法的立场对反射效作出说明，因为判决的确定可使当事人之间的法律关系发生、变更或消灭，当这一发生、变更或消灭涉及第三人的权利时，判决的既判力会反射性地及于第三人，故反射效属于构成要件的效力；第三种则主张反射效是争点效的主观范围扩张，反射效的客观范围包含前诉诉讼标的与判决理由中的判断，在主观范围方面，理论上凡是依实体法规定与前诉当事人产生一定牵连之人，均有可能受反射效拘束。不过，这种观点还是为反射效设置了两项前提条件，一是前诉诉讼标的须为后诉诉讼标的前提法律关系或者前后诉共享前提法律关系，二是判决结果对案外人有利，目的是保障案外人的听审请求权。①

虽然存在上述几种观点，我国台湾地区通说其实并不承认反射效，原因就是考虑到案外人的程序保障和纠纷解决的相对性。②

三　证明效与波及效

日本学者主张的反射效仅限于前文提及的一部分特定情形中，对其他与前诉判决存在实体牵连或事实牵连关系的第三人，学理中存在判决的证明效、过程效、波及效等提法。

---

① 参见李淑明《民事诉讼法——通常诉讼程序（下）》，元照出版有限公司 2016 年版，第 420 页。

② 参见李木贵《民事诉讼法（下）》，自版 2010 年版，第 7—91 页以下。

证明效，是指在先诉讼的判决对后续诉讼产生的事实上的影响，特别是前诉判决理由中事实认定和对权利关系的判断，对后诉法院判断有着事实上的证明效果。在后诉审理过程中，并不考虑该判决的既判力或执行力，仅仅是把判决的正本作为证明该事实存在的文书，它不过有着微弱的证据力，是一种显著的事实。在日本的判例中，有过这样的表述。[①] 这一效力在本书第四章讨论预决效力时有所提及，但其实在日本学理中证明效主要是针对前诉的案外人产生。例如，有的学者认为证明效有着特殊的法律效果，可以将其与辅助参加的利益联系起来考虑。对诉讼的结果有利害关系的第三人应当被允许进行辅助参加，此处诉讼的结果指的可以是承受证明效，因此证明效可以被用来对辅助参加的要件进行说明。还有，证明效意味着对于前诉中法官已经作出过判断的事实的存在与否，在后诉当事人进行争议时，就有义务提出反证。不过，对是否真有必要承认这样的证明效，承认证明效能否获得正当结果，日本也有一部分学者表示质疑。[②]

波及效又被称为判决的间接效或法政策形成机能，它指的是虽然并无明文规定使判决对第三人产生效力，判决还是会对第三人（包括行政机关和立法机关）产生强烈的影响，会对他们的行为产生规制。这主要发生在下列场合：有许许多多与作出判决的诉讼同类的事件，或者作出判决的诉讼事件产生于行政机关施策的怠慢、立法技术的拙劣和法律修改的迟滞等原因。那么，不论特定诉讼案件的判决内容如何，都会对其他同种类事件的解决产生重要的影响，并且导致行政机关施策的转变，引起立法机关对既存法律的修改。

随着消费者诉讼、烟害诉讼、噪音诉讼、药害诉讼等由大规模

---

① 参见［日］三谷忠之《民事诉讼法讲义》，成文堂2011年版，第243页。

② 参见［日］铃木正裕、青山善充编集《注释民事诉讼法（4）》，有斐阁1997年版，第6—7页。

侵权造成的纠纷急剧增加，在这些诉讼中判决产生的强烈事实影响——波及效也表现得越来越明显。但在学术界中，不同学者对波及效采取了不同的态度。有的学者不考虑判决的直接效力（既判力）与间接效力之间的差别，正面地将波及效这种事实上的强烈影响力加以理论化，认为绝大部分判决都有这两种效力，为此还构想了一个使这些不同效力达致平衡的诉讼程序。但有的学者则认为判决的间接效不过是事实的、偶发的东西，因此还维持着以前那种只考虑直接效的思维方式。

考虑判决的事实性效力和不考虑事实性效力这两种立场的对立，不是简单地仅在民事诉讼法领域就能够得到解决的问题。上升到立法、行政、司法这三种权力的关系角度，前者主张为了回应国民的期望，可以司法来引领迟滞的立法与行政；后者则坚持司法应当是被动的、消极的权力；在具体的民事诉讼法技术层面，前者是对判决可能产生的事实上的较强影响力予以正视，并主张在程序上对此应有特别的准备，不过遗憾的是，这种判决事实上具有较强影响力的诉讼（不论称为公共诉讼还是现代性诉讼）的外延直到现在还没有被厘清，它将在什么时间、什么场合下发生、应当认可何种特别的程序性准备等问题，都还不是很清楚。①

四　美国判决对案外人的其他效力

英美法系国家的实体法体系与大陆法系存在较大差异，笔者限于精力与能力，不能对其进行系统化的研究。但法律关系来源于社会关系、生活关系和交往关系，即使规则不同，大陆法系与英美法系的许多法律关系和实体权利都具有类似的性质。例如，美国法中也规定了雇主应当为执行职务的受雇人造成的侵权行为承担替代责任；某人因侵权受伤死亡的，其受益人特别是亲属也有权请求损害

① 参见［日］铃木正裕、青山善充编集《注释民事诉讼法（4）》，有斐阁 1997 年版，第 11—12 页。

赔偿；在请求标的物或者损害赔偿请求针对的标的物的委托人与受托人之间存在紧密的关联等等。这类关联关系，就可使用大陆法系的术语——实体牵连关系来加以说明。

上面列举的情形，在第六章已阐述过，案外人承受请求排除效和争点排除效，或者仅承受请求排除效，可将其视为受既判力扩张所及。除这些情形外，美国当然还存在与判决有实体牵连关系的案外人，有的未能通过判例形成规则，不知判决对其产生何种效力；有的虽然亦受判决影响，但判例并不将其视为既判力：第一类，合同的当事人甲、乙为案外人丙设定了权利，这一合同就同时创设了甲对乙的债务与甲对丙的债务。除非合同另有约定，乙保有处分或变更甲对丙负有的债务之权利，直到丙由于信赖甲、乙间契约对自己的法律地位进行了变更，或者同意接受合同为其创设的权利，或者为此提起了诉讼。针对同一个权利，乙与丙均有权提起诉讼，通常他们可能被强制合并，不过无论是否合并，甲都不应被判令实施双重给付。然而，由于甲对乙的债务与甲对丙的债务是不同的，所以乙的败诉判决不能导致丙之请求的消灭，但丙的败诉判决事实上却对乙的诉讼形成阻却，这并不是因为乙被丙获得的判决拘束，而是由于乙能够提起诉讼完全是基于甲未能履行其对丙的义务这一理由，丙获得的败诉判决将终局地使这一条件无法成立，所以乙的诉因无效。[①] 第二类，前诉判决确认了甲对乙应承担的债务，甲认为自己承担这一债务是由于丙的原因，故提起后诉对丙进行追偿，前诉判决并不会对后诉产生请求排除效，但是甲自己不得在后诉中对前诉判决确认的债务之存在与范围进行争议，然而这不是既判力的作用，主要是禁反言规则的体现。[②]

此外，美国法允许任意案外人对当事人援引前诉判决中的某个争点，将其视为争点排除效，但在严格的意义上这并不符合争点排

① See Restatement (second) of Judgments, 1982, pp. 73 – 74.

② See Restatement (second) of Judgments, 1982, pp. 76 – 77.

除效的要件，因为在一方当事人与案外人之间，并未就特定争点进行过任何实际的争议，这种援引亦更为接近禁反言规则的本来形态。

五　与我国预决效力的对比

以上大陆法系学者主张的几种不同效力，可从不同的角度与我国的预决效力进行对比。在法律后果方面，除构成要件效力和日本学者主张的反射效基本是一种接近既判力扩张的强制性效力外，既判力第三人效力、证明效和波及效均是判决对案外人的一种事实性影响，与我国的预决效力较为接近。

在适用情形方面，德国的基于实体牵连关系的既判力扩张和日本学者主张的反射效中存在不少有利于案外人的效力，与美国准许案外人援引争点排除效的规则相近（但美国的范围显然更宽），在我国司法实践中，法院亦经常援引预决效力规范承认判决对实体牵连或事实牵连的案外人产生的有利效力。但德国、日本、美国的这种有利效力是强制性的效力，我国的预决效力却准许当事人举证推翻。假如前后诉仅存在较为松散的事实牵连，那么准许推翻更为合理；若是前后诉的实体牵连十分紧密，或许有必要承认一种拘束前后诉共同当事人的反射效。日本学者主张的对案外人不利的反射效，在我国没有必要予以承认，例如无限公司股东，我国没有无限公司，股东应承担无限责任的合伙，原则上全体合伙人应当作为当事人，故判决直接对合伙人产生拘束力。

在判决对案外人不利时，有必要根据前后诉的关系将我国法院适用预决效力的案件类型化。在这个类型化的过程中，不妨利用大陆法系学理中的上述概念，对我国预决效力的强弱变化趋势进行理论梳理。

第二节　我国判决对案外人预决效力的不同层次

我国判决对实体或事实牵连关系案外人产生的效力，存在多个不同的层次，这一点体现在我国司法实践中法院对案外人适用《民诉法解释》第93条的案件情形多样、较为混乱的特征之上。本书划分其层次的主要根据，仍然是贯穿判决效力体系始终的前后诉关系。由于此时前后诉诉讼主体不同，而诉讼主体之间的关系难以清晰分层，故作为依据的主要是前后诉诉讼客体的关系。前后诉诉讼客体可具有同一性、先决性（对应着实体牵连关系案外人）、仅存共同的事实或法律问题（对应着事实牵连关系案外人）这三种不同的关系。诉讼客体具有同一性的某些情形是既判力主观扩张与预决效力之间的灰色地带，先决性和事实共通的情形又可进一步细分。

首先，上一章中已然提及，虽然前后诉诉讼客体同一，但当事人不同且前诉的案外人有权在后诉中获得独立的程序保障，此时判决就不能对案外人产生既判力，仅可能存在事实性的影响，法院常适用预决效力，此时的预决效力无疑是最强的事实影响。

其次，如果前诉判决主文是后诉诉讼请求的前提条件，即［判决主文→后诉请求］，或者相反，后诉请求是前诉判决主文的前提条件，即［判决主文←后诉请求］，或者前后诉请求共享同一个关键性的前提条件，即［判决主文←判决理由→后诉请求］，但前后诉当事人不同，判决也会对后诉产生较强的效力。正是在这类案件中，存在着一些被德国学者主张为既判力扩张、被日本学者主张为（作为一种拘束力的）反射效的情形。但这类案外人通常也应获得独立的程序保障，在实体法上，案外人与其中一方当事人之间的法律关系，虽然依赖于前诉双方当事人之间的法律关系，但这两个法律关系毕竟是相互独立的。如果这些法律关系不可分割，就应当将相关的主体纳入必要的共同诉讼，获得统一的纠纷解决；既然并不强制当事人进行共同诉讼、进行统一的纠纷解决，就应当保障当事人独立的法律地位和独立的抗辩权利。不过，即便是分开诉讼，由于前后诉法律关系的牵连性，前诉对后诉必然会产生较强的效力，虽然与第一种类型相比，与积极既判力的距离稍微远了一点。

再次，前后诉诉讼请求产生于同一个事件或者同类型的事件，案外人对前诉存在事实上的利害关系，当事人通常分开诉讼，在诉讼标的本身上并不存在直接的关联，但在先诉讼对共通的事实主张、法律关系性质的判断上，却可能对其他主体的后诉产生事实上的影响。这类情形又大致可以分为两类，第一类是案外人与前诉的事实牵连极为紧密，以至于如果前后诉对共通事实作出不同判断，将会在实体法上产生比较严重的不协调后果，如共同侵权造成的不真正连带债务与按份债务等情形；第二类是前后诉的事实牵连稍微弱一些，在我国语境下可构成典型的诉讼标的同种类、具有共通的事实主张与证据的普通共同诉讼，如大规模侵权。这两类情形中，案外人承受的判决事实性效力强弱程度略有差异，且都比前后诉存在先决关系的情形中案外人承受的效力要弱。

最后，前后诉在诉讼客体上的关联极弱，即事实基础稍有交叉，故仅仅是在间接事实、辅助事实方面存在共通的问题，甚至可能是非常细枝末节的问题，完全可以通过举证证明，或者根据当事人其他行为予以认定的，法院却也有可能在后诉中提及前诉判决中的判断，适用《民诉法解释》第93条，将前后诉“关联”起来。此时，案外人承受的判决效力是非常弱的，仅为一种在证明层面上有少许价值的影响力，甚至难以将这种情形理解为某种判决的效力。

区分以上几种类型的主要标准是前后诉实体内容的牵连关系，但程序性的因素也可能导致前诉判决对后诉产生不同的影响。影响判决对实体牵连或事实牵连关系案外人效力的两个主要程序性因素，是后诉当事人是否对前诉判决确认的内容进行争议和判决确认的内容在后诉中是对前后诉共同的当事人有利还是对前诉的案外人有利。

若后诉当事人对前诉判决确认的内容并无异议，其实就是针对该特定事实主张进行了自认，因此无须再将其作为争议焦点，无须考虑前诉判决对后诉产生何种效力了。但追根究底，当事人在后诉中之所以不再争议，很可能还是因为前诉判决对此已作出了确认，故仍可认为前诉判决对后诉产生某种间接性影响。

若后诉当事人对前诉判决确认的内容提出了异议，须对异议主体为案外人与为前诉当事人的情形稍作区分，这主要是考虑到相关主体的程序保障权利：案外人未参加前诉，故对前诉判决确认的内容有权在后诉中进行争议；假如前诉当事人提出异议，通常是前诉判决对案外人有利，案外人自然乐于援引，而前后诉相同的当事人对于同一个事实已经有过充分的机会进行争议了，他想在后诉推翻这一判断恐怕不是那么容易，尤其是在前后诉牵连关系较紧密的情形中。不过，如前后诉关联较远，前后诉共同的当事人在前诉中有可能未预期到后诉的产生，故应准许其再次争议。

一　前后诉诉讼客体存在先决关系

前后诉客体存在先决关系，在前后诉主体不同的语境下，亦不限于［判决主文→后诉请求］这一种情形，还包括［判决主文←后诉请求］［判决主文←判决理由→后诉请求］这两种情形。这些箭头中均包含着一种强烈的决定性意义，故此时前后诉关联较为紧密，后诉主体（前诉案外人）与前诉存在着实体牵连。

（一）判决结论为后诉诉讼请求的前提条件

假如判决结论是后诉请求的构成要件，判决对后诉产生的影响就可能较强，特别是判决对案外人有利的情形。例如保证和责任保险情形中，德国准许保证人援引主债务人的胜诉判决，保险人援引被保险人的胜诉判决，并将其视为既判力扩张，日本学者将其视为反射效。遗憾的是，在我国的司法实践中，债权人对主债务人败诉后还来起诉保证人的案件十分少见，更常见的是胜诉的债权人对保证人提起后诉，请求承担保证责任的案件，即判决对案外人不利的案件。

1. 保证关系

债权人先起诉主债务人获得判决后，再起诉保证人的，保证人可能主张后诉构成一事不再理，可能并不一定对主债务成立本身提出异议。① 鉴于前后诉主体与客体均不同一，后诉不构成重复起诉；若保证人对主债务成立无异议，法院可将其作为自认的事实对待。

【案例7—1】甲借款若干元给乙，乙邀丙为其担保4万元借款，丙向甲提供担保。由于乙未还款，甲诉乙请求返还，法院作出支持甲诉讼请求的判决，该判决生效后，乙下落不明，甲起诉丙请求承担连带保证责任。丙抗辩称，甲向乙提供的借款已经甲、乙协商转化为投资款，因此甲对乙并不享有主债权，那么提供保证的丙也不应当承担保证责任。但法院查明，甲虽然对乙的公司投入了大部分资金，占有相当大的股份，但是这份合伙协议中并没有明确提及甲乙在此之前成立的借贷关系是否转为合伙关系，也没有提及由丙提供担保的4万元借款，故这份合伙协议与本案没有关联。而且甲对乙享有的4万元债权包含在前诉诉讼请求之中，前诉法院判决已经对该主债务予以确认，根据《证据规定》第9条的规定，已为生效裁判确认的事实当事人无须举证证明，因此甲、乙之间的借贷关系成立，对丙的抗辩不予支持，判决丙承担保证责任。②

本案中，保证人对主债务之存在提出了异议。虽然主债务存在是前诉判决主文确认的内容，后诉法院亦予以认可，但适用的是预决效力规范，还准许保证人提出了反证，仅由于保证人反证未成功才未支持。

【案例7—2】甲与乙签订《长期供货合同》，约定甲为乙供应工矿产品，每批交货的品种规格数量价格等以具体的销售合同为准，同日甲、乙、丙三方签订最高额抵押担保合同，约定丙以某房产为

---

① 最高人民法院（2013）民申字第1717号民事裁定书。

② 湖南省高级人民法院（2013）湘高法民再终字第51号民事判决书。

甲、乙的长期供货合同项下甲对乙享有的债权提供最高额为5100多万元的抵押担保，并办理了抵押登记。在甲、乙之间一系列具体的销售合同中，约定甲向乙交付货物，在这个过程中，乙在收货确认证明上签章确认收到货物。随后，法院裁定受理丙的破产清算案件，甲遂向丙的管理人申报债权并要求对抵押物享有优先受偿权。甲还起诉乙，提起买卖合同纠纷诉讼，审理中乙认可甲向其交付了货物，法院遂判决乙向甲支付货款及违约金。但在丙破产清算过程中，破产管理人与债权人大会以乙对甲的主债务并未发生为由，认定担保债权不成立，对甲申报的债权不予确认。甲遂起诉丙，请求确认自己对抵押物享有抵押权与别除权，请求破产管理人相应地更正债权表以确认甲的这一债权。甲在该诉中主张主债务已经过前诉生效判决确认，丙的管理人以主债务不成立为由拒绝确认甲的担保债权，是对抗生效判决的既判力。经过丙的举证，后诉法院查明甲所说的自己交货行为所涉及的仓库，在相应的时间段内并未实际开展运营，因此甲并未实际向乙交付货物；且前后诉主体不一致，前诉判决对后诉不产生既判力，《民诉法解释》第93条虽然规定生效裁判确认的事实在后诉中是免证对象，但有相反证据足以推翻的除外。本案中，丙就提供了相反证据推翻了前诉判决对主债务的确认，判决驳回甲的诉讼请求。①

本案中，后诉法院明确地对既判力相对性原则作出说明。像担保人这样的案外人并不受前诉判决既判力的拘束，对他们只能适用《民诉法解释》第93条规定的预决效力。即使前诉判决主文确认主债务成立，亦不能禁止保证人后诉中提出反证，本案表现得特别明显，因为前诉中主债务人进行了自认、放弃了抗辩，假如前诉判决拘束后诉保证人，就意味着保证人独立抗辩权和实体利益受损。

在主债务人、保证人与债权人三者之间，由于诉讼的先后顺序与组合方式不同，前后诉关系亦不完全一致。如债权人先起诉保证

① 浙江省安吉县人民法院（2016）浙0532民初7248号民事判决书。

人，由于保证人无法清偿再起诉主债务，后诉诉讼请求构成前诉诉讼请求之前提要件；如债权人诉保证人胜诉，保证人再向主债务人追偿，则为前后诉请求存在一个共同的关键性前提条件——主债务之存否。

2. 保险关系

责任保险关系中，第三人可向保险人或被保险人请求赔偿，但保险人承担责任的前提是被保险人对第三人负有责任，基于这种实体牵连关系，德国《保险合同法》第 124 条规定，保险人对受害人获得的胜诉判决，被保险人可以援引；被保险人对受害人获得的胜诉判决，保险人也可以援引；如果受害人针对保险人获得了胜诉判决，那么被保险人在保险人向其追偿时，应当承认前诉判决中的确认，除非保险人有过错地违反了他所负有的防御义务（这些义务要求保险人对不成立的损害赔偿请求权进行抗辩、促使减少损害赔偿数额或使其得到合理地调整）。前面两种情形分别对应着［判决主文←后诉请求］［判决主文→后诉请求］的先决关系，德国学者均视为既判力扩张；后一种情形对应着［判决主文←判决理由→后诉请求］的先决关系，虽非当然的既判力扩张，但判决对后诉亦产生较强的效力。之所以如此，是因为责任保险的目的一方面是分散侵权损害赔偿责任之风险，另一方面是有利于受害人得到赔偿。

我国的相关规范则与德国《保险合同法》存在一定的差异。我国《保险法》第 65 条第 2 款规定，责任保险中，被保险人给第三者造成损害的，被保险人对第三者应负的赔偿责任确定的，根据被保险人的请求，保险人应直接向第三者赔偿保险金。此处仅规定了［判决主文→后诉请求］这一种先决关系，且属于前诉判决（确定了被保险人对第三者的责任）对案外人不利的情形，是否能够解释为既判力的扩张尚存在一定的疑虑。在司法实践中，法院通常并不将这种情形视为既判力扩张，而是适用《民诉法解释》第 93 条规定的预决效力，即准许保险人在后诉中对被保险人的责任进行争议。

当然，如果保险人对被保险人应对第三者承担的责任不提出异议的，[①] 法院一般可以将其作为自认的事实予以采纳。如果前诉被保险人胜诉的，第三者却提起后诉要求保险人支付赔偿的，前诉判决对案外人有利，按照德国既判力扩张与日本反射效的精神，考虑到第三者在前诉中可预期到自己将与保险人进行争执，应直接判决驳回第三者后诉诉讼请求。但在我国的司法实践中，有的法院将这样的后诉视为重复起诉，这却有点不合适，虽然实质后果差强人意。

【案例 7—3】甲为其船舶在乙保险公司投保，丙的船舶在丁保险公司投保，两船相撞，甲诉丙请求赔偿，其中包含船舶维修损失和船期损失等，法院判决未支持船舶维修损失请求。由于乙保险公司对甲进行了理赔，甲向乙公司出具权益转让书，乙公司遂起诉丙和丁保险公司，请求赔偿船舶维修损失。被告丙、丁提出一事不再理的抗辩等，请求驳回乙的诉讼请求。法院认为，前后诉诉讼标的相同、后诉请求包含在前诉诉讼请求之中。虽然前后诉原告不同，但乙主张权利的依据是基于保险合同赔偿后取得的代位权，行使的实际还是甲对丙的侵权损害赔偿请求权，应将乙认定为甲的法定诉讼担当人，与甲为同一当事人。虽然前诉中丁保险公司并不是当事人，但它在法律规定的条件成就后，应全部或分担丙对甲、乙应负的责任，所以丁承担的责任是因法律规定和法律行为受让丙对诉讼标的的权利义务之人，故与丁为同一当事人，因此后诉构成重复起诉。[②]

上一章已对本案进行过分析，当时主要是对诉讼担当与权利义务继受的概念进行辨析，结论是责任保险人并非当事人的继受人，毕竟保险公司的责任是根据保险合同确定的独立责任，保险合同中经常规定一些免责条款、最高责任限制等条件，不能将保险人视为被保险人的义务承受人。但是，或许应当准许保险人援引前诉被保

① 沈阳市中级人民法院（2012）沈中民五终字第 120 号民事裁判书；江苏省徐州市中级人民法院（2013）徐商终字第 0458 号民事判决书。

② 湖北省高级人民法院（2015）鄂民四终字第 00131 号民事裁定书。

险人的胜诉判决，不准许第三者在后诉中对此进行重复争议，故更妥当的做法是判决驳回后诉请求。

【案例7—4】甲为自己的一辆专业作业吊车在乙保险公司处购买了第三者责任险，该吊车在作业时发生事故，使丙受伤，丙诉甲请求损害赔偿，法院判定甲应当向丙赔偿各项费用若干元。甲到乙公司理赔遭到拒绝，将乙诉至法院，请求判令乙直接对丙赔付保险费。乙一审辩称，对投保车发生事故的事实没有异议，但该事故属于免责事由，不应赔偿，一审法院认为根据对格式条款的解释，乙仍应当予以赔付，并根据《保险法》第65条认为甲有权要求乙直接向丙赔付，因为甲自己未直接向丙给付赔偿。乙不服提起上诉，主张受伤的第三者的医疗费用应当按照国家基本医疗保险标准核定，并且法院根据前诉判决来认定甲、丙的损失是不当的，因为乙公司没有参与前诉，这样就会剥夺乙对前诉的证据进行质证的权利。二审法院认为，一审按照前诉判决确定乙保险公司应当赔付的数额，并无不当，适用了《证据规定》第9条，认为乙公司仅仅以其未参与前诉、对相关证据未质证为由，并不足以推翻前诉判决确认的金额；此外在未经法定程序撤销前，前诉判决确认的事实依法可以作为认定本案事实的依据。医疗费用也已经过前诉判决的认定，且乙对自己的主张没有提供证据证明，应承担举证不能的不利后果，故判决驳回上诉。①

本案中，保险人未参加前诉，一审中主要根据保险合同的免责条款主张不应承担保险责任这一仅属于保险公司个人的抗辩事由，在未成功的情况下上诉主张法院不应根据前诉对被保险人责任的认定来作出后诉的判决，理由是自己未参加前诉故没有机会对证据进行质证。这一理由虽然有道理，但太过原则性，未能够提出实质性的反证说明前诉对保险人应承担的责任数额判断有误，故法院未采纳其意见。此外，后诉法院虽然使用了预决效力规范，但附带说明

---

① 江苏省徐州市中级人民法院（2013）徐商终字第0458号民事判决书。

在前诉判决未经法定程序撤销前，其中确认的事实可以作为后诉认定事实的根据。这里的撤销判决的法定程序似乎是指再审程序，这就意味着在后诉法院心目中，此时前诉判决对后诉的预决效力与既判力相当接近。

在责任保险纠纷中，被保险人经常要承担的是侵权损害赔偿责任，前诉判决确认的是被保险人所负的损害赔偿义务。但这种判决的主文范围似乎有些不清晰：该赔偿义务本身自然属于判决主文，但赔偿义务的数额所对应的第三者的损害、计算该损害的标准、作为计算赔偿义务数额根据的责任比例等判断，是否亦属于判决主文的内容，是一个有点困难的问题。严格地讲，它们属于构成要件或间接事实，但它们在判决主文的内容中均有所体现，是暗含在赔偿义务内容中的。在保险人作为被告的后诉中，他提出的异议可能并非针对赔偿义务存在之本身，而是这些直接决定判决主文并暗含在判决主文内容中的事项。由于其目的仍然是动摇前诉判决主文，故仍可将其归属于［判决主文→后诉请求］这一先决关系，但其争议的对象却稍显间接，如不准许其举证推翻，似乎有赋予“判决理由”以对案外人之拘束力的嫌疑。因此，保险人在后诉中应当享有推翻前诉判决之判断的机会，在有些案件中，若其提出有力的反证，法院就可能作出与前诉判决不一致的判断。

3. 对公司债务承担责任的股东

我国的公司均为有限责任公司，因此股东与公司的财产、责任相互分离，原则上股东并不需要对公司债务承担责任。但是在一些例外情形中，股东作为当事人的后诉中，诉讼请求可能是以公司在前诉中获得的判决主文为前提要件。例如，股东在股权转让合同中，前股东与新股东约定由前股东承担转让前公司的对外债务；或者股东滥用公司的法人独立地位和股东有限责任逃避债务严重损害公司债权人利益；或者一人公司股东不能证明公司财产独立于股东财产，要对公司债务承担连带责任；不履行清算义务、未缴纳出资的股东应在这些行为的范围内对公司债务承担连带责任等。我国的股东因特殊事由要对债权人承担公司债务的案件，与德国无限公司（日本合名公司）股东承担公司债务的情形在法律后果上类似，但能否类推适用德国既判力或反射效，使股东承受前诉判决的拘束力，还值得商榷。

在我国的司法实践中，有些法院不考虑前后诉主体差异将股东作为被告的后诉理解为重复起诉，例如新疆维吾尔自治区乌鲁木齐市中级人民法院（2014）乌中民四初字第42号民事裁定书中，法院认为后诉请求被前诉所涵盖，应裁定予以驳回；但该案经当事人申请再审，最高人民法院撤销该裁定，指令乌鲁木齐中级人民法院再审，[①] 经过再审，法院最终判决支持了债权人的后诉诉讼请求。[②] 此外，有些法院将债权人主张清算组成员在清算中存在过错对其提起的后诉亦理解为重复起诉，后来也被上级法院纠正。[③] 根据我国较高层级法院的观点，既判力相对性原则在司法实践中逐渐获得越来越多的承认与接受。

股东作为当事人的后诉之诉讼请求以公司作为当事人之前诉的判决主文为前提要件的多数案件中，股东在后诉并不对公司债务本身提出异议。

【案例7—5】甲公司原来的股东是乙，乙将其股权转让给丙，双方约定转让前的公司债务由原股东乙承担。由于甲公司对丁负有债务，丁将甲诉至法院，甲的现股东丙作为法定代表人，法院认定丁对甲公司的债权成立。甲公司（实际是丙）主张，丙与乙约定股权转让前的公司债务应由乙承担，故与丙无关，但法院根据合同相对性原则，认为这一约定仅仅对乙、丙发生效力，不具有对抗公司债权人丁的效力，股东之间的债权债务关系不属于本案讼争标的，不予处理，因此判决支持丁的诉讼请求。在该案判决生效后，丙起

---

① 最高人民法院（2016）最高法民再249号民事裁定书。

② 新疆维吾尔自治区乌鲁木齐市中级人民法院（2017）新01民初178号民事判决书。

③ 河北省沧州市中级人民法院（2013）沧立民终字第191号民事裁定书。

诉乙，主张股权转让前的公司债务丁已提起诉讼要求偿还，乙应当承担责任，并获得胜诉。债权人丁对第一份生效判决申请强制执行，发现甲公司无财产，以及甲公司名下本来有的某土地使用权被转让，遂将甲公司的乙、丙股东均诉至法院，主张股东侵占公司的土地使用权转让款，损害了债权人的利益，请求承担连带责任。不论乙还是丙，均对公司债务本身未提出争议，但主张不应承担连带责任。法院认为，前股东不应承担连带责任，但丙成为股东后，原来属于甲公司的土地使用权变更为他人，对甲无法清偿债务的结果具有直接影响，丙不能对该土地使用权转让作出合理解释，因此对此具有明显过错，应当承担连带责任。①

本案中，存在两个不同的后诉，由于第一个后诉的生效判决未能找到，不知道公司的前股东是否有对公司获得的债权确认判决提出争议、法院是否适用了预决效力的规范。第二个后诉中股东对于公司债务本身都没有提出异议。不过值得注意的是，在本案中，即使公司的现任股东提出异议，恐怕也很难推翻前诉的判决，因为他在前诉中作为公司的法定代表人，全程实施了前诉，如准许其后诉推翻，就意味着重复争议。除法定代表人外，公司的实际控制人、控股股东的主体，如很了解前诉的状况，要推翻前诉判决中的判断也可能违反诚实信用原则。不过，不同股东对前诉的影响是不同的，在我国尚不存在条件一刀切地使公司获得的判决拘束股东。

4. 次承租关系

次承租关系的成立与存续，都以出租人与承租人之间租赁关系的成立与存续为前提。在实体法意义上，针对承租人与出租人之间的法律关系，虽然次承租人并没有权利进行直接的干预，但至少可以根据《最高人民法院关于审理城镇房屋租赁合同纠纷案件具体应

① 广东省广州市中级人民法院（2013）穗中法民二终字第346号民事判决书。股东在后诉未对公司债务本身提出异议的类似案件有江苏省常州市中级人民法院（2013）常商终字第523号民事判决书。

用法律若干问题的解释》第17条，在承租人拖欠租金导致出租人请求解除合同的情况下，请求自己代替承租人支付租金和违约金，以对出租人的合同解除权进行抗辩。为了便利次承租人实施这一抗辩，赋予次承租人维护租赁关系存在状态的机会，防止承租人与出租人随意解除租赁合同，该司法解释第16条第2款还规定，租赁合同的纠纷，法院可以通知次承租人作为第三人参加诉讼。在我国的实践中，租赁纠纷的标的物之上存在次承租关系的，法院通常都通知次承租人作为第三人参加诉讼。由此一来，前诉判决对次承租人产生效力，甚至是拘束力，都不一定会剥夺次承租人的程序保障权与实体利益，但这种效力不同于本章予以阐述的与前诉存在实体牵连关系的案外人承受的预决效力，判决对参加诉讼的第三人之效力要留待下一章进行分析。

虽然存在次承租关系，偶尔在出租人与承租人之间的诉讼中，次承租人未参加诉讼的（例如当事人未主张该租赁物存在次承租人，存在次承租关系的事实在后诉中才显露出来），可以将次承租人作为由于存在实体牵连关系而被前诉判决影响的案外人，特别是当前诉判决确定出租人与承租人之间租赁合同解除，承租人应当腾退房屋等情形，判决会对后诉中出租人要求次承租人返还租赁物的请求产生较为直接的影响。不过次承租关系与承租关系具有独立性，次承租人对租赁物应享有独立的抗辩，故前诉判决不能一概地拘束次承租人，否则就会损害他的程序与实体权利。

5. 夫妻共同债务

夫妻共同债务即使仅以配偶一方的名义所负，债权人也可以向配偶另一方请求清偿。这也是连带债务关系的一种，但在很多案件中，是否属于连带债务的问题在前诉中根本未被主张过，是到了后诉才出现争议的。前诉判决确认的是名义上债务人的债务，在后诉中确认了该债务属夫妻共同债务之后，前诉判决就构成判断后诉配偶之债务的前提条件。配偶在后诉中有时对前诉判决的判断不予争执，有时则进行争议。

【案例7—6】甲向乙厂供应皮革，乙拖欠货款，由于乙厂是丙投资的个人独资企业，甲起诉乙与丙，请求乙返还货款、丙承担无限责任。法院经过审理判决支持甲的诉讼请求。由于甲未获得清偿，又起诉丙的配偶丁，主张前诉判决确认的丙之债务属于夫妻共同债务，请求判令丁承担连带责任。丁提出抗辩，既认为个人独资企业的财产不足以清偿债务的，投资人仅应承担补充责任，不应承担连带责任；又主张该债务并不属于夫妻共同债务，故丁不应承担责任。后诉法院则认为，前诉生效判决具有既判力，丁关于丙应当承担补充责任而非连带责任的主张与前诉判决的结论相异，受既判力拘束，在前诉判决未经法定程序撤销或变更之前，该判决对后诉有羁束力，因此后诉法院对此不再做实质审查。并且该债务构成夫妻共同债务，故判决支持甲的诉讼请求。①

本案中，法院将前诉判决主文对配偶的效力理解为既判力并不妥当，因为配偶既然面临要承担连带责任的风险，就应有权对该债务实施独立的抗辩，否则就丧失独立的程序保障；还由于实践中很多债务人可能与债权人“合谋”实施不利于债务人配偶的诉讼行为，② 承认既判力扩张有可能损害配偶的实体利益。配偶要推翻前诉判决的判断确实存在一定的困难，特别是对前诉经过争执而确定下来的判决主文；但是假如前诉是法院根据自认、被告承认对方诉讼请求而作出的判决，就应有机会提出反证推翻。

（二）后诉诉讼请求是前诉判决结论的前提条件

前后诉主体不同时，还有可能后诉请求构成前诉判决结论之前提条件。例如，在保证关系中，债权人首先起诉保证人，随后再起诉主债务人，作为后诉请求的主债务存在与否的问题，实质上是前诉保证债务存在与否的前提条件。如果后诉法院作出与前诉判决不

---

① 广东省佛山市中级人民法院（2016）粤06民终458号民事判决书。

② 《赵俊诉项会敏、何雪琴民间借贷纠纷案》，《最高人民法院公报》2014年第12期，第28页。

一致的判断，就会导致债权人、保证人、主债务人三者之间的法律关系不能协调。但是考虑到债务人与保证人各自争议的焦点很可能不一致，假如前诉保证人由于客观或主观原因未就主债务存否进行充分争议，假使主债务人承受该判决的拘束，就会对其造成不利。基于纠纷解决的相对性，主债务人与保证人各自享有独立的抗辩，此时判决不会对后诉产生拘束力。但为了防止实体法律关系的混乱，前诉判决事实上会对后诉产生较强的影响。

（三）前后诉诉讼请求共享一个关键性前提要件

前后诉两个请求之间不一定直接存在着先决关系，但它们可能共享同一个关键性的前提条件，前诉法院要想作出生效判决，就必须对这一关键性的前提条件作出判断，同时这一要件在后诉中也处于类似的关键地位。那么即便前后诉当事人不同，前诉判决中的这一理由也会对后诉产生较强的影响。

1. 追偿权纠纷

在许多法律关系中，都可产生追偿权纠纷，其中一个典型的例子就是保证关系。债权人首先起诉保证人，并获得胜诉判决；保证人履行该债务后，向主债务人提起追偿诉讼。此时，主债务人可能会提出主债务不成立的抗辩。主债务成立是前诉债权人获得胜诉判决的前提条件；同时也是保证人有权向主债务人追偿的前提条件。但关于主债务成立与否这一问题，法院是在前诉判决理由中予以阐述的；主债务人并未参加前诉，前诉判决理由若对其产生拘束力，有违程序保障原则。但是，如果后诉作出主债务不存在的判断，那么保证人就没有获得补偿的渠道，在我国的语境下，保证人就会不服该判决，上诉、申请再审，或者回过头去对前诉判决申请再审。这意味着，由于直接的利益驱动，这样两个在判决理由方面相互“矛盾”的判决，难以共存，因为实体法要求法律关系的协调性，因此判决最终也必须彼此协调。其他法律关系的追偿权纠纷也面临类似的问题。

【案例7—7】甲与乙签订承包合同，由甲承包乙居住区工程的施工，约定质量保修期为 5 年。在质保期内，该居住区的业主徐某、李某起诉居住区乙，主张房屋严重漏雨多次维修不能完全修复，请求承担维修责任，法院判决认可该主张，判决乙作为建设单位承担房屋维修费 31 万余元。乙遂将甲诉至法院，请求承担保修责任，赔偿房屋维修费 31 万余元，后诉法院认为，根据《民诉法解释》第 93 条，当事人对已被生效裁判确认的事实无须举证，法院可以将该判断作为认定该事实的依据，前诉判决已经确认房屋在质保期内发生漏水，存在质量问题，甲无相反证据推翻该事实，本院对这一事实予以认定，根据《建设工程质量管理条例》第 41 条，建设工程在保修范围和保修期限内发生质量问题的，施工单位应履行保修义务，并对造成的损失承担赔偿责任，因此在乙已经依据生效判决向业主赔偿了维修费的情况下，作为施工单位的甲应当依据该规范对乙承担赔偿责任。①

本案中，关于房屋是否在质保期内产生质量问题，在前后诉中都是比较重要的问题，直接决定了前后诉被告分别是否应承担责任。

【案例 7—8】甲驾驶汽车与乙汽车相撞，造成两车损失，甲逃逸，乙起诉该车的保险公司丙，请求赔偿车辆损失，法院判决丙先行垫付保险赔付款。丙在履行判决确定的义务后，起诉甲行使追偿权，甲抗辩称作为丙求偿依据的前诉判决书认定事实错误，不能作为依据，原因是对车损进行的鉴定是乙单方委托的，数额过高，而丙对此鉴定报告怠于行使抗辩权利。法院将前诉判决作为证据看待，并且结合鉴定结论、单据等证据一并认定事实，最后作出支持丙诉讼请求的判决。②

本案中，关于车辆损失的数额与判决主文具有紧密的关联，考

---

① 黑龙江省大庆市中级人民法院（2015）庆民二民终字第 912 号民事判决书。

② 广东上佛山市禅城区人民法院（2016）粤 0604 民初 2378 号民事判决书。在这个案例中法院似乎不怎么依赖前诉判决确认的内容，或许跟诉讼中被告对前诉判决提起了撤销之诉有关。为此本诉还曾中止过 9 个月，但遗憾的是，难以得知第三人撤销之诉进行的状况与结果。

虑到侵权损害赔偿请求权的要件，还是应将其理解为判决理由，但它对前后诉请求均构成前提性的要件。

2. 其他案件类型

【案例7—9】甲与乙约定合作加工槟榔且乙先向甲给付加工槟榔的预付款，乙通过自己的代理人丙汇给甲50万元作为预付款，甲向丙出具一张借条载明丙向甲汇款50万元。甲乙合作协议未能完全履行，乙诉甲请求返还预付款，甲辩称已经返还，法院作出（可能是不完全有利于乙的）生效判决。随后，丙根据同一张借条和相同汇款单，主张与甲之间存在借款关系请求返还款项。法院认为争议焦点是甲、丙是否存在借贷关系，乙前诉的主要证据与丙后诉的主要证据完全相同，前诉判决将丙认定为乙的代理人，代理人的行为由被代理人承担责任，故丙作为代理人提起后诉请求偿还借款缺乏事实和法律根据，判决驳回丙的诉讼请求。①

本案中，对同一张借条、汇款单指向的交易事实和法律关系，前诉认定为丙作为乙的代理人向丙给付预付款，后诉丙却主张是自己与甲之间的借款关系。前后诉之间的关系虽不像保证关系、保险关系等情形中那样紧密（因仅仅是事实基础同一），但代理关系将甲、乙、丙三者联系起来，代理关系是否成立，就决定了前后诉究竟哪一个请求权可能成立。前诉乙主张丙为其代理人，但丙未参加诉讼，仅根据前诉判决的事实判断对丙的后诉作出事实认定，有可能会损害丙的利益。但在本案中其实不会出现这个问题，因为前后诉两个原告之间存在较为紧密的关系，且前后诉诉讼代理人同一。如前后诉作出不一致的判断，那么甲就可能面临着双重给付的危险。

【案例7—10】甲拥有A、B两辆车，都挂靠在乙客运公司名下运营，甲以乙为被保险人为这两辆车在丙公司投保了交强险，但仅对A车在丙公司买了商业第三者险，对B车则在丁公司购买商业第三者险。A车与戊摩托车相撞，导致戊受伤，并引起车辆损失，交

---

① 海南省第一中级人民法院（2012）海南一中民三终字第36号民事判决书。

警大队认定 A 车的司机负事故全部责任，摩托车一方无责任。戊起诉甲、乙和丙公司，请求赔偿损失，尽管交通事故认定书中认定的事故车辆是 A 车，但诉讼中各方当事人却一致认为真正的事故车辆是 B 车（B 车的商业保险公司丁并不是该案的当事人），因此法院判决甲、乙承担侵权责任，但未处理商业三者险的请求。甲向戊支付了全部损害赔偿款，然后对丁保险公司提起诉讼，主张发生交通事故的是由丁承保的 B 车，丁应当进行理赔。但丁提出抗辩，主张交通事故责任书中认定的事故车辆是 A 车，丁作为 B 车的保险人不应承担赔偿责任，一审法院认为，甲能够获得赔偿的前提是甲、丁之间就事故车辆形成保险关系，但甲提供的证据不能证明发生事故的车辆的确是 B 车，判决驳回甲的请求。后一诉讼的判决生效后，甲申诉，检察机关提起再审检察建议，进入了再审程序。然而再审法院认为，虽然前诉判决认定肇事车辆为 B 车，但这仅仅是前诉当事人丙保险公司的主张，前诉法院对肇事车辆并未认真核定，根据当事人的陈述和交通事故认定书，应认定肇事车辆实际是 A 车，甲的证据不足以证明肇事车辆是 B 车，故维持原审判决。①

本案中，前后诉都非常关键的问题是肇事的车辆究竟是 A 车还是 B 车，虽然两车的交强险保险公司均为丙，但商业三者险却分别为丙和丁公司。如肇事车辆为 A 车，前诉被告丙除了交强险，还得承担三者险，后诉丁无责；如肇事车辆为 B 车，前诉被告丙仅需承担交强险，后诉丁应承担三者险。因此，虽然前后诉请求本身无直接的先决关系，但在这一判决理由的问题上产生了紧密的关联。由于前后诉主体不同，该事实又是判决理由，不可能对后诉产生拘束力。只是法院若作出不同判断，难免产生实体上的不一致。甲的利益得不到支持，他先是申请检察院对后诉判决提出检察建议，再审未果后，只好再对前诉判决申诉，检察院又对前诉判决提出检察建

① 江苏省睢宁县人民法院（2016）苏 0324 民再 4 号民事判决书。

议，前诉法院再审后仅对前诉判决理由进行了修正。[①] 鉴于商业险与交强险可分开诉讼，甲再起诉丙保险公司就不存在障碍，虽然根据既判力的原理，甲无须对前诉判决申请再审就可以诉丙请求理赔，但丙可能依据前诉判决提出抗辩，故修改前诉判决理由是使不同判决在判决理由层面获得协调的预防性措施。这一现象意味着我国实践中对判决的不协调性容忍度很低。

在连带债务关系中，不同债务人作为被告的前后诉诉讼客体不同，但通常产生于同一事实，且存在某个或某些事实要件同时构成前后诉请求的关键性构成要件，如债务存在与否、数额多少等。而且，由于前后诉主体之间关联很紧密，连带债务人如承担超出自己份额的债务，就有权向其他债务人追偿，所以此时前诉判决中的判断对后诉常常产生较强的影响。不过，既然连带债务人各自享有独立的实体利益和程序保障权，判决不能对后诉产生绝对的拘束力，连带债务人在后诉中仍可提出有效的反证推翻前诉的判断。

本书将诉讼客体之先决关系分为［判决主文→后诉请求］［判决主文←后诉请求］［判决主文←判决理由→后诉请求］三种类型，并将第三种类型的判决理由限定为对前后诉请求均具有决定性意义的构成要件。在前后诉主体不同时，前后诉客体仍有可能处于上述三种先决关系之中，此时前后诉的关联较为紧密，案外人与前诉之间存在着实体法律上的牵连性，因此虽然前诉判决无法对后诉产生既判力扩张，但仍可能对后诉产生较强的影响，以防止包含不同判断的判决导致实体法律关系产生混乱。总体而言，这种较强烈的影响对案外人是不利的，他仅仅提出反对意见不足以扭转趋势，必须提出十分有力的反证才行，但他可能错过了最佳的防御时机。为避免这种不利的效力，在先决关系存在的场合中，案外人大多均可参与前诉，或者作为共同诉讼人，或者作为第三人参加诉讼。

值得注意的是，前后诉具有共同的关键构成要件的情形，多数

---

① 江苏省睢宁县人民法院（2016）苏 0324 民再 3 号民事判决书。

产生于同一事实，由于前后诉共同的要件事实的性质、地位、与前后诉讼请求的关系之强弱存在差异，此时前后诉之间的关联开始稍有减弱，最终就变成前后诉并不存在直接的法律上的关联，而仅仅是存在事实上的牵连，此时的案外人属于事实牵连案外人。不过，基于程序安定、实体法秩序的统一性、不同主体之间公平性等要求，判决对案外人仍有可能产生较强的影响。

二　前后诉客体仅产生于同一或同类事实

在上一小节末尾阐述过的那些产生于同一事实的情形，前后诉的当事人之间还存在紧密的直接关联，因此将它们归属于前后诉客体存在广义上的先决关系。有很多前后诉客体产生于同一事实或同类事实的情形，案外人对前诉诉讼标的本身都不享有任何法律上的利害关系，仅仅是存在事实上的牵连，例如不真正连带责任、按份责任、补充责任、同一或同类侵权行为引发大规模损害等。不过，这里的部分情形与上一小节可归属于广义先决关系情形的连带责任，特别是侵权纠纷中的连带责任之间，界限并不是很清晰。仅在实体法层面，究竟哪些情形下多数人侵权应当构成连带责任、哪些情形下只构成按份责任、补充责任等问题都尚未能得到解决；在诉讼法层面的诉讼形态和判决效力问题亦受到影响。不过，总体而言连带责任债务人彼此之间还存在着直接的法律关联，不真正连带责任就开始产生差异，而按份责任、补充责任、大规模侵权中的受害人都属于彼此之间不存在直接法律关系的情形。

（一）不真正连带责任

在实体法理论中，关于不真正连带责任的概念，其与连带责任、按份责任等相关概念的关系，均未形成明确的标准。但作为具有一定程度共识的内容，可将不真正连带责任界定为数名债务人因不同法律关系对同一债权人分别负有的给付义务，不真正连带责任人彼此之间本并无关联，只因特定原因对同一个债权人负有同一给付义务，不同债务人各自承担的责任性质不同，还存在中间责任人与终局责任人之别。[①]

在我国司法实践中，经常出现判决效力问题的不真正连带责任，是用人单位对工伤的责任（因未缴纳工伤保险应由用人单位承担）与侵权责任的竞合，或者雇主责任与侵权责任的竞合。鉴于我国共同诉讼规范的不完善性，这类情形能否构成共同诉讼，若可共同诉讼应采取何种共同诉讼类型等问题，也尚未得到完全的解决。[②] 因此当事人更常见的做法是前诉仅起诉一位债务人，获得判决后如未获得清偿再起诉其他债务人，由此，前诉判决对后诉产生何种影响的问题就凸显出来。

【案例7—11】甲雇乙为其驾驶某货车，乙送货过程中与丙碰撞，乙当场死亡。交警部门作出交通事故认定书，认定乙与丙各承担此次交通事故的同等责任。乙的家属先将丙与保险公司作为被告提起损害赔偿诉讼，法院认定乙死亡造成的损失为若干元，并判决保险公司在交强险范围内赔偿，丙应承担剩余损失的50%，乙家属自负50%。针对自负的这50%损失，乙的家属又将雇主甲诉至法院，以雇员受害赔偿为由请求赔偿损失。一审法院认定雇主应当对雇员在雇佣活动中遭受的损害进行赔偿，对于乙死亡造成的各项损失，前诉法院根据《流动人员暂住证》，已经进行了审理核实，后诉应按照前诉法院生效判决中确定的数额为赔偿依据。甲不服，提起上诉称，赔偿权利人已经获得了肇事方和保险公司的赔偿，不能再起诉雇主，并且乙为农村居民，应按照农村居民标准计算赔偿金额。二审法院认为，赔偿权利人的损失还没有得到完全的弥补，因此能够起诉雇主承担雇主责任，针对赔偿标准问题，前诉判决已生效，该判决认定乙在城镇居住一年以上，主要生活来源是城镇，并据此

---

① 参见杨立新《论不真正连带责任类型体系及规则》，《当代法学》2012年第3期，第57、59页；罗恬漩、王亚新《不真正连带责任诉讼问题探析》，《法律适用》2015年第1期，第56—57页。

② 参见罗恬漩、王亚新《不真正连带责任诉讼问题探析》，《法律适用》2015年第1期，第59—60页。

确定赔偿标准，根据《证据规定》第9条，一审法院根据前诉判决确认的赔偿数额进行判决是正确的，因此判决驳回上诉。①

【案例7—12】甲在上班途中发生交通事故，先起诉肇事人乙，交通事故认定书认定甲乙负同等责任，法院认定，对甲的损失，甲自己应承担40%的责任，乙应承担60%的责任，并据此作出判决。甲遂针对未能在对乙的诉讼中获得支持的损害，主张自己的用人单位丙未替自己缴纳工伤保险费，申请劳动仲裁，请求支付工伤保险待遇赔偿金，仲裁裁决支持了甲的请求，丙不服起诉。一审法院认为，作为证据的前诉判决已经生效，该判决“具有既判力”，对此予以认定，由于前诉中法院已经判决甲应承担40%的责任，因此在甲未获赔偿的损失中符合工伤保险待遇的项目，甲仍然可以要求用人单位支付，故作出相应的判决。丙提起上诉，主张虽然交警部门认定甲、乙负同等责任，但丙认为甲应当对交通事故承担主要责任，因此甲无权获得工伤保险待遇，这是对责任比例提出了异议。二审法院则认为一审判决正确，判决驳回上诉。②

严格意义上，这两个案件中雇主或用人单位承担的均非不真正连带责任，而是他们自己的独立责任，因为受害人已起诉侵权人并获得了赔偿，是对未被赔偿的部分要求雇主或用人单位赔偿。但由此可知，假如雇主与用人单位承担不真正连带责任，它们作为被告的诉讼中，应承担的责任除了侵权人的责任外，还有他们自己的责任，前后诉之间的差异较为明显。前后诉客体之间并不同一，亦不存在什么先决关系，雇主或用人单位与侵权人承担责任的规范基础都不同，责任的构成要件亦不同。因此法院所说的判决具有“既判

---

① 衡阳市中级人民法院（2012）衡中法民一终字第91号民事判决书。

② 浙江省嘉兴市中级人民法院（2015）浙嘉民终字第505号民事判决书。在另一个案件中，后诉的雇主亦对前诉的鉴定提出异议，但其针对的对象不是责任比例，而是全部损失的数额，主张司法鉴定的作出自己不知情，如受该鉴定的拘束就剥夺了其参与鉴定的权利，但由于未举出证据推翻，法院未支持其抗辩。河北省沧州市中级人民法院（2016）冀09民终3709号民事判决书。

力”是不准确的，或许它是在概括性的意义上说明判决具有效力。由于产生于同一侵权事实，目的是补偿同一损害，就当事人争议的前后诉共同的事实问题或法律问题，法院通常还是会作出统一的判断，否则可能导致原告受偿不足或超额受偿。

在一些案件中，雇主并不会对前诉法院针对侵权行为、损失数额、责任比例等事实提出异议，那么应当理解为自认，法院按照已经确认的事实作出后诉判决，也是合理的。[①] 但如果当事人提出异议，并确实有证据足以推翻的，法院也应当予以考虑，比如前诉作为认定事实基础的鉴定意见存在瑕疵故有必要重新鉴定等，这意味着在后诉中应赋予前诉的案外人就相关事实举证、质证的权利。

（二）按份责任

侵权纠纷中，若复数责任人构成按份责任，前诉判决对后诉亦会产生事实效力，因为按份责任的关键在于不同责任人各自份额大小的问题，前后诉在份额大小的分配方面、在损害的总数额方面均存在紧密的关联。

【案例 7—13】甲是乙旅游公司的职工，甲驾驶乙的大巴车，车上人员是丙、丁分别组织的旅游者，途中，甲擅自将车交给丙驾驶，因车速过快造成事故，丙死亡，还给大巴车造成损失。交警部门认定丙负全部责任。由于乙的大巴车遭受损失，乙先起诉丙的法定继承人，请求赔偿车辆损失，法院认定乙公司自己（作为甲的用人单位）应承担 50% 的责任，丙承担 20% 的责任，法院还认为甲、丁也应当对事故承担一定的责任，但经释明乙不申请追加甲、丁为共同被告，故法院判决丙的法定继承人向乙公司承担 20% 的损失。然后，乙提起后诉，起诉甲与丁，主张二人应当共同承担 30% 的责任，请求判令二人连带赔偿乙 30% 的车辆损失。甲、丁抗辩称自己不应承担责任，甲说前诉判决认定乙承担 50%、丙承担 20% 没有依据，即便按照这一比例，也不能认定甲应承担剩余责任。后诉法院认为，

① 山西省阳曲县人民法院（2015）阳民初字第 649 号民事判决书。

前诉判决已经确认甲、乙、丙、丁对事故均应当承担一定的责任，因为生效判决具有既判力，故甲、丁应按照其过错程度，承担剩余份额的赔偿责任，不过不属于连带责任，并作出相应判决。①

本案中，法院最终判断数个侵权人应承担按份责任，并确定了各自的份额，或者说至少是确定了前诉中被告应承担的份额。对于前诉中未作为被告的其他侵权人，前诉中的这一份额的认定实际上也就间接确定了他应承担的责任。如果后诉法院对后诉主体的责任比例判断，不能与前诉法院相协调，即合在一起是100%，就会使原告受偿不足或超额受偿。但这一问题与法院所说的既判力无关，后诉当事人亦应当可以举出有效的反证推翻；不过能够实际推翻的恐怕仅是少数案件。毕竟按份责任人承担的份额，虽然应以相应事实基础为根据，还得考虑交通事故认定书，但主要是一个由法官进行评价的问题。因此，仅仅在前诉法院的认定与事实情况或交通事故认定书偏离特别远时，后诉才有可能作出不一致的判断。

【案例7—14】甲驾驶某拖拉机与乙驾驶的客车相撞，导致乙车上的乘客丙受伤，交警部门认定甲承担事故主要责任，乙承担次要责任，丙不承担责任。丙起诉甲，请求赔偿损失，法院经过审理认定丙的总损失金额，并确定甲对交强险限额之外的部分承担70%的责任，乙承担30%的责任，并作出相应的判决。随后，丙诉乙和乙的用人单位丁，请求共同赔偿自己的损失，乙和丁不答辩也不出庭举证质证。后诉法院认为，丙因甲、乙分别实施的交通肇事行为而受伤，丙已经就甲应承担的民事责任部分先行诉讼，前诉判决已经生效，丙作为当事人应受前诉判决既判力的约束，因此丙针对自己根据前诉判决未获得赔偿的部分在本案中提出超出前诉判决确定范围的诉讼请求，法院不予支持。乙是丁的工作人员，因执行工作任务造成丙的损害，依法应当由丁承担侵权责任，丙要求乙、丁共同赔偿，于法无据。丁虽然不是前诉的当事人，不受前诉判决拘束，

① 北京市第三中级人民法院（2014）三中民终字第12161号民事判决书。

但其在前诉的二审期间曾向法院出具声明书，对事故责任认定以及乙承担30%的赔偿责任表示没有异议，并且丁也没有对前诉判决确认的总损失金额提出异议，所以法院据此确定丁应当支付的赔偿款，并作出缺席判决。①

本案中，法院亦认定数个侵权人应承担按份责任，但前诉仅有一个侵权人作为被告，原告后诉才起诉其他侵权人。后诉法院并不认为前诉案外人应受前诉判决既判力的拘束，即前诉案外人在后诉作为当事人时有权提出反证。不过本案特殊的地方在于丁作为执行职务的侵权人的用人单位，虽然未参加前诉，但在前诉二审中向法院出具声明（可能是前诉法院预计后诉可能发生，故征求其意见），表明对自己的职工应当承担30%的责任无异议，在后诉中还缺席，不答辩、不出庭。因此，法院根据前诉判决确认的责任份额作出了后诉的判决。在前诉法院确认的责任比例影响到后诉审判时，如果前诉的案外人作为后诉的当事人还缺席的话，有的法院可能会比较慎重，例如本案的法院，但有的法院就有可能直接根据前诉法院的判断下判决了。缺席判决本来就是牺牲当事人的充分程序保障换取诉讼效率的制度，如果在缺席审判中对于前诉判决确认的事实不加思索地接受，就更影响案外人的程序权利与实体利益了。

在实践中，除责任比例外，案外的按份责任人也有可能对受害人的损失计算标准等问题提出异议，主要是按照城市标准还是农村标准、按照哪一省市的标准计算，② 这虽然直接决定了对损失应如何计算，而如何计算损失决定了判决主文的数额，但这还是应认定为间接事实，故前后诉的关联不像先决关系那样紧密。

（三）同一或同类行为侵犯多数人权利

大规模侵权的案件和虽规模有限但属于同一或同类行为侵犯多数人利益情形的案件，受害人完全可以甚至大多数情形下都是分别

① 福建省晋江市人民法院（2013）晋民初字第7448号民事判决书。

② 北京市第二中级人民法院（2016）京02民终8929号民事判决书。

起诉，但他们的诉讼之间也存在事实共通、证据共通的关联。此时前诉判决对某个共通事实的认定，就会对后诉不同主体产生影响，且多数是有利于案外人的效力。

【案例 7—15】甲公司开发了一批商品房，与很多购房者签订了预售合同。包括乙、丙在内的 41 名购房者起诉甲请求解除预售合同，判令甲返还已支付的购房款并赔偿逾期交房违约金，这 41 名购房者委托丁等三人作为诉讼代表人，经法院调解，41 名购房者与甲签订调解书，约定终止合同，甲于某日前退还已付购房款，为了保证调解书的履行，41 名购房者的诉讼代表人又与甲签订《调解书附加说明》，约定如果在调解书约定的日期前甲不能还清购房者的预付款与补偿金，购房者无须再支付任何费用，甲都应将诉争的房屋转让给购房人。由于甲未能履行调解书确定的义务，乙等申请强制执行，但未获得清偿，执行法院认为《调解书附加说明》不是生效法律文书无法强制执行，故乙起诉甲，请求确认自己是系争房屋的所有权人，判令甲协助将该房屋产权变更登记到乙的名下。甲提出抗辩，主张《调解书附加说明》是丁等三人与甲签订，不能约束甲、乙，后又要求对《调解书附加说明》的印章与签名进行鉴定。法院查明，在本案之前，丙等五人也起诉了甲，与本案请求的类型相同，这几个案件中法院都对《调解书附加说明》的真实性予以认可，对乙的诉讼中在甲未提供其他充足证据推翻已经生效判决确认事实的情况下，申请鉴定明显有拖延诉讼的意图，不予准许。并且丁等三人是乙等的诉讼代表人，故《调解书附加说明》的效力及于乙与甲之间，并判决支持乙的诉讼请求。①

【案例 7—16】一个仓库发生了火灾，存放在该仓库的某批货物的保险人甲向货主赔偿后，将引起火灾的具体责任人、仓库的所有人、管理人、承租人、次承租人作为共同被告提起追偿诉讼，法院经过审理，对多个侵权人之间的责任份额进行了确定（按份），并作

① 上海市闸北区人民法院（2013）闸民三（民）初字第 1580 号民事判决书。

出了生效判决。此后，另一批货物的货主起诉上述侵权人，请求损害赔偿，后诉法院认为前诉涉及的火灾事故与本案是同一起火灾，因此可以参照前诉判决确定的责任比例确定本案中侵权人各自应承担责任的份额，侵权人之一主张自己的仓库符合消防规范，不应承担侵权责任，但其所举出的证据不足以推翻生效判决的认定，故法院对其就责任比例提出的异议不予采信，并作出相应的判决。[①]

上述两个案例判决均对案外人有利，前后诉纠纷产生于同一或同类事实，诉讼标的同种类，事实共通且证据共通。[②] 就诉讼标的本身的关系来看，较为稀薄；但如对共通的事实或法律问题作出不一致的判断，将十分别扭，当事人可能会产生不公平的感觉。在判决对案外人有利时，作为一致性的判断通常是前后诉共同的当事人能够预计到的。不过，这种效力不是既判力，因为共通的事实或证据，其同一性或共同性可能是表面现象，其实有与不同当事人相关的个性在其中，有必要作出分别的判断。如果前诉判决对案外人不利，就更难使其承受拘束力了，一方面是案外人独立程序保障权的影响，另一方面也是考虑到很可能存在个性化的因素。不过，如确属共性而非个性的问题，案外人对该问题又没有其他证据足以产生不同判断的，前诉判决的判断可借助预决效力产生弥散性的影响。

这类判决对案外人产生的效力与我国人数不确定代表人诉讼的若干规定可进行对照参看。我国《民事诉讼法》第 54 条第 4 款第 2 句规定，人数不确定的代表人诉讼，未参加登记的权利人在诉讼时效期间内起诉的，适用代表人诉讼的裁判。《民诉法解释》第 80 条进一步规定，未参加登记的权利人起诉，法院认定其请求成立的，裁定适用代表人诉讼作出的裁判。实务界对《民诉法解释》这一规定的理解是，以统一性救济为内容的判决，例如停止侵权、召回产

① 浙江省杭州市中级人民法院（2016）浙 01 民终 2873 号民事判决书。

② 类似的案件还有广东省江门市蓬江区人民法院（2016）粤 0703 民初 2020 号民事判决书，重庆市合川区人民法院（2016）渝 0177 民初 914 号民事判决书，辽宁省瓦房店人民法院（2015）瓦民初字第 7739 号民事判决书。

品、赔礼道歉等，可以直接适用于未参加登记的权利人；但个别性的救济，特别是侵权损害赔偿的请求，如何处理前后诉的关系尚不能确定。[①] 根据我国司法实践中《证据规定》第 9 条与《民诉法解释》第 93 条的适用状况，虽然前诉判决对后诉的当事人，即未登记的权利人并不产生既判力，但就共通事实与证据的判断在后诉中会产生影响。日本学者也注意到这种影响力，且尤其关注现代型诉讼中个别诉讼的判决对其他受害人，甚至是行政部门或立法部门产生的影响，并以波及效来称呼这种效力。可以说，这样的效力在我国也存在并且可能随着大规模或较大规模侵权事件的增多，变得越来越普遍。

三　前后诉客体仅存在共通事实或法律问题

我国法院适用预决效力的案件中，有些前后诉的关系更为疏远，不存在法律上的关联，亦非产生于同一或同类事实，仅仅在事实基础部分存在一点交叉。对于这样的事实，法院适用预决效力可能是出于节约资源、维护事实认定之统一性等方面的考虑。就笔者掌握的案例来看，这大多也是对案外人有利的效力。

【案例 7—17】甲与乙签订二手房买卖合同，约定由甲购买乙的房屋。由于该房屋已在 A 银行办理按揭贷款并抵押，双方约定先由甲在特定时间段内向 B 银行申请个人购房贷款，然后由乙向抵押权人 A 银行清偿贷款赎回房屋，还约定了其他各自在特定时间阶段应当履行的义务。甲向自己申请贷款的 B 银行办理手续，并获得了 B 银行出具的日期为 2016 年 6 月 22 日的《个人购房贷款承诺函》后，乙未履行向 A 银行清偿贷款赎回房屋的义务，甲诉乙，请求解除二手房买卖合同，判令乙返还定金并承担违约责任。乙则提出抗辩说先违约的是甲，甲未能在规定期限内向 B 银行申请贷款，其提交的

---

① 参见沈德咏主编《最高人民法院民事诉讼法司法解释理解与适用（上）》，人民法院出版社 2015 年版，第 283—284 页。

B银行出具的《个人购房贷款承诺函》日期虚假，不能作为定案依据，因此甲应承担违约责任，定金不予返还。法院则认为B银行出具的承诺函日期十分明确，甲并未违约，在甲支付了首期办理贷款并通知乙后，乙不履行赎楼义务构成根本违约，判决乙承担违约责任。判决生效后，乙起诉B银行，主张在前诉中B银行为了帮助甲逃避违约责任，违规向其出具一份日期虚假的《个人购房贷款承诺函》，这直接导致法院认定违约责任在乙这一方，因此丙的这一行为侵害了乙的利益，请求丙赔偿乙的损失。B银行抗辩称，出具承诺函的日期真实，这些事实还都经过前诉生效判决认定，后诉法院也认为根据《民诉法解释》第93条，当事人无须举证证明，乙主张日期虚假但未提供相反证据证明，对此不予支持，判决驳回乙的诉讼请求。①

本案中，对前后诉诉讼请求与法律关系进行对比可知，前后诉客体方面不存在直接的法律上关联，仅仅是存在共通的事实，即B银行是否出具了日期虚假的《个人购房贷款承诺书》，这一事实对于前诉并不是直接事实：假如该承诺书确实日期虚假，就间接说明前诉中的甲率先违约，进而影响前诉的裁判结果；不过这一事实对于前诉的判决也十分关键，并且经过了甲、乙之间的充分争议。在后诉中，这一事实变成了主要事实，因为这意味着B银行实施了侵权行为。由于前诉判决已经确认该承诺书的日期是真实的，并且乙虽然再次通过后诉的形式主张该承诺书日期虚假，但没有提出相反证据证明，所以后诉法院就根据该承诺书日期真实的判断作出了后诉判决。在美国语境下，本案就是典型的案外人防御性地援引前诉判决中争点排除效的情形。

【案例7—18】甲乙存在建设工程联营施工合同，发生纠纷后诉至法院，法院在判决中查明一个事实，即甲乙之间的建设工程联营施工合同有效，在该合同上盖有甲的公章与“甲（沪）”印章。甲

① 深圳市罗湖区人民法院（2016）粤0303民初12516号民事判决书。

与丙存在购销合同，合同上盖有“甲（沪）”印章，丙诉甲请求给付货款。甲抗辩称，自己从未与丙签署过任何协议，送货单上盖着的印章是“甲（沪）”，这不是甲的公章，因此甲并非适格的主体。法院查明前诉判决中认可了“甲（沪）”印章属于甲，故适用《证据规定》第9条，对该印章的真实性予以认可，作出相应的判决。①

本案中，前后诉共通的事实是“甲（沪）”公章是否属于甲所有，该事实在前诉中的地位很遗憾由于找不到裁判文书不是很清楚，但该事实在后诉中仅是辅助事实而已，即用来判断购销合同的真实性。此时后诉法院适用《证据规定》第9条，可以说是较为纯粹的证明性效力了，主要是为了节约资源、提高效率，防止在这个印章的真假问题上还需要做鉴定。

四　整理判决对案外人效力的概念框架

对上文案例对应的预决效力不同层次，不妨结合域外学说中的概念将其整理为一个判决对案外人效力由强到弱的框架，如图7—1。

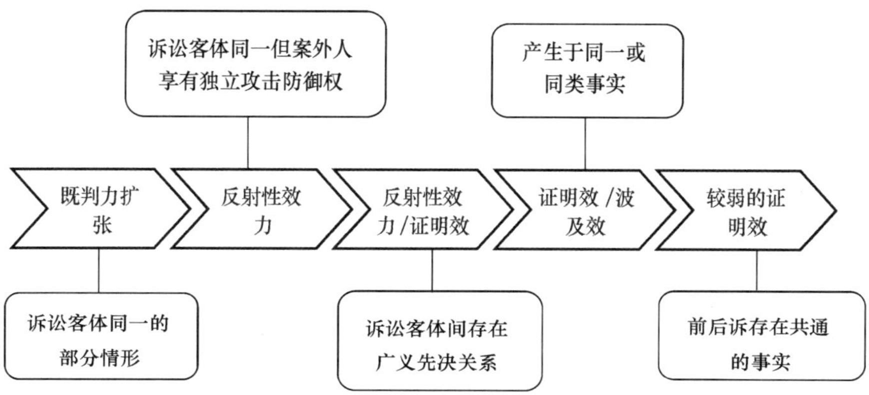

图7—1　判决对案外人效力的层次

① 上海市闵行区人民法院（2011）闵民二（商）初字第1808号民事判决书。

图 7—1 反射性效力主要借用德国早期学者使用的反射效的含义，即判决对当事人产生既判力，反射性地影响了与当事人有关的案外人。如果判决有利于案外人，由于前后诉之间的关联极为紧密，如图 7—1 中的前后诉客体同一，或者前后诉存在先决关系，前后诉共同的当事人能够预期后诉可能出现，因此一般来说不应准许其在后诉重复争议。但日本学者主张的反射效中存在一些判决对案外人的拘束力，在我国似没有必要予以承认（主要是合名公司的股东、强制执行和破产程序中的一般债权人）。

图 7—1 中使用的概念，除既判力扩张稍清晰外，其他效力的性质、内容均较为模糊，故存在交叉的可能。不仅如此，以上进行的分层，亦即对我国法院适用预决效力案件的分类，每一种类型之间不见得都有着清晰的边界。就既判力主观扩张与反射性效力而言，究竟哪些案外人享有独立的程序保障权，而哪些案外人又没有必要再给予其实施诉讼的机会呢？就诉讼客体同一与诉讼客体先决性而言，若前后诉存在矛盾抵触时，究竟是同一性还是先决性呢？在不同的先决关系之间，是否必然能够区分开来？产生于同一或同类事实的案件中，哪些是起按后诉存在法律上关联的情形，而哪些又是仅存在事实牵连的情形呢？这些问题都很难得出明确的答案。不过，在图 7—1 中，仍可大致看出某种趋势，从左到右，判决对案外人产生的效力亦由强到弱，最后在实践中常常仅出现一些对案外人有利的案例。

第三节　小结

将我国判决对实体牵连或事实牵连关系案外人的效力对应于图 1—1 的类型化框架，可得到图 7—2。

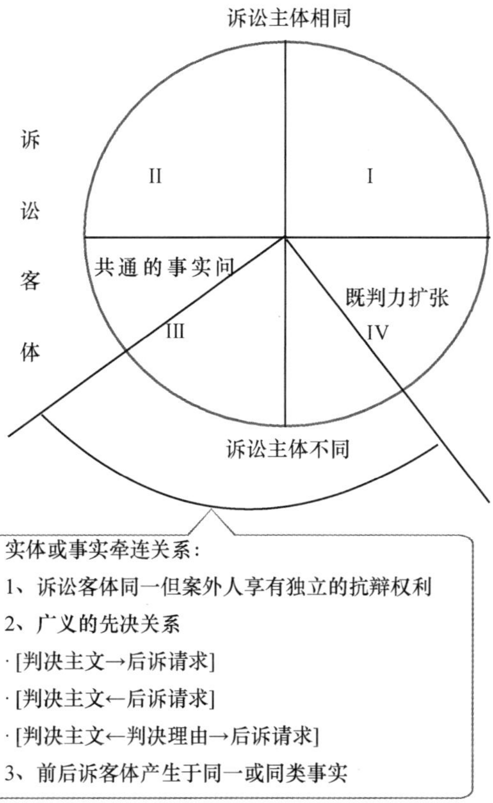

图 7—2　判决对实体或事实牵连关系案外人的效力

与既判力扩张不同，判决对实体或事实牵连关系的案外人产生的效力主要是一种非拘束性效力，因为这类案外人均享有获得独立程序保障的权利，若判决拘束案外人就相当于剥夺了这种权利，损害其实体利益。我国法院对这些情形大多均适用预决效力，即生效裁判确认的事实无须举证，但准许异议当事人举证推翻，是较为合理的做法，但就像在前后诉主体同一时一样，不能将预决效力理解为在后诉中产生客观证明责任倒置的后果。适用预决效力的案件可根据前后诉的关系进行类型化，主要是根据前后诉客体的同一性、先决关系、产生于同一事实、仅有某些共通的事实或法律问题，分别考虑预决效力的强弱。前后诉客体关联越紧密，判决对案外人产生的效力就越强。

即使准许后诉主体举证推翻预决效力，案外人在后诉获得的程序保障之完备性仍然会受到前诉判决的不利影响。对此，可提出两种解决方法，一种是针对判决效力本身，"釜底抽薪"式地绝对禁止证明效，但实践中不可能禁绝这种事实性效力；另一种则是加强对案外人的程序保障。增强程序保障可分为事先和事后，我国案外人提起再审的范围较宽，不完全与既判力扩张对应，其还能提起第三人撤销之诉，说明第三人的事后保障已经较为充分，以既判力为视角来看甚至过于充分，因案外人居然可以撤销并不拘束他的前诉判决。第三人撤销之诉在我国引起了较大的学理争议，[①] 本书限于篇幅就不能深入探讨，不过将第三人撤销之诉视为一种应对虚假诉讼的特殊途径无可厚非，该途径有助于防止第三人实体权益因程序保障机会被前诉判决削弱而遭到减损，并可在多方主体之间作出统一的权利义务安排。

事先程序保障，指使案外人实现参与诉讼或作为共同诉讼人或作为第三人，从而赋予其影响法院判决的机会。这样扩大诉讼的主体容量不仅能够从一开始防止案外人遭受不利影响，还能扩大纠纷解决的范围、节约资源、实现诉讼效率。不过扩大诉讼的主体容量与传统民事诉讼法追求的纠纷解决相对性原则存在一定的紧张关系，还有可能造成混乱与拖延，导致不能及时实现当事人的权利与正义，故须根据前后诉客体关系分析是否允许案外人作为共同诉讼人或第三人参加诉讼。一旦案外人确实在前诉中获得了事先程序保障，不

---

① 张卫平：《中国第三人撤销之诉的制度构成与适用》，《中外法学》2013 年第 1 期；王福华：《第三人撤销之诉适用研究》，《清华法学》2013 年第 4 期；刘君博：《第三人撤销之诉原告适格问题研究》，《中外法学》2014 年第 1 期；吴泽勇：《第三人撤销之诉的原告适格》，《法学研究》2014 年第 3 期；王亚新：《第三人撤销之诉原告适格的再考察》，《法学研究》2014 年第 6 期；郑金玉：《我国第三人撤销之诉的实践运行研究》，《中国法学》2015 年第 6 期；任重：《回归法的立场：第三人撤销之诉的体系思考》，《中外法学》2016 年第 1 期；刘东：《回归法律文本：第三人撤销之诉原告适格再解释》，《中外法学》2017 年第 5 期。

仅判决对其产生事实性效力产生正当性，甚至可以考虑使其承受拘束力，仅在例外情形中——未能真正获得影响前诉判决的机会——才能摆脱拘束力。此种拘束力相当于大陆法系的参加效，在我国无规范依据。但我国无独三制度中不规定第三人参加诉讼后应承担何种法律后果，本就是导致第三人权责不对称的法律漏洞，有违诚信与公平原则。实践中，法院利用既判力或预决效力来解决无独三应承受的判决效力问题，不甚妥当，因此我国亦有必要为区别于当事人与一般案外人身份的第三人设置特殊的判决效力。

第八章

事先程序保障与参加效

除既判力主观扩张外，判决之所以仅对案外人产生非拘束性的预决效力，最关键的原因在于案外人未获得过程序保障。如果这一条件得到补足，在逻辑上就打开了判决对“案外人”产生拘束力的可能空间。案外人获得事先程序保障有两种方式，一种是作为当事人或有独三加入诉讼，成立共同诉讼或三方诉讼，与其有关的判决内容就对他产生既判力；另一种方式是作为无独三参加诉讼，对与其有关的问题进行争议，防止判决对其产生不利影响。前一种方式的案外人基本已不是案外人，而是当事人，应承担既判力；而后一种方式的无独三既非当事人（无诉讼请求则无诉讼主体），又不同于未参加诉讼的一般案外人，判决对其产生的效力自然亦应与当事人承受的既判力、一般案外人承受的预决效力有别。我国《民事诉讼法》允许与案件有法律上利害关系的案外人作为无独三参加诉讼，但却未规定无独三应承受何种判决效力。假设这意味着判决对无独三不产生任何效力，无独三在获得了程序保障、有权主张举证以影响判决结果的基础上却无须承担任何后果，有违公平性原则。在实践中，法院或者对无独三适用既判力，或者适用非拘束性的预决效力，但这两种效力一者对应当事人，一者对应一般的案外人，拿来适用于参加诉讼的无独立请求权第三人是不妥当的，与参加诉讼的第三人在诉讼中享有的权能不相匹配。

在域外，大陆法系规定辅助参加人应承受判决参加效，美国的案外人若参加诉讼往往成为当事人，与大陆法系第三人有异，仅少数情形中，案外人实际控制了前诉诉讼实施的要承受争点排除效的拘束。我国的无独三制度与大陆法系辅助参加制度更接近，有学者主张借鉴大陆法系的辅助参加效以明确我国辅助型无独三参加诉讼产生的效力。[①] 值得注意的是，我国的无独三可能被法院判决直接承担责任，如此一来他就属于当事人了，尽管该规范有违处分原则，将来应在立法上进行合理化调整，但在判决效力语境中，若第三人真的被法院判决承担责任，将其视为当事人承受判决既判力并充分利用制度上赋予当事人的救济渠道，更为合理。[②] 对于未被判决承担责任的无独三，则应根据其“参加诉讼”的特征、所获得的事先程序保障，将其承受的判决效力称为参加效。参加效这一术语既然来自大陆法系，接下来首先对域外制度与学理进行介绍，兼及美国类似情形中的判决效力，以明确这种判决对事先获得了程序保障的案外人所产生的效力之特征，再在我国语境下，结合无独三参加诉讼的权能与地位，探讨我国的参加效应当具有何种性质，其适用的范围如何等问题。

第一节　域外的参加效或相似效力

参加效是大陆法系国家使用的术语，在美国类似的情形中第三人承受的是争点排除效，由此可知，参加效与作为美国争点排除效之基础的诚实信用和公平原则关联紧密。

---

① 参见刘文勇《无独立请求权第三人参与诉讼的效力研究》，《太原理工大学学报》（社会科学版）2016 年第 2 期，第 25 页。

② 我国有学者特别关注到被判决承担责任的无独立请求权第三人承受的判决效力问题，并将参加效与既判力进行对比。参见蒲一苇《无独立请求权第三人参加诉讼的判决效力范围》，《国家检察官学院学报》2016 年第 4 期，第 16 页。

一　大陆法系的参加效制度与理论

（一）德国的参加效

《德国民事诉讼法》第68条规定，在辅助参加人与被辅助当事人之间的关系中，辅助参加人的以下主张不会被听审：前诉判决是错误的。当且仅当辅助参加人由于参加诉讼时的状况；或者由于被辅助当事人的主张或行为受到妨碍，无法提出攻击防御手段；或者辅助参加人不知的攻击防御手段由于被辅助当事人的故意或重大过失而未被提出的，辅助参加人才能主张被辅助当事人的诉讼实施行为有瑕疵。这种抗辩具有比较古老的来源，即“拙劣诉讼追行的抗辩”（exceptio male gesti processus）。[①] 根据《德国民事诉讼法》第74条第3款，这一参加效（Interventionswirkung）也适用于第三人被诉讼告知的情形，受到诉讼告知的第三人不论是否实际进行了辅助参加，都承受上述参加效，不过诉讼告知时决定参加效范围的时间点并非实际参加诉讼的时间，而是经诉讼告知后本来可以参加诉讼的时间。

辅助参加人除了仅在以上说明的极少数例外情形中可以提起抗辩（且这些抗辩在实践中几乎不可能成功）外，[②] 不得主张前诉判决是错误的，其实质上承受的是与积极既判力相类似的拘束力。此外，参加效与既判力一样，均服务于禁止重复争议这一公共利益，法院均应依职权注意。[③] 由此可知，参加效与既判力（特别是法律

---

① 参见［日］柏木邦良《民事诉讼法要说》，リンパック有限会社2005年版，第508页。

② Vgl. Rosenberg/Schwab/Gottwald, Zivilprozessrecht, München 2010, S. 259.

③ 体现这一观点的判例有BGHZ 96, 50, 51 = NJW 1986, 848和BGHZ 16, 228 = NJW 1955, 625；曾经德国法院的判例与学者都主张参加效的发生取决于当事人的主张，例如RG JW 1933, 1964 Nr. 16与RGZ 153, 271, 274，理由是当时的人们认为参加效主要是甚至是唯一地服务于私人的利益，并且参加效的范围比既判力宽泛，并不局限于判决主文中的结论，所以不应当依职权使得当事人承受这样的拘束。Vgl. Schneider, Über die Interventionswirkung im Folgeprozeß, in: MDR 1961, S. 3; Schwanecke, Nebenintervention und Rechtskraftwirkung, Diss., Heidelberg 1975, S. 116 f. 但是今天在德国，通说与判例均不再支持这一观点，而是将参加效理解为与公共利益有关。转引自Rosenberg/Schwab/Gottwald, Zivilprozessrecht, München 2010, S. 260。

后果）十分相似，二者之间的关系就成为德国学者关注的对象。

在基本性质方面，参加效与既判力都是跨越诉讼程序的效力，即前诉对后诉的效力，都包含排除效（Präklusion）这样的消极作用（但既判力排除整个后诉，参加效仅排除事实主张）和拘束效（Bindungswirkung）这样的积极作用，都既是针对当事人的行为规范又是针对法院的行为规范和裁判规范。因此，在曾经的德国判例与文献中，参加效经常被表述为“既判力效力”（Rechtekraftwirkung）、“有限的既判力效力”（beschränkte Rechtekraftwirkung）、“既判力扩张”（Rechtskrafterstreckung）、“扩张了的既判力”（erweiterte Rechtskraft）、“既判力的特殊情形”（Sodernfall der Rechtskraft）、“类似既判力的效力”（rechtskraftähnliche Wirkung），有些学者甚至主张参加效是完全的不受限的既判力。[①] 近来有些学者虽承认既判力与参加效之间存在差异，但试图在二者之间建立起某种体系性的联系，原因是过分强调二者的区别反倒可能加重理解参加效制度的困难。[②] 这后一种思路正是本书对中国判决效力进行体系化研究的出发点，但与德国学者不同，笔者以为不仅是参加效与既判力，判决的其他效力（特别是长久以来在学理中被忽视的判决事实性效力）亦应当在与既判力、参加效相联系的体系中进行研究，这有利于正确地理解判决对后诉的不同效力。

然而，在适用范围和适用方式上，参加效与既判力存在着诸多差异，故很难将其作为既判力的一种形式在德国的语境下亦不例外。主观范围方面，德国通说根据法律中的明文规定，主张参加效仅产生于辅助参加人与被辅助当事人之间，或者诉讼告知人与被告知人之间，而不影响辅助参加人与被辅助当事人之相对方之间关系或本

---

① Vgl. Kathrin Ziegert, Die Interventionswirkung, Tübingen 2003, S. 21 – 22.

② Diedrich, Die Interventionswirkung. Ausprägung eines einheitlichen Konzepts zivilprozessualer Bindungswirkung, Frankfurt am Main 2001；转引自 Kathrin Ziegert, Die Interventionswirkung, Tübingen 2003, S. 3。

诉当事人之间关系。① 不过德国有些学者主张，参加效应及于辅助参加人与被辅助当事人之相对方当事人之间。② 在适用方式上通说还主张参加效是一种仅仅针对辅助参加人的排除效，故仅对辅助参加人发生不利的后果，不能对被辅助的当事人不利，除非后诉法院应当整体上接受的前诉判决中的判断客观上对被辅助当事人产生不利的评价。③ 然而，这一主流观点近来受到越来越多的批判，理由就是参加效的目的并非仅仅是保护被辅助的当事人，参加效还能防止出现矛盾判决，体现了公共利益的追求，所以应当对当事人平等对待，那么就应当允许辅助参加人针对被辅助的当事人援引对自己有利的判决参加效。④ 这种主张与《德国民事诉讼法》的明文规定是不相符的，为此有学者解释说此处存在一个违反立法计划的法律漏洞，立法者没有规定参加效不利地拘束被辅助当事人，并不意味着对此给出了否定的答案，而是对此不置可否，因此在具体案件中解决这个问题时应当进行利益衡量，考虑被辅助当事人与辅助参加人在面临参加效时的利益状况是否相同，由于二者的利益状况并不存在很大的差别，本着相同情形相同处理的平等原则，应当将拘束辅助参加人的参加效类推适用于被辅助的当事人。⑤

关于参加效的客观范围，根据法律的规定，辅助参加人不能主张前诉判决不正确，所以不像既判力那样仅限于判决主文产生积极的拘束力，对判决主文至关重要的事实确认和法律判断也产生参加

---

① 体现这一观点的判例有 BGH NJW 1993，122/23 与 RG HRR 1931，1255。

② Vgl. Schlosser，FS Geimer，2002，S. 947，950，转引自 Rosenberg/Schwab/Gottwald，Zivilprozessrecht，München 2010，S. 260.

③ Vgl. Rosenberg/Schwab/Gottwald，Zivilprozessrecht，München 2010，S. 260。

④ Vgl. Stein/Jonas/Bork，§68 Rn. 12；Häsemeyer，Die Interventionswirkung im Zivilprozess，ZZP 84（1971），179，198ff.；W. Lüke，Die Beteiligung Dritter im Zivilprozess，Tübingen 1993，S. 336ff；Stahl，Beiladung und Nebenintervention，Berlin 1972，S. 139ff. 转引自 Rosenberg/Schwab/Gottwald，Zivilprozessrecht，München 2010，S. 259－260。

⑤ Vgl. Kathrin Ziegert，Die Interventionswirkung，Tübingen 2003，S. 183ff.

效。这与辅助参加人与前诉间的利害关系（即辅助参加利益）之性质有关，辅助参加以第三人具备辅助参加利益为前提，即第三人对被辅助的当事人获得胜诉享有法律利益，而对于辅助参加人与被辅助当事人之间的法律关系来说，除了判决主文，判决理由中的判断也至关重要，甚至更为关键。如果参加效像既判力那样限于判决的主文，很可能无法对后诉产生直接影响以达到禁止重复争议的目的。

不过，参加效存在例外（这也与无例外的既判力不同），这些例外是辅助参加人在前诉中非因自身原因未能实际获得充分程序保障以影响判决结果的具体表现。毕竟参加效是以辅助参加人获得了事先的程序保障为基础而产生的判决效力，在这一基础被“抽去”的情形中还要第三人承受判决的拘束力是不公平的。存在这些例外情形时，第三人在后诉中不受前诉判决的拘束，而是可以进行自由的争议。在既判力的语境下，假如确实也存在这种程序保障被剥夺的事由，当且仅当这些事由构成再审事由时，当事人才能够通过特殊的再审制度获得救济，而不能像第三人那样直接在后诉中重新争议。

（二）日本的参加效

日本明治时代的旧民事诉讼法对参加效的规定与《德国民事诉讼法》基本一致，即从参加人不得对与其存在法律关联的原告或被告主张前诉的裁判是不当的。但其新的《日本民事诉讼法》第46条规定，存在辅助参加的诉讼的裁判，除了下列场合外，对辅助参加人也有效力：（1）由于辅助参加时诉讼的程度导致辅助参加人不能实施某些诉讼行为的场合；（2）由于辅助参加人的诉讼行为与被参加人诉讼行为抵触而无效的场合；（3）被参加人对辅助参加人的诉讼行为进行了妨碍的场合；（4）对于辅助参加人不能实施的诉讼行为，被参加人由于故意或者过失没有实施的场合。

如果说日本旧法中的规定更倾向于将参加效理解为与既判力不同的效力这样的观点，那么新法更容易导致产生另一种不同的观点，即参加效就是既判力的主观扩张，因为其表述为判决对辅助参加人亦有效力。后一种观点一度成为有力说并被日本判例接受，[①] 且直至今日也还有日本学者对参加效主张与既判力说相类似的观点。[②] 但是，由于参加效也对诉讼告知人与被告知人产生，若将其理解为既判力的扩张，那么仅仅通过诉讼告知就可以将既判力扩张到第三人，这是不妥当的；并且在日本的新法与旧法中辅助参加人的诉讼地位并没有发生变化，仅仅由于法条在表述上发生了变化，就主张第三人所承受的效力性质也发生变化，理由似乎并不充分。更何况参加效的内容与既判力存在较大差异，包括适用范围与适用方式。其中对于适用方式，日本的主流观点还与德国不同，认为对于参加效法院不必依职权加以注意，而是仅应依据当事人的申请予以适用，这与既判力的依职权注意的要求并不相同。所以，日本现在的通说还是将参加效理解为一种与既判力不同的特殊的判决效力，[③] 即参加效仅适用于辅助参加人与主当事人之间，[④] 包括判决主文和判决理由，有法律中规定的上述例外情形。

日本学者虽未像德国少数说的学者那样主张参加效可产生于辅助参加人与被辅助者之对方当事人之间，但却在这样的两方主体之间提出了“新既判力说”，最近逐渐成为有力说，甚至有学者主张其开始成为通说。[⑤] 考虑到辅助参加人参加诉讼后，在其与对方当事人之间也进行了争议，或者享有充分的争执机会，如判决不在二者之间产生效力，亦属不公平。既然参加效不及于二者，那么判决就在

---

① 参见［日］三月章《民事诉讼法》，有斐阁 1959 年版，第 239 页。

② 参见［日］柏木邦良《民事诉讼法要说》，リンパック有限会社 2005 年版，第 510 页。

③ 参见［日］新堂幸司《新民事诉讼法》，林剑锋译，法律出版社 2008 年版，第 567 页。

④ 日本通说认为参加效产生于责任分担的思想，即从当事人在辅助参加中辅助主当事人，二者共同实施了诉讼行为，基于公平原则就应共同承担败诉的责任，所以参加效就应当仅限于从当事人与主当事人之间。

⑤ 日本学者铃木重胜、住吉博、新堂幸司教授大致都可以被认为主张“新既判力说”，参见［日］三谷忠之《民事诉讼法讲义》，成文堂 2011 年版，第 296 页。

二者之间产生既判力与争点效。当然有些学者则认为对辅助参加人与对方当事人之间的关系，与其适用既判力扩张，不如直接利用一般的法律原则如公平与诚实信用原则来防止重复争议，毕竟辅助参加人承受判决效力有着法定的例外情形，而既判力扩张不应存在例外，若适用一般法律原则，在这些例外情形中，判决自然就不拘束辅助参加人与对方当事人之间的后诉了。①

参加效的例外事由，就是日本民事诉讼法条规定的那几种事由。具体来看：参加诉讼时由于诉讼进行的程度导致某些必要的诉讼行为无法有效提出，如第三人在上诉审中才参加诉讼，因此不能提出某些事实资料，故不能影响终局判决结果；与被参加人的行为抵触导致不能产生效力，如被参加人进行了自认，此时从参加人在前诉中对该事实进行争议也不发生效力，因此他可以在自己作为当事人的后诉中对该事实进行争议；主当事人对从参加人的诉讼行为进行妨碍，如撤回从参加人提起的上诉或证人申请，而如果允许上诉或进行证人询问的话本来可能产生不同的判决结果，那么从参加人不受前诉判决的拘束；被参加人故意或过失没有实施参加人不能实施的行为，如从参加人不知道某些事实主张或本可以行使的私法权利，被参加人却怠于提出或行使，而如果提出或行使就可能胜诉的，从参加人就不受判决的拘束。②

日本学者还对参加效的客观范围进行了精细化的探讨。由于参加效与作为辅助参加前提的辅助参加人之法律上地位息息相关，因此前诉法院作出的与该法律地位相关的判断都产生参加效，判决理由亦不例外。不过，为了防止裁判突袭，产生参加效的判决理由应

---

① 参见［日］上田徹一郎、井上治典编集《注释民事诉讼法 2)》，本间靖规执笔，有斐阁 1992 年版，第 162 页；［日］伊藤真《民事诉讼法》，有斐阁 2014 年版，第 647 页。其实，在笔者看来，“新既判力说”与一般原则适用说均不及参加效扩张说合理，参加效扩张及于从参加人与主当事人之对方当事人之间，既能产生拘束力，又考虑到例外事由。

② 参见［日］三月章《民事诉讼法》，有斐阁 1959 年版，第 241 页。

当是主要的争点，还应当是导致被参加人胜诉或败诉法律后果的构成要件事实。因此，并非所有的事实或证据判断均产生参加效，必须结合前诉具体的攻击防御形态来考察。此外还有两点值得注意：第一，虽然有些日本学者将参加效与争点效结合起来考虑，但在大陆法系语境下参加效是一种事实遮断效，而不是英美法系特别是美国的争点排除效（英国的争点排除效亦不限于实际争议过的争点），所以辅助参加人本来可以主张的前诉既判力基准时之前存在的旧事实，虽实际上未被主张，也被参加效所遮断；第二，辅助参加人虽与被参加人共同实施诉讼，但二者各自关心的主要问题可能存在偏差，这种偏差可能导致参加人不能获得充分的程序保障，而且辅助参加人对前诉的实际干预程度本来就是多种多样的，因此究竟哪些判决内容产生参加效还存在着可调整的余地。①

在参加效的主体方面，日本有些学者甚至主张一种超越了辅助参加制度的参加效之类推适用或扩张，这包含两种特殊情形，第一种是共同诉讼人之间存在辅助参加利益时，应承认当然的辅助参加关系，即无须实施辅助参加或诉讼告知这样具象的诉讼行为，判决就当然地在共同诉讼主体之间产生参加效，这曾经构成有力说；第二种情形则是对他人的诉讼实施诉讼行为的法定代理人和诉讼担当人，也可以在法定代理人与被代理人、诉讼担当人与被担当人之间进行的后诉中，类推适用参加效的精神。② 这种主张的根据是，在共同诉讼人之间无请求故无既判力（除非是必要共同诉讼），他们之间存在辅助参加利益时，虽未实施参加诉讼或诉讼告知的诉讼行为，但却可以利用其作为共同诉讼人的地位进行争议，影响前诉判决结果，在这样的主体作为对立当事人的后诉中，其再提出某些攻击防御方法进行争议就有违诚实信用原则，而且这些与前诉判断或陈述

---

① 参见［日］上田徹一郎、井上治典编集《注释民事诉讼法（2）》，本间靖规执笔，有斐阁1992年版，第166—167页。

② 转引自［日］三月章《民事诉讼法》，有斐阁1959年版，第241页。

相矛盾的主张可信性亦不高，基于上述两类情形中相关主体所处的利益状况与辅助参加人类似，学者才提出将参加效类推适用的观点。但日本通说认为，参加效是一种判决对后诉产生的拘束力，是否产生参加效应具有明确的标准才有助于司法实践中的适用，法律规范将参加效与申请参加诉讼或诉讼告知这些明确的诉讼行为联系起来就是出于这样的考虑。如果在一些案件中无须申请参加诉讼或进行诉讼告知就承认当然的参加效，就面临两个问题：第一个问题是，究竟在哪些场合下应承认当然的参加效在判断上存在困难，需要后诉的法院进行评价，这就有可能产生不一致的实践做法；第二个问题则是，共同诉讼人实施诉讼行为的步调是否一致更加难以断定，要确定他们在什么范围内存在协同关系也不容易。虽然扩张适用参加效能够实现衡平的要求，但这很可能增加法院的负担。①

二　美国以事先程序保障为根据的争点排除效

在美国，对于生效判决的争点排除效，一般的案外人都可以作有利于自己的援引，特别是防御型的争点排除效，在攻击型的争点排除效援引中可能还需要考虑前后诉共同的当事人的程序保障权。不过，争点排除效一般并不对案外人产生拘束力，因为一方面案外人并未对前诉的某个争点进行过实际的争执，这就不符合争点排除效的构成要件；另一方面案外人通常应享有在自己的诉讼中进行独立攻击防御的程序保障权利。但是，假如某些案外人以某种形式实质上参与了前诉的攻击防御活动时，将判决的争点排除效扩张及于他们就是合理的。美国法学会第二次判决重述中对这样的情形进行了整理。

（一）一般规则

某个主体虽非诉讼的当事人，但他为了一方当事人的利益在诉

---

① 参见［日］三月章《民事诉讼法》，有斐阁1959年版，第241页。

讼中实施了主张和举证等行为，或者实质性参与了主张和举证等行为，控制/支配（control）了诉讼的进展（例如保证人、保险人等），他就应当像当事人一样受到判决中对相关争点之判断的拘束。[①] 因为这些主体有机会提出主张、进行举证并得到听审，所以法院关于这些已实际争议过的争点的判断，对于这些第三人来说就具有了终局性。

这种判决对获得了程序保障机会的案外人产生争点排除效的制度，与大陆法系的参加效极为相近。与大陆法系的辅助参加利益类似，在美国上述主体之所以会实质性地参与前诉，其动力通常也来自于其对诉讼结果具有的某种利益，因为判决结果将影响他与本诉一方当事人——即他为了其利益实际实施诉讼行为的那一方当事人——之间的权利义务。在美国，法院对是否实际支配诉讼进程的判断，并不限于真的确实存在这种类似于大陆法系辅助参加利益的利害关系之情形，即使仅仅是案外人认为自己的利益状况与一方当事人的利益状况相近似，他也可以把对该当事人的诉讼之支配或参与，在其中实施相应的诉讼行为视为一项试验，只要他实际地参与了该诉讼，就要在后诉中受到争点排除效的拘束。[②] 其实在德国，辅助参加虽然要求存在辅助参加利益，但是对该利益是否审查依赖于当事人是否申请，即当事人对辅助参加利益是否提出异议，如果某主体进行了辅助参加，当事人未进行责问，即使该主体实际上没有所谓的利害关系，在后诉中也不再允许当事人对前诉辅助参加人参加诉讼是否符合辅助参加利益这一要件进行争议，且不影响参加效的产生。[③] 在这一点上，德国与美国是相近似的，参加效的产生仅系于确实发生的诉讼参加。

但美国与大陆法系的诉讼参加存在区别，一方面，美国实际控

---

① See Restatement（second）of Judgments, Vol. 1, § 39（1982）.

② See Restatement（second）of Judgments, Vol. 1, 1982, pp. 382 – 383.

③ Vgl. Rosenberg/Schwab/Gottwald, Zivilprozessrecht, München 2010, S. 259.

制诉讼的第三人无须实施某种显在化的程序行为来参与诉讼，如申请参加诉讼或者由当事人对其进行诉讼告知，而在大陆法系国家则强调这种明示程序行为之必要性；另一方面，美国实际控制诉讼的第三人必须实际地实施诉讼或参与了诉讼并对诉讼进展产生控制力，才承受争点排除效，而大陆法系国家的辅助参加人参加诉讼后即使不积极实施诉讼行为，也要受参加效的拘束。[①] 因此，美国判决对获得事先程序保障的第三人产生的争点排除效范围与大陆法系参加效亦存在差别。

在客体范围方面，虽然争点排除效亦像参加效一样不限于判决主文（而是包含判决理由，且通常更多情形下是判决理由），但不像参加效的客观范围那样抽象，而必须是前诉中实际控制诉讼的第三人与当事人之间实际争执过的争点，且法院对该争点作出的判断对终局判决必不可少，即须符合争点排除效的一般要件。然而争点排除效的一般要件亦不是完全明确的，如某个争点是否确实争议过（何谓“实际争议过”）、法院对该争点的判断是否确实对终局判决必不可少，均需结合个案情形进行衡量。此外，一般的争点排除效存在诸多例外，这在适用于实际控制诉讼的第三人身上时亦不例外。

在主体范围方面，争点排除效就不像大陆法系国家的通说主张的那样仅限于第三人与他为了其利益实施诉讼的那一方当事人之间，而是在第三人、被辅助者、对方当事人之间均有可能产生，问题的关键在于谁与谁之间实际地进行了争议，那么就在二者的关系作为诉讼标的的后诉中产生争点排除效。

（二）具体情形

美国法学会第二次判决重述还整理了判决对实际控制诉讼的第三人产生争点排除效的一些具体事例，如在非对立方的共同诉讼人之间、追偿关系、股东与公司人格混同关系、案外人实施特定行为

---

① 主张这一观点的德国学者有 Vollkommer，Hüßtege，但 Mansel 持不同观点，vgl. Rosenberg/Schwab/Gottwald，Zivilprozessrecht，München 2010，S. 259。

等情形。

1. 非对立的共同诉讼人之间

在共同诉讼中，属于同一“阵营”的共同诉讼人彼此之间并非对立的当事人，但他们也可能像对立的当事人一样对某些争点进行实际的争议。这些争点可能对法院作出最终判决具有决定性的意义，此时，共同诉讼人彼此之间的实际争执行为会影响法院的最终判决。既然共同诉讼人之间已经实际争议过并影响了法院对这些争点的判断，即使后诉中他们成为对立当事人，也不能享有第二次争议的机会。因此，前诉法院对被争执过的争点作出的判断，将会在这些共同诉讼人之间的后诉（此时他们为对立当事人）中产生拘束力。①

本书第五章曾介绍过美国的多数人诉讼，其情形极为多样。在这些多数人诉讼中，原则上判决的效力即请求排除效和争点排除效均仅在对立的（即存在诉讼请求的）主体之间产生，如原告与被告之间，存在相互请求（cross - claim）的共同原告或被告之间，被告与被其引进诉讼的第三人（impleader）之间，被告与被原告引入诉讼的同一权利的竞争者（interpleader）之间等。如果没有通过提起诉讼请求产生对立关系（adversarial litigation），判决在这样的诉讼主体之间就不会直接产生既判力的拘束。但是，非对立的共同诉讼人之间可能存在紧密的关联，他们可能就某个争点产生争议，而这个争点对于他们与对方当事人之间的关系和他们彼此之间的关系都具有决定性意义，比如在原告预备性地起诉了多个被告的时候，或者多个被告被主张应承担共同或并存责任（joint or concurrent liability）的时候，这些被告彼此之间可能就某个争点产生争议并进行举证和辩论；此外，如果存在多个原告他们彼此之间也可能进行争议。在符合争点排除效一般要件的前提下，② 在这些实际上进行过争议的共同诉讼人之间，判决就要产生争点排除效，使他们不能在自己作为

① See Restatement (second) of Judgments, Vol. 1, § 38 (1982).

② See Restatement (second) of Judgments, Vol. 1, 1982, pp. 378 - 379.

对立双方的后诉中重复争议。

2. 追偿关系

追偿关系中，与可能被追偿的第三人在前诉中收到的通知及其参与诉讼的程度有关，判决可能对这样的第三人产生争点排除效。甲（the injured）受到损害，起诉乙（indemnitee）要求赔偿；就乙对甲承担的责任，丙（indemnitor）有责任进行赔偿，乙有权向丙追偿。在甲与乙的诉讼中，如果向丙进行了合理的诉讼告知（notice），丙因而有机会进入诉讼实施防御，或者参加乙的防御活动，由此产生的有利于甲的判决，对后诉乙对丙的追偿诉讼会产生以下效力：（1）丙不得就乙对甲之债务的存在与范围提出异议；（2）如果丙在前诉中为乙实施了防御，或者乙在前诉中勤勉谨慎地进行了防御，那么丙在后诉中不得就前诉不利于乙的争点判断进行争议。不过，如果就甲针对乙的请求，在乙与丙之间存在利益冲突，那么争点排除效仅限于二者之间不存在利益冲突并且乙勤勉谨慎地实施了防御的范围内拘束丙。这一利益冲突指的是甲对乙的请求可以基于不同的理由，其中一个理由与乙对丙的追偿权有关，另一个理由则与乙对丙的追偿权无关的情形。①

如果侵权人对受害人的责任，最终被证明可以向第三人追偿，那么被追偿人应当获得减少损失的机会，他能够最有效地减少损失的做法就是自己参与对受害人向侵权人提出的请求进行防御，这种权利常常被规定在合同中，或者法律对追偿关系作出的规定中。准许被追偿人在前诉中实施防御，还可以防止就侵权人责任的同一个争点进行两次争议，因此也就能防止对该同一个争点在两个诉讼中作出不一致的判断，这种不一致的判断可能会使侵权人遭受损失。正是由于被追偿者有权利并有机会进行防御，所以在他被诉讼告知后，即使没有实际实施防御行为的，也受到禁反言规则的制约，这

① See Restatement（second）of Judgments，Vol. 2，§ 57（1982）.

样才有利于保护实施了诉讼告知行为的侵权人的利益。既然被追偿者已经有机会对前诉受害人的请求进行防御，他没有利用该机会，就不能在后诉中主张前诉判决是不正确的，因为他被视为被侵权人所充分地代表了。假如被追偿者在前诉实施了抗辩，他就成为实施诉讼行为、控制诉讼进程的案外人，应根据上述一般规定受争点排除效的拘束。

如果在侵权人与被追偿人之间存在利益冲突，那么前者获得的判决对后者仅产生有限的效力，因为被追偿者无法被期待实施侵权人的抗辩，他也可以拒绝为了侵权人实施抗辩行为；侵权人自己实施诉讼获得的判决，尽管被追偿人仍然不能对侵权人应承担的责任与数额提出异议，但是在利益冲突的范围内不受争点排除效的拘束。①

3. 股东与公司人格混同

通常情形下，股东与公司分别享有独立的法人格，公司作为当事人获得的判决对公司的股东、法定代表人、职员等都没有直接效力，反过来股东、法定代表人、职员等获得的判决也不拘束公司。但是以公司为当事人的判决，如果该公司被认为是其某个股东或者某个公司成员的另一个自己（alter ego），且该股东或公司成员受到诉讼告知，知道自己将要被请求承担公司的责任，从而有合理的机会对公司的诉讼实施抗辩，那么公司获得的不利判决就直接确定了该股东或者公司成员应当对公司债权人承担的责任。②

如果公司的债权人一开始就表明了要追究与公司有关的自然人的责任，并且通知了这些自然人，他们就有了充分的机会对公司的债务进行防御；另外，如果对个人追究责任的请求是在诉讼中较晚的阶段提出的，那么当且仅当该个人亲自或者通过某个代表对公司的诉讼享有控制并且有机会谨慎地应对可能出现的个人责任的风险

---

① See Restatement (second) of Judgments, Vol. 2, 1982, pp. 78 – 79.

② See Restatement (second) of Judgments, Vol. 2, § 58 (1982).

时，公司获得的判决才对该自然人产生拘束力。[1]

4. 案外人实施了特定的行为

某个主体虽非前诉的当事人，但他享有一个与前诉诉讼标的产生于同一个纠纷事件的请求，且在前诉判决作出前知晓了前诉的诉讼系属，在符合下列条件时，这种第三人无法再以其自身的诉讼请求对前诉的一方当事人获得胜诉：（1）如果承认该第三人的诉讼请求，基于前诉判决，可能会使被第三人提出请求的那一位当事人承担相互矛盾的债务，或者使后诉对该当事人权利义务的判断与前诉判决不一致；且（2）第三人针对前诉的作为或不作为使得前诉当事人合理地信赖第三人不会就同一纠纷事件提出请求，或者该第三人会根据前诉判决结果来实施自己的行为，因此该当事人在前诉中没有采取将第三人合并进来或对第三人提起诉讼（因此可以对第三人的请求进行确认）的行为是合理的。[2] 在通常情形中，即使不同主体的不同请求产生于同一个纠纷事件，但由于当事人的差异，基于程序保障原则，非前诉当事人者的请求并不会被前诉判决所遮断；诉讼法也并不要求与同一纠纷事件有关的主体都必须在一个诉讼中提出请求，他们可以自由地独立地实施自己的诉讼，虽然确实存在着必要当事人的规则，但有时将不同主体进行合并可能存在客观上的困难，故不能强求合并诉讼，亦不能直接使判决对案外人产生拘束力，案外的第三人通常并不受到其他人获得的判决之拘束。但在特殊情形下，第三人对自己的请求保持沉默，或者积极地隐瞒自己享有某个请求的事实，他的行为可能导致诉讼的当事人以为他在自己将来的诉讼中将以该诉的判决结果为根据实施行为，并且此后他再要求实现自己的请求可能对根据前诉判决解决纠纷造成妨碍，他再在后诉提出请求就可能被判决驳回。考虑到案外人的程序保障权利，这种拘束效扩张的条件应是比较严格的，最关键的要件是第三人的行为引起了前诉当

---

① See Restatement（second）of Judgments，Vol. 2，1982，pp. 101 – 102.

② See Restatement（second）of Judgments，Vol. 2，§ 62（1982）.

事人的信赖，这也是禁反言规则的体现。

此外，如果案外的第三人同意受他人进行的诉讼中判决对某个争点作出的判断之拘束，那么该争点判断就根据他自己的同意对其产生拘束力，这样的同意或者协议也可以是针对某个请求。[①] 这种同意可以是在后诉中，同意受拘束或者对他人之间判决中的判断不提出异议的形式；也可以是在诉外，与当事人签订协议表示愿意承受他人之间判决的拘束。

美国的这两种第三人承受的判决效力，严格说来与大陆法系的参加效均不能对应，但它属于基于第三人的特殊行为，如促成当事人的合理信赖或放弃独立程序保障权，判决对第三人产生的效力。这两种效力与参加效精神相通。

前一种第三人使当事人产生信赖的行为引发的判决效力，在大陆法系和我国的语境下似乎都不可能被承认。但后一种案外人同意受到他人之间判决拘束的情形，值得进一步的探讨。如果是后诉中案外人同意承受他人之间判决的拘束，在大陆法系国家或我国的语境下，常常表现在案外人对前诉判决的判断不提出异议，在事实层面可称之为自认，后诉法院就应将该事实作为判断的基础；如果是在诉外签订协议表示不予争议，在大陆法系国家案外人在后诉是否受该协议的拘束呢？这与大陆法系国家的诉讼契约的效力有关。大陆法系国家中，由于诉讼契约是对诉讼权利的处分，故牵涉公权力和诉讼程序，当事人的自由度比实体契约稍小，即诉讼契约受到一定的限制。[②] 不过，德国通说虽将参加效与既判力均视为法院依职权注意的事项，对既判力不准许当事人协议扩张，[③] 但对参加效却准许

---

① See Restatement (second) of Judgments, Vol. 1, § 40 (1982).

② 参见张卫平《论民事诉讼的契约化——完善我国民事诉讼法的基本作业》，《中国法学》2004 年第 3 期，第 79—80 页。

③ Vgl. Rosenberg/Schwab/Gottwald, Zivilprozessrecht, München 2010, S. 872.

当事人与第三人通过合意设置。[①] 因此，第三人与当事人诉外签订契约设置参加效的，法院将予以认可。不过这种诉讼契约的具体表现形式尚不甚清晰，是否就是第三人签订契约表示愿意承受判决中某个判断的拘束，还未可知。在我国的语境下，这个问题更难回答，缺少诉讼契约的法律规定，而且似乎还未在一般层面认可诉讼契约。[②] 当然了，在我国的司法实践中，这种“契约”大概极少出现。

美国判决以事先程序保障为根据对第三人产生的争点排除效与大陆法系的参加效类似，然而存在着一些明显的差异。第一，美国特别强调第三人实质性参与和控制前诉诉讼进展，但不要求第三人实施某种制度性的诉讼参加行为；大陆法系国家则相反，特别强调第三人要实施明显的申请辅助参加的行为，还需明确是对何方当事人进行辅助参加，不过可以对两方当事人就不同的事项分别进行辅助参加，但不问参加了诉讼的第三人是否全力施为、积极实施诉讼活动。第二，大陆法系国家将诉讼告知的法律后果等同于辅助参加，但美国对诉讼告知或通知（即 notice）作为判决拘束第三人的基础却较为谨慎，仅仅在两种情形中明确规定当事人可通知案外人，且还要符合其他条件才可使这样的案外人承受判决的拘束力。由此可知，美国对获得事先程序保障的第三人，强调其实质性参与，大陆法系国家则要求在形式上与前诉建立联系；美国更为实质性地保障第三人的程序权利，大陆法系国家则更强调明确性与稳定性，但其例外事由亦体现了对第三人程序保障的实质性考量。此外，在某种程度上还可将大陆法系少数学者主张的当然的参加效扩张（即在共

---

① 文献有 Rosenberg/Schwab/Gottwald, Zivilprozessrecht, München 2010, S. 261；判例有 RGZ 158, 130 (135 f.)；RG JW 1938, 2287；OLG Düsseldorf NJW-RR 1993, 1471。

② 我国学者对诉讼契约的态度也存在差异，有的学者主张应当承认诉讼契约，如张卫平《论民事诉讼的契约化——完善我国民事诉讼法的基本作业》，《中国法学》2004 年第 3 期，第 78 页；霍海红《民事诉讼契约的意义追问》，《华东政法学院学报》2007 年第 1 期，第 75 页；杨会新《论诉讼契约的适用范围与效力》，《法商研究》2017 年第 4 期，第 124 页。但也有学者对诉讼契约持谨慎态度，如张嘉军《论诉讼契约的效力》，《法学家》2010 年第 2 期，第 145—146 页。

同诉讼人之间产生）与美国的争点排除效进行对照，二者相似，且有助于实质性地防止重复争议，实现公平和诚信原则。

第二节　我国参加效制度的缺失与构建

与大陆法系国家和英美法系国家相比，我国法律未规定判决对已获程序保障的第三人之效力，无疑是一种缺漏。这种第三人既不同于当事人，亦不同于一般的案外人，法院对其适用既判力或预决效力亦不妥当。考虑到我国民事诉讼法制度与大陆法系的亲和性，无独立请求权第三人制度虽来源于苏联，但苏联亦受到过德国法的影响，在我国实有必要以无独立请求权第三人参加诉讼制度为根基，构建参加效制度。

接下来，首先对我国参加效制度的缺失原因稍作分析，然后考虑我国参加效应具有的特征和适用的范围，其中必然涉及对我国无独立请求权第三人参加诉讼的状况的分析，因为参加效的特征必然要与参加诉讼的情况（即无独立请求权第三人获得的事先程序保障之程度）相匹配，才符合公平原则和诉讼主体权责对称性原理。

一　我国参加效制度缺失原因与必要性分析

我国未规定参加效，首先与无独立请求权第三人（以下简称“无独三”）参加诉讼制度移植自苏联有关。① 辅助参加效是大陆法系国家的制度，在我国未予规定是可想而知的。在体系层面上，苏联是否规定裁判对参加诉讼的无独三产生某种效力，恰巧在其预决力的规范中能寻得答案。1964 年《苏俄民事诉讼法典》第 55 条规定：“已发生法律效力的某一民事案件的判决所认定的事实，在审理

① 参见蒲一苇《无独立请求权第三人参加诉讼的判决效力范围》，《国家检察官学院学报》2016 年第 4 期，第 20 页。

由同样人参加的另一些民事案件时无须重新证明”，学者将这里的被判决认定的事实称为“预决事实”，这种效力称为“预决力”，预决力是不可推翻的，包括无独三在自己作为当事人的诉讼中应受自己参加过的诉讼中法院判决的拘束力。[①] 由此可知，苏联亦规定无独三应承受判决的拘束力，但将其作为预决力的一种情形。我国的相关司法解释中虽然规定了与苏联类似的预决效力，即生效裁判确认的事实无须举证，但似乎仅在 2001 年及以前不准许举证推翻，[②] 自 2002 年后就成为可举证推翻的效力。[③] 这样看来，我国亦难以像苏联那样以预决力来说明裁判对无独三产生的某种拘束力，根据今日我国的预决效力规范无独三仅承受一种可推翻的事实性影响。

然而，预决效力这种可推翻的事实性影响，与被判决承担责任的无独三承受的既判力，在司法实践中看来似乎已经“够用”了。虽然法律未特别规定裁判对无独三产生何种效力，但法院在审判中仍不得不解决这一问题，法官有时对无独三适用既判力，即便未被判决承担责任也不例外；有时则对无独三适用非拘束性的预决效力。[④] 这种现象本身即足以说明无独三承受的裁判效力问题尚不清晰，但对于实务界人士来说或许已经找到了参加效的替代性效力。在实践的层面上，既判力与参加效均属于拘束性的效力，消极既判力将遮断后诉，但在大多数案件中后诉被遮断与后诉被判决驳回诉

---

① 参见［苏］多勃罗沃里斯基主编《苏维埃民事诉讼》，李衍译，法律出版社 1985 年版，第 203 页。

② 我国 1992 年的《最高人民法院关于适用〈中华人民共和国民事诉讼法〉若干问题的意见》第 75 条第 4 项仅规定已为法院发生法律效力的裁判所确认的事实当事人无需举证，与苏联的规定相近。

③ 2001 年《证据规定》第 9 条第 1 款第 4 项虽延续了 1992 年司法解释的内容，但其第 2 款规定当事人有相反证据足以推翻的除外。这一规定仅在字句上有所变动，被 2015 年《民诉法解释》第 93 条所延续。

④ 法院这样的做法是受到既有规范体系的影响，因为法院在作出裁判时必须援引相应的法律规范，而我国的法律规范中仅对消极既判力和预决效力有直接的规定。我国的具体案件将在后文研究参加效与既判力、预决效力之关系时予以简要介绍或列举。

讼请求的实体后果相差无几；如法院较为谨慎或者无独三存在特殊的正当理由，后诉中适用预决效力就赋予相关主体进行争议的机会，法院可将当事人诉讼的失败归结于其举证的不足，由此来规避风险。

在无独三那一方面，由于法院对其适用裁判效力的操作十分混乱，且前诉法院可直接判决其承担责任，后者除了有违处分权原则外，还与混乱的实务操作（如由于参加利益要件较为抽象导致的滥列第三人等现象）一起引起了无独三权益遭受不合理损害的批评，对此规范和学理上的一个应对措施就是加强对第三人的保护、增加第三人的救济渠道。虽然 2012 年《民事诉讼法》新增加的第三人撤销之诉是赋予本来可以成为第三人的主体救济渠道，而非直接对第三人的救济，但这种社会氛围总体上倾向于保护无独三的利益，防止其受到不利的影响，上文提到的预决效力虽可举证推翻，但有些无独三非因自身原因无法在后诉中举证推翻的情形亦不可避免，此时在实质正义的语境中无独三就是承受了不合理的影响。在这样的将无独三视为“弱势群体”的气氛下，考虑裁判对其产生某种拘束力，似乎是不合时宜的做法。这或许加强了立法者拒绝规定参加效制度的倾向，甚至影响了学术界对参加效问题的研究热情。对这个问题长期的有意或无意的忽视，就使得未规定参加效引起的第三人权责不对称问题迟迟未获得应有的注意。

但是，裁判对参加诉讼的无独三产生相应的效力，是第三人权责对称原理的要求，同时亦是公平原则的体现。无独三参加诉讼的过程，是与双方当事人一同实施诉讼行为，影响生效裁判结果的过程。当事人要承受裁判的各种效力，包括对后诉的既判力，若无独三无须承受裁判的任何效力，对于与其一同实施诉讼的主体来说就是不公平的。根据我国的司法实践，裁判对无独三不产生任何效力亦不现实。但裁判对无独三产生既判力或预决效力的现状，有违第三人权责对称原理。

如果法院判决无独三承担责任，这虽然有违处分原则，可能造成裁判突袭，亦与第三人权责对称原理不符，但考虑到事后的救济手段，将这样的无独三视为“转化”为当事人并承受判决的既判力，对其更为有利。对于未曾被判决承担责任的无独三，在其作为当事人的后诉中，若使其承受既判力，就意味着事实上将其等同于前诉的当事人，但其在前诉中并非当事人，与原告、被告这样的当事人所享有的诉讼地位和权能存在明显的差异，在裁判效力的环节却将其视同当事人，就有违程序保障原则。而在另一个极端，若裁判对无独三不产生某种拘束性效力，仅有事实性影响的话，无独三就可能获得两次争执的机会，他在前诉中已经争议过或有机会予以争议的事项，还可在后诉中“举证推翻”，对于前诉的当事人来说仍然有不公平之虞。

更值得注意的是，实践中法院对于无独三究竟应承担何种裁判效力，不存在统一的定论，这就使维持现状具有明显的非正当性。除开被判决承担责任的无独三，其他的无独三对自己究竟是要承担既判力还是不承受裁判的拘束力，无法获得明确的预期。既判力是裁判遮断后诉或拘束后诉的强制性效力，对相关主体的程序、实体权利均产生较强的影响，因此应被限制在明确的范围内，那么使某些无独三（条件并不清晰）承受既判力就可能冲击既判力的边界，影响对既判力制度的正确理解；① 对另外一些情况同样不确定的无独三适用预决效力，同样会使预决效力的性质和内涵产生巨大的争议。②

① 承认裁判对无独三产生参加效，也要解决参加效作为一种拘束力与既判力之间的差异问题，否则同样可能影响对既判力制度的正确理解。

② 上述司法解释中仅规定生效裁判确认的事实后诉当事人无须举证证明，有相反证据足以推翻的除外，未对该效力的性质予以明确澄清。但既然当事人可举证推翻，就与既判力等拘束力有别，有些学者将其理解为法定证明效，但予以批判，认为其仅应承受事实上的证明效，参见段文波《预决力批判与事实性证明效展开：已决事实效力论》，《法律科学》2015 年第 5 期，第 106 页；但是实践中预决效力适用的情形极其多样，所以有必要对这些案件进行类型化，在此基础上或可期待通过考察不同类型的案件是否能够适用同一种类型，进行调整后逐渐明确预决效力的性质。参见王亚新、陈晓彤《前诉裁判对后诉的影响——〈民诉法解释〉第 93 条和第 247 条解析》，《华东政法大学学报》2015 年第 6 期，第 11--12 页。

鉴于此，在我国有必要承认独立的参加效，这样一来，未被判决承担责任的无独三原则上均承受裁判的一种统一性的效力。这种效力要与当事人承受的既判力、一般案外人可能承受的事实证明效区别开来，以和无独三在诉讼中享有的地位和权能相匹配，这样其在民事诉讼中的权与责才具有一致性。

二　我国判决对无独三产生的参加效之特征

前诉的无独三成为后诉的当事人，前诉判决将对其产生的效力问题分为不同层次进行分析。

第一，如后诉当事人对前诉判决中的判断并无争议，那么法院可直接以前诉判决中的判断作为事实认定和判决的基础，在直接的意义上可将相关的事实视为当事人自认的事实，在间接的意义上这种不予争议的情状大概亦受到前诉判决判断的影响。

第二，如后诉当事人对前诉判决中的判断提出了异议，可视该判决是对前诉的无独三有利还是不利分别加以探讨。在判决对无独三有利时，虽然大陆法系国家通说仅承认对辅助参加人不利的参加效，然而前后诉共同的当事人在前诉中还有机会与无独三争议却得出了不利于己的结论，如准许其举证推翻就有违诚信原则，相当于准许其重复争议，而且在我国的实践语境中，判决对无独三产生有利效力很容易被接受，因此，我国的参加效应当可以是对无独三有利的效力。

第三，再来考虑前诉判决对无独三不利的情形。对无独三不利的情形中，判决是否对无独三产生拘束力，又可根据前诉中无独三是否与当事人进行了实际争议来分别考虑。如能明确得知无独三与前诉当事人进行了实际争议，那么除非这些争议未被准许或因客观原因未被法院予以考虑——即未能实际影响前诉判决结果——无独三都应当受到前诉判决中判断的拘束。此外，由于我国无独三参加诉讼时无须明确其要辅助哪一方当事人，因此不会像大陆法系通说主张的参加效那样仅在无独三与“被辅助者”之间产生，而是在无独三与任意一方当事人之间均可能产生。

第四，判决对无独三不利，在前诉中无独三虽作为无独三参加了诉讼，但却未与前诉任意一方当事人进行实际的争执，即他虽有机会却未充分利用，此时判决应对其产生何种范围的参加效拘束力，是一个殊难回答的问题。因为它取决于我国无独三在诉讼中究竟享有多大范围的诉讼实施权能，又被制度期待着在多大程度上影响前诉判决的结果，它还与无独三摆脱参加效的例外事由有关。在大陆法系国家，辅助参加人的权能相对清晰，参加效的事由却仍难做到十分精确。而在我国的语境中，由于无独三在诉讼中的权能较为模糊，这个问题就更为棘手。

上述几个层次可以图 8—1 呈现出来，在下文详细分析我国参加效的特征时就需要分别考虑这些程序因素。

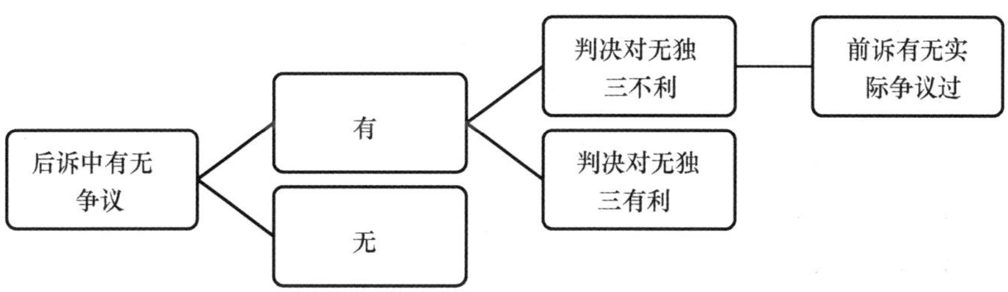

图 8—1　影响我国判决对无独三产生参加效的不同层次因素

在我国的司法实践中，法院经常在前诉无独三作为当事人的后诉中对其适用前诉判决的预决效力，这一做法不甚妥当，不过借助上述分析思路可对相关案例进行类型化，考察我国无独三参加诉讼与无独三承受判决效力的特征。

（一）前诉判决中的判断对无独三有利

【案例 8—1】某房屋的登记权利人是甲，但以前属于甲的祖父母所有。甲与其叔父乙签订协议，基于公平的考虑约定将该房屋的出售款在甲、乙和乙的其他几个兄弟姐妹丙、丁、戊之间分配（乙及其兄弟姐妹均为甲之祖父母的子女），并且由乙作为其兄弟姐妹的代表。房屋出售后，甲将约定的数额给付给乙，乙没有向自己的兄弟姐妹们进行交付，故丙、丁、戊诉乙，并将甲和房屋买受人都作为第三人，请求分配房款。法院认为，各方当事人之间已经约定了如何分配房款，乙应当将从甲那里获得的房款分配给丙、丁、戊。乙主张甲未将应当支付的9万元交付给自己，甲则主张已经交付，并且自己是与乙一同向购房人出具了收据的。法院认为，根据收条、各种协议，以及乙一直未向甲主张权利的事实，综合认定对乙的主张不予采信，并作出相应的判决，即判令乙将包括这9万元在内的金额在乙、丙、丁、戊之间分配。乙提起后诉，请求甲给付并未将自己进行过交付的9万元。后诉法院认为，甲已经向乙交付9万元的这一事实，已被前诉生效判决所确认，在乙无相反证据足以推翻该认定的情况下，对乙的相关诉请，不予支持，法院适用《证据规定》第9条，并且还说明，即便原告有相反证据足以推翻前诉确认的相关事实，亦非另行诉讼所能解决，判决驳回乙的诉讼请求。①

本案中，前诉出现一个争议焦点，即甲是否将9万元交付给乙，这决定了乙是否应当将该9万元在其兄弟姐妹之间进行分配，所以法院对甲是否交付9万元这一问题的判断将对判决结论特别是其数额产生重要的意义。甲作为前诉的第三人，与乙就这个问题也进行了实际的争议，结果前诉判决中的判断是对第三人甲有利，对乙不利，乙在后诉中要对这个问题重复争议，就相当困难；因为不仅判决有利于无独三，这一判断还是经双方当事人实际争议过的。本案中法院虽然适用的是《证据规定》第9条，根据该规范如当事人有相反证据足以推翻的就允许推翻，但法院却接着说明，即便当事人有相反证据足以推翻，亦非另行起诉所能解决，这似乎暗示当事人不能在后诉中推翻前诉判决的判断，一方面可将其与参加效这种拘

---

① 上海市第二中级人民法院（2013）沪二中民一（民）终字第2696号民事判决书。

束力联系起来，另一方面却提出一个难题，就是承受参加效的主体受到前诉判决拘束时，能否对前诉判决申请再审。在大陆法系国家，再审程序极少得到适用，这个问题不是那么突出。但是在我国，基于纠错的实践思维，再审却相当频繁，如果无独三承受判决的拘束力，或许有必要考虑允许其申请再审，但目前的再审制度对此毫无规定，且无独三承受的拘束力在相当多的案件中是判决理由的拘束力（如本案），而对判决理由是不能够提起再审的，这一困境或许也是导致我国未明文规定参加效这种拘束力的原因之一。然而，我国再审制度频繁得到适用本是一种不太正常的现象，而参加效既然存在例外事由（案外人未实际获得充分程序保障），不妨考虑将合理化的再审事由融入参加效的例外事由中去，这样一来，如存在无独三可以谋求推翻判决效力的事由，他就可以在后诉中直接请求排除参加效的适用。

【案例8—2】甲业主委员会起诉乙开发商，请求将特定的房屋交付给全体业主无偿使用，理由是这些房屋属于公建用房。由于该房屋已经被乙开发商出卖给丙，法院通知丙作为第三人参加诉讼。经过审理，法院认为乙开发商已经提供给业主的公建用房面积超过了相关的标准，甲也没有证据证明乙曾承诺过要将诉争的房屋交给业主无偿使用，因此判决驳回甲的诉讼请求。判决生效后，甲业主委员会起诉乙与丙，主张二人签订的房屋买卖合同中的标的物是小区的公建用房，因此请求判决确认该合同无效，丙抗辩称甲不具有当事人适格，并且后诉请求与前诉判决矛盾，违反一事不再理原则。后诉经过一审、二审、两次再审，不同层级法院对于究竟是应当判决驳回诉讼请求还是裁定驳回起诉，产生了不同的意见。最后一次再审的法院认为，前诉判决已经确认诉争房屋不是公建用房，故甲与该房屋并无直接利害关系，因此甲与转让合同也没有利害关系，不具备当事人适格；并且，前诉判决有既判力，后诉甲无证据推翻前诉判决，以与前诉判决矛盾的事实为由提起再诉，构成重复起诉，至于前后诉当事人虽然在形式上不同，但实质上是一致的。[①]

本案中，前诉判决对无独三有利，且房屋归属问题在前诉中已进行过争议，前诉当事人就应承受前诉判决的参加效拘束，不能推翻前诉法院的判断，因此其根据与前诉法院判断不一致的主张要求确认合同无效的，就不具备当事人适格，且其诉讼请求亦不能成立。但是本案法院却将后诉视为重复起诉，这是不大妥当的，因为前后诉的诉讼请求明显不同，关于转让合同的效力问题，前诉并未进行审理，亦未作出判断，并非重复。

【案例8—3】甲乙为夫妻，二人协议离婚，但提起诉讼要求进行财产分割，后在法院主持下达成调解协议，约定甲在丙公司的股权属于夫妻共同财产，夫妻均享有权利，法院据此作出调解书。丙公司对该调解书进行申诉，法院依职权进行再审，并在再审中追加丙公司为第三人，法院查明甲是上级单位任命到丙公司担任职务的，并不享有实际的股权，他到丙公司任职时虽然签订了受让股权的协议，但并未支付对价，因此法院判决确认甲不享有对丙公司的股权，该股权也就不属于夫妻共同财产。此后，丙公司的其他职工股东丁等人起诉丙公司，请求确认自己对丙公司享有股权，理由是甲对丙公司享有的股权属于代职工持股，对于该诉讼，甲与乙申请作为案件有独立请求权的第三人，主张对丙公司享有股权。后诉法院针对甲、乙向丙提出的确权请求，根据前诉判决，适用《民诉法解释》第93条，认定甲对丙实际上并不享有股权，因此乙主张夫妻共同财产请求确认股权的请求也不能成立，判决驳回甲、乙的诉讼请求。[②]

本案同样是前诉经过第三人与当事人的争执，法院判决作出对第三人有利判断的情形。本案前诉具有特殊性，一般来说，夫妻离婚诉讼中，除了特定的亲属外，案外人不具有参加利益，但本案前

---

① 最高人民法院（2014）民提字第99号裁定书。关于丙作为前诉第三人的信息，来自于该案的第一个再审裁定书，即浙江省高级人民法院（2012）浙民再字第24号民事裁定书。

② 甘肃省兰州市城关区人民法院（2016）甘0102民初第2972号民事判决书。

诉的特殊之处在于一开始就是夫妻财产分割诉讼，而非离婚诉讼本身（退一步讲，即便同时存在离婚与分割财产两个请求，这两个请求属于诉的合并，在无独三参加诉讼的问题上可分别判断），因此对于财产分割请求，既然涉及甲对丙公司享有的债权这么一项财产，丙公司有可能会被前诉当事人在后诉中主张权利（正如后诉显示的那样），它对前诉就存在法律上的利害关系。虽然它一开始未能参加前诉，但后来却对调解书进行了申诉（这一行为是否有必要——丙不属于既判力扩张所及之人——此处不再详谈），法院再审时就将丙作为无独立请求权第三人，并根据它的主张和举证认定甲并不享有对丙的股权，由此该股权就不属于夫妻共同财产，自然无法分割。到了后诉中，甲、乙作为相当于原告身份的无独三再对丙主张权利请求确认股东资格，就由于前诉判决的参加效拘束力而无法推翻前诉判决的判断了。

根据上述三个案例可知，在我国的语境下，判决对无独立请求权第三人产生的效力具有两个不同于大陆法系通说（但与少数学者主张的学说相同）的两个特征：第一，参加效并不限于对第三人不利的效力，在我国参加效完全可以是对第三人有利的效力，不妨将这种效力理解为无独三参加诉讼除了要维护自己的利益、防止遭到双方当事人的损害外，还心存利用该诉讼对与自己有关的问题亦作出确定性的判断这样的念头，由此，判决对无独三产生这种有利的参加效是无可厚非的，且并不会对前诉的当事人产生不利，他若与无独三在前诉中已实际争执过自不必说，即使未争执过，他也早就能预计到无独三可能在后诉中援引前诉判决，准许其重复争议是不公平的。第二，参加效不仅拘束无独三与本诉的一方当事人，还可拘束无独三与本诉的另一方当事人，这在无独三参加诉讼时无须说明自己要辅助何方当事人实施诉讼的我国就更为明显。无独三参加诉讼，可能和任意一方当事人产生利益冲突，故可能与任何一方当事人进行实际争议或处于对立地位，与此相对就是可能与任何一方当事人处于同一阵营，但也有时不与任何一方处于同一阵营，因此，像大陆法系国家通说那样将参加效限于辅助人与被辅助人之间，在我国既不可能，其实也不必要，大陆法系亦有学者主张判决应在辅助人与对方当事人之间产生拘束力。在我国的语境下，不妨将参加效定义为判决对无独三产生的效力，可以是有利的效力，亦可以是不利的效力，可以是无独三与本诉任何一方当事人之间产生的效力。

（二）前诉判决中的判断对参加诉讼的第三人不利

【案例8—4】甲将某房屋出卖给乙。但丙主张自己才是该房屋的所有人，他将乙作为被告起诉请求返还房屋、赔偿损失，并将甲作为第三人。法院经过审理，认为甲、乙签订的房屋买卖合同侵犯了真实所有权人的合法权益，属于无效合同，并判决支持丙的诉讼请求。甲害怕被乙追偿，以乙为被告提起后诉，主张同一份合同涉及的房屋是农村集体土地上建设的房屋，因此买卖合同违反法律禁止性规定，请求确认该合同无效。后诉一审法院认为，前诉判决已经对合同效力作出了认定，后诉甲的请求违反一事不再理原则，裁定驳回起诉。甲上诉称，前后诉并不属于同一案件，且甲有证据推翻前诉判决认定的事实，甲对前诉判决申请再审已经被驳回，但乙根据前诉判决向自己追偿，所以甲只能另行起诉。二审法院则认为，后诉符合《民诉法解释》第247条的规定，当事人相同、诉讼标的相同、后诉请求存在实质上否定前诉裁判结果的可能，属于重复起诉。至于合同无效的理由，法院认为合同存在多个无效事由的情况下无须逐一分析认定，只需就当事人提出的无效事由加以认定就可以确认合同无效，不妨碍当事人在另诉中以其他无效事由提出抗辩，对于其他无效事由，在另诉（即乙对甲的追偿之诉）中法院应当进行实体审理。[①]

本案中，甲其实是前诉的无独三，法院却将其视为当事人，故将前后诉主体视为同一，然而无独三未被判决承担责任的，就并非前诉的当事人。后诉中，甲主张的仍是合同无效，诉应当被裁定驳

① 山东省烟台市中级人民法院（2014）民四终字1429号民事裁定书。

回，但原因其实是缺乏诉的利益，不是因为前诉判决对其产生既判力，而是因为前诉判决对其产生不利的参加效。判决对甲产生参加效这种拘束力，在本案后诉中大致上是合宜的，因为前诉中各方主体对合同是否无效，必然进行了实际的争议，甲是否确实参与了该争议虽不明知，但确有很大概率是参与过争议的（其还申请过再审，由此可进行猜测）。即使其未进行争议，其自己后诉中又请求确认合同无效，其实是承认了合同无效的，这也能说明他对于再次请求确认合同无效缺乏诉的利益。至于甲后诉主张的合同违反法律禁止性规定的事由，并不能影响前诉判决确认的无权处分事由，是否在前诉中主张过、争执过倒不是很重要。

（三）参加效的例外事由

我国很多法院对本应适用参加效的案件，适用判决的预决效力，有时根据预决效力可举反证推翻的规定，准许当事人予以推翻，这样的案件中恰恰却可能揭示出参加效的例外事由。

【案例8—5】甲从乙处租赁房屋，并将其转租给丙。乙要求终止租赁合同，甲诉至法院，请求判令乙赔偿损失，法院追加次承租人丙作为第三人参加诉讼。经过审理，法院认为，由于乙不愿意继续履行租赁合同，合同无继续履行的可能，应当予以解除，因此给甲造成的损失，乙应当予以赔偿。乙抗辩甲转租行为未经过自己的同意，故转租合同无效，甲没有产生损失，法院则认为转租经过了较长的时间，乙对该行为一直没有提出异议，所以认定转租有效，但由于转租的商铺中既有甲的装修，又有丙的装修，且第三人丙对甲自行委托的鉴定结论有异议，丙也还继续使用着该商铺，故对转租合同关系不宜在本案中处理，对这部分损失告知丙另行起诉。丙提起后诉，以甲、乙为共同被告，但他的请求是继续履行转租合同约定的义务、请求甲和乙向自己赔偿商铺装修费用。后诉法院根据《证据规定》第9条，认为生效裁判确认的事实当事人无需举证证明，还说明终审的判决具有既判力，法院不得作出与前诉相矛盾的判决，前诉判决判令解除租赁合同，该合同解除后，次承租人也不再享有占有、使用租赁物的合法依据，故丙的第一项诉讼请求缺乏根据，不予支持，并且由于系争商铺仍处于丙的支配下，租赁合同仍然处于履行状态，丙主张的装修费损失也尚未实际发生，他可以在搬出商铺、损失实际发生后再主张损失，因此判决驳回丙的诉讼请求。①

本案中，次承租人在前诉中作为无独三参加诉讼，前诉判决确认合同无法继续履行故判决解除合同，该判决对次承租人确属不利，然而次承租人对此在实体法和诉讼法上均没有更强的权利来进行对抗，所以他在已经获得前诉程序保障的基础上，不得不以前诉判决为基础来调整自己的法律关系。本案次承租人后诉不得对抗前诉判决提出请求，一方面是由于在实体牵连关系上，次承租关系的存续以承租关系的存续为前提；另一方面就是其已在前诉获得了程序保障，有权防止出租人与承租人串通或由于信息不足损害自己的利益。大致可猜测到前诉被告主张次承租合同无效时，次承租人亦实际进行了争执，但在本案的特殊情形中，不论次承租人是否实际争执过，其在后诉中都要承受前诉判决的参加效之拘束。

【案例8—6】甲银行为乙开立了信用证，乙向甲出具一份信托收据，约定甲享有乙通过开立信用证购买的一批大豆的所有权，甲通过与乙成立信托法律关系作为大豆的所有权人（甲为委托人与受益人、乙为受托人）。由于乙未还款，甲诉乙，根据信用证法律关系和信托收据请求法院确认乙购买的一批大豆属于自己所有，并申请法院查封了这批大豆。但是在乙与丙之间存在货物置换协议，乙将同一批大豆置换给丙，还向丙交付了提货单，不过提货单上的提货人还是乙，丙去提货时发现这批大豆已经被查封，遂提出保全异议，法院认为对大豆权属的异议须经实体审理确定，不予解封，但通知丙作为甲与丙之间诉讼的无独立请求权第三人参加诉讼，在甲与乙的信用证融资纠纷中，虽然丙作为第三人参加了诉讼，但被告乙对

① 南宁市江南区人民法院（2012）江民一初字第2609号民事判决书。

甲起诉的全部事实予以承认，法院据此作出判决。随后，丙起诉乙，将甲作为第三人，请求法院确认丙是同一批大豆的所有权人，甲提出抗辩，认为前诉自己也是请求确认大豆属于信托财产故属于自己所有，丙还参加了前诉，后诉违反一事不再理原则。后诉一审法院认为，前后诉的请求权基础不同，信用证融资纠纷与货物置换合同纠纷不具有同一性，且丙在前诉中仅仅是无独立请求权第三人，前诉判决认定的事实仅仅是已决事实，可以被推翻，并且前诉中乙对甲起诉的事实全部予以承认，在后诉中乙又表示货物已经转移给丙，前后矛盾。法院认为，信托收据不符合信托关系的要件，也没有形成质押关系，不能对抗第三人，但是由于大豆尚未交付，大豆的所有权仍然属于乙，还未转移给丙，所以判决驳回丙的诉讼请求。①

本案是无独三虽然参加了前诉，但未能实际获得充分程序保障的典型例子。前诉中，由于被告乙对甲的主张进行自认或承认对方诉讼请求（法院的表述是承认起诉的全部事实），丙对标的物的不同权利主张未能影响前诉判决结果。假如后诉还让丙承受前诉判决的参加效，将大豆认定为属于甲银行所有的话，实质上就剥夺了丙独立的程序权利，并可能损害其实体利益。参加效的根据本是无独三在前诉中获得的程序保障，假如无独三并未实际上获得程序保障，参加效的基础就被抽离了，无独三就不应受前诉判决的拘束。本案中，由于我国缺乏相关的规范，法院自然不可能适用参加效及其例外，而是适用了一般性地准许后诉主体推翻前诉法院判断的预决效力，并在后诉中确实作出了与前诉不一致的判断，与适用参加效之例外可谓殊途同归。

仅根据这个案例，还无法就我国参加效之例外事由得出完备性的结论。事实上，参加效的基础既然是无独三在前诉中获得的程序保障，其例外事由就与参加诉讼的无独三在前诉中的权限范围相对应，如果无独三在前诉中提出影响判决结论的攻防手段受到较小的

① 最高人民法院（2010）民四终字第20号民事判决书。

妨碍，参加效的例外事由就较少；相反，如果无独三在前诉中受到相当多的妨碍，那么参加效的例外范围就较大。在我国的语境下，无独三享有的权限究竟有多大，却极不明确。

《民诉法解释》第82条规定，一审中，无独三无权提出管辖权异议、放弃或变更诉讼请求、申请撤诉，被判决承担责任的无独三有权上诉。这一规定中的无权提出管辖权异议、撤诉、放弃或变更诉讼请求，不影响无独三对判决结果（即案件实体判断）的影响力，实质上并不减损其程序保障机会；但未被判决承担责任的无独三，根据该规定反推，似乎无权提起上诉，无上诉权将对无独三获得充分程序保障产生较大的影响。不过在我国的司法实践中，当事人不提起上诉、未被判决承担责任的无独三单独要求上诉的，有的法院予以拒绝，① 有的法院却予以准许。② 这种混乱现象自然是不正常的，假使一概不准许无独三上诉，那么后诉中无独三承受参加效的例外事由就应包含其由于在前诉中无法上诉而不能提出某些攻防手段；假使一概准许无独三上诉，无独三就不能主张该例外事由了。现阶段我国法院对此做法不一，除非无独三曾试图上诉被驳回或被准许，否则无法判断其能否利用这一情形作为参加效的例外事由。

我国《民诉法解释》的上述规定未涉及无独三与本诉当事人的冲突问题，如果本诉当事人实施某种妨碍行为或者其行为与无独三出现抵触，是否会导致无独三行为失效，亦不明确。以极端的例子——双方当事人对不利于无独三的事实出现合意——来说明，上述案例8—3中前诉法院未理会前诉当事人的合意，根据无独三提供的证据作出了判决，而案例8—4中前诉法院却相反，根据前诉当事人的合意，不考虑无独三的争执作出了判决。这样一来，在我国语境下能否直接借鉴大陆法系国家中当事人与无独三行为抵触这样的

---

① 江苏省南京市中级人民法院（2017）苏01民终3130号民事裁定书。

② 山东省威海市中级人民法院（2017）鲁10民终686号民事判决书；江苏省徐州市中级人民法院（2017）苏03民终1194号民事裁定书。

参加效例外事由，也成为问题。

此外，我国同大陆法系国家相似，亦规定了证据失权效，到了一定的诉讼阶段当事人就不再能提出某些攻击防御手段，因此在逻辑上，我国亦可借鉴大陆法系国家辅助参加人由于参加诉讼的时机而妨碍其提出攻防手段这一参加效例外事由。但是，无独三参加诉讼，是否会打破我国的证据失权效，亦是一个棘手的问题，因为证据失权主要是针对当事人予以规定，是否和如何对无独三予以适用尚未可知。假如我国的证据失权同等适用于无独三，那么无独三参加诉讼后提出攻击防御手段虽然超出举证时限但却完全符合法律规定的证据失权之缓和性事由，[①] 这样一来他就不会因为参加诉讼时机的问题，而难以提出攻击防御手段了。当然，与无独三是否享有上诉权亦相关，假如其在二审中参加诉讼，还能否主张自己因客观原因而无法早点提出攻击防御手段故证据不失权，就更难以确定。

以上这些与无独三参加诉讼时之权限范围有关的问题，在我国司法实践中大致状况如何、是否存在一般性做法，需要进行实证性的研究，笔者尚未可知；由于我国规范上存在空白，现阶段无法为参加效设置明确的例外事由，而不得不根据前诉中无独三是否实质上获得了充分的程序保障这一抽象的基础来判断其能否推翻参加效，因此就要根据个案情形来个别判断。这虽然不妨碍实现个案的正义，但却不利于实现参加效制度的稳定性与明确性。因此对于无独三参加诉讼的权限范围，依然有必要在立法或学理层面作出体系性的合理安排。

---

① 《民诉法解释》第 101 条规定，当事人逾期提供证据，法院应责令其说明理由，必要时可要求其提供相应证据；当事人因客观原因逾期，或对方对逾期未提出异议，视为未逾期；第 102 条规定，当事人因故意或重大过失逾期提供证据，法院不采纳，但如该证据与案件基本事实有关，法院应采纳，并按照民诉法第 65 条、第 115 条第 1 款予以训诫、罚款；非因故意或重大过失逾期，法院应采纳并予以训诫。

三 我国参加效的类推适用或扩张问题

前文介绍比较法资料时提及，日本有些学者主张在前诉普通共同诉讼人之间成为对立双方当事人的后诉中，由于前诉中二者存在辅助参加的利益，应承认当然的辅助参加，故前诉判决的判断对后诉产生参加效；此外法定代表人、诉讼担当人等实际控制前诉的主体在后诉与公司、被担当人进行争议时亦受前诉判决参加效的拘束。这两种情形在英美法系的美国亦得到承认，虽然并未成为大陆法系的通说，但若将情形稍作限制，使其条件得到明确，承认参加效的类推适用或扩张是合理的做法。

在我国司法实践中，亦出现了类似的案例，法院对此采纳了与对无独三相类似的处理办法，即偶尔适用既判力，偶尔适用预决效力。但是除了必要共同诉讼——特别是固有的必要共同诉讼——外，普通共同诉讼人彼此之间在前诉中并未相互提出诉讼请求，二者在后诉中是对立的，前后诉主体并不同一，适用既判力的正当性根据不足；而有些条件下，准许相关主体在后诉中举证推翻亦不合理，将会导致重复性的争议，产生不公平的后果，假使法院作出前后不一致的判断还会导致矛盾判决。

（一）前诉的共同诉讼人在后诉中成为对立当事人

虽然我国必要共同诉讼与普通共同诉讼之间的界限还不是很清晰，特别是那些在日本学者看来共同诉讼人彼此之间存在辅助参加利益的情形，如保证人与主债务人为共同被告等，究竟是类似必要共同诉讼还是普通共同诉讼，在学理中存在较大争议，[①] 在实践中法院处理方式不一；[②] 但是，在处理判决效力问题时应当注意，主要是

---

① 我国有些学者将其理解为类似必要共同诉讼，但在大陆法系国家中这种情形属于普通共同诉讼，因此另有一些学者亦赞同将其理解为普通共同诉讼。

② 法院通常并不明确说明一个共同诉讼究竟是何种类型，但是我国民事诉讼法中规定的普通共同诉讼需要被告的同意，故有时被告不同意合并，但法院依然准许共同诉讼的情形，大体上可理解为法院对此作出了不同于普通共同诉讼的处理。

固有必要共同诉讼和存在既判力主观扩张的情形下，判决才应对共同诉讼中所有主体两两彼此之间的权利义务关系作出统一的判断，如共同诉讼人之间仅存在辅助参加利益的，即使关联特别紧密，判决亦未对全体当事人之间的纠纷作出处理，不影响后诉的提起，且判决中的判断不对后续的以不同组合方式成立的诉讼产生既判力的拘束。

1. 必要共同诉讼

【案例8—7】甲与其五个儿子乙、丙、丁、戊、己签订《遗嘱暨集资建房协议》，并约定了除出租楼层外剩余房屋的分配状况，其中“五楼后一套住房”归乙。房屋建成后，各方当事人并没有按照约定的分配进行居住，还引发了家庭矛盾，甲以财产权属纠纷将五个儿子告上法庭，理由是五个儿子未按照协议支付集资建房款，且该协议损害了第三人合法权益，请求判决确认上述《遗嘱暨集资建房协议》无效，但法院经过审理，判决确认该协议中涉及出资份额、建房以后的收益、房屋分配方案的约定为有效协议。后来，由于甲将“五楼后一套住房”的钥匙给了丙，没给乙，乙索要无果，将丙诉至法院，请求法院判决丙停止侵害、排除妨碍，即将该房屋的钥匙交付给乙。乙抗辩称，房屋建成后家人对住房的实际分配已经改变了原来的约定，所以丙的请求不应成立。后诉一审法院认为，虽然前诉法院确认协议中的分配方案等约定为有效协议，但是房屋实际使用状况已经改变了协议中关于房屋分配方案的约定，乙也居住在七楼后面一套住房内，现在要求丙给付五楼住房的钥匙已经没有实质意义，判决驳回其诉讼请求。乙上诉，丙继续提出抗辩，主张前诉判决认定的事实与其判决结果自相矛盾、程序违法、判决结果错误、不应予以认定，二审法院认为，前诉生效判决已经确认了协议的有效性，故根据《民诉法解释》第93条予以确认，丙主张该判决错误，但没有相反证据足以反驳，故本案的房屋分配应当按照协议约定的内容履行，一审属于事实认定错误，故改判支持乙的诉讼请求。①

本案中，后诉的两位当事人是前诉的共同被告，但前诉是关于《遗嘱暨集资建房协议》效力问题的诉讼，而前诉的全部主体均为该协议的当事人，前诉应属固有的必要共同诉讼，因此判决确认的协议有效，对后诉的当事人乙、丙均产生效力，且应当是既判力。后诉中乙请求丙按照协议将某房屋钥匙交给自己，前诉判决结论构成后诉诉讼请求的前提条件，因此后诉法院应当以前诉判决主文的判断为基础作出后诉判决，不应当予以偏离。本案后诉二审法院认为应当适用《民诉法解释》第93条，其实是不太准确的做法。

2. 其他共同诉讼

在法院无须亦无法对全部共同诉讼人两两之间法律关系作出统一判断的共同诉讼人，共同诉讼人可能在后诉成为对立双方当事人，就并非前诉诉讼标的的二者之间法律关系实施诉讼，此时，后诉自然不应受前诉判决的遮断；但是否受到前诉判决中某些判断的拘束，还需要具体考虑。我国有些法院却将前诉共同诉讼人就他们之间的法律关系提起的后诉视为重复起诉，这与不告不理的原则相违背，并且可能是对前诉判决内容的一种误读。

【案例8—8】甲向乙借得8万余元，丙为保证人，前诉乙起诉甲、丙请求偿还借款，法院判决甲还款、丙对此承担连带保证责任，并说明丙实际承担保证责任后可向甲追偿。随后，丙主张甲不履行前诉判决确定的债务，导致法院扣押了丙对第三人的债权，使自己利益受损，请求法院判决甲向自己给付8万余元及利息。后诉法院认为，丙目前尚未实际承担保证责任、未取得追偿权，并且追偿权已经由前诉判决确认过了，后诉双方当事人之间的争议已经过法院判决确认并作出实体处理，法院和当事人都受判决内容的拘束，后

① 贵州省毕节市中级人民法院（2016）黔05民终713号民事判决书。

诉再次起诉行使追偿权缺乏法律依据，应当驳回起诉。①

本案中，前诉甲、丙之间的追偿关系并非诉讼标的的内容之一，前诉法院说明的丙实际承担保证责任后可向甲追偿，仅为附带性的，并非对丙向甲的追偿权利作出确认。一方面追偿权并非诉讼标的，将这理解为法院的确认有违不告不理原则；另一方面追偿权附有条件，仅当丙实际承担保证责任后才可向甲追偿，对于未来才会发生的请求权，法院是不可能提前作出确认的，毕竟该请求权尚未确定下来。因此，将后诉理解为重复起诉是错误的，后诉法院应当视具体情况作出实体判决，在保证人丙并未履行债务时，应当判决驳回其诉讼请求，或者至多可以缺乏诉的利益为由裁定驳回；在保证人丙实际履行了债务之后，则应判决支持其诉讼请求。

针对其他连带债务，我国法院也有可能作出类似的判决，如对被前诉确认为应承担连带债务的数人后诉彼此之间提出的追偿权诉讼适用消极的既判力。② 这类案件中，法院遵循的实务逻辑可能是认为当事人可直接申请法院对追偿权请求强制执行，但问题在于前诉这样未能确定追偿权范围与数额的判决书，到了执行法院，能否真的得到执行呢？恐怕执行法院很可能以执行名义不明确为由要求当事人进行诉讼。此外，与上述案例相同，追偿权在前诉中并没有被审理过，这一实体问题很可能存在争议，直接在执行程序中解决亦不合适。

在大多数前诉共同诉讼人在后诉成为对立方当事人的案件中，法院都是适用《民诉法解释》第 93 条或《证据规定》第 9 条中规定的预决效力。但考虑个案的情形，有时前诉共同诉讼人在后诉中不应再重复争议前诉判决的判断，否则将有违诚信原则。

【案例 8—9】在一个买卖合同纠纷中，A 起诉甲、乙、丙，主

① 浙江省湖州市中级人民法院（2016）浙 05 民终 388 号民事裁定书。类似的案例还有辽宁省葫芦岛市中级人民法院（2015）葫民终字第 01614 号民事裁定书。

② 浙江省嘉善县人民法院（2015）嘉善商初字第 1040 号民事判决书，吉林省农安县人民法院（2015）农民初字第 3832 号民事裁定书。

张三人是合伙关系，合伙人应当共同承担责任。法院经过审理，查明甲、乙、丙签订了合作经营协议，属于合作经营关系，但是从2009年3月后，甲不再享有20%的分红，三人之间变为承包合同关系：甲是发包人，乙和丙是承包人，故三人之间不是租赁合同关系和合伙关系，并据此作出判决。随后，甲诉乙、丙，请求乙、丙向自己支付承包费、设备损失费等，乙抗辩称三人是合伙关系，应当共同承担经营风险，后诉法院认为，前诉生效判决已经认定甲与乙、丙是承包合同关系，并且前诉案件的两级法院都是在审查了当事人之间的协议的基础上对法律关系作出认定的，乙也未能提出相反证据足以推翻生效判决的认定，故依据《证据规定》第9条认定甲与乙、丙属于承包合同关系，并作出相应的判决。①

本案中，前后诉诉讼请求并非直接相关，但关于甲、乙、丙三者之间的法律关系，即究竟是合伙还是承包，都直接决定前后诉判决如何作出。如果是合伙关系，前诉三个共同被告都要对A承担责任，后诉甲的请求也不能得到支持；相反如果是承包关系，那么前诉仅乙、丙应对A承担责任，甲无须直接对A承担责任，并且后诉甲的诉讼请求能够得到成立。对于这个问题，前诉中必然也进行了充分的争议，因此在后诉中不允许乙推翻是合适的。

【案例8—10】甲的车辆发生交通事故，造成乙受伤和车辆损失。受害人乙起诉甲与该车的保险公司丙，请求赔偿损失，丙抗辩称发生事故时车辆超载，根据保险合同丙有10%的免赔率，甲则主张保险公司并未对免责条款履行说明义务，故该免责条款不生效，法院则认为，超载这一保险合同中约定的免责事由同时也是法律和行政法规中的禁止性规定，保单上还对这一免责条款进行了加黑，保单等文件也送达给了甲，因此甲的抗辩无法成立，据此作出判决，即丙可以享受10%免赔，由甲向乙赔偿这部分损失。由于甲的车辆也受损，甲诉丙请求理赔，双方争议焦点再次集中到关于超载的免

① 广东省东莞市第二人民法院（2011）东二法民四初字第175号民事判决书。

责条款是否有效的问题，后诉法院根据《民诉法解释》第93条认为生效判决确认的事实无须举证证明，前诉判决已经确认丙履行了对该免责条款的提示义务，因此该免责条款有效，甲关于该免责条款不生效的理由不成立，据此作出判决。①

本案中，前诉为责任保险，后诉为财产保险，但二者以同一份保单或内容相同的保单为基础，而保单中免赔条款是否有效是前后诉诉讼请求共同的关键性前提要件，因为它将决定保险公司应承担的责任数额。前诉中，被保险人与保险人已经就这个问题进行了充分的争议，法院作出了相应的判断，并以此来决定判决结果，在后诉中就不应当允许相同的主体就这个问题再次争议，这种效力应当是一种拘束力。当然，这种效力与既判力的根据不同，但将其作为参加效是比较妥当的。

综上，在不应直接承受既判力的共同诉讼主体之间对立的后诉中，能否类推适用判决的参加效，确实不容易得出简单的一般性结论。首先，如共同诉讼人在前诉中对彼此之间的关系充分争执过，后诉中禁止再次争议，即类推适用参加效是合理的。其次，如共同诉讼人彼此之间未实际争议，但关于二者之间的关系由于直接决定前诉判决如何作出，故在前诉中还是经历过充分争议，制度上可以期待共同诉讼人利用前诉机会进行争议，因此可以对他们类推适用前诉判决的参加效，禁止其在后诉中举证推翻前诉判断。再次，如果关于共同诉讼人之间的法律关系在前诉中未经历过争议，由于共同诉讼人的主要考虑是对抗对方当事人，可能希望将彼此之间的纠纷留待后诉单独解决，而不像无独三那样参加诉讼的主要目的是维护自己的利益，故此时不应对共同诉讼人类推适用参加效。这类情形中，虽然某些案件的后诉如准许当事人争执就有违诚信原则，但这多数取决于个案的特殊情形，在概括的概念体系（参加效、判决效力）中为了明确性与可预期性，最好还是将其留给一般原则来进

① 广东省梅州市中级人民法院（2016）粤14民终1155号民事判决书。

行弹性的个案处理。

（二）其他实际上参与或控制了前诉的主体

我国司法实践中，与美国相似，除了利用正式制度途径参加或实施诉讼的第三人和共同诉讼主体外，还有一些主体在实质意义上也获得了事先的程序保障。这样的主体虽然没有在制度上成为前诉中具有相对独立性的当事人或者参加诉讼的第三人，但却实际上参与了诉讼活动，实施了诉讼行为甚至控制了诉讼进展，例如公司的实际控制人、公司的法定代理人、当事人的诉讼代理人等。在公司后来被债权人主张人格不独立、债权人要求公司股东或实际控制人承担公司债务的场合中，前诉作为公司法定代表人或实际控制了公司代表人诉讼行为的股东，在后诉中事实上就很难推翻前诉判决中对公司债务的确认。当事人的诉讼代理人，事后以自己的名义为自己的权利义务起诉时，偶尔也会产生类似的利益状况。

【案例8—11】甲与乙为夫妻，后经法院判决离婚。离婚后，乙因财产纠纷起诉甲，乙在该诉讼中提交了三份自己向自己的父亲丙出具的借条，主张为夫妻共同债务，要求甲承担责任。在该案中，债权人兼乙的父亲丙作为乙的委托代理人参加诉讼，主张该借款属于夫妻共同债务，但法院认为这是乙出具给自己父亲丙的借条，基于借款双方身份的特殊性，在无其他证据予以佐证的情况下仅凭借条不能证明借款事实，故作出相应的判决。随后，丙根据这三张借条，起诉乙与甲，主张借款给乙和甲建造房屋，请求二人归还借款和利息。法院对该借条中的借款关系以及该借款属于夫妻共同债务予以认定，作出给付判决，甲不服提起上诉，二审法院认为在前诉的离婚后财产纠纷中，丙作为乙的委托代理人参加诉讼，对本案中的三份借条进行了举证，但前诉生效判决认定仅凭这三份借条不能证明借款事实，且丙在本案中也没有提出其他证据对借款事实进行佐证，因此改判驳回丙的诉讼请求。[①]

① 台州市中级人民法院（2016）浙10民终1399号民事判决书。

本案中，债权人丙在前诉中作为债务人的委托代理人，主张借款属于夫妻共同债务，但该借款关系没有被法院认定；后诉中债权人起诉债务人与其配偶，法院认为前诉判决已经确认该借款关系不能被认定，并且债权人在前诉中作为委托代理人参加了诉讼，实际上暗示着前诉判决对该委托代理人可能要承受某种效力，或者是认为从诚实信用原则的角度出发，债权人不应主张与前诉判决不同的事实。但是为了防止损害债权人的利益，增强说理的可接受性，法院还是强调了债权人后诉中未能提出证据佐证，毕竟前诉判决可能有一点证明责任判决的意味。

对这类某些特殊主体实际控制前诉诉讼实施，后诉却作为当事人并对前诉判决中的判断提出异议的特殊案件，美国法院使其承受判决的争点排除效，大陆法系少数学者主张应类推适用参加效。在我国语境下，就个案而言禁止相关主体重复争议具有合理性，因此，不妨亦类推适用参加效，即将案外人实际控制前诉的行为视同参加诉讼，使其承受相应的后果。

第三节　小结

判决对一般案外人均可能产生某种事实性影响，但若案外人在前诉中获得了事先的程序保障，判决可能会对其产生较强的效力，非拘束性的预决效力“升格”为拘束性的参加效。在我国语境下，无独三参加诉讼或应参加诉讼时，有机会影响法院的判决，无独三应因其行为承担相应法律后果，即承受判决的某种拘束力。目前规范中对此种法律效果未予规定，故应逐步构建参加效制度，与我国无独三参加诉讼制度相配合。因我国无独三参加诉讼制度与大陆法系辅助参加制度存在差异，大陆法系通说对参加效的限制又过于僵化，在我国语境下应将参加效理解为既可对无独三不利亦可对无独三有利的效力，可发生在无独三与任何一方当事人之间，毕竟无独三参加诉讼后有机会与任何一方当事人共同实施或者对立实施诉讼。此外，我国无独三参加诉讼的权限由于规范的空白而存在诸多不清晰之处，对参加效的例外事由尚且难以作出明确的一般性安排，现阶段不妨结合个案具体情形根据无独三是否在前诉中确实获得了充分的程序保障进行个案的判断。将来在立法或者学理研究中，若能对无独三参加诉讼的权限予以明确，就有希望细化参加效的例外性事由。

我国参加效除适用于无独三外，还可以类推适用于获得过事先程序保障的其他主体，如前诉为共同诉讼人而后诉为对立当事人且二者在前诉中就彼此之间关系进行了争议或有机会进行争议，或案外人虽未形式参加诉讼但实际控制前诉诉讼实施活动。

在体系性的意义上，研究参加效与既判力、作为证明效的预决效力之间的关系具有必要性。参加效与既判力虽均属拘束力，但二者产生的根据不同。大陆法系辅助参加人是弱于当事人地位的一种法律地位，因此参加效有例外事由。美国法则准许当事人通过引入第三人被告、交叉请求、交叉诉讼等方式将在大陆法系仅能辅助参加诉讼的无独三均转变为当事人，故法院可以直接就多数主体之间的诉讼作出判决，不同诉讼之间存在牵连时法院能作出一致性判决，这些判决以既判力拘束所有关联主体，就不再有必要通过参加效来禁止相关主体重复争议，也不会由于无独三受到当事人妨碍不能获得充分的事先程序保障而可以摆脱参加效。在我国，无独三的地位不同于当事人，故有参加效存在之必要。参加效与预决效力虽然法律后果不同，构成要件上前者比后者多了案外人获得事先程序保障这一决定性条件，但前后诉实体关联性基本相同，如前后诉实体牵连与参加利益实质上基本对应。因此，既判力、参加效与非拘束性的证明效三者可连接起来，成为判决效力体系中不同的梯度，通过诉讼条件的变化——特别是诉讼客体容量及诉讼主体容量的增减，三者可以相互转化。在我国语境下，使预决效力转化为参加效，比使参加效转化为既判力，似乎要容易些。基于对处分原则的尊重，法院依职权要求非固有必要共同诉讼人必须实施共同诉讼的行为越来越少，但法院仍然可以鼓励当事人实施共同诉讼或者作为无独三参加诉讼，可依职权通知第三人参加诉讼，以便赋予本诉“案外人”事先程序保障，防止其独立程序保障权由于前诉判决的事实性影响而减损，从而促使纠纷的一次性解决。关于参加效在判决效力体系中的位置，见图8—2。

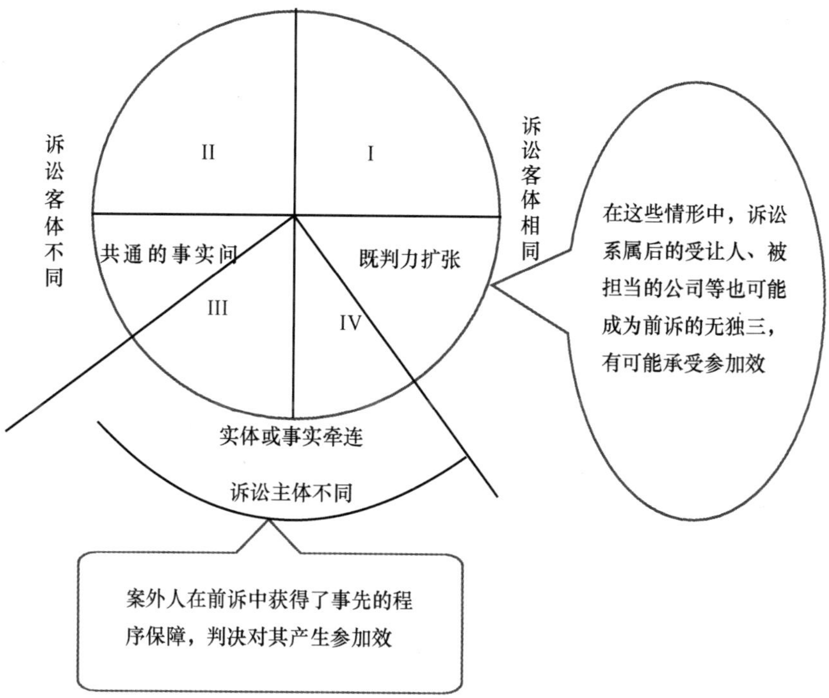

图8—2　参加效

第九章

结　　语

行文至此，以前后诉之间关系——特别是“同一性”与“先决性”——为基准，本书对我国判决对后诉效力问题给出以下体系性的解释方案（见图9—1）。

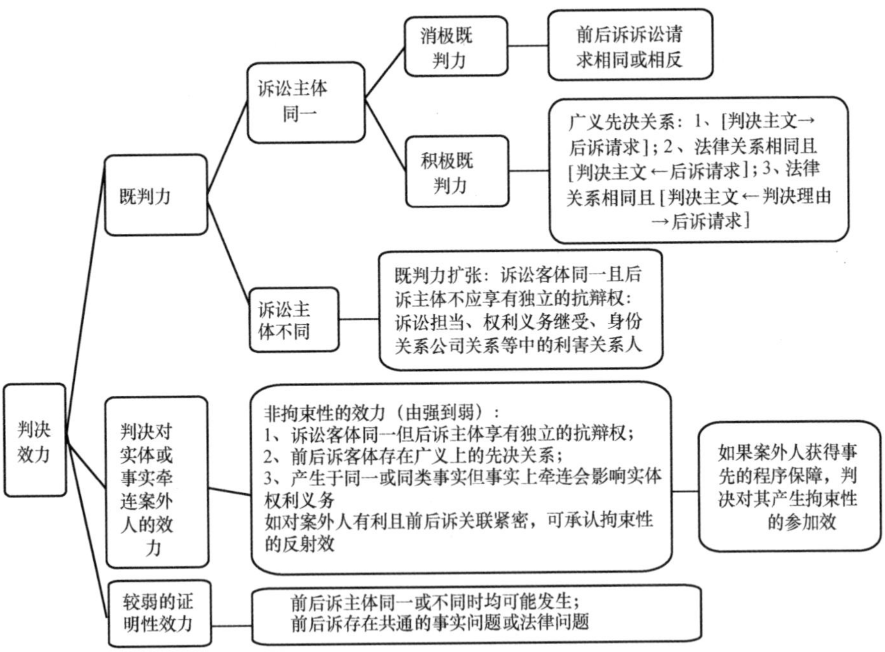

图9—1　我国判决效力体系

将这一判决效力体系与图 1—1 的类型化框架进行对照，可得出图 9—2。

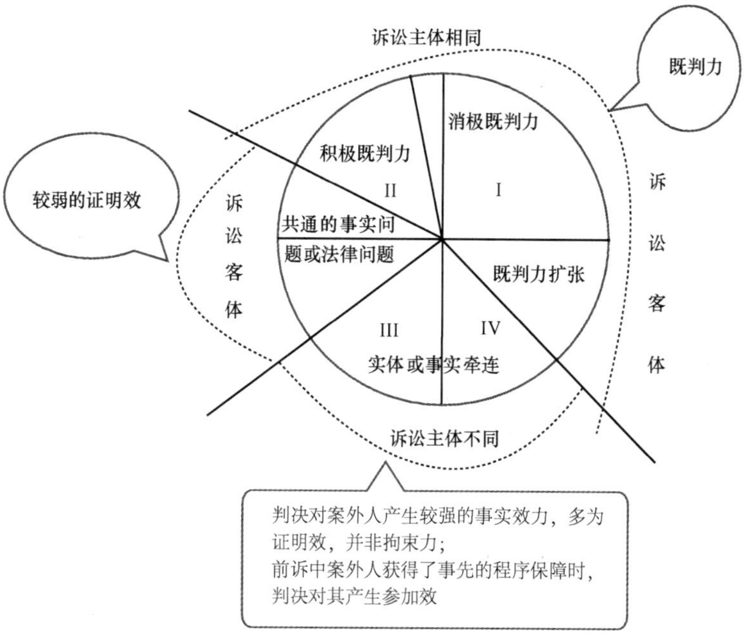

图 9—2　我国判决效力图谱

首先要说明的是，既判力适用范围并不像图 9—2 显示的那样宽泛，正好相反，它是最窄的判决效力，因为具有最重大的法律后果，其法律要件也最为严格。判决对实体或事实牵连第三人产生的效力与较弱的证明效，范围大小可能不分伯仲。既判力之所以在图 9—2 表现得范围最宽，是因为实际上范围最狭窄的诉讼主体与客体均同一的情形占据了整整第 I 个区域，实际上这第 I 个区域在同一性的逻辑意义上，占据的空间反倒可能是零，但如此画图有利于理解。

其次，在既判力、判决对实体或事实牵连的案外人产生的效力、参加效、较弱的证明性效之间，真正的界限并不像图 9—2 显示的那样清晰明确，不同判决效力之间均存在一定的灰色区域。实践中也总是可能出现某些案件，难以被毫无争议地放置到某一种效力作用的场域之中去。边界的模糊体现为某种流动性，这是司法实践的客观现象，试图概括所有现实经验的理论体系可能因此丧失简明性或无法完美地达到目的。人类在认识现象世界时，总是希望获得对真实的“复现”以达到客观真理，但实际上能够确信的恐怕只是主体在将现象世界装进自己的观念体系中去，即以观念性的概念体系来整理现象世界。这样做或许是不自觉，或许是不得已而为之，或许是主动选择，但无论如何都有助于简化对现象的认识，节约生存的成本与资源。其中包含的某些缺憾或瑕疵，大概也是可以接受的吧。

本书即以对前后诉关系的认识为基础，试图提出较为简明的框架来对中国判决效力进行体系化研究，但仍很难说完美地解决了不同效力在体系中的位置问题。不过，本书研究成果不限于一个框架，还在框架中填充了许多具体内容，这就可创设出一些“缓冲地带”，为容纳开放性与动态性留下空间。这些具体内容以规范的体系化解释及案例的分析为主，在细节中体现本书一以贯之的主线，同时还可向其他方向伸出触角，与其他诉讼制度相联系，共同编织我国民事诉讼法的整体体系。当然，为了主题的集中性，本书仅提示出诸多这样的触角而已。在涉及相关诉讼制度如诉讼系属、诉的变更、诉的合并、当事人适格、当事人变更、共同诉讼、第三人、再审与执行中的实体争议时，仍以解决判决效力问题为目的，并不就这些诉讼制度的重大问题进行全面探讨。民事诉讼是一个前后关联彼此依存的流程，民事诉讼法全部内容亦存在着被体系化的可能性。本书的判决效力体系化是以前后诉关系为主线的，若要对更宏观的民事诉讼法进行体系化研究，须找到一条更宏观的主线，探索不同诉讼制度之间的关联性及其来源。①

① 笔者自然还没有达到这样的水平能够对整个民事诉讼法作出高度的概括，但王亚新、陈杭平、刘君博三位老师于2017年出版的教科书似乎正是在体系化追求的驱动下写就的，是一本民事诉讼法解释学的重要著作，存在较强的体系性。王亚新、陈杭平、刘君博：《中国民事诉讼法重点讲义》，高等教育出版社2017年版。

此外，本书的研究还能提示出一些涉及民事诉讼法与其他部门法之间关系的问题，判决效力与民事实体法的关系自不必说，它还与其他诉讼法（行政、刑事）、行政法、宪法等均存在交叉性内容。例如行政判决或刑事判决可能对民事诉讼产生影响，反之亦然；民事诉讼法中当事人和案外人的程序保障权均是宪法中司法保护请求权的具体体现；司法具有独立性，某个法院的判决要拘束其他法院需符合特定要件；假如判决对后诉产生过于宽泛或不合适的影响，可能会偏离立法者制定的实体法律规范；现代社会的大规模纠纷中，法院作出的判决可能产生广泛的社会效应，推动立法者和行政机关的作为，影响国家机构之间的关系等，对这些重要的法治问题均有必要予以关注。

但是本书暂时就满足于仅对中国判决效力问题给出一个体系化解释方案了，这一理论体系也不敢自矜完美，将来能否为学术界和实务界重视与接受尚未可知，但希望至少能推动进一步的讨论。至于其他重要的问题，就都留待将来再与法学界各位同仁一起继续研究吧。

参考文献

一　中文著作类（包括译著）

毕玉谦:《最高人民法院关于民事诉讼证据的若干规定释解与适用》,中国民主法制出版社 2002 年版。

常怡:《民事诉讼法学》,中国政法大学出版社 1994、2002 年版。

陈荣宗、林庆苗:《民事诉讼法（中）》,台北:三民书局 2011 年版。

［法］孟德斯鸠:《论法的精神（上）》,张雁深译,商务印书馆 2002 年版。

江伟:《中国民事诉讼法教程》,中国政法大学出版社 1994 年版,复旦大学出版社 2002 年版。

姜世明:《民事诉讼法（下）》,台北:新学林出版股份有限公司 2013 年版。

李国光:《最高人民法院关于民事诉讼证据的若干规定的理解与适用》,中国法制出版社 2002 年版。

李木贵:《民事诉讼法（下）》,台北:李木贵自版 2010 年版。

李淑明:《民事诉讼法——通常诉讼程序（下）》,台北:元照出版有限公司 2016 年版。

梁书文:《关于民事诉讼证据的若干规定新释解》,人民法院出版社 2006 年版。

刘家兴:《民事诉讼教程》,北京大学出版社 1982 年版。

吕太郎:《民事诉讼法》,台北:元照出版有限公司 2016 年版。

［日］高桥宏志：《民事诉讼法制度与理论的深层分析》，林剑锋译，法律出版社 2003 年版。

［日］高桥宏志：《重点讲义民事诉讼法》，张卫平、许可译，法律出版社 2007 年版。

［日］新堂幸司：《新民事诉讼法》，林剑锋译，法律出版社 2008 年版。

沈德咏：《最高人民法院民事诉讼法司法解释理解与适用（上）》，人民法院出版社 2015 年版。

［苏］A. Ф. 克林曼：《苏维埃民事诉讼中证据理论的基本问题》，马绍春、王明毅、陈逸云译，中国人民大学出版社 1957 年版。

［苏］C. H. 阿布拉莫夫：《苏维埃民事诉讼（下）》，中国人民大学审判教研室译，法律出版社 1957 年版。

［苏］多勃罗沃里斯基：《苏维埃民事诉讼》，李衍译，法律出版社 1985 年版。

王宝发：《最高人民法院关于民事诉讼证据的若干规定释义——民事诉讼证据规则实用问答》，法律出版社 2006 年版。

王亚新、陈杭平、刘君博：《中国民事诉讼法重点讲义》，高等教育出版社 2017 年版。

王亚新：《对抗与判定——日本民事诉讼的基本结构》，清华大学出版社 2010 年版。

肖建华：《民事证据法理念与实践》，法律出版社 2005 年版。

张卫平：《民事诉讼：关键词展开》，中国人民大学出版社 2005 年版。

最高人民法院民一庭：《民事诉讼证据司法解释的理解与适用》，中国法制出版社 2002 年版。

二　中文论文类

安海涛：《保证合同诉讼的程序原理——基于民诉法解释第 66 条的分析》，《华东政法大学学报》2017 年第 2 期。

卜元石:《重复诉讼禁止及其在知识产权民事纠纷中的应用——基本概念解析、重塑与案例群形成》,《法学研究》2017 年第 3 期。

曹志勋:《反思事实预决效力》,《现代法学》2015 年第 1 期。

巢志雄:《诉讼标的理论的知识史考察——从罗马法到现代法国法》,《法学论坛》2017 年第 6 期。

陈爱武、眭鸿明:《论债权人代位权诉讼与债务人自行诉讼之并存》,《山东社会科学》2004 年第 6 期。

陈杭平:《纠纷事件:美国民事诉讼标的理论探析》,《法学论坛》2017 年第 6 期。

陈杭平:《诉讼标的理论的新范式——相对化与我国民事审判实务》,《法学研究》2016 年第 4 期。

程啸、王静:《论保证人追偿权与代位权之区分及其意义》,《法学家》2007 年第 2 期。

崔建远:《为第三人利益合同的规格论——以我国合同法第 64 条的规定为中心》,《政治与法律》2008 年第 1 期。

崔建远:《债权人代位权的新解说》,《法学》2011 年第 7 期。

丁宝同:《论争点效之比较法源流与本土归化》,《比较法研究》2016 年第 3 期。

段文波:《预决力批判与事实性证明效展开:已决事实效力论》,《法律科学》2015 年第 5 期。

耿林:《诉讼上的抵销:抗辩与反诉》,《人民法院报》2003 年第 9 期。

郭翔:《民事争点效理论研究》,博士学位论文,清华大学,2006 年。

洪学军:《债权人代位权的性质及其构成研究》,《现代法学》2002 年第 4 期。

胡军辉:《民事既判力扩张问题研究》,博士学位论文,湘潭大学,2009 年。

胡军辉:《民事诉讼中如何处理既判事实预决效力问题的思考》,

《政治与法律》2010 年第 8 期。
黄毅:《部分请求论之再检讨》,《中外法学》2014 年第 2 期。
霍海红:《民事诉讼契约的意义追问》,《华东政法学院学报》2007 年第 1 期。
纪格非:《我国刑事判决在民事诉讼中预决力规则的反思与重构》,《法学杂志》2017 年第 3 期。
纪格非:《争点法律效力的西方样本与中国路径》,《中国法学》2013 年第 3 期。
贾亚强、姚军强:《民行交叉案件中行政判决对民事诉讼的效力》,《人民法院报》2010 年第 12 卷第 9 期。
江伟、常廷彬:《论已确认事实的预决力》,《中国法学》2008 年第 3 期。
李德飞:《论民事判决既判力主观范围的扩张》,博士学位论文,清华大学,2009 年。
李浩:《民事证据的若干问题——兼评最高人民法院关于民事诉讼证据的司法解释》,《法学研究》2002 年第 3 期。
李浩:《证据规定与民事证据规则的修订》,《中国法学》2011 年第 3 期。
林剑锋:《既判力时间范围制度适用的类型化分析》,《国家检察官学院学报》2016 年第 4 期。
林剑锋:《既判力时间范围制度适用的类型化分析》,《国家检察官学院学报》2016 年第 4 期。
林剑锋:《民事判决既判力客观范围研究》,博士学位论文,清华大学,2004 年。
林瑞成:《民事判决既判力与程序保障原则的理论与实证研究》,博士学位论文,中国政法大学,2000 年。
刘东:《回归法律文本:第三人撤销之诉原告适格再解释》,《中外法学》2017 年第 5 期。
刘君博:《第三人撤销之诉原告适格问题研究》,《中外法学》2014

年第1期。

刘文勇：《无独立请求权第三人参与诉讼的效力研究》，《太原理工大学学报社会科学版》2016年第2期。

刘学在：《著作权集体管理组织之当事人适格问题研究》，《法学评论》2007年第6期。

卢佩：《多数人侵权纠纷之共同诉讼类型研究》，《中外法学》2017年第5期。

卢佩：《困境与突破：德国诉讼标的理论重述》，《法学论坛》2017年第6期。

卢政敏、齐树洁：《连带债务共同诉讼关系之探讨》，《现代法学》2008年第1期。

罗恬漩：《数人侵权的共同诉讼问题研究》，《中外法学》2017年第5期。

罗恬漩、王亚新：《不真正连带责任诉讼问题探析》，《法律适用》2015年第1期。

蒲一苇：《无独立请求权第三人参加诉讼的判决效力范围》，《国家检察官学院学报》2016年第4期。

任重：《回归法的立场：第三人撤销之诉的体系思考》，《中外法学》2016年第1期。

任重：《论中国民事诉讼的理论共识》，《当代法学》2016年第2期。

任重：《形成判决的效力——兼论我国物权法第28条》，《政法论坛》2014年第1期。

邵明：《论法院民事预决事实的效力及采用规则》，《人民司法》2009年第15期。

邵明：《诉讼中的免证事实》，《中国人民大学学报》2003年第4期。

史明洲：《日本诉讼标的理论再认识——一种诉讼法哲学观的转向》，《法学论坛》2017年第6期。

宋春雨：《论民事诉讼一事不再理原则》，博士学位论文，中国政法大学，2009年。

陶志蓉:《民事判决效力研究》,博士学位论文,中国政法大学,2004 年。
王福华:《第三人撤销之诉适用研究》,《清华法学》2013 年第 4 期。
王静:《法院对抵销抗辩的认定具有既判力》,《人民司法》2014 年第 2 期。
王亚新、陈晓彤:《前诉裁判对后诉的影响——民诉法解释第 93 条和第 247 条解析》,《华东政法大学学报》2015 年第 6 期。
王亚新:《第三人撤销之诉原告适格的再考察》,《法学研究》2014 年第 6 期。
王亚新:《民事诉讼法修改中的程序分化》,《中国法学》2011 年第 4 期。
王亚新:《主体/客体相互视角下的共同诉讼》,《当代法学》2015 年第 1 期。
王作洲:《既判力研究》,博士学位论文,吉林大学,2009 年。
翁晓斌:《论已决事实的预决效力》,《中国法学》2006 年第 4 期。
吴文嫔:《加拿大合同法之受益第三人规则》,《环球法律评论》2015 年第 2 期。
吴英姿:《预决事实无需证明的法理基础与适用规则》,《法律科学》2017 年第 2 期。
吴泽勇:《第三人撤销之诉的原告适格》,《法学研究》2014 年第 3 期。
夏璇:《论民事重复起诉的识别及规制——对关于适用中华人民共和国民事诉讼法的解释第 247 条的解析》,《法律科学》2016 年第 2 期。
肖建国、黄忠顺:《任意诉讼担当的类型化分析》,《北京科技大学学报》2009 年第 1 期。
肖建华、廖浩:《既判力基准时后的和解——以吴梅案和解协议与执行和解为例》,《国家检察官学院学报》2014 年第 6 期。
徐澜波:《合同债权人代位权行使的效力归属及相关规则辨析》,

《法学》2011 年第 7 期。

薛军：《论中华人民共和国合同法第 64 条的定性与解释——兼与利他合同论商榷》，《法商研究》2010 年第 2 期。

严仁群：《部分请求之本土路径》，《中国法学》2010 年第 2 期。

严仁群：《既判力客观范围之新进展》，《中外法学》2017 年第 2 期。

阎朝秀：《绝对还是相对：对既判力事实的司法认知》，《云南大学学报法学版》2006 年第 3 期。

杨会新：《论诉讼契约的适用范围与效力》，《法商研究》2017 年第 4 期。

杨立新：《论不真正连带责任类型体系及规则》，《当代法学》2012 年第 3 期。

姚强、王丽平：《CPR 食品进出口有限公司诉山西威特食品有限公司国际货物买卖合同纠纷案——民事诉讼一事不再理原则的判断标准//最高人民法院中国应用研究所》，《人民法院案例选》2015 年第 2 期。

袁琳：《部分请求的类型化及合法性研究》，《当代法学》2017 年第 2 期。

张嘉军：《论诉讼契约的效力》，《法学家》2010 年第 2 期。

张卫平：《既判力相对性原则：根据、例外与制度化》，《法学研究》2015 年第 1 期。

张卫平：《论民事诉讼的契约化——完善我国民事诉讼法的基本作业》，《中国法学》2004 年第 3 期。

张卫平：《中国第三人撤销之诉的制度构成与适用》，《中外法学》2013 年第 1 期。

张卫平：《重复诉讼规制研究：兼论一事不再理》，《中国法学》2015 年第 2 期。

赵刚、刘学在：《论代位权诉讼》，《法学研究》2000 年第 6 期。

赵秀举：《论民事执行救济》，《中外法学》2012 年第 4 期。

郑金玉：《我国第三人撤销之诉的实践运行研究》，《中国法学》

2015 年第 6 期。

周翠：《侵权责任法体系下的证明责任倒置与减轻规范》，《中外法学》2010 年第 5 期。

周全林、任子飞、茹华丽：《以不当得利为由二次起诉案件的处理》，《人民司法》2011 年第 8 期。

朱川、周晶：《判决理由既判力的再认识》，《人民司法》2011 年第 8 期。

三 外文著作类

小山升：《判决效的研究》，东京：信山社 1990 年版。

Rosenberg, Schwab, Gottwald. Zivilprozessrecht. 17. München: C. H. Beck, 2010.

Subrin, Minow, Brodin, et, al. Civil procedure, doctrine, practice, and context. New York: Wolters Kluwer Law & Business. 2012.

Klaus Reischl. Die objektiven Grenzen der Rechtskraft im Zivilprozeß. Tübingen: Mohr Siebeck, 2002.

American Law Institute. Restatement of the law second judgments 2d. Washington, D. C.: American Law Institute Publishers, 1982, Vol. 1 –2.

铃木正裕、青山善充编集：《注释民事诉讼法（4）》，东京：有斐阁 1997 年版。

Jauernig, Hess. Zivilprozessrecht. 30. München: C. H. Beck, 2011.

三谷忠之：《民事诉讼法讲义》，东京：成文堂 2011 年版。

Christooh Althammer. Streitgegenstand und Interesse eine zivilprozessuale Studie zum deutschen und europäischen Streitgegenstandsbegriff. Tübingen: Mohr Siebeck, 2012.

Gruber. Beck' scher Online-Kommentar zur ZPO. 27. 2017.

Musielak, Voit. ZPO. 14. 2017.

Gottwald. Münchner Kommentar zur ZPO. 5. 2016.

Ingo Saenger. ZPO. 7. 2017.

伊藤真:《民事诉讼法》，东京：有斐阁2014年版。

Wolfram Henckel. Parteilehre und Streitgegenstand im Zivilprozeß. Heidelberg：Carl Winter Universitätsverlag，1961.

Thomson West. Federal rules of civil procedure，as amended to may 13，2005. St. Paul，Minn.：Thomson-West，2005.

柏木邦良:《民事诉讼法要说》，东京：リンパック有限会社2005年版。

三月章:《民事诉讼法》，东京：有斐阁1959年版。

Konrad Hellwig. Wesen und subjektive Begrenzung der Rechtskraft. Neudruch der ausgabe Leipzig 1901. Aalen：Scientia Verlag，1967.

Kathrin Ziegert. Die Interventionswirkung. Tübingen：Mohr Siebeck，2003.

上田徹一郎、井上治典:《注释民事诉讼法（2)》，东京：有斐阁1992年版。

Karl Heinz Schwab. Der Streitgegenstand im Zivilprozess. München und Berlin：C. H. Beck'sche Verlagsbuchhandlung，1954.

Matthias Jacobs. Der Gegenstand des Feststellungsverfahrens. Tübingen：Mohr Siebeck，2005.

Panajotta Lakkis. Gestaltungsakte im internationalen Rechtsverkehr. Tübingen：Mohr Siebeck，2007.

Ioannis Mantzouranis. Die notwendige Streiggenossenschaft im Zivilprozess. Tübingen：Mohr Siebeck 2013.

四 外文论文类

Yuval Sinai. The downside of preclusion：some behavioural and economic effects of cause of action estoppel in civil actions. McGill Law Journal，2011，56.

Gottwald. Streitgegenstand und Sinnzusammenhänge. Symposium Schwab，

2000.

Kremer. Gemenschaftsrechtliche Grenzen der Rechtskraft. EuR 2007 Heft 4, 0470.

Bach. Deine Rechtskraft? Meine Rechtskraft! EuZW 2013, 56.

Kremer. Effektuierung des europäischen Beihilferechts durch die Begrenzung der Rechtskraft. EuZW 2007, 726.

Schmahl, Köber. Durchbrechung der Rechtskraft nationaler Gerichtsentscheidungen zu Gunsten der Effektivität des Unionsrechts? EuZW 2010, 927.

Obermann. Materielle Rechtskraft Im FamFG-Gedanken zum anwendungsbereich von § 48 FamFG. NZFam 2016, 961.

Berkowsky. Umfang der Rechtskraft klagestattgebender Kündigungsschutzurteile. NZA 2008, 1112.

Schwab. Streitgegenstand und Rechtskraft bei der arbeitsrechtlichen Kündigungsschutzklage. RdA 2013, 357.

Leitmeier. Rechtskraft der Hauptschuld und Verjährungseinrede des Bürgen. NJW 2017, 1273.

Christopher Klein, Lawrence Ponoroff, Sarah Borrey. Principles of preclusion and estoppel in bankruptcy cases. American Bankruptcy Law Journal, 2005, 79.

Edward D. Cavanagh. Issue preclusion in complex litigation. Review of Litigation, 2010, 29.

Justin Vickers. Res judicata claim preclusion of properly filed citizen suits. Northwestern University Law Review, 2010, 104.

Lauren Drake. Preventing inequity: extending issue preclusion to claim construction during reexamination of previously litigated patents. Loyola of Los Angeles Law Review, 2011, 44.

William V. Luneburg. Claim preclusion as it affects non-parties to clean air act enforcement actions: the ghosts of gwaltiney. Widener Law Review,

2003, 10.

George S. Geis. Shareholder derivative litigation and the preclusion problem. Virginia Law Review, 2014, 100.

Elzer. Rechtskraft von Teilklagen-BGH, NJW 1997, 1990; 3019. JuS 2001, 224, 227.

Rimmelspacher. Materielle Rechtskraft und Gestaltungsrechte. JuS 2004, 560, 562.

Ernst. Gestaltungsrechte im Vollstreckungsverfahren, NJW 1986, 401.

索　引